中国民俗学

陈勤建 著

华东师范大学出版社

· 上海 ·

图书在版编目(CIP)数据

中国民俗学/陈勤建著. —上海:华东师范大学出版社,
2007.7
　ISBN 978 - 7 - 5617 - 5517 - 4

　Ⅰ.中... Ⅱ.陈... Ⅲ.民俗学－中国－高等学校－教
材　Ⅳ.K892

　中国版本图书馆 CIP 数据核字(2007)第 109769 号

中国民俗学

著　　者　陈勤建
项目编辑　曹利群
文字编辑　姜汉椿
封面设计　黄惠敏
版式设计　蒋　克

出版发行　华东师范大学出版社
社　　址　上海市中山北路 3663 号　邮编 200062
电话总机　021 - 62450163 转各部门　行政传真 021 - 62572105
客服电话　021 - 62865537(兼传真)
门市(邮购)电话　021 - 62869887
门市地址　上海市中山北路 3663 号华东师范大学校内先锋路口
网　　址　www.ecnupress.com.cn

印 刷 者　浙江省临安市曙光印务有限公司
开　　本　787×1092　16 开
印　　张　15.25
字　　数　291 千字
版　　次　2007 年 8 月第一版
印　　次　2021 年 8 月第八次
印　　数　17701—18800
书　　号　ISBN 978-7-5617 -5517- 4 / C · 157
定　　价　32.00 元

出 版 人　王　焰

(如发现本版图书有印订质量问题,请寄回本社客服中心调换或电话 021-62865537 联系)

目 录

绪 论

现代中国民俗自觉意识的发生和民俗学科的兴起

文明古老的中国,远在春秋战国时期就有了民俗的文字表述,虽然长期以来,中国不乏对民俗事像和现像的关注,但是,20世纪初以前,尚没有把它作为一门科学进行研究的民俗自觉意识。随着百年前中国社会的裂变转型,在思想文化萌发重大变革的前夜,一股由中国著名学者倡导,开宗明义,以乡土歌谣、民情风习、民间生活文化为学科研究对像的民俗学激流,从京师的高等学府北京大学喷泻而出,冲向全国,融汇成五四新文化运动的洪流,在中国现代思想文化史的大江中卷起一阵阵的浪潮。一些土得似乎可以掉渣的民俗,一贯因不入流而遭受冷遇,为什么会突然得到一批似乎高高在上的中国最高学府学界的青睐?强烈渴望社会改革、思想文化更新的新潮知识分子,又为什么会在新文化建设的探索中,形而下地兴起民俗自觉意识的思考和行动? 在初创的前期,中国学界民俗自觉意识的学术取向有什么特点? 对此后中国思想文化和人文学科的发展有什么影响? 认清这些问题,对于明确21世纪中国思想文化和学科发展趋向不无裨益。

一

所谓民俗自觉意识,即是从学科角度对民俗的真切认识和整体把握。发生于20世纪初新文化运动前夜北京大学的歌谣研究,就是这一民俗自觉意识的典范。

1917年12月17日北京大学建校20周年纪念前后,在校长蔡元培的号召下,计划进行多种纪念活动,那时发表了歌谣采集规约,拟刊行歌谣即民谣总集和选集两种,作为其中活动之一。这也是北大歌谣运动之始。1918年2月1日《北京大学日刊》,在蔡元培先生特用《校长启事》公告的支持下,刊登了《北京大学征集近世歌谣简章》,引起众人瞩目。歌谣征集工作由刘复、沈尹默、周作人三位教授担任编辑,钱玄同、沈兼士二位教授担任方言考订。短短两个月内,收到校内外稿子80多篇,歌谣1100余首。北大文科教授刘复先生将这些歌谣略加诠订,选其最佳者,以"歌谣选"之名,登载在《北京大学日刊》上。自5月20日起,"日刊一章",受到了校内外师生和爱好者的欢迎。后刘复赴法留学,由周作人接替他主持管理歌谣征集工作。1920年12月19日,进而组成了北京大学歌谣研究会,由沈兼士,周作人二位教授为主任。中国现代轰轰烈烈的以歌谣名义切入民众民俗,从中挖掘新文化生命萌芽的民俗自觉意识活动在五四前后,在中国一批名流学者的积极参与下,由浅入深,蓬勃展开。到1925年,三年内成功收集全国各省的歌谣13339首,广州、厦门、杭州等地相继成立了全国性的民俗学机构及刊物,对五四新文化、新文学运动的发展,产生了深远影响。

为什么看似不登大雅之堂的民俗,在20世纪初的中国,堂堂正正、红红火火登上了当代最高学府——京师的北京大学的学术殿堂?这在近百年后今日学子的回眸中,也会不时闪出惊讶的目光和团团的迷惑。回顾历史的长河,中国历代不乏文人士大夫对民众风尚习俗的采撷,甚至远在周代,已有天子要求臣下"陈诗以观民风俗"的举措。东汉的史官应劭,在总结历朝风俗之流变中还得出了"为政之要,辩风正俗最其上也"的精神见解。他们对民众的风俗,不可谓不重视,这难道不算是民俗的自觉意识吗?为什么20世纪北京大学的一帮教授们发起的歌谣征集及研究活动,就可谓民俗自觉意识?一位哲人曾说过:感觉的东西不一定能理解它,只有理解的东西才能深刻地感觉到它。民俗也同样。观察、体验感觉到民俗的存在和重要性是一回事,意识到从学科角度,深刻地理解它内在的学识、学理,又是一回事。我们中国,对民俗的感悟和知觉,文字记载也已有二千多年的历史,但从学科、学识、学理的构架去认识它,驾驭它,却是从20世纪初才开始的。

开此先河的应首推是周氏兄弟,鲁迅和周作人。鲁迅似乎与20世纪初神州大地上中国学界的这场民俗自觉意识不搭界,实际上,他却是当时民俗自觉的首创者之一。早在1912年2月,鲁迅在教育部《编纂处月刊》(一卷1期)上发表了《拟播布美术意见书》一文。该文最后一章的第三节"研究事业"第二项的"国民之文艺"中写道:"当立国民文术研究会,以理各地歌谣、俚谚、传说、童话等;详其意谊,辨其特性,又发挥而光大之,并以冀教育。"据1922年后任《歌谣》周刊编辑的常惠先生,在1961年9月《民间文学》杂志上刊登的《民间文学史话》一文回忆:北大歌谣采集活动的原因,乃系鲁迅上述的主张。而鲁迅的这一主张在1908年12月未完成的文论《破恶声论》中已初见端倪。该文以现代人性论的观念,对清政府封建强暴的政策给予尖锐的抨击。在猛烈批判其"兽性"、"奴役性"的同时,对不分青红皂白,抛弃一切民间信仰的行为进行了辩证的分析。主张尊重由古以来的神话传说,强调在旧文化、旧世界的批判中保存古有的寺院神庙以及一定的民间祭祀礼法。这些构想,在当时没有引起重视,而其间的一些精华又成为《拟播布美术意见书》中国民文艺研究事业运作机制的蓝图:当立国民文术研究会。国民文术研究会,是鲁迅的概述。从内容看,就是国民民俗研究会。同年 8 月,也正是在时在教育部工作的兄长鲁迅的协助介绍下,周作人第一篇研究童话、关注民俗之文章《童话研究》得以在教育部《编纂处月刊》(一卷 7 期)上发表。该文第四章,明确表示:"依人类学法研究童话,其用在探讨民俗,阐章史事,而传说本亦得以发明。"嗣后,同年 11 月 15 日在家乡绍兴县教育会月刊上再发表《童话略论》一文,总结性地指出:"今总括之,则治教育童话,一当证诸民俗学,否则不成为童话",首次公开亮出了民俗学的旗号以及用民俗学学科理念研究古今传承的童话等民族文化艺术的学术新路。

1922 年 12 月 17 日,新文化运动中心的北京大学,由周作人、沈兼士领导的歌谣研究会,决定扩大园地,刊行了《歌谣周刊》,周作人亲自起草了发刊词,其文云:

> 本会搜集歌谣的目的共有两种,一是学术的,一是文艺的。我们相信民俗学的研究,在现今的中国确是很重要的一件事业,虽然还没有学者注意及此,只靠几个有志未逮的人是做不出什么来的,但是也不能不各尽一分力,至少去供给多少材料或引起一点兴味。歌谣是民俗学上的一种重要的资料,我们把他辑录起来,以备专门的研究:这是第一个目的。因此我们希望投稿者不必自己先加甄别,尽量地录寄,因为在学术上是无所谓卑猥粗鄙的。从这学术的资料之中,再由文艺批评的眼光加以选择,编成一部国民心声的选集。意大利的卫太尔(GuidoVital)曾说:"根据在这些歌谣之上,根据在人民的真感情之上,一种新的'民族的诗'也许能产生出来。"所以这种工作不仅是在表彰现在隐藏着的光辉,还在引起将来的民族诗发展:这是第二个目的。

周作人利用发刊词的阵地,说明了创办刊物、搜集研究歌谣在学术、文艺上的双重目的,更重要的是他借此机会,把酝酿、思考多年的有关民俗学学科意义和建设作了第一次完整的阐述:"我们相信民俗学的研究,在现今的中国是很重要的一件事业","歌谣是民俗学上的一个重要资料:我们把它辑录起来,以备专门的研究。"这些见解在 20 世纪以前的中国尚无人说过。它充分展示了 20 世纪初中国学界知识分子对民俗认知的自觉意识。这些理念就文字而言,仿佛也不复杂和深奥,但是,对刚由封建王朝脱胎而出的知识分子来说,是很不容易的。因为这些鲜明的卓见,不是古代传承下来的,而是将西方先进的学科理念糅合中国的实际提出来的。

周作人与兄长鲁迅一同留学日本,期间,比较系统地接受了西方和日本民俗学的熏陶。据他在解放后,以周启明笔名寄给《民间文学》的回忆录讲,1906 年,他在东京曾购得安德路朗著作数册,这几部著作奠定了他民俗学的理论基础。安德路朗,是英国著名的人类学派民俗学理论的代表人物。他的《习俗与神话》、《神话仪式的宗教》从民俗学的分支神话学人类学派的观念出发,从一些原始部落中尚留存的信仰推测其已被遗忘的风尚,认为童话除了它的文艺性外,还残存着原始初民的文化,现代人与古代人的心理有着相似的契合。他归国后的童话研究就是在安德路朗学术思想指导下进行的。他在《童话研究》一文中指出,"故今言童话,不能不兼及世说,而其本原解释则当于比较神话学求之。自文教大敷,群俗悉革,及今而闻在昔之谈,已谊与时湮,莫得通释,西方学者多比附事实,或寻绎语源,求通其指,而涂附之说,适长歧误,及英人安德路朗出,以人类学法为之比量。古说荒唐,今味其意,然绝域野人,独特领会,征其礼俗,诡异相类,取以印证,一一弥合,乃知神话真诠,原本风习,今所谓无稽之言,其在当时,乃实文明之信史也。"周作人童话研究"当证民俗学"之结论,即由此而来。

　　周作人的民俗学知识理论,又受到留学国日本民俗学鼻祖柳田国男的影响。其兄长鲁迅也受此感染。据鲁迅《日记》1914 年 10 月 1 日项下记载:"一日晴。上午寄二弟信并九月家用百元(六十三)。寄日本东京乡土研究社银三元。"次年,1915 年 1 月 8、9 日项下记有收到东京乡土研究社所寄杂志之事:"八日,微雪。午后至日本邮电局取《乡土研究》二十册。""九日,微雪。上午寄二弟《乡土研究》一包。"《乡土研究》是日本民俗学初创时期的刊物,由柳田国男和高木敏雄创办。周作人对柳田国男为首的日本民俗学活动,一开始就给予深切的关注。柳田国男民俗学的奠基作,《远野物语》一共只印了 350 本。每一本都编了号。1935 年,柳田国男在《远野物语》再版备忘录中写道:"初版的《远野物语》曾编有记号,记得从第一号的顺序开始,送给忆中的对话者(被访问者——译者注)佐佐木君数本(中略)外国人所藏很少,大概只有七八本吧,余下三百余本均分赠给亲戚知友了。"从周作人晚年所著的《知堂回想录》中我们得知《远野物语》1910 年 6 月刊行时,在东京东乡留学的周作人曾从发行所购得一本,编号为 291。周作人对日本民俗学的关心,处在日本民俗学的草创伊始,可以说,两者几乎是同步的。他对日本民俗学发展的脉络一清二楚,并对柳田国男的学问表现出极大的敬佩,他在《知堂回想录》中忆道:"这(《远野物语》——引者)与《石神问答》都是明治庚戌(1910 年)出版,在乡土研究前创刊前三年,是柳田最早的著作,以前只有一册《后狩词记》,终于没有能够搜得。对于乡土研究的学问,我始终是外行,知道不到多少,但是柳田的学识与文章我很是钦佩,从他的许多著书里得到了不少的利益和悦乐。"实际上,周作人几乎收藏了柳田国男的全部著作,并仿佛都阅读过。从他回国后,还在不断地请兄长鲁迅从北京邮购《乡土研究》便可得知,他对柳田国男民俗学研究的关切和了解的深入。值得一提的是,柳田国男对民俗的①研究,打的旗号是乡土研究,全国统一的学术联络机构名称,却是以柳田国男 1934 年问世的民俗学理论奠

----

① 　参阅王汝澜《日本民俗学发展概述》,《民俗学讲演集》书目文献出版社 1986 年 6 月版。

基作《民间传承论》移过来的"民间传承之会"。它于 1935 年成立,到 1949 年民间传承之会才改称日本民俗学会①。在柳田国男前后,有一些日本学者将西方的 Folklore 译作"土俗学"、"民俗学"、"俗说学"的。但其研究的深度和特色,均不如柳田国男。周作人借民俗学之名,取柳田国男乡土研究之实,可以说将日本民俗学学理学识之精髓融会贯通。所以民俗自觉意识和学科理念,周作人是十分清楚的。说实在的,直到今天,中国学界高等学府,对民俗的认识有如周氏兄弟这样自觉意识的人也是不多的。难能可贵的是,20 世纪初,持此民俗意识的人不仅仅是周氏兄弟,活跃在当年文坛上的文、史、哲各学科名流专家、学者教授蔡元培、李大钊、胡适、刘复、沈兼士、常惠、钱玄同、顾颉刚、钟敬文、江绍原、杨成志、容肇祖、娄子匡等或摇旗呐喊,或身体力行,纷纷投入其间,其阵营之强大,理念之明确,所涉之广博、成果之丰硕,在中国民俗学史上,乃至中国现代思想文化史上也是罕见的。

20 世纪初北大歌谣的征集和周刊的发行,是当年中国高等学府学者教授民俗自觉意识的重大标识。而这标识的确立,时任校长的蔡元培先生功不可没。严格地说,蔡元培先生不是个民俗学家,他主要从事教育管理,没有更多的精力去关心民俗学的研究。但是,这并不妨碍他具有民俗自觉意识。他从新历史观出发,指出"新体之历史,不偏重政治,而注意于人文进化之轨辙。凡夫风俗之变迁,实业之发展,学术之盛衰,皆分治其条流,而又综论其体系,是谓文明史。"②所以,当学者们提出这一建议时,他马上欣然同意。另外,他恐怕早已熟悉这些学人的主张,民俗自觉意识的先进者鲁迅、周作人二兄弟,作为同乡后辈,都是在他熟识的基础上先后提携进京工作的。他在教育部,邀鲁迅前往,他到北大当校长,闲赋在家的周作人得到他的协助进北大当教授。周氏兄弟能先后倡导民俗学,与蔡元培的眼光和扶植是分不开的。同时,新文化新文学的主要阵地,《新青年》的编辑们李大钊等人,也是用同样的态度,支持歌谣的征集和出版研究,显示了顺应科学的民俗自觉意识。对此,胡适的态度和立场更为鲜明,也更具代表性。胡适虽然也不是专攻民俗学的专家,但是,他的学术倾向,使他一度成为民俗自觉意识的急先锋和中流砥柱。他因为鼓吹白话文和文学革命,便对民俗学内的民间文艺及相关的研究发生浓厚的兴趣。他在 1929 年讲学基础上撰写并积极宣传的《白话文学史》在学理上与民间文艺有诸多相通之处。民俗学科,为他在白话文研究上增添了理论依据和生动的文艺素材,也为他打通与民间文艺的联系,开辟了新的研究航道。如他撰写的《歌谣的比较法研究》、《狸猫换太子故事的演变》等著名文章,一时脍炙人口。也许,胡适是个名流,他的一言一行更引人注目。这位在美国学哲学归来的洋博

---

① 参阅王汝澜《日本民俗学发展概述》,《民俗学讲演集》书目文献出版社 1986 年 6 月版。
② 高平步编《蔡元培史学论文集》第 139 页,湖南教育出版社 1987。

士,主动地关照下里巴人的民俗民间文艺,缕析其艺术的精华,为新文学、新文化运动营造了新的生机。并在 1936 年,《歌谣》周刊死而复生的关键时刻,亲自挂甲上阵,为其撰写复刊词,竭力扶植歌谣的新生,指明它的发展方向。虽然从今天的眼光看来,复刊词渗透了他在民俗学内容上个人的学术偏爱,但这一切,无损于他在此表现出的高度民俗自觉意识和远见卓识。

令今天学界回味无穷的是,20 世纪初中国学界民俗自觉意识的流溢,大多学者之前或之后,都不是专门从事民俗学研究的人。他们中间有教育家、文学家、语言学家、哲学家、历史学家。除前面已介绍的,另外,如刘复、钱玄同专长是语言文字学,顾颉刚是历史学,江绍原是宗教学、钟敬文是文学等等。有学者认为,这是一门新学科初创时期的必然现象①,我以为这恐怕还仅仅是表面的现象,其实质,还在于学人们对民俗有了全新的学理认识有莫大的关系。限于篇幅,不一一解析了。

二

20 世纪中国学界的民俗自觉意识的思考和行动,之所以能发生,除了前文所述倡导者的学科意识,名流学者们鼓吹宣扬积极投入之外,还得力于清末民初严复等爱国志士"富国强民"思想主张的滥觞,世纪初激进知识分子国民性改造的理想的驱使。

严复(1853—1921),是我国近代史与现代史交替中一位重要的启蒙思想家。生在清季国势颓败情势中的严复,既有深厚的国学传统,又西渡留洋,摄有欧洲的文明思想。面对政府的腐败无能,西方列国的恃强欺弱,频频侵略,内心悲壮而凄凉。为"保种保国"他提出了"民德"、"民智"、"民力"的基本概念来实现他的"救亡"理想。在西方文明的社会契约论及国民观的影响下,他认为国家富强的根源在于"民"。国民是国家强盛、民族独立之"本"。故强调要对国民实行启蒙教育,提高"民"的素质,他以为,若民质低下,即使圣人出现,采取强有力的治理政策,"一人治百所不和",仍无法见效。严复的国民观,是依据儒家"民为贵"的观念来诠释欧洲文明中的国民理念,故侧重点,不在于个体的民,而在于一种集团的"群"概念的民。提高民质,也就是提高群体的民众素质。而其民质的三个方面,他是依据斯宾塞《教育论》中"力"、"智"、"德"的三要素制定的。他说"《明民论》者(即斯宾塞《教育论》——引者注),言教人之术也。……其教人也,以浚智慧、练体力、厉德行三者为之纲。"②但在严复

---

① 赵世瑜《中国现代民俗学初创时期的多学科参与》,《民间文学论坛》1998 年 2 期。
② 严复《原强》修定稿,王拭编《严复集》第 1 册,第 17—18 页。

的思考中,这"三民"的原则,也是在群而不是个人。他说"一种之所以强,一群之所以立,本斯而谈,断可识矣。盖民生之大要三,而强弱存亡莫不视此:一曰血气体力之强,二曰聪明智虑之强,三曰德行仁义之强。是以西洋观化言治之家,莫不以民力、民智、民德三者断民种之高下。"①他还说:"贫民无富国,弱民无强国,乱民无治国","是以今日要政,统于三端,一曰鼓民力,二曰开民智,三曰新民德。"②他把他的"三民"理论,作为强国的关键性方针和政策,竭力鼓吹宣扬,一时在朝野引起极大的震动,对转型时期的中国思想文化界产生了巨大的冲击力。严复后期思想趋向保守,但他富国强民的革新主张,久久回荡在中国大地上。毛泽东也对他作出了很高的评价。

生活在20世纪初中国学界的激进的知识分子,无一例外,都受到了严复"三民"国民观的启蒙教育。直到解放后,由毛泽东提倡的"三好"学生的标准,内涵上,是以严复"三民"思想教育标准为基础的。"三民"思想在20世纪初的学界为人所熟识。而民俗学此后之所以在当时被学界不同学科的人所共识,所认同,与这"三民"思想有着学理上的一致和内在的天然联系。因为民俗学之"民",就是群体的民众,国民之民,它所研究的"俗"本身就是一国民众——民力、民智、民德生活经验积累的学问。而且是一门道道地地专门搜集、研究民众知识智慧的学科,可以广泛运用到现实中去的"民学"③。

民俗学,国际术语Folklore,英文原本的文字含意,就是民众的智慧。它是由两个撒克逊词"Folk"和"lore"合成而成。Folk来源于古英语中的"Folc"。据推测,该词源自日耳曼语的"fulca-",即"一大群武士"、"许多战士",可见,词源最初就赋予"Folk""群体"的本质属性,与"Folk"相应的德语为"Volk",该词除了"人民"、"民族、群众"的意义以外,百姓甚至被理解为乡民、农民、陋民、愚民。理论学界扩展为民众④。而lore,即为知识、学问。美国当代著名的民俗学家,加州大学伯克利分校的教授,原美国民俗学会主席,《世界民俗学》一书的作者阿伦·邓迪斯(Alan Dundes)指出:"自一八四六年威廉·汤姆斯(William Thoms)最早使用了民俗学(Folklore)这个词语以来,关于民俗学定义的讨论,一直没有中断过。很多定义侧重在"知识"(lore)方面,也有一些侧重在"民众"(Folk)方面。关于"知识——是着重在民俗学的资料,

---

① 严复《原强》修定稿,王拭编《严复集》第1册,第17—18页。

② 严复《原强》修定稿,王拭编《严复集》第1册,第27页。

③ 江绍原《关于Forklore,Volkskunde和"民学"的讨论》,见《现代英吉利谣俗及谣俗学》"附录七",上海中华书局印行,1933年6月。

④ 据《Klein's Comprehensive Etymological Dictionary of the English Language》,(Elsevier Scientific Publishing Company1971):folk, n. – ME. Fr. OE. folc, 'people, crowd', rel. to ON. ……G. volk, 'people', fr. Teut. * fulka–. Whichprob. meantorg. 'hostofwarriors'……

而不是着重在使用这些资料的人——的介绍,曾涉及它的起源、形式、传承以及作用"①。显然,和任何学科一样,学科的定义不免有歧义,但是,总的倾向,大多数的意见还是明确的,就民俗学而言,主要是有关人民知识的学问。

20世纪初,中国学界民俗自觉意识的发生就是建立在对民俗知识的理解和"强民"理念之上的。当今有学者认为"中国民俗学界对此缺乏明晰的认识,因而在总的倾向上,一直停留在'民间古俗'的学术取向上而没有进升至Folklore真正意义的'民众知识'的学术取向上来。今天,是应当觉醒和认真加以调整的时候了。"②作者的一些见解是很精辟的,对中国当代的学术取向有振聋发聩之处,这暂且不表。但断言中国民俗学界对民俗学"缺乏明确的认识"没有把握民俗学"真正意义的——民众知识"。我们尚不敢苟同。我们以为对此要作科学的查证和历史的分析,不能这样笼笼统统,一概而论。

对于Folklore的正确理解,20世纪二三十年代中国学界在推进民俗学运动的同时,也进行过大量的探讨。杨成志曾对英、法、德、比、意、西、荷等西方诸国的名谓内涵都作过专门的比较与介绍,出了专门介绍西方民俗学流派的《民俗学问题格》的译作,发表了《现代民俗学的历史与名词》的文章。江绍源对民俗学的基础理论作了详细的研究。周作人将日本学者对Folklore的译名——民俗学引入中国,中国学者一时并未完全讱同。1921年1月胡愈之先生在《妇女杂志》上发表《论民间文学》一文,认为:"民间文学的意义,与英文的Folklore",德文的"Volks-kunde"大略相同,"近世,欧美学者知道民间文学有重要的价值,便起用科学方法研究民间文学。后来研究的人渐多,这种事业,差不多已成了一门专门科学,在英文便叫'Folklore'——这个字不容易译成中文,现在只好译作'民情学',但这是很勉强的。"事实的确如此,英文Folklore的研究范围广泛,很难用相应的中文去推定。用什么名谓界定,江绍原曾提倡和使用"谣俗学"和"民学"。并为此与友人就国际不同国家及国内对Folklore的不同内涵的表述展开过认真深入的研讨。他们认为:"德语Volkskunde的涵义较英语Folklore的为广,虽则最近英之瑞爱德,比之范燕奈和美之克拉普所给Folklore的意义,已渐与Volkskunde的一致。中国研究者今后将采取哪个说法,自当早一点决定(芬兰学派固然还墨守Folklore的旧界说,但是让我们别忘记①此派的'史地方法'其应用范围可以极广,②一个学科的项目可以多到不是每个学人所能全研究或全懂,和③Krohn的年纪恐已经很大)。又此学普通称'民俗学',从日本译名也。然日本人所谓民俗,虽有时是民间——

① [美]阿伦·邓迪斯《什么是民俗?》,《民俗学译丛》第一辑,第6页,中国民间文艺研究会民俗学会1982年。
② 任骋《从"民俗"到"民识"》,《民俗研究》1999年第1期,山东大学。

俗间的意思,移植到中国来,却颇有被误解为民间风俗之危险。中国研究者是可以不理会这层呢? 还是痛快点自行定名,也应早日决定(德文中'比较民学'一名,很可以介绍到中国来。)"①"我个人提议名此为'民学',下了一个范围似乎比德国民学还要方广的定义。"②显然,Folklore 是外来的学科,如何用中文去科学地说明,颇费周折。因为 Folklore 所关注的,不仅是民间文学,也不仅是民间风俗,在江绍原的学科理念中"就最近最新的民学界说和民学观点看来,则合乎制度本身便是展于民学范围之内的,民学非他,研究民间一切生活状态法则、观念形态,情感表现者也。"③总之,民众的一切传承性生活文化知识,都是研究的对像。综合国际不同国家诸多学派的定义和名称及国内已有的表述,江绍原百思斟酌,予以"民学"的称谓。但自己也感到自己的这一概念,未必能盖全,并为国人所理解。故在与同仁、河南省立民众师范学院樊演等先生反复商榷后,最终还是用了民俗学④。因为无论是用民情学、谣俗学,还是民学,无非是对当时国际性学科 Folklore 作出更科学合理的概述。名实之间,"实"恐怕更重要,因为这三种表述,都没有把 Folklore 限定在民间文学或风尚习俗层面。由此可知,20 世纪初,中国民俗学的先行者们在名称、内涵上虽有歧义,但总体的认识却是与国际学界"民众知识"的理念同步的。

作为民俗学的倡导者之一的周作人,虽然第一个沿用日本 Folklore 的译名"民俗学"后,并没有对它作出系统的理论阐述——文人气质特浓的周作人有更多的诗人才华,却似乎缺少理性思辨的特质——恐怕他也不大愿意做这方面的工作。如此,我们今天只能面对这一现实。但是,这一现实并不是说周作人对民俗学的国际内涵不甚了解,糊里糊涂,以中国传统民间风俗置换之。且不用说,周作人的相关著作中没发现这样不清的说道,相反,从他论述民俗学的有关意见及以后的反思回顾中,我们可以清晰地看到,周作人对西方和日本民俗学及民俗的民众知识的内涵,是极其明白的,他认为利用这方面的知识,对国民性的提高,是大有益处的,而且,这是他认为最好的"强民"途径。他在《知堂回想录》中说道:"有如民俗学本发源于西欧,涉猎神话传说研究与文化人类学的时候,便碰见好些交叉的处所,现在却又来提起日本乡土研究,并不单因二者学风稍殊之故,乃是别有理由的。乡土研究刊行的初期,如南方熊楠那些论文,古今内外的引证,本是旧民俗学的一路,柳田国男的主张逐渐确立,成为国民生活之史的研究,名称亦归结于民间传承。我们对于日本感觉兴味,想要了解它的事情,在文学艺术方面摸索很久之后,觉得事倍功

---

① 《江绍源民俗学论文集》,第 24、25 页,上海文艺出版社,1998 年 10 月。

② 同上。

③ 江绍源《民学与合作研究》,杭州《民国日报》1930 年第 15 期《民俗周刊》。

④ 关于 Folklore, Volkskunde, 和"民学"的讨论,见《现英吉利及谣俗学》"附录七",上海中华书局印行,1933 年 6 月。

半,必须着手于国民感情生活,才有人处;我以为宗教最是重要,急切不能直入,则先注意于其上下四旁,民间传承正是绝好的一条路径。"

这实际上是周作人20世纪初大力倡导民俗学的内在的理性依据。所谓"国民生活之史的研究"和"民间传承"这是柳田国男民俗学的一种表述。他与旧民俗学——把"民间古俗"为研究的唯一对像,有明显的差别。熊楠等旧民俗学者,像欧洲早期的民俗学同行,把尺度的标准停滞在古俗的调查上,"只是用猎奇的眼光要从中探索人类原始思想。柳田则尊重村民,对民族基层文化采取了积极的分析研究态度。柳田以群众为师的恭谨态度,为后学者树立了良好榜样,也是他日后取得卓越成就的一个重要因素。"①柳田国男对民众的民俗,视作与人息息相关、代代传承的知识文化加以尊重和搜集研究的。在他看来,日本人之所以为日本人,日本人之所以能生存到今天,都与民俗——民间传承的扶托有着密切的关系。为此,他利用这些民俗材料,写下了《日本人》、《海上之路》等大批有关日本国民生存方式、日本固有生活技艺、日本人源起和国民性的专著,对日本现代思想文化的建设,作出了杰出的贡献,被授于文化勋章,成为全日本唯一享受此殊荣的人。所以,周作人接触日本民俗学时,柳田国男的民俗学刚起步不久,他能慧眼独识,在看好柳田国男,大力提供民俗学时,柳田还没有像后来那么有名气,究其原因,在于周作人对民俗学有了系统深入的认识。特别是民俗学具有能解读民众智慧,为民造福的前卫意识。

20世纪初中国学界各学科的著名学者专家之所以一下认同了民俗学,主要原因也在于它关注的是民众的知识学问。而这又和自严复以来爱国志士们富国强民的改革主张和国民性改造的社会舆论是相呼应的。学者们以敏锐的学术眼光发现,那些不为人注目的民众的民俗,蕴涵着珍贵的知识财富,将它的价值发掘出来,公布于众,本身就是"强民"改造国民性的重大举措。

著名的历史学家顾颉刚先生从事民俗学研究的经历便是一个明证。顾颉刚先生是20世纪初中国民俗自觉意识的一员健将。他从小对民间的疾苦有深切的了解,在苏州农村养病中,接触了大量的民间歌谣、信仰等民俗资料,决心要把它记录下来,为民鼓与呼。1918年,他在北大读书时,就积极投入大学歌谣征集的活动。1920年郭绍虞先生在《晨报》上介绍发表了顾先生搜集的歌谣,创当时大报刊歌谣之先河,引起了人们很大的注意。1922年《歌谣》周刊创办后,顾先生得以参加编辑部的编辑工作。以后他又从搜集的歌谣中选了百首,编为《吴歌甲集》,在《歌谣》周刊上连载,1926年7月,又由北大歌谣研究会印为专书出版。胡适亲自为他作序,给予很高的评价,称该书"是独立的吴语文学的第一部。"②1924年,他任北

① 王汝澜《日本民俗学发展概论》,《民俗学讲演集》书目文献出版社1986年6月版。
② 胡适《吴歌甲集·序》,《胡适学术论文集》。中华书局1993年版。

京大学研究所国学门助教,同时编辑《国学季刊》、《歌谣》周刊,又作《孟姜女故事转变》①引起了学界的巨大震动。因为他用史学与民俗学结合的科学方法,对社会上不登大雅之堂的故事传说进行研究,使人耳目一新。当时在巴黎留学的刘复先生写信道:"教我佩服得五体投地。你用第一等史学家的眼光与手段来研究这故事:这故事是二千五百年来第一个有价值的故事,你那文章也是二千五百年来一篇有价值的文章。"②1925 年,他受北京大学风俗调查会之托,与同人到妙峰山调查进香风俗,作《妙峰山的香会》的调查报告,编入《妙峰山进香专号》,对民间信仰作了实地调查和科学的分析。他认为不能讥笑从妙峰山下来的人戴的红花为野蛮而尊重耶稣圣诞节的圣诞树为文明,不能斥责《京报》中的《妙峰山专号》为下俗而推崇《史记》中的《封禅书》为高雅。他从歌谣、传说、民间信仰切入到历史学的研究,为新的民俗学和国学打开了一条新的学术之路,形成了一种新的学术之风。而这一切都是因为顾颉刚先生有了民俗学的学理基础,深切了解民众民俗所具有的人民智慧和历史价值。他在 1926 编撰的《古史辨》第一册中《我们研究古史的计划》中公示:"我所以敢大胆怀疑古史,实因从前看了二年戏,聚了一年歌,得到了一点民俗学的意味的缘故。"1928 年在中山大学《民俗》周刊创办之时,由他执笔撰写的发刊词中,他慷慨陈辞,宣称道:

> "我们读尽了经史百家,得到的是什么印像? 呵,是皇帝,士大夫,贞节妇女,僧道——这些圣贤们的故事和礼法!
>
> 人间社会只有这一点么? 呸,这说那里话! 人间社会大得很,这仅占了很小的一部分,而且大半是虚伪的! 尚有一大部分是农夫、工农、商贩、兵卒、妇女、游侠、优伶、娼妓、仆婢、堕民、罪犯、小孩……们,他们有无穷广大的生活,他们有热烈的情感,有爽直的性子,他们的生活除了模仿士大夫之外是真诚的!

这些人的生活为什么我们不看见呢? ……

这班小民永远低了头守着卑贱的本分呢? 不,皇帝打倒了,士大夫们随着跌翻了,小民的地位却提高了;到了现在,他们自己的面目和心情都可以透露出来了!

> 我们采着时代的使命,高声喊几句口号:
> 我们要站在民众的立场上来认识民众!
> 我们要探捡各种民众的生活,民众的欲求,来认识整个的社会!
> 我们自己就是民众,应该各各体验自己的生活!
> 我们要把几千年埋没着的民众艺术,民众信仰,民众习惯,一层一层

---

① 载于《歌谣》周刊第六九号 1924 年版。
② 刘复《敦煌写本之中的孟姜女小唱》,《孟姜女故事研究集》第 185 页,上海古籍出版社,1984 年。

地发掘出来!

我们要打破以圣贤为中心的历史,建设全民众的历史!

在顾颉刚的心目中,民众传统的生活文化创造积累了丰富的有价值的知识财富,通过民俗学研究,就可以"透露出来了",并以此来书写新的民众历史。

富国强民是清末以来一代又一代中国爱国志士的共同愿望,但是"强民"和国民性的提高,不仅仅是由上而下对民众的教育,更重要的是将由民间传承的,千万年以来民众有价值的生活文化之经验挖掘出来,发扬光大。顾颉刚先生以历史学与民俗学相交叉的学术思考,在理论与实践结合的基础上,作了很好的回答。20世纪初其他学科的一些专家如江绍原以宗教学与民俗学相交叉的思索,也交了一份漂亮的答卷。他的专著《发须爪——关于它们的迷信》及《血与天癸》、《"盟"与"诅"》、《端午竞渡本意考》、《礼俗迷信之研究概说》、《中国古占卜术研究》、《关于殷王亥传说的研究》等数百篇相关的文章,成为中国礼俗迷信研究及宗教学的权威。其成就"堪与鲁迅对中国小说史、王国维对中国戏曲史研究之成就相媲美"。胡适在1928年4月23日《时事新报》上发表之《图书使用法》一文中说:"像我的朋友江绍原从小问题做起,专研究胡子、头发、手指在中国历史上的迷信,成为一个系统,于是二千五百年的东西都活了。"①江绍原研究中国传统的古俗迷信,并不是为了猎奇,他筚路蓝缕,上下几千年,为的是寻根溯源,祛邪扶正,为建设新文化,塑造新的国民性服务。他有强烈的爱国热忱,五四运动时,他是冲入卖国贼住宅,火烧赵家楼而被反动政府逮捕入狱的大学生之一。他一生追求民主、进步,表现在学术上,就是关注与民众切切相关的学问。20世纪初中国民俗学的先辈们民俗自觉意识就是在富国强民提高国民性理想愿望的推动驱使下勃发的。

三

20世纪初,在民俗自觉意识的带动下,中国民俗学界的学术取向,虽有多学科学者的共同参与而结出诸多的成果,但其主流,确实是向文学倾斜的,这也是一个不争的事实。然而,究竟是什么原因促使中国民俗学这一学术趋向呢?以我观之:

首先,中国现代引入西方民俗学科,是从"文学切入"的②。

日本民俗学权威,与日本民俗学之父柳田国男先生交往甚密切的学术前辈直江广治教授指出:"中国民俗学研究的开始,是和民国初年的文学革命深相连的。

---

① 王文宝《江绍原民俗学论文集·序》,上海文艺出版社1998年10月版。
② 钟敬文《从事民俗学研究的反思和体会》,北京师大学报,1998年6期。

在新文化中心的北京大学,民国十一年(一九二二)周作人、沈兼士等领导、出版的《歌谣周刊》发刊词说:'本会搜集歌谣的目的共有两种,一是学术的,一是文艺的。我们相信民俗学的研究,在现今的中国,是很重要的一件事业……'值得注意的是,中国民俗学的诞生是和文艺紧紧相连的。在外国也是,以德国的格林兄弟和法国别罗的民间故事研究为首,民俗学研究从口承文艺方面开展起来,民俗学和文艺建立了深刻的关系,但不能不看到这个倾向是给中国民俗学的开展以特色的。"①

　　民俗学的内涵十分广泛,即使按照国际学界扼要的大类分法,如1890年英国贡姆(G. L. Gomme)在其《民俗学手册》(Handbook Folkore)所作的四分法或后继者班尼女士(D. S. Burne)1914年在原作增补改定为的三分法,包括后来日本的三部分类法,口承文艺在民俗学领域,也仅仅是其中的一部分。为什么传到中国竟以文学切入,与文艺紧相连呢?钟敬文教授在今日的学术反思中,解剖了自己:自己是志在文学的。新文化运动起来,又转向了新文学。在热衷着新文学的时候,又爱上了野生的文艺。1930年后,"尽管逐渐向民俗学倾斜,但平心而论,我始终没有抛弃我的'老朋友(文学)'","这就使我的民俗学活动,或多或少地受到文学的熏染。这种熏染的结果,自然有积极的一面,如它使我在广泛的民俗事像的研究上,开辟了自己较专门的一部分园地(民间文学,特别是口头叙事文学),……它也有消极的一面,那就是限制了我对民俗事像的其他方面(物质生活方面、社会组织方面等)的更为深入的理解。这种限制(或说畸形),使我作为一门学科的领导者,分明是有它的缺点的。"钟敬文先生,年青时代擅长散文、诗歌创作,在当年文坛上,盛名不亚于冰心、郁达夫。如果他继续沿着文学创作的路走下去,那么我们现代文学史上将会多一位更璨灿的明星。可是,钟敬文先生转向了民俗学,又不改文艺的痴情,从而建立了文艺的民俗——民间文艺的新研究天地。这似乎可作为中国民俗学发生后,走向文艺的颇有说服力的个案。

　　中国新文学的发展史证明,中国新文学倡导者的爱好和参与,导致了中国民俗学的文学倾向。具有代表性的是周氏兄弟和胡适。周氏兄弟之一周作人在现代文学史上是一位著名的文学家。如直江广治教授所述,中国民俗学发轫期,他又是一位民俗学的积极开创者。代表中国民俗学先声的北大《歌谣周年发刊词》,就是他起草的。② 周作人对民俗学的关注甚早。如前文所述,周氏兄弟俩,同年相近的时间内,分别阐述民俗学中民间文艺学的研究问题,默契地倡导从文学切入民俗学,可以说是以北大歌谣征集为起点的、文学化倾向的中国民俗学发生的前奏曲。1922年《歌谣周刊》发刊词的旨意,就是这些意见和想法的集中反映。

---

① ［日］直江广治著,陈千帆译《中国民俗学的发展》,详见《日本民俗学讲座》卷五,1976年版。
② 参见王文宝《中国民俗学发展史》,巴蜀书社出版,1995年9月版。

客观地讲,周氏兄弟,特别是周作人,并没有将民俗学的主旨,停留在文学的层面,他是比较鲜明地指出要深入到解析神话、童话、民间故事、歌谣一类民间文艺其意的学术理论层面,他在《童话略论》一文之四《童话之解释》中指出:"童话取材既多怪异,率尔一读,莫明其旨,……英有安特路朗始以人类学法治比较神话者,于是世说童话乃得真解。"①进而在其文之五《童话之变迁》中论述道:"童话中事实既与民族思想及习俗相合,在当时人心固了不以为诡异,而时代卓远,忘其往昔,则以为异俗惊人。"②为此,他于1914年7月,又专门撰写了《古童话释义》对中国古童话的灰姑娘类型故事的中外流变,古越《雀折足》、《女雀》、《螺女》等故事进行了民俗学的释义。所以他在《歌谣周刊》发刊词中,论述搜集歌谣的目的时,首先强调是学术的。直江广治教授也注意到了这一点。认为发刊词"另一方面还强调歌谣(民谣)是民俗学上的重要资料;预想到民俗学的全面开展这一点,也引人注意。周作人最初的文集《自己的园地》出版是在第二年,其中收集有关神话、歌谣、谜语、童话、习俗等等启蒙式的论述,这就推动了民俗学不仅探求歌谣而且必须探索更广阔研究对像的倾向。"③

　　现代中国民俗学发生阶段,有不同学科的专家学者,纷纷投入其间。诚如钟敬文教授所说:"我国早期致力民俗学的学者,他们原来的所从事的专业,基本上是各不相同的。有的是搞文学的,有的是搞史学的,有的是搞语言文字学的,有的是搞社会学的。自然,也有人一开始就搞民俗学的,但那只是众多学者中的少数人而已。这种情形,也许是一种新学术(特别是从外国引进的)出现的初期,在还没有形成较多专家情况下所难免的",④有学者对此概述为初创时期多学科的参与。如从史学、宗教学、哲学等学科入民俗学的大师顾颉刚、容肇祖、江绍原、黄石、杨成志、常惠、林惠祥等等。他们各自从自己的学科和学术偏爱方面出发,在民俗学学术研究领域作出了特有的贡献。⑤

　　其次,与当时的新文化运动中名"爆得大名"的文坛风云人物胡适个人偏爱学术导向的推波助澜也不无关系。

　　胡适自己也明白"陈独秀、胡适之、钱玄同、刘半农这一班人,都不完全是搞文学的人"。⑥但因倡导文学革命而在新文化新文学运动中,名声大振,炙手可热。他又因提倡白话文学,故而关切民间文艺的状况。他不像周作人,受过民俗学的系

---

① 周作人《民俗学论文集》P39—52,上海文艺出版社,1999年1月版。
② 同上。
③ [日]直江广治著,陈千帆译《中国民俗学的发展》,详见《日本民俗学讲座》卷五,1976年版。
④ 钟敬文《从事民俗学研究的反思与体会》,北京师范大学学报1998年6期。
⑤ 赵世瑜《中国现代民俗学初创时期多学科参与》,《民间文学论坛》,1998年2期。
⑥ 《中国文艺复兴运动》,载1958年5月5日《新生报》(台北1998年二期)。

统熏陶,爱好文学,也不忘民俗学的宗旨。既看到神话、童话、歌谣、传说的文学性,又想到其中深奥的文化意蕴和巨大的学术价值。他看民俗学,只见与他旨意相一致的民间文学。或只想把民俗学限定在民间文学研究的范围。1935 年,北京大学文科研究所决定恢复歌谣研究会。胡适与周作人、魏建功、顾颉刚等人被聘为歌谣研究会委员。1936 年,《歌谣周刊》复刊,胡适在由他执笔的复刊词中挟其权威名流的身份强调:"我以为歌谣的收集和保存,最大的目的是要替中国文学扩大范围,增添范本,我当然不看轻歌谣在民俗学和方言研究上的重要,但我总觉得这个文学的用途是最大的,最根本的。"他以三个最,把周作人起草的歌谣发刊词的所说的二大任务,归结为一个,即为中国文学的发展。在此理论指导下付之于实践,复刊后的《歌谣周刊》大力加强了文学的研究。最引人注目的是在 11 月份展开了吴歌史的研讨。① 史学大师顾颉刚的研究也向文学倾斜,又撰写了著名的《吴歌小史》,论证吴歌在先秦时就已产生,引起了很大反响,再度引起了一批学者对民俗学的文学关怀和研究。陆侃如为此撰写了《读吴歌小史》与顾颉刚进行对话。容肇祖发表了《粤讴及其作者》和《粤讴之作者招子庸传》,胡适提出《全国歌谣调查的建议》,周作人撰写《歌谣与名物》,朱自清谈《歌谣与诗》并另撰系列文章《神话与诗》等等。而在此之前,顾颉刚、容肇祖、杨成志、娄子匡等人,已在中山大学、杭州等地,在创办的《民俗周刊》中早已大大强化了民俗学的文学倾向。如中大《民俗周刊》共出 123 期,大部分是民间文学方面的。据杨成志统计,共刊出民间故事180 多篇,传说 112 篇,歌谣 160 首,信仰 37 则,研究文章以民间文学为主 300 多篇。另出一些专号:计有"歌谣专号"、"祝英台故事专号"、"传说专号"、"故事专号"、"山海经研究专号"、"王昭君专号"、"谜语专号"、"槟榔专号"、"清明专号"、"中秋节专号"、"旧历年专号"、"神的专号"等。② 这些专号中,文艺性的内容为主。在一些节俗为主的专号中,大量也是其文学方面的内容。《歌谣周刊》复刊词实际上也是对业已发生的民俗学文学化倾向加以总结推广而已。

中国民俗学的文学化倾向,从表面上看,和上述的时势和人物的嗜好有直接关系,但从历史看,恐怕有更深远的根源。美国当代的民俗学家理查德·多尔逊(Rchard M. Dorson,1916—1981)在为德国民学俗家沃尔夫·爱伯哈德(Wolfram,Eberhard)所编英文版《中国民间故事集》(1965 年芝加哥大学出版社)作的序中指出了中国现代民俗学的历史渊源。他说,令人惊异和难以置信的是,这些搜集和利用民间歌谣、故事的活动,看起来是如此现代的一门科学研究,然而它却几乎完全重现了孔教时代的理论和方法。在古代,地方官员肯定从民间采集了许多歌谣。

---

① 王文宝《中国民俗学发展史》,巴蜀书社,1995 年 9 月版。
② 参见容肇祖《忆〈歌谣〉和〈民俗〉》,《民间学》1962 年第 6 期。

孔夫子(前551—前479)就曾从3000首民歌和颂辞之中精选了300首,编成了《诗经》。高度集权的汉王朝,于公元前3世纪建立封建体制之后,设置了乐府机构,来保存和整理现世歌谣。这类歌谣不同于庆典音乐,而是在大众节庆时演唱的。同时,它还任命官员,采录和收集市井中流传的传说轶闻。皇帝和朝臣们会认真分析这些材料,以此来判断民心及其统治效果。乐府机构编集的歌谣,很快就会被宫廷诗人所模仿,而民间故事则为文言小说作家的创作提供了源泉。因此,可以说,20世纪民俗学的研究机构、大宗资料记录以及田野考察活动,关注大众歌谣和故事的社会与艺术价值,是继承了长期延续的中国传统。①

胡适实际上也是受传统影响。1922年他在《五十年来中国之文学》一文中,对擅长化风俗为诗,诗中见风尚民情的清季外交家、诗人兼风俗专家黄遵宪特别推崇。黄遵宪利用工作之便,常在国内外民间采风,并以"我诗写我口"的主张,将民间体现人民真情实感的习尚和流俗语化入诗中,雅俗共赏,博得众人的好评。胡适对此钦佩之至,以他为典范,宣扬新文化的白话文学和自己的学术主张。

还有,现代中国民俗学文学化倾向,除了上述在民俗学范畴内,逐渐出现以民间文学搜集和研究为主的趋向,在另一方面,在现代文学——小说、散文、诗歌、戏剧创作中和文学研究领域,还出现了化俗为文的文艺民俗化走向,出现了中国民俗学文学化倾向的又一个侧面。而这一点,又往往成为研究中国民俗学和研究中国现代文学史专家们各自所遗忘的角落。

与周作人同时带有文学眼光关注民俗学的还有他的兄长鲁迅,其注意力着眼于民俗的清理与文学创作的紧密联系,而不多兼容民俗学科的学术研究。纵观鲁迅的文学创作,我们发现了鲁迅前期的一些著名小说,如《孔乙己》、《药》、《风波》、《故事》、《阿Q正传》、《社戏》、《祝福》等等,基本上都是从民俗中化俗为文创作出来的。后期小说集《故事新编》全集八篇小说,自述是"神话、传说及史实的演义",②"根据传说改写的东西",③都是从优秀民俗文艺的结晶、民间文学中采撷创作的。至于在鲁迅的杂文体中,从民俗撷取题材、事例生发开去,组成投枪匕首式的杂文,更是不可胜数。著名的杂文《门外文谈》,可以说是鲁迅对传统民俗孕育了中国整个文艺包括文字的系统阐述。他说:"就是《诗经》的《国风》里的东西,许多也是不识字的无名氏作品,因为比较的优秀,大家口口相传的……东晋到齐、陈时的《子夜歌》和《读曲歌》之类,唐朝的《竹枝词》和《柳枝词》之类,原都是无名氏的创作,经过文人采录和润色之后,留传下来的。这一润色,留传固然留传了,但

---

① 转引自安德明《多尔逊对中国民俗学史的论述》,北京师范大学学报,1996年6期。
② 鲁迅《南腔北调集〈自选集〉自序》,见《鲁迅全集》第五卷,第451页,人民文学出版社1973年版。
③ 1936年2月3日致增田涉信。见《鲁迅书信集》下卷,第1243页,人民文学出版社1976年版。

可惜的是一定失去了许多本来面目。到现在,到处还有民谣、山歌、渔歌等,这就是不识字的诗人的作品;也传述着童话和故事……因为没有记录作品的东西,又很容易消灭……偶有一点为文人所见,往往倒吃惊,吸入自己的作品中,作为新的养料。"他在给姚克的信中更明确指出:"歌、诗、词、曲,我以为原是民间物,文人取为己有。"正因为鲁迅有这样清晰的认识,故在他的创作实践中,便能身体力行,熟练地运用民俗塑造文艺,使他的作品洋溢着中华民族的馥郁气息,成为中华民族新文艺新文化运动的方向。

　　过去,片面的宣传,把民俗文化冠以劳动人民的文化,又似乎只有鲁迅才注重民俗文化对文艺的影响,及将鲁迅与其作品看成是唯一的奇迹。其实,郭沫若、胡适等学者也都大力提倡过。而且艺术家本身,连同他的创作,也不是孤立的,有一个包括艺术家在内的总体家族。其中,人们的政治倾向可能不全相同,在艺术中却不约而同地趋向一致的角度。在鲁迅同时代,我们发现有一批作家在采取类似的创作方法,硕果累累的有周作人、废名、林语堂、茅盾、沈从文、老舍、巴金、郑振铎等。沈从文在回顾自己的创作方法时说,他的创作大多以湘西的风俗民情为题材。作者在三十年代从故乡湘西独特民风习俗中,撷取素材,开拓主题,构思情节,塑造形像,创造了以《边城》为代表的一批散发民族乡土气息的作品,赢得了国内外广大读者的喜爱。被人讥为"靠着卖乡土神话而成名的作家"老舍,对此不仅毫无愧色,并幽默地认为这是自己得天独厚的"一招",说:"有一招拿出一招来,总比一招也没有好一些。"凭这"一招",老舍写下了扛鼎之作《四世同堂》、《骆驼祥子》、《茶馆》等等。环视老舍的创作生涯,鲜明地透现出北京风俗习惯、风土人情等民俗文化题材翱翔展翅的艺术剪影。茅盾既注意了《春蚕》这类乡村民俗的艺术提炼,又重视在都市民俗中张开自己艺术的翅膀,吴荪甫的背后倒映着苏南帮乡绅向现代化迈进的扭曲身影,赵伯韬浑身上下却迸射出广帮买办的畸形色彩。巴金的代表作《激流三部曲》(《家》、《春》、《秋》),正是对中国传统民俗的恶性肿瘤——宗法家庭制进行"艺术"化疗的产物。同时代其他年青作家如柔石《为奴隶的母亲》、《二月》,萧红《呼兰河传》也是一脉相传。"延安文艺座谈会"后,一批革命的文艺工作者更自觉地深入人民生活,运用民俗为文艺创作服务,赵树理等人是其中的佼佼者。赵树理原是一个为艺术而艺术的唯艺术论者。在左翼大众文艺、特别是鲁迅文艺思想影响下,便"有意识地使通俗化为革命服务"。毅然弃爱,从崇洋赏雅的文坛转向信土喜俗的庙会文摊,以清新刚健的民间风格和浓郁的乡土风情,写下了《小二黑结婚》、《李有才板话》等脍炙人口的杰作,以满足"群众的欣赏习惯"。以赵树理为泰斗的"山药蛋"派和以孙犁为首的"白洋淀派",在现代文学史上异曲同工,都是在民俗的开掘中,奏出了独特的艺术旋律。在开拓民俗题材的创作实践中,这些文学大师虽然尚未明确指出民俗与社会生活的关系,可在实际中,已把它作为社会生活的一部分,作为文艺创作的源泉之一。从中提炼编辑出有声有色的文艺作品。当代文学中,文化小说或称之为风俗小说的文艺,就是源远流长的民俗文艺创作在今天的复苏和深化,体现了别有情趣的艺术风味。

在自觉地用民俗来推动文艺问题的学术研究上,鲁迅《魏晋风度及文章与药及酒之关系》一文,是现代文学史上文艺和民俗相互关系研究最早的一篇力作。胡适对在各地民俗风情差异下的流传歌谣《隔着竹帘看见她》所做的比较研究,也显示了这方面的功底。周作人对神话、童话、传说等艺术样式与民俗关系的论述,就民俗对艺术流传影响的看法等等,成为检验民俗如何推动文艺发展的一面镜子。然而,成果丰厚、功勋卓著者,在这方面当首推闻一多、朱自清、顾颉刚等学者。精通小学古典训诂音韵,对"以原始社会为对像的文化人类学"①及其中的重要分支——民俗学"都有深切的见解和研究"②的闻一多,在他的名著《神话与诗》中,熟练地运用《歌谣周刊》、《民俗》周刊等大批活的民俗材料及当时的民俗学知识和理论,有力地拨开了笼罩在远古一些文艺上的迷雾,取得了恢宏的举世公认的研究成果。如《伏羲考》、《龙凤》、《端午考》,其真知灼见,今天的学术界还在分享。朱自清先生在《经典常谈》中,总结了自己的治学经验,告诫学生,搞好国学的研究,首先要学好二学、小学——文字学、民俗学。顾颉刚为开创史学的新路子,特意直接借助民俗的艺术研究。他从民众广泛流传的孟姜女故事及风俗,"整理出历史和地理两个系统,作出了杰出的成绩"③,一时引起了几十位学者的跟踪研究,远在巴黎的中国学者也兴致勃勃加入了此行列,产生了广泛的影响。国外一些著名的汉学家,如苏联的李福清,就以孟姜女的民俗故事作为自己的研究专题。当初,这种研究还"惹起正统学者的鄙薄",但是,顾颉刚坚信"一种学问在创始的时候不能得到一般人的了解是很寻常的。……我们深信在这个目的之下一定可以开出一个新局面,把古人解决不了的历史事实和社会制度解决了……"。④ 文艺民俗的运用和研究,有一个历史发展的过程。在中国文艺史上,它由不自觉到自觉,视线越来越清晰连贯,视角越来越稳定扩大,队伍越来越壮大,终于为中国文艺民俗学科奠定了特有的结构框架、研究的角度和方法。

综上所述,20 世纪初,中国学界从西方引入民俗学科时,呈现了民俗学的民间文学化和民俗的文学化两个侧面的民俗学文学化倾向,构成了中国民俗学独特的风景线。中国民俗学为什么会出现与文艺紧密联系的学术走向呢? 曾有人断言,那是由于中国搞民俗学的人都是从事民间文学的人转起来的,有着先天的知识结

---

① 见《闻一多全集·自序·事略》,生活·读书·新知三联书店 1982 年版。
② 同上。
③ 王煦华《孟姜女故事研究集·序》,上海古籍出版社 1984 年版。
④ 顾颉刚《孟姜女故事研究集·序》,上海古籍出版社 1984 年版。

构的缺陷，①这是只见其表，不知其实。钟敬文教授在前面文中的自我解剖及当时学界名流的提倡，为我们认识这个问题的实质指出了一条明路。

形式上看，现代中国民俗学的文学化倾向，源于学者名流的偏爱。中国 20 世纪初的文人教授，生于清末民初，旧式的教育虽有弊端，但国学的底子都比较深厚、扎实。而老的文人都有爱好诗文的传统，即使受新科学的驱使，可对文学总抱有一种爱好，留意民俗学中的文学因素，似乎是自然而成。然而，我们从更大的社会需求视野考察这个问题，恐怕不仅仅是这个原因。其更深层的动因，还在于当时的学者名流，都急切地在寻找一种社会改革的良器，专门描述研究一国民众固有传承性生活文化的民俗学，在一些激进的知识分子眼中，即是解析国民性病根和国家颓势的利器。所以，不同学科的学者，纷纷投入其间，各自展开学科研究，从而形成了多学科参与的局面。现代中国民俗学初创阶段多学科参与的底层，蕴含着各学科的专家寻求以人文科学剪除陋政，治理国家根除陋性，重铸新国民性的殷切期望。而民俗学最终出现两种文学化倾向特色的走向，归根结底，也是社会急切的国民性改造需求驱动下的艺术化展现。

清季政府的腐败，民国初期军阀的混战和专权，外国列强频频的侵略，一件件敲打着当时进步知识分子的心田。他们悲愤、焦虑，奋起寻求时弊的症结和治理的良策。从日本留学归来的周氏兄弟，深受日本明治维新后国力强盛的感染，并对日本民众独特的国民性怀有深刻的印像。相映之下，回首国内颓国弱民，时时受到帝国列强恃强凌弱欺压的痛楚，不禁热血沸腾，兄长鲁迅更为激烈，发出了"我以我血荐轩辕"的誓言。可是从何处下手呢？鲁迅根据他的体验，以为首先要改革精神麻痹的广大中国人的国民性。他在《呐喊·自序》中写道："我们的第一要著，是改变他们的精神"，并在《两地书》与许广平通信中进一步明确他的想法："此后，最紧要的，是改革国民性，否则，无论是专制，是共和，是什么，什么，招牌虽换，货色照旧，全不行的。"据周氏兄弟的好友许寿裳回忆，1920 年，鲁迅和他经常在一起议论三个问题。一，理想的人性是怎么样的？二，中国国民性中最缺乏的是什么？三，问题的病根何在②。鲁迅到了晚年，还念念不忘这些问题的解决。1936 年，他的身体状况已很不好，期间他写下了《立此存照之三》的文章。在文中他一再希望有人能将一位美国学者史密斯写的《中国人气质》一书翻译出来，让国人看看美国人对中国国民性的观察和看法，并以此为鉴，认清中国国民性的优劣和改造国民性的迫切。客观地讲，鲁迅与许寿裳对国民性的研讨，以鲁迅此时与弟周作人的关系尚融洽，周作人也关注这个问题的历史真实，研讨时周作人恐也在场，至少对此是了解

---

① 参见仲富兰《中国民俗文化学导论》1998 年 7 月版，浙江人民出版社。
② 许寿棠《亡友鲁迅印像记》。

的。周氏兄弟俩的差异,不在于国民性的改造的思考,而在于对国民性改造的途径。周作人的理想人性是自然人性,顺着人的本性自然发展。所以他借鉴民俗学和日本柳田国男乡土研究的思路,研究民俗,分析童话一类民间文学和传统民俗文化中隐含的文化意义,取优除劣,发展健康的人性。鲁迅的理想人性是个体的精神自由,他更关注国民性中缺少和不足的东西,①并以激烈的批判分析,达到剪除的目的,从而建设健全的人性。因此,他对影响人性人生的陋俗,进行无情的鞭挞。而对于这种批判,他既不是简单的说教,也不是从学科角度的学术辨析,而是采用文学的表现形式,实现他改造国民性的愿望。他以文艺为手术刀,对民俗中的糟粕进行剖析,以便"将旧社会的病根暴露出来,催人留心,设法加以疗治"②。他的第一篇惊世小说《狂人日记》,就是通过批判民俗中"家庭制度和礼教的弊害"③向封建主义宣战的。旧社会的家庭制度是在血缘关系上以家礼、家规、家风、家教及宗法、族权等形式出现的习俗制度,其中包含着大量封建、野蛮、摧残人性的毒素,污染了中国普通老百姓的灵魂,构成了迫害进步事物和新生力量的习俗法网。鲁迅少年时代曾经亲身经历了落后民俗给他父亲和家庭带来的不幸。他在《呐喊》自序中,还不无遗憾地谈到民间医疗的奇特陋习,反而加剧了父亲的病情。后在其弟周遐寿(周作人)的《鲁迅的故家》一书中,还提到当年父亲吐血,兄弟几人遵陋习,给他喝墨汁,以为可以止血。在鲁迅看来,这种种陋俗,在他身上有,在旁人身上也有,它已侵入了广大中国人的灵魂,成为国民麻木神情劣根性的重要病源。在《狂人日记》发表前四个月,鲁迅给许寿裳写信,兴奋地说:"呈辈诊同胞病颇得七八"。④ 你看,狂人和妹子周围"布满了罗网",且不说"赵家的狗","狮子似的凶心,兔子的怯弱,狐狸的狡猾",就是狂人的"大哥"也竟起仿效,加入迫害的行列。更可怕的是受害者狂人,无意中随了习俗,分食了妹子的几片肉,何等的怵目惊心!《狂人日记》创作的成功,为鲁迅找到了剖析和改革国民性的好方法,即以文艺为武器,以民俗为突破口,指出那些存在于"国民"脑中的陋俗,揭示国民性的劣根性,引起"疗救的注意",从而达到"改变他们的精神"的目的。

鲁迅在日本原学医,后弃医从文,职业改变了,可是他立志于疗救国人的意愿没有改变,不过换了一种方式而已。对民俗学,他在中国国内最早提出建立相关的国民文术研究会(在日本,柳田国男他们一开始也没有称民俗学,而是谓乡土研究)。他关注民俗,不以学术研究学科建设为主,而以文艺的形式加以揭示和渲染。其寻求理想人性,改革不良国民性的心愿也没有更改。如前所述,他和同时代

---

① 参见钱理群《话说周氏兄弟——北大演讲录》,山东画报出版社,1999 年 9 月版。
② 鲁迅《南腔北调集〈自选集〉自序》,见《鲁迅全集》第五卷,第 50 页,人民文学出版社 1973 年版。
③ 鲁迅《且介亭杂文二集》,见《鲁迅全集》第六卷,第 239 页,人民文学出版社 1981 年版。
④ 1918 年 1 月 4 日至许寿堂信,见《鲁迅书信集》上卷,第 14 页,人民文学出版社 1976 年版。

的一批作家,对民俗和人生不约而同地采取了同一个手法——文艺的解析和化合,为中国新文学的发展,也为现代中国民俗学的特色增光添彩。直到今天,我们从这些作家的作品中,可以构画出一部现代中国民俗的变迁史。在老舍的《四世同堂》,巴金的《家》、《春》、《秋》,林语堂的《京华烟云》等著作中,民俗学范畴的家族、宗法习俗等等一一历历在目,从中可以编写一部封建社会末世的《风俗通》。

　　由此可见,社会的使命感,国民性改造的共同议题,新文化、新文学运动的冲击,使中国现代民俗学走上了文学化倾向的道路。所谓民间文学工作者转入民俗学行业,造成这一局面的说道,夸大了民间文学工作者的能量。也反映了论述者对这一历史发展缺乏深切的理解,表现了一种无知和武断。

　　类似的状况,外国也有。如德国的民俗学,其现代民俗学之父赫尔德(Johann Gottfriedvon Herder)一大功绩是赞美民间歌谣是探索民众精神的源泉。其继承者格林兄弟,编集的《格林童话》和创造的民间故事收集方法,具有广泛的世界影响。这也是一种民俗学的文学化倾向。中国只是比他更宽泛、深广而已。

　　民俗学的内涵,天然具有多学科的性质,世界民俗学的学科定位,大体有之,但具体在各国,其表现就不尽相同。在每个国家里,不同的历史阶段,也会呈现不同的变化,其关键还在于学科与社会需求的互动。社会的需求和认可,往往成为其不同特色走向的内驱力。

　　20世纪过去了,世纪之交中国学界的先辈们的民俗自觉意识,为转型期中国新文化、新文学的勃发和进取,获得了名垂史册的硕果。他们当年奋发战斗的呐喊,至今仍在我们耳边回响。在新世纪开始之际,我们应该努力向先辈们学习,从社会发展的需求出发,积极开拓中国民俗学的新路,为祖国的繁荣昌盛作出自己的贡献。

思考题:

　　1. 周氏二兄弟对中国民俗学的发生作出了哪些贡献?

　　2. 我国学界民俗自觉意识的发生是建立在什么理念基础上的? 对"folklore"的理解又是怎样的?

　　3. 为何中国民俗学发生之际,民俗学界的学术倾向偏于文学?

第一章 何谓民俗

　　要了解民俗,首先得知道什么是民俗。近几年,"民俗"的字眼不断出现在报刊、影视等大众传播媒介中,格外惹人注目。但是,对民俗的理解和解释,却不那么一致。所以有必要对民俗先作一番浅显的分析和说明。

　　什么是民俗? 这个问题看似很简单,其实不然。最初人们认为民俗就是古老的、落后的生活习俗,或者是民间文艺,后来渐渐地发现这些内涵不足以涵盖民俗的全部内容,民俗这个概念才有了不断的发展。直到今天,对于什么是民俗这个问题,虽然不同的国家、不同的学者仍有不同的看法,但是,以我观之,所谓民俗,就是社会民众中的传承性的生活文化。

第一节 民俗是一种生存方式:生活相

　　民俗是人类社会独特的社会文化现像。什么是民俗? 从第一个层面,即生活的层面,生活的角度看,民俗是一种生活相。什么是相,相是佛家用语,佛家对事物有自己独特的判断。比如说,什么是火,火是一种焰相,水是一种流相;什么是民俗,民俗是一种生活相。也就是生活的样子,一种生活的方式,不是我们所想像的古老的,古老的只是一个方面,关键是它是活的,活世态的生活相。在生活层面表现为生活的技艺和生活的习惯。

　　比如我们现在买房子,一般仍保留观念要朝南的,为什么要朝南的? 因为有阳光,好像很简单,可是我们的古人却花了很长时间才选择"朝南"。在四千年前,我们现在所在的"东夷"地区房屋的朝向是东面,朝着太阳,主要是太阳崇拜。那么后来为什么改成朝南了呢? 这就是生活技艺积累的结果。在生活中人们悟出一个道理,在我们居住的北半球,朝东居住是不合适的。这种改变是在生活中慢慢积累而产生的,渐渐形成一套理论,什么理论? 风水理论。

　　有一次,我在同济大学班门弄斧,谈建筑风水。一想到风水,我们马上会说,封建迷信。然而19世纪末20世纪初，外国出了很多介绍中国风水理论的书，称之为中国的潜科学。我们不否认风水中有封建迷信的成分，特别是风水理论的后期。可是风水理论的内涵，还是有很多值得我们思考和借鉴的东西的。所谓风水，简言之就是风的走向，水的流向。它的核心是一个人选择自己居住的地方，要考虑到风和水的流向。实际上，地球上不是任何地方都是适合人居住的。那么人适合居住在哪里？我们的先民创造了这一种理论。平时我们说"左青龙，右白虎"，这是怎样一种理论？它就是说山势的走向关系到风的流向和水的走向。在我们中国传统的居住理念中，东西北三面环山，南面有环绕而向外的流水包孕的这个位置就是穴，这个位置是最佳的居住地——风水宝地。这种理念适用于我们生活的北半球，这一地区，季风对生活环境的影响很大。东面季风带来大量雨水，平时我们都能感觉到东面的墙上容易渗水，于是东面要有屏障，把雨水挡住，西面有屏障，把西北风挡住。北面也有屏障，剩下这个地方就是最保暖的。然而这还不够，还需要有水，人活着不能没有水，所以我们看到这里有山上流下来的溪水，这水是活的，向外流，既保障生活用水，又能把生活污物带走，因而健康。由此可知，我们的风水理论的基本要素，就是选择最适宜人居地的风和水的流动走向的位置。利用山体和河道来确定适合人居住的环境。我们现在住的房子，北京的四合院和南方的厢房，其实就是古代的风水理论的原型，利用人工建筑的方式来实现了。我们的理念就是生活的习惯。从风水理论引申到很多。环视当今的建筑，有的真的惨不忍睹。如南方的一些城市有一个阶段造了那么多玻璃外墙的高楼，不符合我们风水的理念，根本对生活就是有害的。为什么？这种建筑模式来自北欧，北欧为什么需要玻璃外墙？因为天气比较寒冷，需要采光。而我们南方处在亚热带，那里的房子需要散热，我们现在用空调制冷，却增加了这些城市的热岛效应，又浪费我们宝贵的能源。这种西方的建筑模式移植到中国来，我看是典型的建筑垃圾。

从生活层面来看，民俗是生活的方式和技艺，包括我们生活的方方面面，甚至包括我们年轻人谈情说爱。有人可能会说，现在我们自由恋爱，和民俗有什么关系？看似无关，可是在实际操作上又是怎样的呢？我调查过上海滩上女孩子的恋爱经，她们给我总结了三个词："face，class，花露水"。后者是上海的方言，face 和 class 则都是洋泾浜英语，一个是脸面，一个是阶层和地位。谈朋友主要是三点，长得怎么样，地位是否门当户对，男方喜欢低就，女方喜欢高攀。最后她们就说，最终，就是"花露水"，看男方"花"功到家不到家，到了就完事了，嫁给他就嫁给他了。所以看看在上海滩谈朋友，女孩子一般是不会主动说"我爱你"的，要绕很大的圈子让男方说"我爱你"才行。西方人没有这种习惯，爱就是爱，没什么可以绕的。所以外国人对中国这种"含蓄"真的感到无法理解。事实如此。有一次复旦大学招了一批法国女孩学习中文。她们学习古典文学,别看她们是法国人,经过一段时间的语言学习,语言关过了,读《红楼梦》,文字看得懂,意思无法理解。有一次一位法国大家闺秀突然跳起来,把书往桌上一扔,"干什么!!"叫了一声。旁边的人都一愣,一个陪读的中国男青年教师问:"怎么了?""没什么,看这个书窝囊!""为什么?""林黛玉干什么要这样?""那么,要怎么样行呢?""不是很简单嘛,说一句话啊""什么话?""我爱你! 不就完了吗?"这位男教师一时愣住,无言可答,想了半天,说:"哦,假如你要《红楼梦》里的林黛玉说'我爱你'的话,那么《红楼梦》也就没有了。"这就是东西方恋爱婚姻习尚的最实质的差别。

在生活中,这样的场景相当多,民俗就是我们活的世态的生活相,生活场,生活流。我们会发现我们的日常生活中很多细节都和民俗分不开。比如用筷子恐怕是我们生活中最常见的现像。可是为什么要用筷子? 想过没有? 世界上有用刀叉和用筷子的两种习惯。为什么用刀叉? 因为游牧民族为了撕裂动物,要用刀叉。可是为什么我们会用筷子? 我们的筷子是模仿什么? 这是模仿鸟的爪子,我们吃的大米饭,就是鸟食。我们古人就是和鸟争食,才发现了大米,才开始种水稻的。我另外的专著《中国鸟文化》或《中国鸟信仰》,对此有专门的田野调查和理论阐释。

如何使用筷子,在我们中国有自己的习俗。一般的父母长辈,在自己的孩子成长中都会专门教育他们怎样用筷子。我小的时候,一开始将筷子交叉握着去夹东西,可是,还没等我把东西夹过来,一个巴掌已经过来了,是我外婆。她说这个是"搞七廿三",这个上海话很难翻译,就是北方人讲的"不顺"、"别别扭扭"的意思。不能这样拿筷子。然后改过来,这次握筷子的位置,我又拿得比较高,只见外婆又一个巴掌打过来,"你拿这么高干什么! 你将来要出远门的。"结果不幸言中,我高中毕业就到北大荒去了。当然,恐怕这纯粹是偶然巧合。我想说的是,生活中有很多规范,看不见,摸不着的,却要求我们处处遵守。真的是这样,比如还是筷子,到现在我还是无法忍受,就是现在有些年轻人,特别是大学生,打完饭以后,筷子朝饭里一插。每次我看到,我都觉得特别不舒服。为什么? 中国习惯上坟、祭祀祖先的时候,就是这样把筷子插在饭上,请祖先用饭的。还有一个我们风俗习惯,好客。一吃饭就给人家夹菜。"哎呀,菜不多,要吃饱。"夹来夹去,是不是? 后来大家说不卫生,中国人改用"公筷",可是要知道对有些民族来说,即使是用公筷他们也还是受不了。比如老一辈的日本人,你这样给他夹菜,他就会受不了。为什么呢? 首先他们没有为客人夹菜的习惯。但是,他们有这样的动作,也是在特殊场合下做的。人死了,火化了,还有一些小的骨头没有火化,作为亲朋好友,大家团团围坐,一块一块夹出来,同时还要虔诚地拜一拜。所以你做这样的动作,在他看来,不是什么美味佳肴,而是马上想到过世亲人的骨头,这个谁受得了!

所以从生活的层面来看,民俗体现在方方面面,例子举不胜举,就不多说了,这是我讲的第一个方面。

第二节　民俗是一种文化模式

从文化的层面看,民俗是什么? 民俗是一种文化的模式。所谓模式,是一种样式,它概括了某种日常生活的规范或范式。

例如,打电话是我们现代的一种常见的生活样式,平时,也常有学生打电话到我家,我不在,她就问我的夫人:"陈老师住在这里吗?"如我不在,那么我的妻子会回答:"是住在这里,他现在不在……"在中国是很正常的,不会引起多大的疑问。假如换在另外一个国家,可能同样是这句话,要出大问题,比如现在的日本。我就曾经亲身经历过这样一件事情。八十年代中叶,刚刚改革开放不久,我受邀访问日本。当时感觉非常兴奋,在临走前,我的老师教诲我,看看西方社会,不要太惊讶,以后我们国内也会发展;我说这个能接受。然后他话题一转,说:"你可要当心哦。"我说:"当心什么?""嘿嘿",老先生笑了。他说:"当初我们在日本时,留学生当中流行的一句话是人生追求目标:日本老婆,中国菜,花园洋房。"他不提倒也罢了,这一提我倒是很想看看这日本老婆到底怎么样。所以一下飞机我就仔细地看,发现没什么特别的嘛。然后发生了一件事情,我们的团长拜托当时在东京读博士的一个北师大的女学生打电话给他过去的一个属下,告诉他,他到日本了。这位女学生就在我的房间里打电话,她就用日语问了一句:"张先生住在这里吗?"对方是一位女性,那就不依不饶了。马上问:"你是谁?"这个女孩马上解释:"哦,我是谁谁谁的翻译。"不行,还追问:"你究竟是谁?""我就是翻译啊""那么你知道我是谁? 我要告诉你,我是她妻子,我是她正式的妻子。""我还告诉你,我们两个什么时候相识,什么时候相爱,什么时候结婚,在哪个教堂结婚,证婚人是谁,我都要一一告诉你,让你听明白了。"罗罗嗦嗦半小时,这个女孩子就跪在地毯上应了半小时。我实在无法理解,"哎呀,打个电话怎么打那么久,那么麻烦。""出大事了。"我倒一紧张,心想出什么事了。过了五分钟,团长房间电话响了,是这位太太查询有没有这个中国的代表团,有没有这个女孩子;又过了五分钟,总台电话响了,还是这位太太查询有没有这个女孩子做翻译。前前后后折腾了一个小时,当时我心里就想,哎呀,这个日本老婆真厉害! 怪不得老师要跟我说当心。到了晚上,张先生来了,我就说:"你怎么搞的,把上海的'妻管严'带到日本来啦,你太太怎么那么厉害的?"他说:"误会了,误会了,我太太不是这样的。"然后他解释了一下,原来在日本,你问:"张先生住在这里吗"的意思是他是"寄居"在这里,借房子住在这里的。人家太太能不动气吗?如果问:"张先生在家吗?"那么明确他主人的地位。一字之差,引起了那么大的误会。这就是文化模式,生活的方式。

然后,我就既好奇又随意地问:"那么你的日本老婆究竟怎么样?"我按中国人惯性的想法,听到的回答,大概应该是"还好"一类的谦辞,最多是"不错"这样的赞誉。不料,他回答一句话,你们没想到的,"好得受不了"。接下来我愣住了,一般中国人都会谦虚一下,他怎么说得这么过头?于是我问:"怎么好得受不了?"原来张先生从上海社科院到日本,没有学历;这个女孩,法国巴黎艺术高专的硕士研究生。地位相差很悬殊。第二,这个女孩在日本是开画廊的,家里不是千万富翁别想开画廊,尤其在日本。好像张先生是高攀了。没想到的是,张先生每天早上起来,他夫人饭菜都准备好了,伺候他穿衣,吃饭,西装革履地出门。张先生没有工作,不过在日本,男人,特别是成了家的男人是不可以待在家里的,所以每天照样出门,去图书馆。到了晚上,还不能马上回家。好男人是不能准时回家的,只有在公司里没有出息的男人才准时回家。所以要到这个小酒馆喝两杯,那个小酒馆喝两杯,喝到微醉才回家。妻子照顾他吃饭,洗澡,睡觉。更让人受不了的是晚上睡觉时,妻子给他按摩,按摩到入睡。这位日本女孩从小就学习按摩,给父亲按摩,结婚后顺理成章就给丈夫按摩。晚上如果张先生睡不着,妻子马上会醒了,紧接着又给他按摩。我终于明白了什么叫"好得受不了"。日本传统的大家族的女孩子就是这样的,即使丈夫没有工作,没有钱,还是丈夫,要维持丈夫的尊严。当然,现在在日本社会也有变化,这种样子,在年轻女孩中也少见了。并且这样的文化模式自然也有它的平衡点。在日本,丈夫的工资是要交给妻子的,基本上是原封不动交给妻子的。零花钱都是妻子给的。这就是日本的现实生活的场景。所以我一直开玩笑地告诫去日本留学的女留学生不要跟日本的男人搞婚外恋,很少有成功的。因为一般的日本男人是经不起离婚的冲击的。

实际上从文化层面讲民俗不是我发明的,美国有个著名的人类学和民俗学家露丝·本尼迪克特就写过一本《文化模式》,再早些她写过一本《菊与刀》(或译《菊与剑》)。这本书在日本影响很大,因为是在二战时期盟军针对最后一个对手——日本所作的文化研究。我们大概觉得打仗是军人们的事情,和文化人有什么关系?但是美国的这类学者却是展开军事行动以前,政府和军事部门高级的咨询顾问。我们知道,二战期间,德国投降以后,在关于如何对付日本的问题上遇到了难题。原本是想再搞一次"诺曼底登陆"。可是后来并没有实施,就是因为有了这本《菊与刀》,关于日本国民性的第一本文化模式理念方面的专著。美国人原本打算像对待德国一样对待日本,采取"跳岛"战术,一个岛一个岛打下去,但是打得异常辛苦和惨烈,到最后连美国人自己都害怕起来了。为什么?每打一个岛,日本人都死光光。男人都战死，没有战死的也自杀，女人还跳海。九十年代初，有一次我到冲绳岛去，当地接待方安排我们参观一片海滩，说是当年日本妇女集体跳海的地方。这确实是真实的，西方人当时感到震撼，没有办法再打下去。德国和日本是两个不同文化模式的民族："罪恶文化"和"耻辱文化"。前者是德国这样一个民族的文化，错了就是错了，有罪就投降；但是，日本不是，打不过你了，明明失败了，也不会承认自己有罪。只有耻辱，没有什么罪不罪。日本人最可怕的是他们缺乏"恶"的概念。通过研究，盟军指挥官发现日本是和西方不同的民族，不能用同样的方式去对待他们，特别是在战争中。最后的结果就是扔原子弹，迫使日本人投降。并且在日本战败后，美国人采取了一些措施维系保护日本的天皇制，这一点，在某一种意义上也是针对日本的国民性作出的决策。用武力是无法解决问题的。

这种民俗作为一种文化模式，作为一个国家种族的管理手段在历史上是很多的。中国也有这样的例子。我们现在看到的清宫戏很多很多。看到清前期的历史总好像是隐隐讳讳的，特别是关于顺治帝寡母的婚姻。实际上历史根本不会像现在的文人所写的那么曲折缠绵。历史上按习俗哥哥亡故，嫂子可以嫁给他的小叔子。因为满族入关前，从文化模式的角度来讲，提倡的是"壮者社会"，而不是孝道和伦理。哥哥过世后，弟弟就自然地把嫂子接纳为自己的妻子。不仅婚姻观念与我们有着较多的不同，其他文化习俗方面与汉族有更大的差别。我们的历史教材上，关注的是"扬州十屠"、"嘉定三屠"，可是却没有关注另外一个问题，那就是后来清政权是怎么稳定下来的。根据国外的研究来看，当时的满族就是利用汉族的文化模式来对待汉人的。他们把两个文化模式交融。比如说，当时是乱世，不能提倡忠，只能提倡孝。清前期的皇帝无一例外地提倡"孝"。假如你们熟悉中国历史和文学史的话，应该知道李密的《陈情表》，就是拿着"孝"来作挡箭牌，不愿出去做官。所以"孝"文化模式，往往成为中国乱世时期，统治者治理国家的一块牌子。第二，在婚姻问题上，清统治者采取了认同汉族人的婚姻文化模式。就是不能强抢，要明媒正娶；不仅如此，还要向上级报告。相反的，汉人娶满族的女孩，不用打报告，只要按照汉人的六礼娶回来就可以了。所以事实是，当时满族人只有三十万，或者说三十多万，包括大人、老人、小孩在内，而汉族人有近一亿。后来由满族统一了整个中国，这就是历史事实。当然，清统治者在某些方面也坚持了他们自己的文化模式，比如发式方面。因为满族人认为头发是天和人相互沟通的载体，所以一定要坚持满族人的习惯，出现了"留头不留发，留发不留头"的惨烈的文化整合。由此，这种综合了满汉两族的文化模式统治了中国至少三百年。

这都是一种民俗的样式，一般没有文字规定，往往像风一样在流动，我们许多民俗在文化层面都体现着文化模式，这是第二个层面。

第三节　民俗是民族思想文化的源头

第三个层面,哲学的层面。民俗就是一个族群独特的、特有的思想文化的起点和思考的原型。民俗追根溯源是什么? 就是一个民族思想文化的源头。这个原点就在我们身边,我们往往就没有意识到,没有解密。

比如说,南方的南,现在是作一个方位词,其实它过去不是方位词,是一种民居的样式。就是我们河姆渡为代表的"干栏式"建筑的样式。这种建筑形式普遍存在于江南河网地带的水稻区,它模仿的是鸟巢,建造在树上。所以在甲骨文中这个"南"字的形态就是这种建造在树上的房屋。这是我们最初的思想和思考。再比如说我们这个地区称为"吴越地区",可是为什么称为"吴"? 简单地说,"吴"就是"老太太",就是一个族群最年长最有威望的女性。这个称谓至今还流传在贵州黔东南苗族地区,反映了古老的信仰习俗称谓,女性的崇拜,母系社会的女性的崇拜。说个笑话,大家都知道,上海人有两个厉害,妻子厉害,还有舅舅厉害。这个舅舅有时候很荣光,不过也不是那么好当的。我就有亲身体验。有一次在家里吃饭,我妈妈就指着我二妹妹说她没有管好儿子,读书不好。我妹妹就说:"是啊,我是没有管教好啊,可人家都说这是舅舅的责任。"我一听,慌忙地笑道:"哎呀,你一没叫我辅导,二没叫我帮什么,这个事情好像我还不能承担这个责任吧。"可是,妹妹却一本正经地讲:"人家都这么说,舅舅没买书包,所以我儿子读书不好。"这个"人家"说的,就是体现着民俗一种无形的俗信。后来饭吃好,我对妻子说:"走吧,买书包去吧。"到了第一百货商店,买了一个书包。走出来一想,不对,我有四个妹妹,小孩都读书了,买了这一个,以后又有人跳出来说我没买书包,这个问题严重了。又回去。营业员开始还以为有什么质量问题来找她,后来听我说再买三个,高兴坏了,说"这样的舅舅真好"。其实,这就是民俗俗信的力量,生活中不知不觉地顺着这无形的民俗。

民俗是一种行为规范,对我们的思想影响很大。犹如日本民族性的问题。对于日本这个民族,现在似乎有很多批判,可是依我看这些批判都不彻底。根据我十多年在日本的调查,实际的感受,我感到最根本的,日本人缺乏"恶"的概念。这对我们来讲,好像不可思议。其实也不难理解,举个例子,就好比我们都知道纳西族的阿注婚,他们是没有"婚"的概念。日本民族就是没有"恶"的概念。我是通过研究他们的民俗的文化解码的密码——神话系统而得出这样的结论的。举一例来说,中国古代有一个金鸡传说,说一个穷苦人到山里,看到一只山鸡,快要死了,很可怜,就把随身带的一点口粮给它喂一点。山鸡吃了活过来了,很感激他,给他下了一个金蛋,然后飞走了。今后他有困难时,金鸡还是会飞来给他下金蛋。不过这个穷苦的人不贪婪,不到不得已的时候不会来找金鸡。可是后来被一个地主知道了,地主就去把金鸡抓来下蛋。金鸡拉了一泡屎,飞走了,地主去追,追到悬崖边摔下去摔死了。故事宣扬的是好人有好报,坏人没有好报。这个故事传到日本,其它的情节都差不多,只不过他们的金鸡变成了一个黄金做的鸡,谁拿到谁就发财了。最典型的是讲一个和尚拿到了金鸡,然后他借宿在一户人家里,半夜里他拿出金鸡来看,被主人发现了。主人夫妇俩合伙把和尚杀了,扔到河里,自己得到了金鸡。令人惊讶的是,故事到此就结束了。可见,民族的原点是日本人似乎没有"恶"的概念。我觉得这对于我们真正理解日本这个民族是很有意义的。①

最后,总结一下,民俗归根到底是什么? 我看民俗归根到底是"人俗"。如果说我们一个人有生物的生命,那么我们也有文化的生命。人是生物生命和文化生命的双重复合体。如果生命的基因是 DNA,那么文化的基因就是从哲学理念上的民俗。为了更好地了解我们自己的民族,我们一定要了解我们自己的民俗;要了解外国的民族,也一定要能够解析他们的民俗。这样的话,我们才能够知己知彼,立于世界民族之林。

思考题:

1. 如何理解民俗是一种生活的方式?
2. 为什么说民俗又是一种文化模式?
3. 民俗为何是人类思想文化的源头?

---

① 参见拙文《中日金鸡传说崇信的文化走向》,《中国比较文学》,2000 年第 3 期。

第二章　民俗的发生

民俗的发生和民俗的生存环境有着密切的关系。中国民俗是我们祖先在中华大地上顺乎自然、征服自然、发展自己的社会活动中自发形成的。它的产生,是与中华民族的人们一定的物质生产水平、生活内容、生活方式、社会心理及自然环境、政治气候相适应的。

第一节　证服自然与发展生产的需要

中国民俗是在自己固有的客观环境、生活状况以及赖以生存的首要的物质生产活动中,逐步形成的。

中国的十二生肖,即人们所生年的十二属相的萌生,生动地说明了这个问题。尼克松首次访华后,民间流传了尼克松给郭沫若猜谜的传说。尼克松听说郭沫若是中国当代的大才子,便有心在会面时考考他是否货真价实。在一次宴会上,尼克松见到了郭老,笑嘻嘻地上前打招呼并说:"听说先生是中国大才子,我现有一道谜,请先生猜猜。'有十二样东西,分给十亿中国人,每个人要有一份,这是什么?'郭老笑了,不加思索地答道:"这个嘛,每个中国人都知道,十二生肖。"这个传说诙谐、幽默。它从一个侧面告诉我们,人的生年属相,是我们的国俗。每个中国人都知道生肖,每个中国人都有自己的属相。当你降临人世间,相应的年份,便有相应的十二种动物之一与你相配,而不管你本人愿意不愿意。在中国,十二生肖是民间流行的计算出生年份的方法。可是,为什么要用十二种动物来匹配呢? 又为何用这些动物,而不用另一些动物,例如猫呢? 为什么德行不佳者老鼠,不仅榜上有名,而且名列榜首呢? 生肖的习俗究竟是怎么形成的呢? 一连串的疑惑,成了自古以来中国文化研究上的一大谜案。

十二生肖与每个中国人有关,它的谜,引起了人们广泛的兴趣。在民间,有众多的传说解说生肖中的一个个谜。而对每个谜,又有多种异文。譬如,为什么没有猫,老鼠为何为大? 有一则民间传说讲:玉皇大帝要给十二手中动物排次第,派猫去通知其它十一种动物,中间没有老鼠。老鼠偷听到了猫对牛的传话,便先下手为强,偷偷地第一个到天宫报到。糊里糊涂的玉皇大帝,见老鼠应卯,也不辩真伪,当下排在第一位。第一个被通知的牛反而成了老二。猫给其它动物一个个传话完毕,赶到天庭,十二个座位已排完,没有了它的位子,故十二生肖老鼠成了老大,反倒没了猫。从此,猫与老鼠结下了大仇,一见老鼠,猫就要追咬,置于死地。这是民众的解释,一些学者则另辟蹊径,以期作出圆满的结论。

宋·洪巽撰《旸谷漫录》认为动物的形态决定了它们的次序,古人一昼夜分为十二时辰,"子、寅、辰、午、申、戌俱阳(阳性地支),故取相属之奇数以为名,鼠、虎、龙、猴、狗皆五指,而马,单蹄也;丑、卯、巳、未、酉、亥俱阴(阴性地支)故取相属之偶数为名,牛、羊、鸡、猪皆四爪,兔两爪,蛇两舌也。"也就是说,生肖是根据这些动物足趾的奇偶数排列入选的。老鼠前足四趾,后足五趾,体态奇、偶皆具,颇为特殊,故在第一位,依次是牛(四趾)、虎(五趾)、兔(四趾)、龙(五趾)、蛇(无趾舌偶)、马(单蹄)、羊(四趾)、猴(五趾)、鸡(四趾)、狗(五趾)、猪(四趾)。明·朗瑛则依据动物出没的活动时间作推论,他在《七修类稿》中认为:昼夜中,子时,老鼠最活跃,"子"同鼠搭配;丑时,牛吃足了草,准备清晨出来耕地,所以"丑"就同牛搭配;寅时,老虎最凶猛,所以"寅"同虎相配;清晨五时后,月华还在照耀大地,故"卯"时与月宫玉兔相连;辰时,恰是群龙行雨之时,"辰"就属龙了;巳时,蛇不在路上游动,不会伤人,如此,"巳"时属蛇;午时,阴气即将产生,由于马是"阴"类动物,"午"时就归马;未时,羊吃此时的草,不会影响草的生长,故"未"时归羊;申时,猴子喜欢叫唤,故让猴与"申"时搭配;酉时,鸡开始归窝,酉时就属鸡;戌时,狗开始看守门户,所以"戌"时与狗相联系;亥时,万籁俱寂,猪睡得最熟,就把"亥"时送给了猪。这些论析,从动物的体态习性出发,探寻它们与时辰的联系,似有一定道理,但又没有说清为什么时辰要用动物来相配? 此外,论述中渗透的阴阳五行之说,又使十二生肖蒙上了一层神秘色彩。

十二生肖的习俗究竟是如何形成的? 又为何是如此模样? 我们把它放回先民生产、生活实践中再度曝光就可显出它的真容。十二生肖,这是我们先民在中华大地上与天地、禽兽争夺生存权利的产物。它是先民借用自己熟识的动物称谓,来命名、计时,标记出生年日的综合性民俗事项。

其间的习俗观念不是单一的,主要由生肖习俗和十二计数习俗合成。我们先看生肖。以动物命名人的属相,是在我们先民与这些动物有了密切关系,关联到我们先民生命存在的首要前提下逐步形成的。马克思在探索人类文化意识生成的历史中指出:"人们为了能够创造历史,必须能够生活,但是为了生活,首先就需要衣、食、住以及其他东西。因此第一个历史活动就是生产满足这些需要的资料,即生产物质生活本身,同时这也是人们仅仅为了能够生活就必须每日每时要进行的一种历史活动,即一切历史的基本条件。"①人类的文化意识就是在这个历史前提的基点上发生的。为了摄取生存的生活资料,我们的先民便向生存的空间索取,狩猎禽畜,成了主要的活动。在身无利器、变幻莫测的气候和凶猛强健的禽兽面前,先民被迫开启心智,思虑如何能常有禽兽饱食肚腹,最终有了发现:"太古之民,多取天然物为食。禽兽亦天然物之一种也。狩猎时代,于焉仰足,然狩猎不可必得,得之亦不胜劳苦。且今日得之,今日食之,明日苟不从事狩猎,则不得食也。于是积多少之经验,始知牛羊犬马鸡豕等类,易为我所生得者之易于驯服,遂定为家畜之种,常畜之于家。遇狩猎不足之时,取而用之。然后禽兽始为我所常有,种类孳息,不狩猎而饶足。"②即使这样,还是不保险,天公不作美,瘟疫流行,畜养的动物难以幸免,豢养不得法,牲畜还长不大。而这些牲畜的存在,对我们祖先来说,实在是生命攸关的大事,因而产生了矛盾的心理行为,既要吃它们,又对它们顶礼膜拜,祈祀它们能茁壮成长,为人类提供源源不绝的食物、用品。最早的动物信仰禁忌,图腾崇拜就诞生了。毫无疑问,涉及到的动物当然是那些最常见的,与人们生活关系最紧密的,如牛马猪羊鸡狗之类。在初民中,它们的价值几乎和人的生命一样重要,这在后期流传的俗信中可以窥见一斑。据梁·宗懔《荆楚岁时记》记载,那时民间还将一年之间最新、最美好的日子让位于一些熟悉的动物:大年初一鸡生日;初二狗生日;初三猪生日;初四羊生日;初五牛生日;初六马生日。人对自己却很谦让,放在初七,为人生日。现实中下贱的普通动物被尊之为人之上的生灵。朴素的民俗观念,以形象的譬喻,透现出一个马克思概述的哲理,人类生存的历史前提,是那些供人生存的物质生活本身。它是由远古年代,我们的祖先生存实践中同感意识积淀而成的,动物的特性以及它与人的关系决定了人们对它信仰崇拜的程度和入选生肖与否的标准。生肖的十二种动物中没有猫,也是由此而造成的。道理再简单明了不过了,中国远古没有现在的猫,现在的猫是后来从国外引进的。我们生活中吃老鼠的猫,最早的故乡在非洲苏丹,后传入埃及,很晚才传到国外,中国当然也在其内。民间传说玉皇大帝排次序,猫最后一个到,过了数,或它根本没能去应卯,仿佛是梦幻式的胡言乱语,可这一半是梦,一半却反映了真实。在中国大地上,猫作为人们生活的伙伴,确确实实是后来才加入的。人们与它的关系,远不如牛羊马鸡猪狗等动物亲密,以它作为生肖似乎是不可思议的。德龄女士在回忆清宫廷慈禧太后的生活琐事时谈到,有一次荷兰大使夫人及女儿应邀入宫聊天,慈禧见了她们,一时不知如何启口,便就中国俗套寒暄:长者初见小辈,询问生肖属相,问大

---

① 《马克思恩格斯选集》第一卷,《德意志意识形态》,人民出版社1972年5月版,第32页。
② 张亮采《中国风俗史》,第二节《畜牧》,团结出版社2005年11月版。

使女儿属什么,大使女儿一下子愣住了,不知如何回答。因为荷兰民族没有生肖习俗。可是,一国太后、权柄人物问话又不好不回答,她细想自己爱吃鱼,猫也爱吃鱼,就胡语道自己属猫。慈禧是典型的守旧派,根本不了解国外的情况,加之本来就缺乏常识,听说她属猫,更觉诧异。这则笑话反映了慈禧的昏庸、无知,但也从另一个角度透视了猫在中国人心中的传统地位,猫没能列入中国生肖的地位也就不足为怪了。总之,生肖的动物,都是与我们远古祖先的生活生存有密切关联的,受到我们祖先敬仰关注。牛马羊鸡狗猪兔自不必再说,龙蛇虎本身就是民族融合中占主流的图腾信仰。龙虽是虚拟的,但它的神秘的权威性已在六七千年前就与我们民族的生存息息相关了。猴类是动物中唯一与人相似的动物,对其示礼,也势在必然。至于鼠,它的德行自然不佳,但要知道,在远古,行动敏捷,双眼骨碌碌会转的生性聪颖的鼠类,和人们内心的向往追求,还是有一致性的。人们恨它,无非是它太能了,常使人们束手无策。同性相斥,可这不能损害它的出众。此外它的体态生理和活动习性,不得不使人侧目相视。按现代生物进化论的眼光看,它和我们人类还真有点远亲关系呢!在猿猴类前,则是鼠类的天下。鼠类受人们关注,是我们祖先在实践中直觉到它的存在和我们的关系基础上产生的存在,和其它动物列入生肖都是有缘故的。

那些在物质生产实践中受到人们青睐、关注的动物,由于与人的密切关系,得到了人们的礼遇。在理性思维尚未发达,观事察物处处以野性思维为视线的先民心目中,物我是一体的,人们常把他喜欢、信仰的动物作为自己的称谓,以寄托自己心中美好的期望,世界各民族的历史发展中都经历过这个阶段。摩尔根在《古代社会》中记叙了原始的印地安人,以狼、鹰等多种动物为民族、部落名的大量实例。我们中华民族各族人民在远古也曾如此。生肖中的十二种动物名称,在我们古往今来的姓氏中大多可找到,便是一个有力的佐证。如汉朝有姓狗的,叫狗米央;还有姓豚即猪的,叫豚少公。后秦姚苌的皇后姓蛇。元朝的一个河内知县姓虎,叫虎秉。明朝还有姓鸡,名鸡时的;姓羊,叫羊可立的。至于龙、马、牛为姓的则更多了。可见在计出生年岁的生肖习俗以前,人们已有了将某些关系密切的动物为姓、为归属的习惯,这为生肖习俗的正式形成,作了重要的铺垫。

生肖真正的形成,是在上述人们亲近某类动物,并习惯借它们称谓命名的基础上,与人们在生产实践中萌发的另一个计时习俗,十二为一循环轮回的历法计数习尚互相交融、重新组合的结果。

在长期的生产实践中,中华民族的先民逐渐参照天文气像的周期性变化,创造了计岁月日时的历法。在我们原来的农历,即阴阳历(曾长期被误为夏历)以前,相传在帝舜时代我们先民成熟的历法是太阳历,或称华夏族纪年法,它与我们十二月为一年,十天为一旬的农历是不一样的。一年分为十个月,而基础时间分类又以十二等分为准。即一天十二时辰,十二天一旬,三十六天为一月,七十二天为一季,三百六十天为一年。一年内分五个季,一季内有两个月,一月内分三旬,还剩下五天,为年之余,刚好作过年的日子用。它是参照地球与太阳的运转规律而制定的历法。据有关专家考证,这种历法十分科学先进,相距现在约万年时间。在那个时期,根本谈不上印刷业,真正的传播记忆这些历法,主要靠口耳相传。初民就把亲密的伙伴牲畜动物选出十二种与之相配。刘尧汉先生在《中国文明源头新探》专著中,收集到的尚残存在彝族民众中"十二兽"纪日法,俗称"黑甲子",透露了我们远古先祖这一历法运用的信息。在文化极度低下,心智尚未开发的民族中,计数是一件比打死一头猛兽还困难的事。刚从野蛮的动物界挣扎出来的初民,诚如拉法格在《思想起源论》中运用原始部落人的实际材料所论述的那样,计数的能力与鸽子不相上下,数到一、二就不行了。中国的二进位太极八卦及阴阳说的数理基础,就留有初民计数到二为止的痕迹。不知过了多少年,人们才从二进到五,中国的五行说留有它的印记,这也是十月太阳历,一年为五季的基础。至于进到九,为数极,最后超越九,突破十,那又不知经过了多少年的努力。但是,即使到了这个阶段,计数的能力,尚不能普及化,只能保持在少数统治集团人物,如酋长、巫觋、史官等人中,对普通的民众来说,仍是极困难的事。他们的抽象思维还不发达,其抽象能力只能包含在已有的形像思维中,只能以一种概念嵌于形像中的野性思维①来把握这种历法,以兽名时、定日、计年的方法产生了。这种"十二兽"纪时法,形像生动具体,便于记忆,又不失其计数的实质,很快就风行成俗。它不仅在彝族残存的遗风中留有"活化石",在汉族考古中也得到印证。1975 年湖北省博物馆、孝感地区和云梦县文化部门考古人员从云梦睡虎地十一号秦墓中发掘出一批竹简,其中有一部分称为《日书》,其甲种背面《盗者》一节记载道:"子,鼠也。丑,牛也。寅,虎也。卯,兔也。辰,龙也。巳,虫也。午,鹿也。未,马也。申,环也。酉,水也。戌,老羊也。亥,豕也。"可见,这种野性思维的计时法很早就有了。古人在将它们理性规范化时,还不得不从俗规,把它与民间已有的习俗计时对照起来,并行使用。《盗者》的记载,还透露出这样的信息,与十二位数相合的动物与现在流行的不完全一致。有的属古音通假,如"酉,水也",水,古读雉,即野鸡;"申,环也",环,读猨,即猿,与猴说一致;"巳,虫也",虫,许慎《说文解字·虫部》云:"虫,一名蝮。"即毒蛇也。但个别如"鹿",现行的十二属相中是没有的。这说明生肖习俗在生产生活实践中有一个发展变化的过程,至汉代时才稳定下来。

综上所述,我们的先民在生产实践中用他们所关注的熟悉的动物名谓,概述抽象的历法计时,在具体的形像中包嵌了计数历法的哲理,形成了十二兽名纪时法,

---

① 参见[法]列维·斯特劳斯《野性的思雄》,商务印书馆,1987 年版。

由此再衍化引申出十二生肖出生计年法的民俗。

中国十二生肖习俗形成的过程,进一步告诉我们,任何习俗总是在现实既定的客观条件下才能产生。就生肖的习俗而言,其他文明古国如印度、希腊、埃及、墨西哥等国家民族中也有发现。对此,有印度起源说、中亚传播说、希腊起源说等等,但从时间上看,中国古俗中很早就存在了。另外,从内容看,实有的动物尤其是虚拟的龙,即是中国的土特产。印度产狮,有狮属相,中国无狮,也无此生肖。埃及曾崇猫,猫被列入了属相,中国就没有猫生肖。事实上有好多迹像表明,生肖习俗是中国生产并外销出口的。西方有不少学者认为源出中国。1962年墨西哥基奇霍夫教授在一次学术讨论会上说:"美洲当地居民在欧洲人入侵以前使用的所谓阿兹特克历法是中国人发明的,它的分类和用牲畜作表证,它的周期性的循环及其他一些突出的特点,当初都是从中国来的。"当代美国等国外研究者根据古书《山海经》及美洲沿海的文化遗迹用电子计算机等手段进行综合考察分析,认为很古的年代就有生活在中华大地上的先民长途跋涉从白令陆桥(今白令海峡)进入美洲。后来航海发展了,又有几次趁黑潮海流,横跨大洋。最近的一次大规模横渡,那是在公元前十一世纪,商亡后三年,商王儿子谋反失败后,大批殷商贵族,乘桴浮于海,一部分到达了墨西哥等地,他们带去了大量的文明文化,其中包括以兽名纪日的计时历法。

在中华大地这一现实的环境和生产活动中,我们不仅创造了生肖习俗,还形成龙凤崇拜、春节、元宵、端午、中秋、重阳等别具一格、誉满全球的特殊习俗,这些习俗至今仍在我们生活中熠熠闪光。

第二节　种族繁衍及发展自身的要求

滋生中国民俗的又一个客观基础,是人自身的生产。我们的先祖在为发展自己、繁衍后代的两性生活中,逐步构建并遵奉一定的言行规矩,一批最早的人生礼俗便应运而生。

我们中华民族是世界上人生礼俗最丰富的国家之一。人生礼俗,是由兽向人进化过程中出现的。中华民族的先祖与其他兄弟种族人民一样,最初是从高等动物类人猿发展过来的。从猿到人,还有一个半人半兽的阶段,即使成了人,原始的兽性还不能完全排除。著名的作家巴尔扎克有一句名言:什么是人? 一半是天使,一半是野兽。理想的人性境界远未实现。人在摆脱兽性的漫长历程中,在两性社会的共同生活中必然要迫使大家共同遵守一些约束——人性升华,最初的人生礼俗由此而始。

人类最早的两性关系,相当时间内仍是沿用动物界里没有任何规范约束的杂乱群居婚。此时的两性关系,纯是一种兽性的表现。为争夺异性,常常发生大规模的拼死搏斗。为性而无休止的争斗,瓦解了群体的团结和生存力,严重的甚至会毁灭整个群体的生命。这决不是危言耸听,人类史上曾有这样的记录。考古学家发现,十万年前,欧洲有一个种族,学界称其为尼德特人,遗留的骨髓化石表明,该人种身材高大,体魄强健,在原始人群中颇有先天的优势,可是,后来他们神秘地消失了。科学家们百惑不解,他们到哪里去了? 他们的后裔是现在欧洲民族中的哪部分? 可就是找不到,他们消失了。现代欧洲民族哪一个似乎都与他们没关系。经过考古和人类学家、民俗学家的共同努力,谜终于逐步解开,消失的原因之一,既不是天灾,也不是病魔,而是两性生活无规则的恶果。无约束的杂婚,为争夺异性,相互拼斗残杀。成批年轻力壮的男女惨死在性的争斗中。最后,终于一蹶不振,日趋衰落,直至消亡。人类不摆脱这种兽性的杂乱群婚,是无法再发展的。中国大地上的先民较早意识到两性生活无约束的危害,同样也逐步觉察直系血亲联姻带来的人种退化。因此,不得不对兽性式的两性关系实行一定的禁忌、限制。这些禁忌、限制,获得了公认,遂成了种种的婚姻习俗。

首先推出的是对群婚本身的一定约束,禁止同支男女性生活,并由惟近支兄弟姐妹共营性生活的血族群婚,进一步限于远系之群姐妹与另一远系之一群兄弟共婚的亚血族群婚。是时,蓬氏之民,虽仍只知其母,不知其父,但从血缘上,把父母隔得远了,有利于子女种族的健康发展和人性对兽性的挣脱。我们在远古的一些文献里及民间口传的文学中,发现了这一踪迹。郭沫若先生认为,舜娶尧二女为妻,其弟图谋置他于死地,曰"谟盖,都君咸我绩,牛羊父母;仓廪,父母;干戈,朕,琴朕;二嫂使治朕栖",瓜分他的财物家眷,依其文字似为未遂犯,且此文字早已经被后人雅训,然究其实则兄弟共妻尧之女娥皇和女英也。楚辞《天问篇》:"眩弟并谣,危害厥兄"云云,从另一个侧面反映了舜、像近支或远支兄弟姐妹群婚习俗的生活相。随着时代的发展,禁忌规矩更深化,至黄帝时代普遍实行族外婚姻,这从远古传说的帝王的姓氏中可见一斑。远古帝王,大抵从母得姓。如神农、黄帝,皆为少典之后裔。而神农姓姜,黄帝姓姬,都因母姓不同之故,为了得到外族女子为妻,光靠和平的交换是远远不够的,我们的祖先,也不得不以武力的强暴,到他族掠取足够的女子为妻,抢婚习俗出现了。古文献《易经》中有三首爻辞,大约是上古的民歌,对此作了真实的描绘:"贲如,蟠如,白马翰如。匪寇,婚媾。""屯如,邅如,乘马班如。匪寇,婚媾。""乘马班如,泣血涟如。"汉字"婚",原字为"昏"。抢婚之俗,乘人休憩不备,偷袭房掠女子。完毕,则又借昏暗作掩护逃遁。所以,现汉字之"婚",本身凝聚了远古先祖两性生活的一种遗俗。

婚俗的形成与演变,这是人类实现人性升华而对自己性自由的不同程度的制约。我们先祖在实现这一历程中形成诸多习俗。婚俗的起因关键是人自身生产的需要,但它的进一步发展,实际上又是与物的生产的需要交织在一起的。从抢掠婚起,服务婚、买卖婚、招婿、童养媳等等,物质生产的需要和利益被渗透其间,这种婚俗实际上变成了人的两大基本生产:物的生产和种的繁衍相结合基础上的产物。人为生存,生产物质资料,征服自然,改造自然的同时,也在挣脱兽性,改造人类自己。征服自然的物质生产,从另一方面看,它本身也在决定人与人之间的社会关系的建立。由物质生产和生殖而产生的最初的社会关系,是在家庭中建立的夫和妻的关系。婚俗则是夫和妻关系的前提和纽带。家庭、家族、宗族等社会组织习俗的出现,也是人类为发展自己,由兽向人进化的重要标记。中国盘根错节、根深蒂固的家族、宗族习俗机制,最早的源头也要追溯到先民的最初阶段。至于封建化,那是另一回事,理当别论。

我们中华民族的先民,在自身生产中酿就了很多民俗,凡与人生存、温饱、发展有关的活动都有它出现。可以这样说,人生古民俗的源起,都与先民努力保护自己,积极开拓自己,发展自己有关。如中国古俗中的生殖崇拜,是与婚俗相连的关于人自身生产的重要习俗。辽西远古红山文化期的女神庙及裸体孕妇神像的发现,表明当时中国先民求子的强烈愿望。人需要延续种族的生命,就要性爱。女性及其生殖能力被人们顶礼膜拜。民间传说孟姜女生于葫芦或南瓜,就是远古女性生殖崇拜之变形,子宫崇拜习俗作为集体无意识形态在传说中的积淀。中国母系民族时代,人们崇拜女性生殖能力,崇拜女性性器,到父系社会又崇拜男祖和男根。这在中国社会里曾延续了很长的时间,到今天尚有遗风在民间。二三十年代以来,我国学界对此进行了不少研究。郭沫若《释祖妣》、闻一多《说鱼》等是这方面的代表作。在求子习俗中,中国人民又有众多形象生动、逼真贴切的比喻。流传十分古老而普遍的形式之一,是"鱼戏莲"一类的歌谣和美术图案。《诗经》、《汉乐府》均有这类民间歌谣记录。现代陕北农村生活中常见的《鱼钻莲》,则是在当代的艺术化表现。陕北少鱼,但鱼却是民间艺人及一般民众喜爱的题材。如枕头、鞋垫上绣着鱼,裹兜口、围裙带、香包、挂饰、玩具制成鱼形的,剪纸、绣品中独多的《鱼钻莲》,图案是一条小鱼,摇头摆尾钻进莲花瓣中,花蕊部分托出一个婴儿。据剪纸能手王兰畔老太太解释:"这好比鱼是男的,莲是女的,先是逗哩,逗哩,后来就钻到一搭哩了。"可见它是性行为、性爱的形像比喻。遥想六千年前陕西西安半坡村原始人生活遗址,遗存在器皿上的古拙、雄健的鱼形图案,怎能不使人感悟到这种习俗的久远、绵绵流长! 故"鱼钻莲"是远古初民讴歌男女交欢、生儿育女、繁衍后代多种习俗行为和观念的形像综合表现,是远古生殖崇拜习俗在后世的重新组合。这也是后世人们为子孙兴旺发达的习俗化的美好愿望。

我们的古人云:"饮食男女,人之大欲存焉!"这是人类存在的必然现象,只要人类存在,就无法改变。生殖崇拜习俗是这样,用牲畜禽兽祭祀的习俗行为,也是这样。这是人类自身内在的欲望要求转化而成的。

人类的发展,一要生存,即种族的延续;二要温饱,即饮食。用美味饮食作为祭典的诱饵,是我们自古至今的祭祀习惯。其根源,是人自己对嗜食的期望。把丰盛的祭品奉献给威力巨大的怪物或神灵,其企图也是相同的,正是要利用它们嗜食的本性。中国传统民俗祭祀用的三牲,也是人自己嗜食的对像。这种由嗜食发展起来的习俗观念,甚至扩展到人生活的其他领域。在维系中国初民人间正常关系的道德行为观念中,也留下了它的印记。中国伦理道德善与不善的行为标准的形成,就是如此。善的习俗概念,最初是从饮食习俗中对美味食品的嗜好中引申出来的。古时的先民,视羊为嗜食上品,膳夫善为美味,大概从食羊开始。"善"字,像形表意,从羊,从口,羊肉入口为佳肴,化为思维意识即为"善"。因此,在我国"牵羊载酒",长期是后世人间社会流行的喜庆俗礼。

中国古俗的形成,正是我们先民对自己生成和发展的一种自我约束,自我保护。我们中华民族先民从兽——半人半兽——人的进化过程,是在以民俗为基础的俗——礼——法的进化程式伴随下实现的。人的发展处在双重的进化中,即生物的进化和文化的进化。而物质生产和种族繁衍基础上滋生的民俗,则是文化习俗最初的,也是最基本的形态。它的产生本身就是人性的自我意识在既定客观物质条件下,双向同构交流的结果。离开了客观的现实基础,民俗的形成只能是一句空话。纵观中国的民俗,都是与一些物质生产、生活方式相适应的,与一定的自然环境相一致。上面所举的一些中国民俗事像已充分证明了这一点。在我国,对民俗有另一种表达形式,叫"风土人情",其所述的正是习俗与现实客观的物及人互动的关联性。我们的古人早已明白了这些道理。这是后话,暂且不表。民俗的发生有赖于坚实的客观基础,这对中国后世,以至当代民俗的形成,也是适用的。如黄土高原民居形态之一的窑洞,北方的火坑,西南傣族的竹楼,崇明岛传统民房的独家独势,上海市民中的"洋泾浜"英语,江南水乡传统饮食中的饭稻羹鱼,古吴地中心苏州乡间农妇别致的嵌拼花衣裤,无一不与一地居民的生态环境、民众秉性有着直接的关系。中华大地现实的客观基础,是我们中国民俗产生的首要条件。古代是这样,现代也是如此,将来也永远不会改变。

第三节　民众群体心理的认同

根据马克思晚年所强调的经济基础和上层建筑文化意识之间存在"中间环节"的思想和普列汉诺夫就此展开的"五项公式"的精辟论析,我们清楚地知道,一定的民俗事像,它如为一种文化意识的初生形态,则物质到精神的第一个飞跃,正处在这个典型的中间环扣上。但是,就民俗而言,也不是从人类争取生存发展的实践活动中直接蹦出来的,它先得经过一定人群心理认同、积淀的过渡。人类一定的实践活动是民俗产生的客观基础,而一定群体的心理认同,则是民俗生成的主观因素。一个民俗事像的最终形成,总是有同一实践的反复刺激,在一群人的心底里留下了同一个感受,即"共同感",或"我们感"。再在此相同的感受与实践反复的双向交融中,形成一定的表现程式,沉淀折射文化状的混沌的意识团,民俗便正式诞生了。由物生产、种繁衍为核心的人类的实践活动,是民俗生成的终极原因,而一定群体心理的认同则是民俗形成过程中的一个主观条件。中国民俗的发生,也少不了这一关。

中国崇尚红色的习俗由来已久。据考古发现,一万八千年前的山顶洞人就喜欢在死去的同伴身上撒红色的矿物质。这是什么原因呢?经科学分析,这是我们先民为拯救死去的伙伴而采取的迄今发现最早的习俗活动。人为什么死去?太古先民不得其解,在摆弄尸体中他们发现,像河水一般流动于人体的红色的血液不见了。多次重复的发现,使他们幼稚的心底终于得出一个结论,红色的物质似乎隐藏着神秘的生命力,只要充实它,就可以设法挽救死亡的生命;或者,可以让逝去的生命在另一个附体上具有同样的生命力。古人究竟怎么想,我们今天只能作猜测,但有一点是无疑的,那时的人们将生命与红色的物质联系起来,已成为一种共识,一种习俗行为。而产生这一俗规的除客观因素外,主观感受和共识等心理过程,起了很大作用。即血液的红色所引起的类比联想,以为凡红色的物质都具有这样的功能。

中国的先民在蒙昧阶段,对自然现像、日月星辰、风雨雷电等客观现实,既不可抗拒,也不能理解。为了生存,又需要征服,需要认识。为此,他们不得不采取自以为是的判断,采取自以为有效的行动。囿于物质条件和社会生产的限制和初民唯有的野性思维能力,他们最初持万物与人一样有灵的观念,把自然力加以形像化,并借助想像,企图支配、征服自然万物,由此而萌发了中国先民童年阶段的最早的民俗——神话、巫术;另一方面,出于对自然力不可测的恐惧和自身生理现像的迷惑,还诞生了神秘、愚昧、狂热的信仰、崇拜、禁忌等习俗。

回顾我们中国先民最初形成的一些民俗事像的实质及内涵与其生成的客观实际,似乎有着极大的反差,如在中国影响最为深广的龙的信仰和崇拜。在现实的客观世界中,从来就不存在这样的龙和凤,这怎么解释呢?唯一可以说明的是,这种反差,正是这一习俗形成中,经中国先民心理过滤,折射时产生的绚丽的异彩。

心理现像,一般而言,是对客观物质世界的反映。但是由于客观物质世界和主体认识水平的局限,这种反映并不都是科学的,相反,常常是在错误的判断、推理下进行的。在初期的楚地先民中,灼热的太阳,被尊为威严的神灵祖先火正祝融①;柔和的月亮,被奉之为慈祥的女神羲和。雷声,称为雷公,闪电又冠之为电婆。还有什么风伯、雨师。这些人化的自然景观,是楚地先民在无法认识它们真面貌的境况下,凭借想像,以人比拟,由心理折射幻化出来的海市蜃楼,与实际物像,是有很大差距的。这一差距,是幼稚的心理判断的失误造成的。但是,这种错误的判断,并不是哪个人闭门造车,胡思乱想编造出来的。而是一定的客观现实,在一定群体的心理上,烙上了相同的印痕中形成的。这种不脱离实际的认识极限的判断,往往是造成中国初期民俗内涵和客体实际反差的主要根源。这种判断一旦形成,又反馈于心理自身,在心理中沉淀累积起来,造成一定的民俗心理定势,便将雏型的形态,推向成熟完善,遂形成了一系列的崇拜、信仰习俗。中国举世闻名的龙的崇拜信仰习俗的形成,即是一个典型的颇有说服力的实例。

关于中国龙的起源,众说纷纭,不一而足。从民俗生成的心理机制考察,龙是从物候景观推寻到具像物种,进而虚拟为综合性的神物的。

最早造成龙观念的是物候景观:雷声与闪电。《山海经·海内东经》云:"雷泽有雷神,龙身而人头。"雷神,古吴楚地称为"丰隆",其快读在当地即为"龙"声。龙即为雷电之声的拟声。雷电,在先民眼中是声势威赫的庞然大物。它是什么模样呢?平时见不到,一到春夏,乌云密布,它就隐匿其间,伺机发威,随着偶露峥嵘的一瞬间,张牙舞爪,轰隆隆的声音滚天而过,惊天动地。这一切,强烈地震撼着我们先民的心灵,如此往复,人们感悟到这是一种实实在在的伟大神物,人们根据它出现时发出的声响"丰隆"——"龙",模声定名。并将闪电在黑暗天空中划下的弯弯曲曲的弧线,视为它的"尊容",把满天的乌云,比作它的随从。从而使雷电及云雨成为先民最初的龙的意像及征兆。《易经·系辞》曰:"云从龙","召云者龙",就是最初龙的形像、观念习尚的最早文献的表述。这种见解,理应是上古时期民众习尚观念的文献钩沉。

"龙"的最初形像,就是雷电的声响和电弧经先民心理重复反射出的意像化的自然景观。雷电在中国先民心理反射下,构成了龙最初的原始意像,在原始人的心底里,积起了难以消逝的沉淀。"龙"年复一年,每逢春夏,不请自来。它来时,呼风唤雨,有时降下甘露,帮助初有农耕技术的先民滋润庄稼禾谷;有时降下洪水,大地一片汪洋,摧毁农田、房舍,卷走牲畜、人口。这在原始人的心目中,燃起了无比的崇敬、恐惧、希冀、迷惘的思想火花。人们想对它膜拜,祈求它能风调雨顺,润育稼禾,赐福人类;又幻想能驾驭它、控制它,防止它肆虐。可是它往来翕忽,一闪而

---

① 参见杨宽、闻一多、肖兵先生的具体论证:肖兵《伯庸祝融日神考》。

过，人们与它遥遥相对，瞬歇相见，无法朝拜，无法对话，更无法驾驭它了。在关键的时候：天旱了，天涝了，那儿可找到它，请它帮忙呢？它平时在哪儿像人一样歇息呢？在龙最初原始意像的基础上，先民的思维又张开了翅膀。直接从它的电弧状和物候性出发，有的民众群体把它想像为是水蛇的一种。《说文》云："龙，鳞虫之长。能幽能明，能细能巨，能短能长。春分而登天，秋分而潜渊。"是的，春夏的季节里，现在江南的确常有这样的气像，一半晴朗，一半乌云密布，乌云滚动的天际，突然形成了一条粗黑的曲柱状乌云，赫然从高空挂下，弯弯曲曲直降到地平线。这曲柱状乌云，能粗能细，能黑能淡，能长能短。如一条硕大的能变化的蛇。《说文》所释之龙，就是这种特殊的云雷雨。它将物候景观之龙，在原始意像的基础上，具体化了。具像物体(种)龙的出现，是先民原始意像龙观念与相类的客观事物双向交流后，在心理反馈、激化、幻想下的第二个飞跃。中华大地，地大物博，各地民众的具体生态环境和物种又有较大的差异。因此，当各地先民们在既有的龙原始意像下，去现实中寻找具像物时，因客体的客观差别的存在，导致了各地具像龙的多姿多态。据考古与文献资料表明，我们古代各地先民崇信的具像龙有蛇龙、猪龙、牛龙、鳄龙、鳖龙、马龙、狗龙、鱼龙等。我们学界，对龙的具像原型及源起，历代争论不已。史学家、考古学家、民俗学家、文学家、艺术家各执一词，"公说公有理，婆说婆有理"。殊不知，你说龙原型是猪也好、牛也好、鳄也好、鳖也好、马也好、狗也好、鱼也好，似乎都有理，因为都可以找出历史上应用的实例。但是，若没有龙最初的意像原型，猪头龙身或它物首与龙躯之物怎么生发出来？这些论述都有一个共同的疏忽，即只注意物像和龙意像的类似、像征，却极少注意人的心理意识在其间的加工幻化以及已积淀的民俗心理龙意像的定向反馈催化。所以，具像龙的出现，是中国龙信仰的第二阶段，各地先民群体的心理对龙的再度观照起了重要作用。

从具体物像龙中摆脱出来，构成麒麟首、鹿角、鱼鳞、蛇身、凤尾等综合体貌的"龙"是中国龙信仰的第三次飞跃。以社会学的眼光，这种综合兼并，是以龙(闪电)图腾为主体的民族，合并汇融其他兽类图腾：角兽类、鳞甲类、蛇蝎类、凤鸟类图腾民族而成的新的强大的族徽标志。一种"因部落的兼并而产生的混合图腾"。然而，这种"只存在于图腾中而不存在于生物界中的一种虚拟的生物——龙"的最终诞生，也并不是随便拼拼凑凑组合成的，它的再度重构，本身也是已有较为成型龙形和习俗观念的先民，慑于龙的神圣而又神秘的实际，在社会兼并的同时，心灵上对龙又一次玄思审视得出的新的幻影。1987 年河南省濮阳西水坡遗址，45 号墓穴内蚌壳龙虎陪葬摆塑的挖掘问世，使我们第一次有科学和实物证据表明，约 6000 年前，我国远古炎黄时代黄帝部落先民中，已诞生了造型上综合异体，气韵上可与明清皇家宫殿器物上的龙相媲美的虚拟的龙。它的出现，固然得力于异兽、异龙图腾兼并的社会现实，但是，真正的形式，还是借助于心灵的激发，群体心理意识的同感和认可。首先是对龙的基形、基干有一种共识，其次是以此为中心的兼顾八方的一统心理，这些心意发生碰撞，一种似此非此，昂首曲背，奔腾云涛的虚拟物——龙终于破雾而出，成为中华民族的习俗像征物。

龙在现实中是不存在的。在古越地民众心底深处，它是一个没有固定偶像的崇信对像，如浙江原有的"龙圣"信仰。中国越地农村遗存有以"龙圣"祈龙求雨的崇信，其中的"龙圣"与学人一般的想像大为不同，往往只是一些普通的水生物，甚至还可以是昆虫。由这一事实而参之以上古文献，可知，在中国先民的心中，有统一的龙的理念，却并没有统一的龙的图像。这种无一定之形、无一定之性的龙，其实正是中国龙的原型所在。

所谓"龙圣"，即是越地农村求雨中被祈祀的一种活的龙体。现实中就是越地农村常见的以水生物为主的小动物，在祈雨意识中充当龙的角色，受人顶礼膜拜。

在中国，提起龙，似乎没有人不知道。对于它的尊容，又似乎无人不晓。自唐宋，特别是明清以来，由于封建统治者思想的影响，帝王宫殿、服饰中，那种"龙，角似鹿，头似驼，眼似兔，项似蛇，腹似蜃，鳞似鲤，爪似鹰，掌似虎，耳似牛"[1]的黄色金龙，时常出现在人们眼前，为人所熟识。但是从中国龙形像的历史角度看，这一形像其实是后起的，是唐以后才逐步形成的，中间受到了印度龙王——那伽——实译为蛇王形像的渗透和影响。[2] 而在越地民间稻农的心目中，这种龙形也仅仅是龙所表现出的一种形态。龙在他们神圣的求雨祭祀里，存在的形态是多种多样的，如黄鳝、水蛇、青蛙、蛤蟆、鱼、虾、龟、蟹等等。

这与自古以来，传统文献中所载的龙形，大相径庭。对习惯于故纸堆里探究龙的学者来说，恐怕对此也闻所未闻。

龙形像的原形的多样性，不少学者都已经注意到了，并有过许多这方面的论述。而越地农民求雨的祈祀的对像龙圣各种形态，它不用说，名不见经传，而且，其状貌，更难于与我们一般人心目中的龙形像发生什么关联。

笔者自1991年至1997年随中日环东海民俗考察团，连年在浙江一带稻作区进行农耕民俗的调查研究。了解到越地稻作区农民求雨祈龙祭祀中普遍流行将一些普通水生物或小动物当"龙"供奉的场景，让人耳目一新。

1992年8月29日在奉化市畸上村调查时，稻农夏高益(男,64岁)说：过去种稻碰上天旱，就要到龙王庙祭龙王，请龙王降雨。雨不下，就要外出请"龙圣"。是日，长辈穿长衫，恭恭敬敬地在当地一池塘前焚香点烛，磕头祈求，请"龙圣"上天。龙圣就是塘里的白头黄鳝。其他地方没白头黄鳝，只有当地有。念好经，派人从塘

---

① 宋·罗愿《尔雅翼·释龙》。
② 参见阎云翔《论印度那伽故事对中国龙王女故事的影响》,《民间文艺季刊》1987年第1期。

里舀一条白头黄鳝——龙圣,放养在一只事先准备好的瓮罐中,即时全体敲锣、打鼓、放炮,回到村庙,将装有龙圣——白头黄鳝的瓮罐放在供桌上,全体求雨人再次恭恭敬敬焚香跪拜。还不下雨怎么办? 就把有龙圣的瓮罐放在烈日下晒,未死之前送回池塘,再到其他地方去请,请回来的东西可能是条蛇或其他。请来的都叫"龙圣"。下雨后,庙里要演戏三天三夜。1952 年,此地大旱,到处请龙,请龙人到处有人请,供吃。

1992 年 9 月 2 日,笔者在宁波北仑区乌石岙溪东村,与老农王红成(男,73岁)、陆冬梅(女,71 岁)、王信祥(男,59 岁)等人座谈时,再一次采录到当地求雨请龙的详细情景。该地请龙——龙圣活动的表现形式,五花八门,没有任何事前的框定:天大旱求龙圣,近的在石高塘请江门老龙,远的到太白山龙潭请太白老龙。每户去人,老少都可以。求雨的人不准戴帽、撑伞,但可以在头上扎块白布。队伍浩浩荡荡,前有鸣锣开道,旌旗引路,随有灯笼、铳炮助威,场景如行会。中有柏树枝扎制的鼓阁民间乐队吹、拉、弹。其后是龙王轿,用柏树扎制,外结彩花,轿中放一个瓮(贮水),道士随行。最后是香烛供品。到了龙潭边,道士念念有词,他人放炮,鼓乐齐鸣,道行高的不到一小时,潭中出现鱼、青蛙一类生物,舀上来即放在瓮中为龙圣。三小时还没有,只好去赶。水中没有,龙潭边上的四脚蛇、蜻蜓、昆虫都可以取来,请作龙圣,抬回去祭拜。

求雨祈龙请龙圣,越地稻作区大同小异,流行面广。1988 年版新编的《像山县志》对此作如下概述:

> 旧时,逢久旱,兴求雨。一般数村联合,仪式颇为隆重。先抬出福建寺庙之龙王菩萨。暴晒三日。每户斋戒食素。然后集结村民,赴深山龙潭请"圣",队伍以大纛前导,随后找出菩萨及神位座轿,乐队接村排列,并有鼓、琴、台阁,人人执小旗,不戴帽,穿蒲鞋、草鞋,行至"龙潭",由道士念咒、祈祷,以锣从潭中兜起一生物,称之"龙圣",置于净瓶之内,恭迎返回。途经村庄,概由族长迎送。如经县城,则由县长迎送。民国间曾两次发生县长出迎不恭,迎圣队伍闯闹县堂事件。迎回"龙圣",供之棚内"龙座",派人日夜守护,众人顶礼膜拜。若近期内巧降甘霖,则视为灵验。遂将"龙圣"送回龙滩,并演戏"谢圣"。解放后,此风渐绝。

据该县慈禅寺当家可成法师自叙 1935 年自己迫于人情,临时充当道士去请龙圣的过程可知,当年高湾村民在数尺见方的小潭中请来的龙圣是一只蛤蟆(蟾)[1]。笔者在温州永嘉、丽水等地民俗调查中也都采录了不少类似的情况。可见在越地稻农遇旱求雨请龙、祈龙之龙,身世不同,种类繁多,形态各异。既没有一个固定的

---

① 朱永林《龙是什么》,《中国民间文化》,1992 年第 3 期。

种类对象,也没有一个标准的至少令人生畏的形像。绝大多数,仅仅是一些貌不显眼、普普通通的水生物而已。至于它是蛤蟆,还是青蛙,或是黄鳝,或是鱼虾,都不重要。重要的是在祈祀请龙时,"先入为主",谁先出现,谁先被捉请,谁就是显赫的龙圣——龙的显现。

唐宋元明清以来流行的神圣威严的为人们所熟识的龙,在人们祈雨时,其化身"龙圣"却成了一些不显眼的小动物,这些小动物作为"龙圣"受人朝拜,这似乎是不可思议的事,可事实正是这样。这表明,龙在稻农的心灵里,至少不是一种固定模式。从龙圣崇信的内涵观察,诸多的物类中,都存在龙的崇拜对像。龙圣才是真正的龙。

从社会心理学角度观察民俗,任何民俗都是一定民众群体的共同的心意表现。这种心意一旦成型,它就构成一定的民俗心理定势。这种民俗心理定势形成后,便会围于特定的层次,向某一方向缓慢发展,造成一定的趋势。它一方面使已有的民俗的心愿无心理障碍地以纵向线性状流传下去,另一方面,又为在此基础上构建新民俗奠定心理的精神条件。中国龙信仰习俗观念成型后几千年流传不息,同时又衍化出许多新的龙的习俗。不管你承认不承认,龙的神圣、威严、伟大在每一个炎黄子孙中或多或少都留有说不清、道不明的影响,直到今天也如此。浪迹天涯的海外华侨,更是喜欢把自己看作是龙的传人、龙的子孙。追根究底,这还是数千年来龙民俗心理定势潜移默化传承、影响的结果。至于后世因龙而起的各种崇龙、祭龙、娱龙的民俗事像的活动,如龙种、龙祖的世俗观念;龙王、龙子、龙女的神话传说;蛇郎、蛇女的故事;将龙的祭祀分为龙抬头(二月二)、祭龙节(五月初五)、分龙节(五月二十)以及赛龙舟、晒龙袍、舞龙舞、玩龙灯等等,更是龙信仰定型后传承衍生的新习俗。由此可见,民俗本身的传播和再生重构中,原有的群体民俗心理定势的轴承作用,这在中国古老龙俗中已充分显示。

第四节　统治阶级思想的渗透与衍化

如上所述,中国民俗的生成,根基于民众的客观生活实践及主观心理意识的中转衍化。然而,尚不可忽视的是中国大地历代统治阶级统治思想的力量。它们对中国民俗的产生和发展也有着一定影响,常常是起到一种有效的催化剂作用,有时充任了关键的导火索。

马克思有一句名言:"统治阶级的思想在每一个时代都是占统治地位的思想。"[1]民

---

① 《马克思恩格斯选集》第一卷,《德意志意识形态》第52页,人民出版社,1972年5月版。

俗自身也常不得不打上一定统治思想的烙印。

中国民俗在萌发中,也摆脱不了这种影响的轨迹和印纹。统治者为统治需要,常发布一些顺乎民情的行政规范,这也加速了某种民俗事像的成型和发展,中国元宵节的源起便是如此。

农历正月十五夜,是我国传统元宵节。相传汉武帝时,有不少民间少女被选入宫。这些宫女犹如关进笼子的小鸟,从此不得回家门。侍臣东方朔受汉武帝差遣,去御花园折梅花。刚进园门,见一个宫娥泪流满面向御井扑去。他慌忙上前拦救。一问得知,宫娥叫元宵,家住在长安西北山上,家中尚有父母、妹妹。她被选进宫后,每逢年终,更是倍思亲人,无奈不能相见。她想想自己既不能侍奉双亲,又不能见面,心如刀绞,不如一死了之。东方朔听了十分同情,解劝了一番,答应帮她与家人团聚。他眼珠一转,计上心头,如此这般地交待了一番。事后东方朔装扮成民间卜卦之人,在长安城内为百姓行占卖卦,乘机传出了"正月十六火焚身"的凶卦及"长安在劫,火焚帝阙,十六天火,焰红宵夜"的偈语。灾讯一出,不胫而走,引起朝野一片恐慌。人们纷纷祈求消灾良方。汉武帝听了,也吓得满头冷汗,急召东方朔献策。东方朔见了汉武帝,不露声色道,听说天上火神最喜吃汤元,宫女元宵也不是常给您做汤元吗?火神当然也知道她做的元宵好吃。万岁可在十五晚上让元宵做汤元,并亲自焚香上供。另传谕京都百姓,家家户户做汤元,一齐敬奉驾临长安上空的火神。火神受了贡奉,心自然会软下来。再传谕宫内外臣民倾门而出,大街小巷挂满灯,燃爆竹,好像满城大火,以便在上天观察的天帝不致生疑。汉武帝一一照办。届时全城臣民做汤元、挂红灯、放焰火。从街坊到宫廷,万人空巷,连皇帝也穿了微服,杂夹在百姓中消灾同乐。宫女元宵便在东方朔的巧计妙算下,乘机与家人相见团聚。吃了汤元,闹了灯火,长安城安然无恙,汉武帝大喜,第二年要臣民百姓照样办理,并照样让元宵做汤元供奉火神。因十五上供的汤元,元宵做得最好,火神也满意,人们就把汤元叫元宵,把这天叫元宵节。

有的民间传说讲元宵节源于隋朝。隋炀帝色迷心窍,欲娶自己的妹妹。妹妹硬扭不过,借托除非正月十五出现繁星满地的奇迹,才可成婚。隋炀帝下令京城四周百姓到十五日晚每户燃灯火,违令者斩。十五晚上,妹妹见京城满地都是亮光,误以为真是繁星落地,纵身投河自尽。为了纪念这位不甘被凌辱的女子,民间百姓每逢正月十五都燃起了灯。还有一种意见认为元宵灯节是随佛教进来的舶来品。《涅磐经》曰:"如来周维讫,收舍利罌置金床上,天人散花奏乐,绕城步行燃灯十二里。"又《西域记》曰:摩揭信国,正月十五日,僧徒俗众云集,观佛舍放光雨花。

这几种说法,有一个共同点,即都与统治者(或占统治地位的思想)的倡导有关。我们探究元宵节的真实起因,也印证了这一点。

中国汉朝以前没有元宵节,但有一种通宵点灯,祭祀神祇的习俗活动。《史记·乐书》曰:"汉家常以正月上辛祠太一甘泉,以昏时夜祠,到明而终。"我们在楚辞中可以见到楚先民祭太一神的记载,唱着楚歌《大风歌》进京建立汉王朝的刘邦,把楚文化的民俗信仰崇拜也带到新王朝中。从黄昏祠到天明祭太一神,很明显,祭祀不是摸黑进行的,祭祀灯从黄昏一直点到天明,彻夜不息。其渊源,有的学者一直追踪到中华先民的初期。

原始人发明了火以后,认为神秘的火能驱赶走一切妖魔鬼怪,遂形成持火驱鬼的习俗活动"傩",又因对火的崇拜,衍化出后来的元宵节。① 远古的"傩"俗是否元宵节的前身似可商榷,但有一个信息还是不错的,即与火崇拜有关。它沿袭到汉代,便是通宵点灯迎黎明,由此逐步衍生成元宵节。对此,古人已有认识。《初学记》载:"今人(指唐代)正月望日夜游观灯是其遗事",也对汉家祭太一,以昏时祠到明为元宵节直接之前身作了认可。从这种祭祀到元宵节俗的成型,中间尚有一个质的飞跃,即定时开展群众性的玩灯娱乐活动。据后代传说附会,这一飞跃,是在汉文帝首创下,与汉、唐、宋众多帝王的沿袭、提倡是分不开的。汉文帝是周勃勘平诸吕之乱以后上台的。勘平之时,恰好是正月十五。汉文帝兴奋不已,下令连夜出宫游玩。"与民同乐",彻夜不止。是时,到处燃灯火放光明。从此,汉文帝每年正月十五夜要出宫游乐。古语中夜又作"宵",文帝就将登基日狂欢之夜称为元宵节。后来汉明帝为倡导佛教,又特意在元宵节点灯。到了唐宋,帝王贵戚推波助澜元宵节俗更日趋完善,越来越热闹,成了举国上下、全民共同欢度的节日。至唐代,元宵放灯在风流皇帝唐玄宗和杨贵妃及皇亲国戚们身体力行,互相攀比,争艳斗奇的感染下,发展为盛况空前的灯市。京城"作灯轮高二十丈,衣以锦绣,饰以金银,燃五万盏灯,簇之如花树"。唐玄宗本人则令人作过高达 150 尺,30 间房大的灯楼。杨贵妃的二姐,韩国夫人所制百枝灯树高 80 尺,上元夜点之,光明夺目,百里皆见。是日,万人空巷,人们到处观灯游乐,彻夜不眠。唐诗人崔液有诗道:"玉漏铜壶且莫催,铁关金锁彻夜开;谁家见月能闲坐,何处闻灯不看来",正是这种盛况的真实描绘。到宋代,帝王们的倡导似乎更进了一步。为了鼓励人们到御街观灯,朝廷规定,"凡来观灯者赐酒一杯",游人不仅大饱眼福,还可得到钦赐御酒的口福,何乐而不为呢? 可见元宵节俗的形成和发展,与汉以来的帝王贵戚们有意无意的倡导和扶植是分不开的,这似乎是无可置疑的了。

总而言之,中国民俗的发端,源于中华大地先民为维护自己生存和种族发展的物质劳动与共同生活。一定地域的先民在共同的生产、生活中,为某一目的而采取共同行动和同感意识,并表现出一定的规范和程式,常年累月,重复同一,遂不知不觉相沿成俗。人是从兽类发展过来的。中国民俗的发轫,表明我们先民为挣脱兽

---

① 涂元济、涂石《灯节的起源与发展》,《民间文学论坛》1985 年第一期。

性,取得社会的人的地位而作的集体有意识和集体无意识的努力。而中国民俗,尤其是人生礼俗则是社会化的人对兽性的初步抑制,它在中国人民的文明史上有着光辉的业绩。

思考题:

1. 中国的十二生肖是如何在生产生活实践中应运而生的?
2. 民俗在族群自身繁衍和发展的过程中起到了哪些积极作用?
3. 中国崇龙信仰习俗是怎样经过群体心理认同、积淀的过渡而渐渐形成的?

第三章 民俗的表层特征

民俗作为人类社会群体固有的传承性的文化生活现像,是在社会现实中展现出来的,它有什么特征呢? 就是民众生活里那些没有明文约定的规矩。

第一节 不成文(法)的规矩

在中国乡镇的通道上,常可以见到熬煎过的中药渣撒在那里,让过往的行人踩。这便是中国民俗事像的一种形态,俗称"踏药渣"。为何要这样呢? 查阅我国古往今来的法规刑律,都无法找到相应明确的条文规定。即使在那正经八百的中医书上,也不会找到现成的答案。可是,天南地北的民众却不约而同,服了中药,就把药渣倒在行人要道上。这究竟有何道理? 白纸黑字的书文解释不了,不成文的民众俗信,却自有种种说道。一种说法是,煎过的药渣倒出门外,让千人踏,万人踩,这是驱病出门,托人消灾。因为古老的观念认为,病人服药后,病魔就逃匿到药渣上。药渣一经他人踩踏,病魔就被众人压住,不能再作怪害人;或被行人带走,祸移他处。另一种说法,这是病家为了防止庸医或药店的失误而采取的防备措施。把吃过的药倒在路口,万一用药有误,可让路过的名医高手现场鉴定,及时补救。相传一代名医李时珍、叶天士就是这样救过误诊的病人,以后人们才竞相仿效。而一则《药渣倒在门口的由来》的故事则讲,这个风俗是唐代名医孙思邈给人治病时流传下来的,据说孙思邈医术太高明了,天上的龙,山中的虎都来找他治病。一天,他为一头受了伤的老虎除了病痛,老虎为了报恩,就自动给孙思邈当警卫,充坐骑。孙思邈方便了,可把病人给吓坏了。孙思邈很为难,最后想出了两全的办法。他每到一家看病,便让病家把药渣倒在门口的路上,哪家门口有药渣,就表明他在哪家行医,这样,老虎就不必紧跟相随,只要远远地等着他就行了,倒药渣成了行医的标志。民间口头还有很多各种各样的传说,这些故事说法虽不尽相同,但有一点却是共同的,这就是倒药渣成了煎服中药后例行的不成文的规矩。很多人对此是人云亦云,你这么做,我也照着办。众人相附,代代相传,形成了一种惯制,这就是民俗。

民俗事像,存在于人类社会生活的各个方面,从古到今,现实生活中到处都有种种不成文的规矩在制约着人们的言行。

在广州,每当主人为客人倒茶、斟酒时,客人马上会伸出手指叩桌,以示谢意。据说,这一举止是清代乾隆皇帝与随从微服私访时留下的。一次在饮茶时,乾隆不经意提起茶壶为随从斟茶。堂堂一朝天子,要为区区仆人倒茶,这是何等的折罪。随从惊恐不已,又不便公开叫嚷谢恩,情急生智,伸出手指叩桌,以代叩拜谢礼。后人效法,遂蔚然成风。我们不必去考证它的真伪,然而,作为一种感谢的俗规,这一流行的习俗在广东一带居民饮茶喝酒中,现实地存在着。

其实,不仅止于民众一般日常生活的这些规矩。在现代,即使是男女两性间神圣的恋情,在自由恋爱的今天,仍有许多无形有形的陋规陈习梗在中间。上海等不少大城市一部分大年龄女青年婚恋的蹉跎,应该说是有多种因素造成的,但据笔者调查,其中有不少是受到传统的习俗观念的影响而被耽误的。有一位工学院毕业的女大学生,才二十五岁,身材苗条、容貌端庄。在校时忙于学习,无暇涉足爱河。到了工作岗位,考虑个人大事,单位没合适的,赶浪头到了婚姻介绍所,优越的条件哪愁没有"周郎顾"? 可谁知一连介绍了几个,都是接得快,也断得快。这是什么原因? 一了解,答案竟是,姑娘学历地位高,男孩不愿问津。理由是这么简单、明了,又是那么令人愤慨,出乎意料。然而,剖析一下中国传统的婚姻观念,就会感到此乃情理之中的事。中国传统的家庭模式,讲究的是"夫唱妇随",关键是妻子是否能听丈夫的,才学、才干是可有可无的,"女子无才便是德",这样,对丈夫更能百依百顺。如果妻子才学高了,将来一家之中听谁的? 俗话说:"一寨容不得二主,一山容不得二虎",说的也是这意思。时代发展了,现代人也受到了更多文明的洗礼,但内心深处,一些事物的价值标准与取向,仍是传统的。特别在两性关系上,大多男子对女子依然不离传统的模式:温柔娴淑、忍辱负重、贤妻良母。现代女性对男子同样如此,总要求比自己强,好有帮助和依靠。若倒过来,不免受世俗舆论的讥讽。造成这种心理障碍的陋习俗规显然也是一种民俗。

在生活的其他领域里,我们同样可以发现那些不成文的规矩在活动。在城市里找理发店,不用看招牌。站在马路边,放眼向前眺望,哪家门口有红、蓝、白三色圆柱体幌子在慢悠悠地转动,那家准是理发店。这一惯制,虽说是进口来的,但时间长了,人们也熟悉了。在上海,理发店还有医道之职呢! 若你不小心被马路上扬起的灰尘迷了眼睛,医院又不在眼前,那也不必紧张,赶紧找一家理发店,那里的师傅手到病除,保你满意。在五十年代,炎夏季节,理发店的老师傅,还常为来理发而又略带中暑的顾客"捏痧",舒筋活血,祛病除灾。以致一些店家,常有一些老顾客,定期来理发兼放松筋骨,理疗身子哩。可又有谁见过理发店的章程中,写上兼带行医的呢？它们都是遗留下来的不成文的规矩。各行各业都有一些这样的规矩。如一般的商店，一上班，就先把算盘举起甩几下，弄得算珠噼啪直响，图个生意兴隆、财运亨通。戏班子，在后台，各人行坐有规定，唯丑角通行无阻，随便坐。开戏还要拜祖，祭唐明皇。上海茶叶店，传统大抵兼卖甜酒药。这些习惯，有时不伦不类，旁人眼中不可思议，但在自己生活、行业圈内，却都是客观存在的，不可缺少的。

自人类进入文明社会以后，随着人们对事物认识的深化，民俗这种不成文的客观现实，越来越被一些有识之士重视。有的对此作了专门的描述记录，如我国东汉应劭《风俗通义》，南朝宗懔《荆楚岁时记》。有的在书中大量转录运用民俗材料，如汉刘安《淮南子》，唐段成式《酉阳杂俎》，宋孟元老《东京梦华录》、吴自牧《梦粱录》以及奇书《山海经》等。从形式上看，民俗在此都有文字的描述，但这并不改变它那种不成文规矩的特点。民俗的文字描述，在这里仅是对这一存在的客观记录，这种记录，不具有章程、法律的意义。简言之，它只是表明有这么回事罢了。至于它如何动作，这种文字记录起不起任何规范作用，起作用的，还是民俗本身在现实中的展现。所以，民俗不论有无文字的记录，就它实施的实际效应的形态看，仍是一种没明文规定的不成文的规矩。

上述结论，只是借用中国民间俗称，对民俗所作的通俗而粗浅的表述。其实，什么是民俗，好像很简单，实际却不那么容易。不仅在不同的国家里，民俗学者们对民俗有不同概念，即使同一国家的民俗学者们，对于它的性质也意见纷陈。西方利奇（Maria Leach）主编的《民俗·神话与传说的标准辞典》（Funk & Wagnalls standard dictionary of folklore, mythology and legend）所收录的关于"Folk-lore"就什么是民俗写出了二十一条简明的定义，即反映了纷陈的局面，综合起来大致可分为七类：

1. 民俗是旧时的残余遗风，完整的阐述是《民俗学标准辞典》的两则定义："古时候大众信仰、风俗及传统的整个本体（Entirebody），它在文明社会内受教育较少的分子中一直残留到现在。""民俗是不愿死的一种活化石。"

2. 民俗是俗民文化的传统部分，包括原始民族及文明民族的传统创造，或专指说不出确实可信的发明人或造作人而一代一代传下来的那些东西。

3. 民俗指含意广泛的传统现像。它们比其他的文化现像或社会现像更可表现出传统的任务，内容"包括舞蹈、歌谣、故事、传说和传统、信仰和迷信，以及任何地方的民族的谚语"。还包括一个民族传统的风俗、信仰以及文学。

4. 民俗是退化的宗教。认为民俗是还模模糊糊地残存在文盲和乡下人生活中的古代宗教仪式。一种民间宗教的残余物。

5. 民俗仅指民间故事。一种范围界说不明确，而且和神话分别不明显的故事。同时,这些故事的内容和用意在原先传诵人的心目中也不够严格和清晰。

6. 民俗是一种主要由口头流传的大众文学。即口传的民间故事、神话、传说、谚语及其他文学方式的东西。

7. 民俗是俗民文化。换言之,民俗是文明文化中庶民的文化表现,或者说是民间传承的生活文化现像。

将民俗这些概念词义综合对照,我们发现可以归纳为三类:第一,就是认为民俗代表文化传统,尤其是限定在某些范围内的文化传统。这是民俗学开创者汤姆斯(Thoms)率先提出、后人相应延袭的观念。第二,认为民俗应当限于俗民文学的范围内。美国的一部分人类学家,苏联和中国的一些民间文学工作者都持有这样的观点。第三,民俗被视为与较高阶层的文化对照下的俗民的全部文化。这实际上是汤姆斯民俗内涵功能扩大的新表述,在欧洲学界颇有市场,概括之,第三类是第一类的扩充。第二类侧重文艺。但是,这儿的俗民文学(艺),或称民间文学(艺),不是单个作家、艺术家主观情感宣泄的产物,它们是俗民——民众集体智慧、想像的结晶。它们的价值,也决不仅仅是文艺的,它们在人类社会展示的最大功能,则是一种程式化的文化传统,在广义的范围内,也是第三类的。英国著名的文化人类学家马林诺夫斯基早已论证过这个问题,他在《巫术科学宗教与神话》一书中说:"将一切神话都只看作历史,那就等于将它看作原始人自然主义的诗词,是同样错误的。""存在蛮野社会里的神话,以原始的活的形式而出现的神话,不只是说一说的故事,乃是要活下去的实体。"神话这种俗民文学在民众中存活流传的实体功能,也就是一种文化传统的体现。所以这三类一而统之,实际是一种民众中传承的文化传统。其核心就是传统。所谓没文化教养民众流行的,或以俗民文学为主导地位的种种界说,仅仅是对传统承受者或对传统内涵范围的某些限定,并不是对传统本身的分歧。在对传统限于民间传承这一点上,不论是俗民文化,或俗民残余文化,或俗民文学,都是一致的。如民间文学理论的一大要素就是其创作过程中民众的集体性和流传性。因此,将民俗概括为民间传承的传统,虽粗泛一些,但还是从各种民俗观念中抽象、综合而成的,有其科学的依据。在中国,民间传承的传统,民间俗称"老皇历"、"老规矩",所谓民俗是民众中不成文(法)的规矩,也是从中引申的。这是希冀用"俗"释俗,阐释民俗概念的初步尝试。

第二节　程式化的规矩

民俗是不成文(法)的规矩,并不是说它形态的杂乱无章,毫无秩序。相反,它作为一种规矩,自身的展现总是程式化的。这主要表现在以下三个方面:

一、形态动作的行为模式化。民俗规矩在实施过程中,是以一种固有的行为模式出现的。所谓行为模式,即是行为方式的模式化。如果某些行为方式具有重复性、连续性和相对的稳定性,我们可以说这种行为方式是模式化的。像前面所讲的作为理发店招牌的幌子,这种招牌民俗,不是"塞到篮子就是菜",胡乱用什么充充数就可以的。幌子虽因行业不一而呈千姿百态,不可胜数,但它还是有"律"可循的。幌子作为招徕顾客的独特规矩,自有自己的模式。幌子一般分为"常年型"与"季节型"两大类。常年型中又可分为三种:形像式、像征式、实物式。所谓形像式,就是以商品的形像化形式来表意。如在我国北方,饮食店铺一般都挂"罗圈幌"——上面有三根绳,糊白纸毛,上下均有白纸或粉纸剪成的纸花,这是"烧卖"与"花卷"的形像。中间有一道罗圈则代表筛面的竹箩与蒸馒头的笼屉,下面是难以计数的纸条(目前,多改用塑料),表示下锅煮沸的面条。这种幌子还分"红""蓝"两种,红色表示"太教(汉族)的饭铺",蓝色则表示专供回族群众用餐的。此外,铺前的幌子多寡还提示店铺供应的品种和规格。挂一个"幌"那是饺子馆、包子铺。挂两个"幌"那是卖家常便饭、中型和菜的一般酒家。如果门前有四个幌,那是专营名菜酒席的大店、名店了。

形像式幌子,过去各类商店用得最多。专营绸缎布匹的铺子,常挂的是宽一尺、长五尺的绸缎幌子,俗称"大布幌",现在几近销声匿迹。专售药品的铺子,挂的是一对"膏药幌"——每个幌子是四块画有膏药的方形木板(或铺板),下有双鱼标记。"膏药"代表"名贵药材","双鱼"醒目,表示"老少无欺"。

像征式幌子,就不是以商品的具像出现了,而是以它物来暗示。如浴室、澡堂无法将赤身裸体男女沐浴图挂上,一般挂红灯以示"日夜营业"。干果食品店,南北货物众多,很难用某一样来代替。民间就采用了"八仙幌"——四块木牌双面彩绘的吕洞宾、何仙姑、铁拐李等"八仙"人物形像,像征本店经营"四时贡品、八味糕饼"。

实物式幌子,即是卖啥,挂啥,做什么,挂什么。修理自行车的小作坊,门口常挂旧的自行车轮胎,以示经营的行当。所谓季节性幌子,那是应时应景的,如时逢中秋,店门口挂起特大月饼图案、月饼盒子等。重阳节挂起各式糕团干点幌子。上述幌子的样式,都是民众在生产经营实践中,常年累月,逐步积淀,得到行业和顾客共识的行为模式。每一行当的幌子,不是随意的,均有固定的程式化规矩。

二、具有相对稳定的套路招式。民俗作为程式化的行为模式,展现中,都有一定的程序和套式。像"幌子"民俗,因行业、品种、季节等的不同,而有相异的动作、样式。即使是同一行当,同为饮食店,供应面食的小吃店与供应酒席的大店,决不会相混淆。不少民俗事像的套路招式,起、承、转、合,还相当繁琐。如传统的男女结亲,婚俗的步骤按部就班就有一大套。以上海浦东为例,一门亲事,大的环节有拿八字、调帖、话过门、话好日、填箱、拿嫁妆、婆亲、洞房花烛。每个大环节中尚有众多小环扣，女家允亲调帖后，男方需择日话过门。所谓话过门，即是由媒人出面说道，约已允亲的姑娘上男家认亲。那天，男家要办几桌酒席，把长一辈的亲戚都请来。定亲的姑娘在媒人陪同下到男家，由媒人介绍一一见过男家长辈。而姑娘本人并不开口，一切由媒人代言应酬。男家长辈届时还得给"叫钿"（即见面礼）。吃过饭，姑娘由媒人陪送回家。未婚姑娘见过男家长辈后的第二天，即要"还望"，由她出面置礼品再到男家，对付出过叫钿的长辈都要回赠一两样礼品，以表孝敬。"还望"后两三天要"邀还"，由未来的婆婆或姑姑出面到女家邀请，领未婚姑娘到男家，当夜住在男家（不与未婚夫同居，一般与未来的婆婆或姑姑住），这样，未婚姑娘在形式上成了"过门媳妇"，俗称"通脚媳妇"或"毛脚媳妇"。至此，"话过门"俗规才算完成。在旧社会，孩子十来岁，有的甚至五六岁，就有人开始为他（她）们提亲说媒了，在浦东农村，女孩子出八字并非郑重其事的事情。一个女孩家出十张八张不足为怪的，有的多至上百张，犹如现代印相片，请人留意找对像一样，从这种目标甚不集中的拿八字、排八字到洞房花烛，秦晋之好，少则几年，多则十余年，只要婚礼还没举行，一些婚俗环扣就得一点一画进行下去，不能有一点折扣。若少了，小则众人非议；大则婚姻受挫。直到今天，当地俗规，没请酒发糖，即使早已法律登记好婚姻手续，也不算结婚。在一些老眼光中，这种结合，如同"私合"，不屑一顾。以至当今一些男女，自由恋爱，定下终身后，再按传统婚俗程序补办各种仪式。

在生活实际中，这些具有一定程序和套式的行为模式，往往通过仪式化而固定下来，成为一定的俗礼。如传统婚俗中的六礼：纳采、纳吉、问名、纳征、请期、亲迎，探根溯源，就是这种仪式化的产物。其他传统的丧俗、节俗、食俗、交际习俗等的礼仪特征，也是如此，都有自己固定的套路招式作基础的。

三、具有一定质的规范性。民俗行为模式程式化的另一特点，即是它的程式中包含着特定的内涵意蕴。也就是说，一招一式代表着某种意味，这都是众人约定俗成，共同认可的。例如西南一些苗族妇女在春季传统歌会上，跟未婚的少女一样，可以与青年男子唱酬情歌，以歌"谈情说爱"。但是，这是"逗乐"、"闹玩"的。那么，谁是情窦初开，等待情郎追逐的姑娘？谁是与情意急切的小伙子开玩笑的青年妇女，光凭歌声是难以鉴别的，可当地的小伙子们还是很容易区分。说穿了，也很简单，凡是青年妇女在此场景中，腰际佩有一串钥匙，暗示求爱者不能当真的，她已经"有主"了。

在现代科技高度发达的今天，各种自控系统，也是按一定顺序进行的，某种程度上，也是程式化行为模式的一种形态。譬如火箭发射的指令程序、空间飞行的姿控编码等等。民俗的程式化行为模式与自控系统的程式化行为模式的差别，前者是意蕴,后者是指令,前者靠人行为的仿效传承,后者靠电路的预制启动。前者行为的外表与内涵只有在俗成共识中一致,后者的一致完全靠预定程序的设置。如前面所述,苗族青年妇女腰际的一串钥匙,它在生活中本是一种开锁的专用工具,在歌会特定场景中,则被赋予了特定的含义。这是多少年来,这些地区苗族青年男女在对歌谈情中,共同认识积沉下来的,并在歌会实践中,以共同行为传递传承的。挂串钥匙外表是生活实用的需要,在歌会场景中,却有了新的质的规范性。它是借"一把钥匙开一把锁",喻指女子已有"开锁"人的意蕴。这种行为模式程序质的规范性,是一定文化背景中共同生活的人的共识,这对缺乏文化背景制约的电脑来说,是难以胜任的。

不仅如此,这种规范性还表现在只有当民俗作为程式正式展开时,才真实显示出来。平时把酒洒在地上,不算什么,可当在祭地时,主祭人把酒洒在地上,那是向大地神灵奉献,祈求福佑。现代生活水平提高了,食品工业也发达,月饼随时可做、可售、可吃。但是,不到农历八月市场上很难见到有月饼,即使有,也鲜有人问津。时临八月中秋,人们便蜂涌至商店,争购月饼,中秋一过,月饼柜台又冷冷清清,大批月饼不得不以"过时商品"降价处理。这种情况在上海,近几年,年年如此。

总之,民俗在另一个角度,则是一种具有特定内涵规范的程式化行为模式。

第三节　民众群体的规矩

在社会两大阶层中,相对官方而言,民俗大抵是民众中流行的不成文的规矩。它可以在一定民众中通行,对官方却不一定合适,有的根本就不能一试。西方,每年四月一日为愚人节,也叫万愚节。这一天,男女老少都可以开些愚弄人的玩笑,设法让别人干些徒劳的事。当被捉弄者上当时,只需说一声"四月愚人",小小恶作剧便在双方的笑声中结束。玩笑既要有一定分寸,也不乏"苦心孤诣"的杰作。在某大学,一天一位外籍教师刚走进教室,便正颜厉色宣布:期末考试由原定的写论文,改为口试。当研究生们为一年来辛勤收集的资料"无用武之地"而惋惜不已,为毫无准备的口试唉声叹气之时,教师忍俊不禁笑道:"April fool(四月愚人)",学生们才醒悟到,这天正是西方的愚人节,顿时快活得哄堂大笑起来。笑声未绝,突然有一位同学站起来,向老师道歉,说刚才忘了通知校长有急事找他。当他慌忙收起教案转身欲走时,只闻见"April fool"和又一阵哄堂大笑,他才知道自己上当了,学生"以其人之道还治其人之身"。这一习俗,西方十分流行。是日,互开玩笑,小小的恶作剧,比比皆是。连新闻报纸也会以民众的身份挤进来,发表些奇闻,凑凑热闹。可是,你不能对官方机构开玩笑,谁要是在那天跟警察闹玩,报警,说这儿有火灾啦,那对不起,一是不允许,二是要受罚。当然,这并不影响官方人员,以至总统、首相,以民众的身份随俗逗乐。

受民众风俗的感染,官方有时也会接受某种民俗。中国传统的春节习俗,自汉代逐步定型后,为各个朝代所接受。今天仍被定为休息时间最长、民俗气氛最浓的国定假日。然而,毋庸烦言,它本身必定是民间流行的。历代帝王,届时与民同乐,欢度佳节,实际上就是他们以民众身份参与民众习俗活动。

民俗在民众中流行,并不是和一切民众有缘。民俗大多只与一定的民众群体相适应,一定的民众群体总是流行自己特色的民俗规矩,或行为模式。这种民众群体,大一点,便是民族,小一些,即是区域民众。民俗在流行中带有鲜明的民族性与区域性的特色。

中国人习惯使用筷子,天天如此,谁也不以为然。拳王阿里来华访问,中国的美味佳肴,引得他食欲大增。可每当精美的中国食品递到他面前,他那双曾经威震天下无敌的铁拳,竟然握不住几钱重的筷子。铁拳的雄风,斗不过小小的筷子,只好悻悻地伸出手指,抓食而吃。这里,我们毫无嘲弄拳王阿里的意思,它不过是我们说明民俗民族性的一个典型事例。在中国,平淡得几乎消失了民俗色泽的使筷子,在国际民众大群体中,却是有着奇异光彩的特色民俗事像。

同一件事情,或同一层意思,不同民族群体的民俗反应和表现是不同的,甚至是相反的。中国人素有"话不投机半句多"之说,碰上交谈者不协调,要么提早结束话题,要么另择论题,脸上还要尽量克制,嘴上还要寒暄、打哈哈。美国人谈话不投机,习惯动作是不断地用手帕擦鼻子,这不是他感冒擦鼻涕,而是表明对您的话"感冒"了。社交聚会上,发生争执,各人态度如何,不同民族有不同的表示方法。美国人大凡翘着二郎腿坐着,是赞同者。反对者则把双臂交叉放在胸前,腿向前伸直。一些中立派,则是既翘着腿,又叉着臂。若用中国人的习俗眼光,翘着二郎腿,本身是傲慢,不恭敬的行为,压根儿也没想到,他是一个忠实的同盟者。习俗的差异偏见,足以断送自己的一份力量,有时还会酿成大祸。一般民族,点头的习俗表示肯定,摇头表示反对。可大千世界,无奇不有。世界上有的民族却相反,点头表示反对,摇头表示同意。二次大战中,一盟军因不了解这种习俗的民族性区别,无意中打死了摇头的同盟者。

即使是同一民族,不同区域人群的民俗形式也会有差异的。在中国传宗接代传统观念影响下,大部分中国家庭,都希望生儿子。独生子女政策贯彻后,这股势头在一些地区极度膨胀,甚至不惜溺女婴,不生儿子不罢休。可是,近年来,在经济发达的上海,这些看法正在悄悄地发生变化:"养儿子,名声好";"生女儿,福气好";"男小孩是滑雪衫——中看不中用,女小孩是棉毛衫——贴心又贴肉"。人们对生儿育女,在思想上开始了自我的争斗,往昔明显偏向男孩的天平,如今出现了平衡,以至新的倾斜。出现这一习俗新趋向的原因是综合性的,其中女婿地位的与众不同,则是产生养女儿福气好的直接因素。在北方,女婿是姑爷,在丈人家姑爷就是大爷。一位教授的研究生与教授女儿相识,双方情投意合,研究生兼任了未婚的姑爷。教授夫妇作难了。平时,作为他们指导的学生,常可指派他跑跑腿,现在就不成了。为何呢?按理说,更亲近了,办事也方便。可在北方,姑爷,尤其是未婚姑爷上门,习俗都得捧着、供着,谁要叫未婚姑爷干点活,包管会有人戳脊梁骨骂。挡不住习俗的压力,教授夫妇每逢研究生的未婚姑爷上门时,不得不放下案头活,一个陪他谈天,一个忙于"铲刀做戏",做好菜招待。在上海地区,女婿是不花钱做家务活的顶梁柱。为了能得到未来丈母娘的欢心,不少男性青年从与女青年谈朋友时起,就积极帮女家干各种杂活。什么做煤饼、陪病人、搞卫生,不一而足。丈母娘最易派差使唤的也是女婿或毛脚女婿。国内外有关部门研究统计表明,两性家庭中,男女平等的标志是男性在家务活中的时间率,上海的青年家庭,与欧洲先进国家相当。可是,统计人员恐怕只是从社会学角度分析的,如果加上女婿为丈母娘家无偿的劳动也统计在内,上海城市女婿无疑是世界第一流的。这一习俗的直接效果,使生女儿的家庭感到欣慰(尽管内心还有些不自然),生儿子的家庭则不免悻悻然,声大气短。

俗话说,"物以类聚,人以群分"。社会中的人们按充任角色的不同,而分成不同的群体。民族的居住环境的区域划分,是比较大的群体分类。宗族、帮会、行会、部队等集团,也是常见的人群组合。"家有家法,帮有帮规",任何群体都有自己的习俗规矩。所谓民俗是民众中通行的规矩,也仅是相对而言。通常,民俗只是民众一定群体内流行的规矩。大至超越民族界限,生活在共同文化圈中的人群,如春节习俗,中华民族周围的一些国度和民族也在奉行。小至少数人的群体、家族、帮会,内部遵奉的家风、家教、清规戒律等等。

民俗属于民众群体中流行的规矩,似乎已清楚。尚需补充的是,对民众概念范畴的界定,这并非是空穴来风,自民俗学科诞生以来,专家学者对民众的不同见解,直接影响到对民俗性质特征、范围的认识。

在初创期的民俗学家眼中,民众专指没有文明教养的乡民、陋民。民俗学国际通用术语 Folklore,它本是两个 Saxon 字,Folk 与 lore 合成的。Lore 为知识、研究之义,Folk 意为没有文化,土里土气的乡下民众。这一限定把民俗局限于民众群体的某一个阶层,也就意味着其他层次的民众群体与民俗是无缘的,民俗成了仅仅是无学问阶层民众中的规矩。这一见解,首先是英国学者提出的,英国在近代是民俗学科的策源地,他们的观点先入为主,曾长期影响着各国民俗学家的思路和眼界。在当代,一些学者,民俗实践和研究的范围虽已大大扩展了,但对 Folk 的理解,还是沿袭了英国老派的观点。如日本当代著名的民俗学家后藤兴善,仍坚持认为:"我所说的'民众'是指'未受到近代文明洗礼的庶民',就是与有教养、有知识,有较高文化素质的上层阶级不同,而意味着平凡的、文化较低的下层民众。"①换了界限比较宽泛的"庶民",骨子里依然是下层"入另册"的陋民。质言之,民俗还是下层民众中的,与知识文化阶层或其他较高阶层的民众完全无缘。这种观点貌似有理,可反馈到现实社会中就不能完全对上号。君不见,堂堂的美国总统里根,可谓上层阶级之冠,论理该与民俗绝缘。可是,事与"理"反,据曾追随里根多年的干将撰写的文章透露,里根极其信奉民间的占星术,每当有重大决策或外出,他与妻子总要先占卜一番。一个现代化的超级强国的首领,竟然如此迷信民间巫术,真是荒诞不经,咄咄怪事,消息传出,无疑是新闻界的一颗重磅炸弹。这是题外话,姑且不论。而从民俗学观察,却是破除民俗与上层阶层无缘的陈旧理论,颇有说服力的典型材料。在生活中,不论是资本主义国家,还是社会主义国家,上层阶层的各式人物,乃至领导人物不愿过本民族重大传统民俗节日的似乎还没有听说过,不遵奉本民族日常通行的民俗惯例的也未有所闻。我国人民敬爱的周总理,在深入民众治理国事中,常"入境随俗",与民同乐。他与傣族人民一起泼水嬉闹,共度泼水节的电影画面,生动地录下了这一难忘的场景。社会上其他各界上层人物信俗,行民俗惯制的就更多了。笔者在普陀山观音信仰习俗调查采风中发现,不少信奉并愿出大钱的人,按经济文化标准,都是上层阶级的。一般的贫民、庶民还出不起几万元、数十万元的还愿钱。这不但是今天,恐怕古代也是如此。陕西法门寺地宫出土的那么多珍贵稀世之贡品,哪个一般庶民承担得起?

因此,随着民俗学科研究的深入,不少学者对 Folk 内涵的局限颇为不满。美国前全国民俗学会主席,加州大学教授阿伦·邓迪斯(Alan Dunes)在《什么是民俗》(The Study of Folklore)一文中指出:"一些民俗学者错误地认为民众就是农民社会或乡村集体。如果有人接受了关于民众的这个狭隘概念,那么,在定义上,就会得出推论即城市居民不算民众,因而城市居民也不可能有民俗。一个同样荒谬的观点是,过去时代的民众创造了民俗,而今天依然留存的民俗,仅仅包含那些零星的遗存物了。根据这种错误观点,今天的民众不会创造新的民俗或者说,现代的民众正越来越忘掉民俗,不久民俗将完全消亡了。"事实正相反,现实生活中流行的各种民俗事像,并非仅仅局限在下层的乡民、陋民中,古代的帝王将相、现代的总统首相、主席总理、教授学者,在生活实践中,往往也是普通民众的一员,与凡人一样有喜怒哀乐,也和凡人一样难以随心超尘脱俗。古今中外非乡村的城市居民,也是民众的一个阶层群体,他们也有自己的流行民俗。像源于旧上海滩的陋俗"飞

---

① [日]后滕兴善等著《民俗学入门》,第 14 页,中国民间文艺出版社,1983 年 6 月版。

白鸽"、"剥猪猡"及上海人的"赶时髦"、"轧闹猛"、"门槛精"、"生意经"等种种民俗事像,带有鲜明的城市特色,是上海民众中流行的特有的。因此,阿伦·邓迪斯进一步认为:"可以超出开创者所理解的民俗的含义。'民众',这个用语可以指任何民众的某一集体。"日本学者大藤时彦上世纪 70 年代在《民俗学及民俗学的领域》一文中也明确指出,把民众限制在未受教育,无文化的"田夫野人",已不合时宜了。"在今天的民俗学上,很难把国民严格地区分为庶民层与非庶民层。由于在知识阶层中,也残存着与庶民层同样的古老风习,一方面,"庶民层也不断受到近代文明的洗礼,不过把保持着较多古老风习的阶层称为庶民而已"。"文明人的风俗,在它的起源上,与其说是国民的,不如说是人类的"。将民俗与整个人类群体挂上钩,这些观点其实在德国民俗学家中早已露出端倪。现代民俗学史研究发现,在英国学者汤姆斯(W. J. Thoms)1846 年提出 Folklore 学科术语前四十年,即 1806 年,德国已有了 Volkskunde 的学名。1813 年德国社会学者、政治家梅则(J. Moser)对斯坦艾尔马尔克的犹太人部落的生活习惯、生活状况,进行统计、历史的调查所作的记录,使用的也是的 Volkskunde 名称,德语 Volks 与英语 Folk 不同,是指民族全体。Volkskunde 成了全体人民的民俗学,而不单是指下层人民的民俗学。在拉丁语诸国中,用希腊文"demos"(people)来代替 folk;法国因此也长期采用 demologie 或 demopsychologie 的称谓。民众的内涵宽泛得多。自进入二十世纪以来,国际术语的统一规范化,Folklore 一词取代了其他的名词,但 folk 的内涵和外延,也再不能固守原来的界限,由常民、国民,即民众来取代。随之,民俗自身的内容、范围也被大大丰富充实了。显著的标志之一,就是民俗学家的目光从农村转向城市,从关注农民中流行的规矩,转向收集研究市民中风行的习俗、惯例。1938年,社会学家、民俗学家菲立斯·威廉斯(Phyllish Williams)通过对纽约和纽海文的西西里人家庭敬奉守护神的节日和崇信巫术事像的调查而撰写的《欧美的南意大利社会习俗》一书,就是对城市民众具有民俗的初步尝试。上世纪 60 年代两位民俗学博士生——美国宾夕法尼亚大学的罗杰·阿勒拉汉斯(Rogel-D Abrahams)对费城卡明格列区黑人民众叙事民俗的调查,英国里兹大学唐纳德·麦开尔维(Donald Mckelrie)对大学附近纺织工业区布拉德福及周围地区民众生活民俗调查,分别将城市民俗的新课题展现在世界民俗学界面前。如果说,民俗在开创期主要与乡下农民相联系,那么,在现代,尤其是六十年代起,它又与现代工业城市居民不可割裂了。总而言之,作为一定群体的有生气的民俗事像,不是达到某个文物等级的民众层次的土特产。民俗意义上的民众,是相对于官方立场而言的宽泛的人群概念。即便是官方人员,群体的属性有其二重性,日常生活中,他(她)也是民众的一员,因此并不妨碍其承袭民俗的职能和表现。这一见解,得到了世界越来越多专家学者的认同和支持,成为民俗意蕴在当代发展的新的里程碑。

思考题：

1. 什么是民俗？

2. 民俗作为一种不成文法的规矩，是如何程式化地展现的？

3. 如何理解民俗作为一种群体性的规矩，在不同民族或地域间的差异？

第四章　民俗的深层结构

在上一章,我们对民俗的一般内涵、形态、特征,作了阐述。这些,相对传统的民俗观念,已有不少革新,但是,仅此对民俗的认识,还停留在表层。要对民俗的本质有透彻的理解,尚需对其作进一步的探究。

第一节　原生态的文化意识团

从人类文化意识结构看,民俗是它基础层中未经分化的原生态文化意识团。原生态的文化意识粗糙而古朴,它们碰撞、激荡、交织、缠绕,最终融汇成为多种意识信息的混合体,成为"意识团",保留了远处的真实,又孕育着无穷的智慧和力量。

一、原生态统一体的文化意识团

人类的文化意识可以分为三个层次:第一层次是原生态的民俗;第二层次是由民俗提炼分化出来的各分类学科;第三层次,即是由人文及自然学科高度理论抽象的结晶哲学。民俗处在文化意识阶梯的最低层。试作如下图表:

在民俗这一层次，人类文化意识尚未分离，各类学科还处在萌芽状态，互相混沌一体，呈胶粘状，你中有我，我中有你。如流传深广的兄妹结亲神话传说，叙述的是遭洪水洗劫幸存的一对兄妹，为人类的再生，经过神判结为夫妇繁衍后代的故事。这是中华民族人们对远古祖先婚俗情况的朦胧追忆，内含的哲理，却不是单一的。一方面，它真实地透露了我们祖先曾经经历过兄妹为夫妇的婚姻事实。另一方面，它又披露了我们祖先对血亲婚姻的恐惧，和对此而产生劣胎的初浅感受。故事中兄妹俩接二连三地自寻障碍，祈求神意，以及婚后生出肉胎——怪胎的叙述，真切地传递了这些讯息。这些讯息凝聚到一点，汇成了一个清晰的信号，血亲不宜婚配，血亲结合，不利繁育健康的后代。今天，禁止三代之内血亲、近亲婚姻的法律条文，不正是这种远古婚俗信息的理性规范化吗？可见，在婚俗禁忌习俗中，已含有了婚姻法的萌芽。至于在古民俗中糅合了宗教、伦理、文学、历史的多种萌芽，更不足为奇。可以这样说，神话，是迄今为止我们所能接触、感受到的人类最早的民俗形态之一，其本身就是内含多种学科知识萌芽的原生态意识团。世界各国的宗教、文学、历史、法律等学科，都在神话中找到了自己的源头和发展的踪迹。甚至连现代物理学的原子理论，物质可以无限分割的论述都在古希腊哲人转述的神话和中国庄子借用的神话中得到精湛的印证。号称中国古代第一大奇书的《山海经》，古往今来，对它的学科性质，莫衷一是。有人说是地理书，有人说是神话集，有人说是矿物志，有人说是巫书，似乎"公有公理，婆有婆理"。其实，说到底，该书实是我们远古初民长期积累的民俗实录，其中记叙了他们对自然、社会的初浅感受和认识，内蕴了包括文学艺术、历史哲学、地况海貌、山川物产、气候气象等多种学科的知识理论。透过那混沌的民俗原生态意识团，呈现在我们面前的，分明是远古初民社会的一册百科全书。因此，在民俗这一层次，原生态的文化意识团，犹如尚未提炼过的共生矿，还未被熔化、分离出各类金属原材料，还未被专门加工成材。原生态的民俗意识团，经过筛选、熔炼，就上升到文化意识形态的第二个层次。在此，各种原生态文化意识梳理成型，各自独立，自成一体。到第三层次，人文学科和自然学科分类的文化意识形态，经过了否定之否定，又成了一个统一体，但已不是简单的混同，而是呈高度理性的哲学状态。

由上可知，民俗是整个文化意识形态的基石和支柱，它为各类学科提供了原始的雏型。这儿所指的民俗，既包括了原生态的民俗，也包括了在原生态民俗基础变异的次生态民俗和再生态民俗。但不论是原生态、次生态、再生态，只要是民俗，它在人类文化意识中总处在最基层。现代日本民俗学者，将人类文化意识分为两个层次，一个是社会文献一类的表层文化，一个即是以民俗为代表的基层文化，或本质文化。它是一国民族固有的文化。现代民俗学视角中的一个民族两种文化的理论，也把民俗放置在人类文化意识中的基石地位。

二、民族共同文化中的"我们感"

民俗,是民族共同文化中的"我们感","我们感"即人类族群或群体不约而同的感受,感性认知,心意趋同;它类同于文化认同,是文化身份的精神标杆。它由人们共同心愿的反复积淀而成,是一种集体无意识或集体有意识。

在人类文化意识的历史长河中,民俗以原生态的文化意识为核心,构成了人类文化意识的意像原型,反复出现,奠定了人类文化意识的理性基调和现实的倾向性。今天我们在日常生活中对子女的培养和教育,常用"望子成龙""望女成凤"一类的说法,龙凤原本是在我们民族先祖中产生的幻想综合型图腾崇拜物。它作为初民民俗中的意像原型,数千年来,一直伴随着我们民族的生命步伐,成为人们认识权威,希冀新人的理想模式。由此,它还进一步渗透到我们思维中,逐渐形成一种稳固的思维模式。在我们人类文化意识的理性思辨里,像以龙凤原生态民俗为思考原型,确定词义概念,辨析事理内涵,可说是汗牛充栋,不可胜数。如宣扬血统论,人们形像而富有哲理地称为:"龙生龙,凤生凤,老鼠的儿子会打洞。"气像学上称台风谓"龙卷风",现代的各种事物,粗看是当今时髦的东西,可我们稍稍分析一下,追根溯源,就会发现其间沉淀着初民社会就有的民俗的思维基因。这种以民俗意像原型为思维定势基础的思考方式,渗透在每个国度和民族民众的心底里,形成了富有地域性和民族性的文化意识形态。中国以及属于这一文化圈内的儒家文化,就是凭托中国的民俗及其思考原型礼仪化的产物。譬如儒家文化中的核心之一"孝"道,是依籍民众久远的孝俗为基础支撑建立起的理性概述。中华民族很早就形成了农耕为本的社会经济结构。原始的农业生产,一是依赖"天公作美",二是依赖有生产经验的人的传授与管理。这种农耕的生产经验,包括了天文、气像、水利、耕作等诸技艺的综合知识,没有一定知识的积累,是承担不起此重任的。饱经风霜的老年人无形中摆脱了狩猎社会中被歧视,甚至适时被杀掉处理的悲剧遭遇,得到了大家的爱戴和敬重。为了使较长时间才能取得硕果的农业生产不断发展,"识途的老马"被人尊重,逐渐习俗化,加上人们对血统和家族、宗族集体利益的重视,孝的观念和行为不断强化,孝俗形成了。孔子在创建儒家学说中,顺乎世俗,将孝俗加以理性的概述和礼仪的控制,构成了儒家思想孝悌的核心之一。它的推崇,对维系小农经济社会的安定和生产的发展起到一定的作用,因而各个朝代常常加以鼓励,而历代的儒生们则不遗余力地推波助澜、衍化更生、发扬光大,出于巩固统治的需要,封建统治者,把"孝"发展到极端,成了扼杀青年的"杀子文化"的深层的理论支柱。正如鲁迅在五四时期指出的那样,"从老到死,却更异想天开,要占尽少年的道路,吸尽少年的空气"。远的不说,以现代台湾政界为例,上世纪60

年代,蒋介石八十多岁,仍牢牢抓住权力不放,同样,八十余岁的老谋士张群竟然炮制出"人生七十才开始"的说法,用意是十分明确的。到了70年代,六十多岁的"少壮派"蒋经国不得不以"以孝治国"的方式继承权力,装模装样在蒋介石灵柩前"守灵一个月"。后来他虽然对老子的一些措施有所更动,但也总是先摆出"孝子"的姿态。这种"孝"理,已深深扎根于中国的精英文化意识的各个方面,与原来民间的本意不尽相同了。

一个民族的精英文化意识有时看来是某个杰出的伟人创造的,实际上,如同"孝"的理性化一样,它的存在是以民俗原生态的文化意识为地基的,是民族集体的文化记忆。否则,这种理论免不了要成为海市蜃楼式的空中楼阁,最终还要掉下来。而民俗如同广袤的大地,滋生、萌发、成长、构建千千万万不同的植物一样,衍生、发展、创造出各种各样的学说理论,宝塔般地矗立在人间。

第二节　文化与生活的双重复合

民俗作为一种未经提炼的原生态文化意识团,使它与一般的文化意识区别开来,展现出独特的风采:一般的文化意识形态与社会生活总是相对而存在,保持一段距离,而民俗却与社会生活水乳交融,混同一体。民俗从一个角度看,是一种文化的意识,从另一个角度看,又是社会生活的一部分。因此,我们可以说,民俗是文化与生活的双重复合体。文化型的生活,生活性的文化。

鉴于民俗所展示的文化意识特征,一些民俗学家就将它简单归之于文化意识领域。还有一些学者套用马克思主义的学说,称它为上层建筑的一部分。更有甚者,以为风俗习惯一类民俗来无踪,去无影,看不见,摸不着,对人们的言行,却有某种约束力,就把它视为比一般上层建筑还要"高"的东西,是"上层建筑的上层建筑"。纵观古今中外的民俗学者,对民俗的属性似乎都定调在单一的文化上,侧重它的文化特征的研究。如 Folklore 学名创始者汤姆斯,视民俗为文明社会中残存的古老文化,诸如礼貌、风俗习惯、典礼仪式、迷信歌谣、寓言等。同一学派的,也是最早被引进中国的民俗学者班尼(C. S. Burne)女士的《民俗学手册》(The Handbook of Folklore)则认为:"民俗学是一个概括的名词,其内容包括传袭的信仰、习惯、故事、歌谣、俚语等流行于文化较低的民族或传留于文明民族中无学问阶级里的东西。"并强调,这里所指的仅是无形的文化残留物,她说:"'民俗'包括民众心理方面的事物,与工艺的技术无关。例如民俗学家所注意的不是犁的形状,而是用犁耕田的仪式;不是渔具的制造,而是渔夫捞鱼时所遵守的禁忌;不是桥梁屋宇的建筑术,而是建筑时所行的祭献等事。"不仅是光注意了民俗的文化性,而且,连民俗自身的物化形态也排斥在外。后来,民俗的物化形态在研究中得到了认可,然而,对民俗物的再认识,也仅是从文化角度审视的。对它的生活性特征,还是视而不见。现当代,在世界各国民俗学家的共同努力下,研究民俗的视野更为开阔了,民俗学被赋予了新的内容:"初期的民俗学似乎只是以开化民族的生活事像中所看到的,稍稍奇异的文化残存为研究对像……今天则扩大到庶民生活的整个领域,其有形和无形的文化形态都做为研究对像。"①它通过庶民今天的生活来探求潜流于国民生活深处的基本的民族特征,从那里重新弄清国民过去的生活方式,研究精神文明的由来,"追溯开化民族真实的民族生活的形态"。② 这一段论述,一方面敏锐地指出了民俗与生活的紧密联系,阐述了民俗是认识人们生活的一把钥匙,但一方面,把民俗自身仍框定在有形、无形文化的圈子里。从文化学的视角考察民俗,民俗为文化意识的一种形态,这是毫无疑义的,但作为民俗自身来讲,这种鉴定,只是一个侧面,不足以反映它的全貌。民俗学家们往往从人类学、心理学、文艺学、社会学等文化学科去认识民俗,提炼民俗的种种文化特征,却忽视了它生来就有的生活性能这一重要属性。

民俗在现实中展示出生活的属性,实际上已有学者从民俗存在的形态之一,神话巫术的原有性能的论述中涉及到了。马林诺夫斯基在《巫术科学宗教与神话》一书中分析道:"存在蛮野社会里的神话,以原始的活的形式而出现的神话,不只是说一说的故事,乃是要活下去的实体。""神话研究只限在章句上面,是很不利于神话底了解的。我们在西方的古籍,东方的经典以及旁的类似去处得到的神话形式,已经脱离了生活信仰底连带关系,无法再听到信徒们底意见"。总之,"任何土人底故事在功能、文化、实用等方面,除了故事本文外,也同样表现在定则、具体行为、关系系统等去处。只将故事记下来是一件事;观察故事怎么千变万化地走到生活里面,观察故事所走的广大文化与社会的实体而研究它底功用,另是一件事"。至于巫术,按照马林诺夫斯基的观点,本身不是凭空而来的,乃是来自实际活过的几种经验;因为在这种经验里面他得到了自己力量的全部。事实正是这样,人类社会的神话故事和民俗形态,在神话时代,乃是与人类生活,与它传承的民众群体生存休戚相关的共同体,生活方式的依据,行为的法则,精神的支柱,巫术同样如此。推而广之,一切民俗形态,无一不与生活紧密相连,带有生活的属性。如风俗习惯,本身就是生活的一种惯制形式。民俗从人类社会生活中产生,又反馈回去,与现实生活糅合一体,成为社会生活方式、个人生活习惯的一个组成部分。在我国,传统的节俗,五光十色,令人目不暇接。以普遍性的大型节俗如春节、元宵、端午、中秋

---

① [日本]后藤兴善《民俗学入门》,中国民间文艺出版社,1984年版。
② 同上。

为例,在现实实施中,展现的纯属生活的习惯惯制,本身也是社会生活的一角。欢度春节的一套民俗程式送灶神、大扫尘、守岁、贴春联、挂门神、接财神等等,剔除俗信,展示在我们眼前的就是,涮锅碗、搞卫生、多玩耍、饱口福,一句话,干干净净、高高兴兴、尽情地享受生活的乐趣。民俗的生活性,与风俗程式融为一体,你中有我,我中有你,以致有一些民俗形态,在当地人的心目中,习以为常,几乎失去了民俗的特性而只作为一种生活的方式。像中国传统的饮食结构——以饭为主,以菜为副的膳食结构和普遍性使用筷子的方式,大多数人恐怕不会想到这是中国特有的饮食民俗之一。民俗在此已完全生活化了。

在现实社会里,民俗融化在生活中,呈现生活性的样式是多方面的。人们因传统民俗在心理上沉淀积累所形成的一种心理定势,并以此来观察和认识社会,从而形成的特定思维方式,也是民俗生活性的一个重要侧面。中华民族自远古形成的,对幻想中蛇的崇拜和对现实中蛇的恐惧的二重性矛盾心理,直到今天,还在影响人们生活的方式和艺术的表现。如江浙沪古吴越地区,不少中年以上的农民仍相信每户都有青黄两条看家蛇。见了家中的蛇,不敢轻易打它。在宁波一带,每逢春节,还常忘不了挨家挨户舞青黄两条小龙(蛇),祈求蛇神保佑,除邪避凶。在当地广泛流传的优美传说《白蛇传》、《蛇郎》故事中,主人公白娘娘、蛇郎都是人蛇合体的艺术形像。这显然与生活中人们由敬蛇畏蛇的观念而产生的思维定势有着直接的关系。

民俗在现实中的展现,处处显示出生活的特征,表现为一定的生活样式,成为"活世态的生活相"。钟敬文教授对此颇有新的见解。他在中国当代民俗学研究重整旗鼓之际,敏锐地指出,当前我们的民俗学研究,"不能固守英国民俗早期的旧框框",要"以国家民族社会生活中活生生的现像为对像",并首先提出了"民众的'生活相'"的新概念。将民俗与生活的关系,用"生活相"来表述,十分精辟准确,为民俗学研究开辟了更为广阔的前景。民俗在社会中,哪一项不是以一定的活世态"生活相"出现的?逢年过节的程式安排,特有的食俗和喜庆活动,民居上的龙脊和傣族古官帽式的竹楼,少数民族色彩鲜艳、造型多姿的服饰,无不展示出生活的风姿。然而,它们又不仅是单一生活的标记。与一般生活事像相比,民俗事像具有明显的文化意识和生活特征交融的双重性。将民俗事像归属于生活方式,如同将它上升为纯文化意识,同样是不符合民俗本身特质的。民俗事像以内涵的文化意识和外表的生活方式形成它的双重复合,这是一种文化型的生活,生活化的文化。如鲜艳的苗族妇女服装,衣袖上有几道色彩互异的装饰圈。外表是一种服饰的样式,内里包蕴了民族历史性大迁移的记忆。按民间说法,这道道装饰圈,像征着迁移途中的山山水水,是苗族先民为了教育后代不忘祖先长途跋涉,披荆斩棘,艰苦创业的丰功伟绩而特意作的标记。

民俗的双重复合的本质还表现在民俗的嬗递变异之中。民俗不仅作为一种文化意识承袭流传，而且也以程式化的生活习惯和方式陈陈相因。春节、元宵、端午、中秋等传统节俗，之所以能世代相传，长久不歇，一个重要因素，就是它们的双重性，无形的心愿意识和有形的生活样式综合一体。民俗的文化意识，容量的可变性比较大，端午节俗从最先作为先民原始宗教祭祀的意愿，到南北朝时已被纪念伟大的历史人物屈原所取代。而且文化意识无形的形式，缺少仿效的直观性，较之民俗作为生活方式的有形形式，沿习仿效的能量总要差些。尤其，一定时代的思想，总是代表统治者的思想，一定时代民俗的文化意识，即使总体上仍是较为稳定的传承文化意识，但意蕴上不得不受到现实统治思想的渗透和影响。像现在与千百年前一样岁首过春节，今天春节迎新除旧与封建时代迎新除旧在意蕴上已有很大的差别。春节能传承下来，在一定意义上，人们主要是凭生活方式的摹仿承袭的。年复一年，代代相传。同一个民俗事像，若尚能流传，外表的生活方式较内涵的文化意识变化要小。像端午龙舟竞渡的生活样式，基本格调数千年来一脉相承，宋代范成大《祭灶词》中描绘的祭灶场景，与今天尚存的几乎是同一个模子里出来的产品。至于祭品及规格，两千多年来也无多大变化，而祭灶内涵的文化意识却几经变化。最早，大概是对寄于灶边蟑螂的敬畏，灶王爷的传说还是后代衍化出来的。我们国内个别学者将民俗视为纯生活方式，恐怕就是对上述情况未加辨析的结果。民俗的双重性，是复合体的两个侧面。外表的生活方式是民俗文化意识内涵物化的表现。总之，民俗具有社会文化意识形态王国其他臣民所不可比拟和取代的特点，既是此，又是彼，集文化意识和生活样式于一身的独特的社会存在。

第三节　经济基础与上层建筑的中间环节

诚如上述，民俗这一原生态的文化意识团，具有文化与生活的双重身份，这就向我们展示了民俗深层建构的又一个层次——民俗是经济基础和上层建筑之间的一个中间环节。民俗在社会的基本结构形态，经济基础和文化意识上层建筑之间处在一种先天性的特殊地位，担任着承上启下二传手的重要角色。

马克思主义认为，经济基础决定上层建筑文化意识形态。这在一部分人们的头脑中产生了一种错觉，上层建筑文化意识形态似乎是从经济基础上一蹴而就的，无需什么周折。这是极大的误解。上层建筑文化意识形态在经济基础上产生，这一结论无疑是正确的。但是，它是如何在经济基础的大地上诞生的？马克思和恩格斯在这里只勾勒了一个基本轮廓。由于多种原因，他们生前未能详尽地论证这一轮廓的大致内容及发展过程。在晚年，他们发现了这个问题，希冀后继者能解决它。1893年恩格斯针对梅林《论历史唯物主义》一文,复信道:"……被忽略的还有一点,这一点在马克思和我的著作中通常也强调得不够,在这方面,我们两人都有同样的过错,这就是说,我们最初是把重点放在以作为基础的经济事实探索出政治观念、法权观念和其他思想观念以及由这些观念所制约的行动,而当时是应该这样做的。但是我们这样做的时候为了内容而忽略了形式方面,即这些观念是由什么样的方式和方法产生的。"受恩格斯的启示,普列汉诺夫对经济基础到上层建筑文化意识形态的发生发展过程作了勇敢的大胆的尝试和科学的探索。根据恩格斯在一系列著作中指出的,从社会的经济基础到上层建筑文化意识形态领域,存在许多"中间环节"的思想,普列汉诺夫在《唯物主义史论丛》一文中就社会结构、经济基础对上层建筑文化意识形态的关系及发展过程提出了崭新的看法:"一定程度生产力的发展;由这个程度所决定的人们在社会生产过程中的相互关系;这些人的关系所表现的社会形式;与这种社会形式相适应的一定的精神状况和道德状况;与这种状况所产生的那些能力、趣味和倾向相一致的宗教、哲学、文学、艺术……。"普列汉诺夫认为,上述论述表现了存在于不同的"一系列环节"之内的因果关系。他在《马克思主义的基本问题》中,把这个论析更清楚地概括为"五项公式":(1)生产力的状况;(2)被生产力制约的经济关系;(3)在一定经济基础上生长起来的社会政治制度;(4)一部分由经济直接决定的,一部分由生长在经济上的全部社会制度所决定的社会中人的心理;(5)反映这种心理特征的各种思想体系。普列汉诺夫自信地认为:"这个公式是十分广泛的,对于历史发展的一切'形式'足够给一个相当的位置。"上层建筑文化意识形态中的各种思想体系如何从经济基础上滋生、形成的脉络,经普列汉诺夫的描绘,具体而清晰地凸现出来,它为我们对历史发展中民俗形式在其中的地位也指出了一个确当的位置。

在人类社会中,民俗是人类经济基础活动过程中必然产生的一种社会现像。民俗学界有一种传统的观点,认为民俗是愚昧无知的心理表现,人类进入文明,健全的理智使民俗失去了产生和存在的温床。前面提到的,视民俗为乡民、陌民的专利品的观念,也就是以此观点为支柱的。现代的民俗学者,像美国的阿伦·邓迪斯,虽然敏锐地指出了民俗在城市居民、现代民众生活中依然滋长、生存的现实,但对民俗为何能在一般民众中萌发,在现代生活中生存的原因却缺少有力的论述。至于民俗在社会中的存在机制的探讨,在民俗学界更属凤毛麟角。一些学者似乎认为这个问题早已解决,而个别初识马克思主义的学者,往往机械地套用现成的公式和结论,没作深入研究分析,仅简单地将其纳入经济基础和上层建筑文化意识形态的框架,戴上一顶廉价的文化帽子就完事。对人类社会为何会有民俗,民俗在人类社会中究竟处于什么地位,依然是一问三不知,一笔糊涂账。普列汉诺夫的五项公式理论,可以帮助我们澄清民俗在社会存在机制上的这些迷雾。

从文化意识发生学考察,民俗是在人类社会一定生产力发展而形成上层建筑文化意识形态过程中一系列中间环节里,由物质变精神的最初飞跃。普列汉诺夫将此称为"一定的精神状况和道德状况",嗣后又称为"社会中人的心理"。对于后者,普列汉诺夫在以后不少著作中都使用了它,但究竟什么是"社会中人的心理",作者并没有规定过一个明确的内涵。纵观普列汉诺夫对这一概念使用时所指的内容,我们发现,大抵只是指一定历史时期人们的风俗、习惯、观念、情趣等一系列低层次文化意识。按照民俗学家的尺度,它们就是那些混沌未化的原生态文化意识团——民俗。这种原生态文化意识团,刚从一定的经济及其社会制度合力作用下,由人类群体的"共同感"中滋长出来,还未分化、升华,呈现为本群体人的共同的心愿意识,一种"社会中人的心理"。由此可知,普列汉诺夫所指的心理,与心理学对心理的限定,是有很大区别的。他所指的心理,即人类在一定生产力发展中形成的最初的民俗原生态文化意识团。从中,我们可以进一步体会到,民俗的产生,与心理学中人的心理是有密切的联系的,但心理的愚昧或健全,并不是决定民俗存亡的关键。民俗来到世间,是人类社会存在机制的结构性产物,它的出现不以人的心理理性的程度为转移。当代,人类高度智慧集聚的地方南极,科学家们生活在一起,并没有因健全的心理和知识文明而消除民俗,相反,产生了新的民俗,为保护这块未受污染的大地,大家不随便抛垃圾,已蔚然成风,约定成俗。不同的心理造成的是习俗的差异,而不是民俗本身。

在人类社会存在的构建中,民俗是率先沟通经济基础和上层建筑文化意识的桥梁。根据普列汉诺夫的五项公式的理论推导,我们清楚地知道,经济基础可能直接滋生出各种独立的思想体系,在它基础上首先产生的文化意识形态,最初只能是民俗原生态的意识团。各种思想体系的出现,必定要先经过民俗混沌文化意识的筛选和提炼。民俗是一个必不可少的过渡的中介物。将民俗放在社会的一般结构里,我们所见的民俗是在社会经济基础及由此而产生的政治制度下所形成的社会群体心愿沉淀反射出的,呈生活方式状的文化意识。它在人类的文化意识框架里,处在最下层;在经济基础框架里,又居于最高的阶梯。民俗上沿,与人类文化意识相联,其下沿,又与经济基础相契。民俗之所以是文化意识和生活样式的双重复合,从这里,可以得到更圆满的答案:它刚从经济基础上产生出来,不可避免地还带有经济基础的内涵——生活样式的痕迹。

民俗在社会结构里的中介地位,使它义不容辞、得天独厚地充任了横跨物质与精神,联系经济基础与上层建筑文化意识的天然的二传手。这一发现,进一步证明了,民俗的的确确不仅仅是古代社会、农村乡间独有的遗留物,它是人类社会进程中不可避免的必然要出现的伴生物。人类的任何一个时期都在萌发形成新的民俗。民俗随人类社会产生,随人类社会发展变化。在历史长河中,某一具体的民俗事像受多方面的因素影响,或强化,或淡化,或变迁,或消亡。但民俗整体,作为人类社会生活永恒的伴侣,将与人类共存亡。从结构主义看,民俗这种中介物,是构成人类社会的基本因子。经济基础中维系人类生存的两大基本生产类型,物质的生产、种族的繁衍和相应的民俗,构成了人类社会最小最基本的结构模式,人类社会就是这个基本模式的扩展和变化。除非人类灭亡,否则它将永远存在。打一个比方:这种结构的稳定性好比水分子 H_2O 氢氧结构在物理变化中的稳定性。且把 H_2 视为人类社会中经济基础的两大基本生产——物质生产和种族繁衍,将民俗当作 O,在维持水的状况下,纵然强迫改变 O,但也只能用其他 O、O_1、O_2……O_n 代替而已。新取代的 O_2,虽然已不是原来的氧原子,但作为氧的本质没有变。同样,H_2O 式社会基本结构中的民俗纵然会被其他的民俗形式取代,民俗的实质却没有变。如十年动乱,一方面大破"四旧",横扫"旧民俗",另一方面又冒出许多新的奇特风习:黄军装、红海洋、三忠于……拆穿了,无非是用 O_2 取而代之 O,基本结构模式还是没有变。当然,人为的牵强附会的凑合是不稳定的,如 H_2O_2(双氧水),压力一撤,又回到 H_2O 原位。十年动乱后,一些民俗又恢复起来,与社会相应的两大生产,再度构成基本的社会模式。总之,民俗的中介,正介于社会基本结构的内核处,在整体上显示了持久、旺盛的生命力,对此,我们必须要有足够的认识。

思考题:

1. 民俗在人类文化意识结构中有怎样的地位和价值?
2. 民俗的生活与文化的双重身份是怎样形成的?
3. 民俗如何成为沟通经济基础和上层建筑的桥梁?

第五章 民俗的性能

在人类社会里,民俗是一种具有特殊功效性能的社会存在,择其要点,主要是法约性、软控性、本位偏移性三方面。

第一节 法 约 性

任何民俗都具有法律一般的约束能力,民俗的法约性是十分奇特的,它与宪法典律不同,是一种约定成俗的习惯力量,包括了信息压力、规范压力、惯性压力和民俗制度。不论民俗呈什么形态,一旦形成,便会对人民的生活、言行产生法一样的效应。

上海郊区农村嫁女高陪嫁之风颇能说明这个问题。据资料表明,上海郊区农村历史上嫁女就行陪田赋之风,当代高陪嫁之风实际是历史遗风的继承。作者曾三度参加一亲友嫁女。1979年嫁女,农村经济刚好恢复,嫁女花费一千五百元,计有自行车、缝纫机、六条棉被和其他床上用品。1981年二女儿出嫁,花费三四千元,到1984年三女儿出嫁,大衣橱、五斗橱、沙发、自行车、电扇、洗衣机、电视机,应有尽有,外加十条彩被,两条鸭绒被及其他床上用品。嫁妆摆堂,整整放了两屋子。据说因电视机是黑白的,还特地在嫁女箱柜中放上数量可观的压箱钱,此事在当地热闹了几天,纪录很快被打破了。一位卖葱姜的女儿出嫁,专程从市区叫了两辆出租小轿车,越过黄浦江,在乡镇上兜风,酒席摆了三天三夜,嫁妆光彩被就有二十四条。要知道,这不是家招女婿,男家排场还没有算上。对这种嫁女讲排场的奢华之风,众人有议论,乡政府也三令五申,可就是禁不住。有些人尽管对这风气颇为不满,言有微词,但轮到自己女儿出嫁,也会这么干。这是为何呢?说来也简单,这是民间习惯上的继承法在作祟。国家继承法规定,子女不分男女都有继承父母财产的同等权力。可在现实中,并非如此。特别是在广大农村,女性在习俗中仍没有这种权力,或者说,慑于习俗势力,女性一般也不提出这等要求。上海郊区农村也不例外。但是，上海郊区，经济较为发达，收益一贯比较好。女性刺绣等副业的收入在家庭经济中占较大比重，妇女实际地位不能等闲视之。而妇女本身随经济实力的加强，在财产分配方面越来越要求有自己的权力。可是按传统观念，嫁出去的女儿，是人家的人了，怎么可以再回到娘家分财产呢？变通的办法，是在嫁女时，尽可能地多置嫁妆，以弥补因习惯继承法未能继承的那部分家财，另外，也可抬高新媳妇的地位，使她在新的家庭中有更多的发言权、自主权。久而久之，就形成了嫁女高陪嫁之风。

由此，我们可以看到，民俗的法约性是一种与法律并存但不一定一致的惯制形式，甚至无法用法律的概念和语言理解它。它不是靠明确的条文，而是靠人们的习惯心理和群体力量来维系的，具有一种威力很强的惯性动力。如云南永宁纳西族中风行的"阿注婚"。建立婚姻关系的男女双方无所谓嫁娶，不单独组成家庭。按习尚，女子十五六岁，男子十七八岁，遂开始和异性过偶居生活。结偶双方，大多是自己在节日、劳动时相识，只要互生爱慕之情，便可结为"阿注"。夜间，由男子去女家访宿，次日拂晓赶返母家，同母家人一起生活劳动，双方互称阿注，不称夫妻。这种婚姻关系比较自由，所生子女，属于女子家庭所有，男子不承担抚育责任。在十年动乱时期，一些红卫兵强令废除阿注婚姻，让现存阿注关系的男女就地结为夫妇，否则作犯法论处。可是，没多久，又退了回去。现在，虽有愿结为夫妻的，但该地阿注婚仍很流行，追其原因，纯系习俗心态形成的惯性使然。这种惯性力是很顽强的，不会轻易退出舞台，这不是没有好的法令与之抗衡，完全是人心还未从习俗中挣脱出来，传统的习惯势力维系着习俗的沿继。它是难以靠单纯的法律行政手段来消除的，还需要有移风易俗的整体方案，这不仅是政府部门的工作，也是民俗学者共同的任务。

民俗的法约能力并不是时时处处都存在着的，通常，它只存在于同一个民俗圈内的人群中。江苏苏北一些地区，当有熟人请您"明天晌午到他家去蹲一蹲时"，请别误会这是在犯傻，那是热心的主人请您明天到他家去吃午饭。"蹲一蹲"即是请吃饭的习惯性用语，具有一定的民俗内涵，它只在这个地区人群内适合。在他地或对刚入乡还没随俗的人来说，"蹲一蹲"的民俗，可以说不具有任何法约的能力，除非主人按通行表达原则，再好好解释一遍才行。离开了风俗圈或风俗的承受者，民俗的法约力也就自动地消失了。

一般而言，只有当民俗在实施、流行过程中，它的法约的能力才有可能展示出来。俗话说，"信不信由你"，一些民俗只有在你本人信仰并实行时，法约性才真正体现。如佛寺罗汉堂内，参拜"本命罗汉"，预测个人秉性、命运的习尚流行颇广。参拜"本命罗汉"，不见经传，大约是民间善男信女自己搞出来的名堂。俗说五百罗汉，每个人相貌不一，故事也不一样。信徒可以从任何一个罗汉面前开始计数，一个个数下去,数到自己年龄的那个罗汉,就是你的本命罗汉。这罗汉代表你的秉性、遭遇和未来。信者说灵验得不得了。到佛寺的不一定是佛教的信徒,更多是观光的游客。出于好奇,或许出自"有拜无拜,拜拜无妨"的俗念,不少非教徒,也会跃跃欲试。台湾女作家琼瑶好像是不信佛的,回大陆探亲观光中游武汉归元寺,在罗汉堂内听人介绍有此习俗,便去数属于自己的罗汉,她数到的"本命罗汉",是一尊法相尊严,慈眉善目,名曰"无忧眼尊者"。自感与自己"人如果活着,就应该快快乐乐"的一贯主张不谋而合。不由心中一喜,禁不住心悦诚服起来。民俗的法约能力便在这时充分地展现出来。

民俗法约的能力不以法律式的条文体现,而是以乡规民约,俗规俗信等规矩传世的。它一般没有法律那么严谨,顶真,有一定的宽容度,但是当为众人共识和一致施行时,威力或破坏力是很大的。诚如列宁所述,千百万人的传统力量,是一种可怕的势力。看不见,摸不着,却像一股无形的巨浪,迫使你不得不接受它或被它所掀倒、吞噬。电影《秋天里的春天》中,已故市长的夫人在众人旧习俗观念攻击下,竟无法与相助而相爱的普通邮电职工结成连理,也就是旧俗法约力的影响所致。它在上世纪 80 年代中国城市的干部、知识分子头脑里还可肆虐,足见其力度之强了。从中我们可进一步认识到,民俗的法约性不像政令、法律那样,具有明确的阶段性、共时性,它有着鲜明的历时性倾向。它的约束力,可以超越时代、政治、阶级的藩篱,较之于政令、法律有更深更广的渗透度。在我们今天的现实生活中,到处可以发现久远年代,不同社会制度延续下来的习俗规范。如新生儿的祝贺形式:送红蛋、办满月酒;产妇"坐月子"的禁忌:不轻易下地、不穿硬底鞋、不洗生冷水;婚礼的仪式:迎新娘、办酒席、闹新房等等。其束缚力之强和影响之广,都是法律、政令所没有或企及不到的。因此,民俗的制约力,表面上具有与法律相类似的约束力,但细审之,这是一种具有独特形态、独特性能的约束力量。它风行于一定的社会,具有极大的惯性力量。列维·斯特劳斯说:"我们的行动和思想都依照习惯,稍稍偏离风俗就会遇到非常大的困难,其主要原因更多在于惯性,而不是出于维持某种明确效用的有意识考虑或者需要。"①民俗法约力的持久延续,也许从中可以得到启迪。一些传统民俗在今天社会中还有力量,或者说,现代人有时不得不随俗而行,主要是受到民俗法约力的惯性冲击。正如站在公共汽车里,遇到紧急刹车,不得不随之趔趄一下,但并不一定赞成这样的行动一样。传统民俗的法约力对社会较多的人来说,更多是无清晰意识效应的惯性,一种"集体无意识"的力量。以此来透视民俗的法约性,似乎是更深一层了。

---

① 列维·斯特劳斯《历文学和人类学——结构人类学序言》,《哲学译刊》1976 年第 6 期,第 45 页。

第二节 软 控 性

民俗具有法一样的约束能力,但是法约能力的展示与法律、政令是有很大差异的。借用电子计算机和社会学的术语,法律、政令是社会统治管理的硬件,相对而言,民俗则是社会统治管理的软件。前者对社会民众的影响,带有命令式的,不听也得听,以至强制执行,否则会遭到国家机器的制裁。后者对社会民众的影响,一般不具有命令式的硬性指派,它也要求一统,但这一统,是依靠民俗本身具有的法约性这样内在的制约力——循循诱导式的。不遵奉的,有时会受到宗法式的制裁,但它所代表的仅仅是一个宗族或大家庭的意愿,更多的还是习俗惯制的力量,即民俗的软控能力使然。

一、潜 移 默 化

民俗在现实展现中的传承,往往不是剑拔弩张,十分张扬显现的,而是和风细雨,感染式的潜移默化。如在当今中国的药店,乃至各类超市的食品柜前我们总能发现大量种类繁多的补品。特别是每年冬季在“冬令进补”民间俗信观念的引导下,各种名目的补品大举入市。这种现像在西方世界是看不到的。中国人为什么这么迷恋于各式补品? 又为何这么热中于依靠服用补药祈求长命百岁? 说穿了就是中国古代的成仙思想和成仙的法术的滥觞。其中服食仙丹而成仙,则是一个重要的民俗形态。今天的补品,实际上就是古代仙丹的现代翻版。汉代淮南王刘安为追求长寿,召集了一些方士炼丹——作长命的补品。结果,可以维系长命百岁的补药没炼出来,炼出了副产品——豆腐和火药。可是,服用仙丹补品而长寿的民俗俗信观念却潜移默化地一代一代地流传下来。

二、内 在 整 合

按照国际的标准和实际的应用,只有硬件而无足够软件相配的计算机,不能说是完整的计算机。七十年代,我国计算机行业就因软件不配套而上不去。同样,一个健全的社会,光有政策法令,也是不够的,还需要一套相应的民俗软件相配合。远在人类尚未意识到国家、政策、法律概念以前,原始社会的稳定、凝聚,靠的就是这种民俗为主的软件系统的运行。提起原始社会,人们脑海中就会浮起披着兽皮,追逐野兽的初期蛮人,同时会产生一种错觉,似乎当时的社会一切都是杂乱无章的。更令现代人惊奇的是那时的群婚制婚姻,在一部分人头脑中这几乎与现代社会中集体淫乱暴力强奸相提并论。这实在是现代人自己的胡思乱想。其实,原始社会果真如此毫无章法,毫无节制,社会也就不会延续下来,也就不会有我们的今天。人是由兽演化过来的。现代动物行为主义研究专家和文化人类学家,经过实地追踪和艰苦的考察、研究发现,事实恰恰与某些人的观念相反,即使是动物,"性生活也并不是那么野蛮,倒是有条理和节制的,而且不像人类那样在压抑之下触发暴力(例如强奸),这是因为,一只雄性动物要违背雌性动物的意愿而企图占有它,在生理学上讲是行不通的……由此我们相信,人类纯肉体的性生活与其他动物并没有什么不同的地方"。① 在高等灵长类的黑猩猩、大猩猩这些人类血缘的亲邻中,两性关系也采取单配的形式,它们为自己的家庭造窝,雄性靠在大树底下彻夜不眠,以保护头顶上窝里安睡的"老婆"和幼子不受侵袭。万物之灵长的人类,在这方面无疑更为自觉得多。人类学家杰盖塔·霍克斯在《地球上的人类》一书中写道:"唯有这一个物种,把未免过于残忍的清规戒律强加于自己的每一名成员身上。且不论这种集体意志从何而来,它反正强施这些限制。而人也就将此限制视作神祇的旨意而接受。"这种种限制,就广泛存在于世界各国原始社会两性生活的禁忌中。群婚不等于杂交,在这种"最淫荡的文化里面也没有'杂交'这样的事存在过,而且也不能存在。我们在各种文化里面首先见到的,都是界限分明的禁忌系统。"②弗洛伊德在《图腾与禁忌》一书中,通过对澳洲土著的图腾观念和婚姻的具体分析,敏锐指出,在原始社会的民族中,虽然没有文明人的道德观念,但对乱伦的恐惧和对破坏者的严厉惩罚,令人惊奇。在美拉尼西亚,男孩与母亲、姐妹间的交往,都有种种限制。在里皮斯岛的新海布里地族,男孩到一定年龄后不能再居住家中,而必须迁入"营舍"内吃住。在野外,兄妹不期相遇,他必须跑开或躲起来,男孩若在路上认出自己姐妹的足迹,就不能再顺那条路走下去。女孩亦然。有的地区,女婿不能与岳母面对面说话,非说不可时,只能背靠背,相隔一段距离再说。这些奇奇怪怪的回避制,都是为两性关系的设防。至于两性关系,性生活也不是随意的,也受到各种限制。在耕种、狩猎、战争等一定时期内,配偶之间,性生活处理之严,现代人是无法想像的。中国《礼记·月令》记载:"仲春之月,令会男女,奔者不禁",也透露了两性关系的季节性限制。总之,原始社会也有它自己稳定秩序的办法,即有生活习性组合的风俗在规范他们的社会机器正常运转。在那个时期,"一切问题,都由当事人自己解决,在大多数情况下,历来的习俗就把一切调整好了"。③

---

① 布雷多克《婚床》,第6页,三联书店1987年版。
② 马林诺夫斯基《两性社会学》,第183页,上海文化出版社1989年版。
③ 恩格斯《家庭、私有制和国家的起源》,《马克思恩格斯选集》第4卷,第92页。

三、自 我 调 控

原始社会,没有国家,没有政令,也没有法律,社会秩序的维系不靠强制的行政命令,强力的国家机器轰鸣,靠的就是习俗的"调整"这种软性的自控系统。它由人类社会自发产生,并没有由此而退出社会的舞台,相反,仍以旺盛的生命力维持基层社会的延续和发展。聪明的政治家、统治者,就很注意运用这种软件来管理国家。远在周代,我国的统治者就把采风,了解民情风俗,作为考察朝政得失的有力工具。他们虽没有软件控制的理性认识,但在实践中深知它对巩固统治的作用。同时,也明白,民俗力量的使用是一种非强力非行政的"教化",对它们的改造,也只能"移风易俗",用新的风俗来代替革新旧的习俗,用软件的更新来重构软件的"调整"力。东汉史家,民俗学者应劭在其风俗专著《风俗通义·序》中写道:"为政之要,辨风正俗最其上也。"清代黄遵宪也认为"先王之治国化民,必须慎其习而已矣。"则是从理论上去概述民俗对国家统治管理的重要性。

民俗在国家的统治管理中,相对于政令法律,是一种软件。但它的力量是不可小觑的。日本民俗学家大藤时彦在《日本民俗学的研究》一文中一再告诫人们,要认清民俗的力量,民俗这类"遗存文化确实是不可思议的东西,虽然它容易被当作完全无足轻重、没有价值的旧风俗而忽视掉,但有的时候,却又往往使人意想不到地为其潜在的巨大力量所震惊。"它的规范和调整,能使人们的思想、行为趋于一致,能确立一个公认的衡量标准,能使许多社会问题易于解决。而这一切大多是在"干戈化玉帛"的形态下进行的。当年红军长征路经少数民族地区时,刘伯承同志就采取"歃血同盟"的民俗形式,与黎族首领结拜为兄弟,使红军避免了民族纠纷带来的生存威胁,并及时摆脱了蒋军追兵的侵袭。因此,民俗是一种社会的稳定力,它以特有的整合功能,使社会某些系统平和地消除振荡和干扰,并以一种公认的稳定形式和基本一致的适应方式,给人一种社会安定感和相互亲近感。按照社会心理学的眼光,习尚、风俗等民俗事像,是社会结构中最稳定的成分,它本身给人一种平定感和安全感。民俗在社会管理中的软件效应,实际上也正是民俗整合功能滋生的平定感和安全感的波动反应。这便是它的软控性。

第三节　本位偏移性

世界上没有一成不变的事物,民俗也一样。但是民俗在流变中,仿佛是一个犟头倔脑的愣小伙,在种种外界因素影响下,仍是本性难易,总是向自己固有的本位模式靠拢、偏移。生活中到处可见民俗的这种韧性：在上海、北京、广州等大城市里，西服、大衣、料子服脏了，人们都喜欢送到专门的洗染店里去"干洗"。乍一听，没什么；细想想，不对了。衣服脏了，要去洗。这洗，三点水，就是要和水打交道，水是湿的，这"干洗"二字，算什么名堂？原来这是在引进西方化学液体洗涤毛料服装方法基础上诞生的新名词，洗衣服的新套套。传统的洗衣服方法要经过水漂、日晒，汉字"洗"从水旁形像地表达了这种洗衣服方式。现在洗毛料，竟然不经过水，衣服也不用日光晒，出来的衣服，就是干的清洁的了，人们对新的洗涤方式虽然采用了，但在概述称呼时，囿于传统的语言习惯便称之为"干洗"。从字义上看，两者是互相矛盾的，组合在一起，不免有点不伦不类，但它形像地反映了这种清洁、快速的洗涤方法，所以最终在民间仍将它俗称为"干洗"，这就是一种本位偏移。

自摩托车进入中国后，上世纪80年代各地农村大道上也纷纷飞驶起各种牌号的摩托车。传统的代步工具毛驴逐步被它取代，可是，东北农村人们虽然喜欢上摩托车了，却不愿称它的原名，而是形像又诙谐地称它为"屁驴子"，会放屁的驴子。多少年来代步的习俗工具毛驴的观念，深深扎根于人们的思想深处，它成了人们思考的一种原型模式，当新的事物习尚出现时，人们的思维却囿于原有的样式，情不自禁半是怀旧、半是爱怜地称它为"屁驴子"。一个小小的称谓，也向原本位的民俗观靠拢。

民俗为何有这种本位的偏移性呢？这还要从民俗自身内在的本性去寻找。民俗本身是人类群体对某一现像共同认可的心愿凝聚而成的群体心愿的一致，形成了民俗特有的凝聚力，这凝聚力使民俗具有向心功能。风行般的民俗流传时，宛如打着旋儿的龙卷风，将相遇的一切都往自己的中心旋转。民俗流传深广，群体凝聚组合力强，民俗向心力也大，民俗本位偏移力也越厉害。我们平时所说的乡情、乡土观念，实际上，就是同乡共俗人们之间习俗向心功能凝聚的产物。一地的风俗越是浓烈、一致，它内在的凝聚力也就越强大，就越不易被外俗或外力所消除。有时即使一时一事，一个具体民俗事像被扭曲改变了，但整体民俗的向心趋向和凝聚力还存在，那么局部的改变，还要被整体民俗的本位偏移所同化。中国自汉以来，历史上曾多次出现过少数民族集团执政的朝代，偏安一地的金、辽、西夏等姑且不算，统一的尚有元、清。元朝立国时，将不少蒙古习俗带入中原。满族入主中原时，还强行推广了满族的习俗，中间不乏有一时成功的事例。如遗留至今的北京"胡同"之称，以及蓄辫的习俗等等。但在整体民俗上，不论是蒙，还是满，最后都慢慢被汉化了。这里既有当政者为巩固统治而自愿干的，如满汉一体化政策，还有更多是无可奈何，被固有的强大的民俗凝聚力形成的向心功能偏移过去的。明朝的复兴和辛亥革命的成功，当然离不开农民起义军的金戈铁马和革命者的浴血奋战。但是，别忘了，大一统的固有民俗凝聚而成的民众心态的向背，也起着潜移默化的作用，有的则是更大的鞭策力。民间有一则流传很广的中秋月饼来历的传说，就是叙述人民在元末统治者暴政下，利用中秋拜月习俗，做月饼，巧传月圆人全的民俗像征信息，统一揭竿而起，推翻元朝统治的。

民俗本位偏移的性能，使民俗这类群体心愿带上了独特、鲜明的情感意识。也就是说，它一方面是群体性的，另一方面又是个别化的。这个别化，一般不是指单独的个体，而是指有别于其他群体的独异性。具体表现为两种倾向：（一）群体内的趋同和群体外的趋异。（二）大群体内小群体的求异，从而展示出民俗地域的、阶级的、民族的、职业的等多层结构的集团性特色。

第一种倾向是显而易见的。上世纪 70 年代后期放映的日本电影《生死恋》，片中对男女主人公生死恋情的精心导演，确实颇使观者感触。可是，不久国产电影中也出现了类似的情节，特别是男女初恋时的你追我赶细节，除了环境差异外，几乎一模一样。糟的还在后头，80 年代初，各地电影厂迎合开放拍出来的新电影，也几乎千篇一律地插上了慢动作的你追我赶的镜头。广大电影观众对此却享受不了，一见电影中出现男女青年到田野、海边、森林时，便会情不自禁地厌烦叹息起来，"唉！又要追了"。果不出所料，画面上的人物又如《生死恋》的男女，你追我赶，比翼齐飞起来。人们对此为何这么反感呢？情节的雷同是一个方面，更主要的是对将这种表达爱情方式放在中国人身上感到不伦不类。我们现实中有多少这样表达恋情的实例？80 年代的男女青年，尤其是大学生，在两性问题上是很开放的，据一些高校调查，学生中时有不以未婚性生活为耻的现象发生。但是，一般还是私情式，偷偷摸摸的。即使两人在热恋中，情感的表达往往还是中国式的。特别是在中国南方古吴楚地区，男女恋情的表达是十分细腻、含蓄的，切忌直露，以含而不露为美为真情，以托物比喻，谐音双关连二心。楚辞《湘夫人》中"沅有芷兮醴有兰，思公子兮未敢言"，比较形像而典型地反映了这种恋情习俗。南方长大的林黛玉无疑深受传统习俗观念的影响。现在情况虽有所改变，但像《生死恋》中的异国恋情方式，恐怕还是十分罕见的。说这些，并非是反对爱情的浪漫与奔放，不过是指出这种方式与中国大多数人所接受的恋爱习惯不一致，观众的一致不满，表明了群体对此的趋同和共识。世界上，各种不同的群体在恋爱习惯上是各不相同的。如非洲有的部落，男子对相中的女子，必须随其后偷偷射一支草箭于其臀部，以取得她的爱悦。我国新疆少数民族盛行在草原上进行"姑娘追"习俗活动，男女借此互挑意中人。第二种倾向，较为特殊，但实际也不少，只是我们不大注意罢了。端午习俗是一个全国性的节俗，总体上是一致的，反映了中华民族人民共同的习俗心愿。可是各地民众在欢度同一节俗时，却出现了因地域性民众群体的共识而产生的本位性偏移，从而使端午节俗五彩缤纷，令人眼花缭乱。在渭南（曾发掘出半坡村原始村寨遗址的区域内），每当节日来临，做舅舅的就要忙一阵子，给每一位十二岁以下的外甥,制作和赠送一个上面绣着蛙体的肚兜,为他们消灾求吉。据有关专家研究,这棱形状的肚兜,本身就是四肢张开,怀抱物状的蛙体抽象变形,它代表一种远古时代,当地原始遗址中出现过的蛙形像——图腾的遗存。在东北,端午日凌晨,人们争先恐后去爬山,采百草,祈求吉祥。南方水网交叉,传统端午活动少不了划龙舟,北方高山缺水,人们就玩旱龙船。同一个习俗,在实施时又被各地民众偏移衍化。过去,我们在论述民俗性能时,也一般地谈到民俗的地域性、民族性、阶级性、职业性等。有的只强调前二者,有的则认为还可分出很多。如果按民众群体分,那么这性、那性的确还可以分出好多来,有多少种民众群体,便可分出多少种。因此,浅表层的简单定性是不够的。从本位偏移性出发,可以囊括这种定性的一切分类。

民俗的本位偏移性并不意味着各种民俗相互排斥,互不关联。它如同一个个波状旋转的同心圆,各自有强大的向心力外,还有相应的离心力。相互之间会有交叉碰撞,互相渗透、融合。中国的菜肴在世界上是颇有声望的,可是,在国外中国餐馆的中国菜,以中国人的口味来看,几乎都是变味了的。日本的中国料理,带上了日本菜的风味,美国的中国菜则附有西菜的味道。这是中国菜的民俗风味在异国他乡与当地菜肴风味相互交融的结果。当然,融和不等于同一,本位偏移性还是发挥着主要的作用。

思考题:

1. 民俗的法约性是以何种方式发挥效力并延续传承的?
2. 民俗如何通过软控实现对社会的整合作用?
3. 民俗本位偏移性形成的原因及表现的倾向是什么?

第六章　民俗的传播

在文化意识领域,民俗的传播具有独树一帜的运动形态,它相沿成习,不胫而走,如行云流水,一直在不断的流传变化,这种传承和变异的综合形态,构成了民俗传播的主要脉络。

第一节　超时空的传承

民俗在社会中一旦形成,就成了一个自控又自动的独立系统,并以相对的稳定性,陈陈相因,延续承袭。只要适合这一民俗事像的主客观条件不消失,传承的步伐就不会中止。

民俗之所以能成为一个自控又自动的独立系统,这是由民俗的本性所决定的,是民俗在其自身塑造过程中被组合进去的。什么是民俗的本性? 结构主义认为,任何事物都有一个最能体现它自身本性特征的最小结构单位。如食盐,不是味咸的就是食盐,能体现食盐本性特征的最小结构单位是 NaCl(氯化钠),如换上钾金属和氯的结合 KCl,也是盐,但不是人吃的食盐了。反映民俗本性的最小结构单位是什么呢? 撇开种种民俗事像的具体内容,展现在我们面前的民俗,总体上有一个共同的最小的结构模式,就是"风一般相沿成习的文化意识的反映和表现"。简言之,即为"风习文化意识的综合表现"。它和一般静态的文化模式如文献文化不一样,它是动态的文化模式。这种动态,也不像电影画面一类,艺术的机械光电流动,它是一种自然的流动,如同风一样,或者说像"流感"式的,无阻碍地流传感染。民俗的这种"动势"是民俗本性的一部分,它在民俗形成时,就被组建进去了。此外,任何一个冠之为民俗的事像,都不是一蹴而就的。它本身也是一种动态的积累产物。民俗包蕴着一定人群的某种共同的意愿,这种共识,是由个别的认同逐步达到群体共同的认可,是同感运动深化的结果。现实中,从尚不稳定的,情绪般的风气、嗜好,升华为较稳定的风俗,也有一个运动过程。日本学界曾有一种较为普遍的观点认为,只有沿袭三代以上的事像,才够得上民俗的资格。传几代才称得上是民俗,是可以商榷的,这是题外话,暂且不表。民俗首先是要会自己流传,才够得上资格,这是公认无疑的,由此而又表明民俗的自控自动是生而具来的本性,而决不是外加的附属品。

正因为民俗有这样的天生本领,所以它可以在相对稳定的形态下,自动地传承。对利用权势,强行勒索钱财的不法行为,近代江、浙、沪民间俗称为"敲竹杠"。现代,这种俗称已流向了全国各地。北方的报章刊物也出现了这样的称谓。可见习俗称呼的认同性在不断传承扩大。"敲竹杠",原指一种特别的勒索行为,源于上海外滩十六铺码头一带。上海开埠,中外客商云集沪上。十六铺码头是国内各路客商的交汇地,万商相聚,生意兴隆。一些内地来的小客商、小摊贩,白天做生意,晚上就地歇脚。他们一则人生地不熟,二则小本生意,花钱住旅店舍不得,打个铺盖,在马路边或者别处过个夜。这一下,可正合了那些巡警和地痞流氓的心意,他们纷纷前来勒索"买路钱"。当时,通用的货币是银元、铜钱。金属货币货真价实却又太沉,携带不便。明晃晃的银元露在外面,又太显眼。为防不测,小本经营的商人、小贩,就把银元、铜钱装在内径差不多大小的竹筒里。过去运货,少不了手抬肩挑。江南的挑杠大多是因陋就简,就地取材的竹子。一劈为二制成的俗称"扁担";就竹子取一合适长度者充任的,俗谓"杠棒"。银元、铜钱一般就藏在这"杠棒"中。久而久之,一些知道内情的人一旦盯上勒索对像,就狡黠地敲敲对方沉甸甸的"杠棒",其意也就不言而明了。识相的小生意贩子、商人便只好忍痛倒一点出来,贡奉那些人。这种恶习,当地人形象地称为"敲竹杠"。如果不识相,除受皮肉之苦外,照样还得被他们"敲"去,那就是所谓"硬敲竹杠"了。"敲竹杠"恶习在十六铺形成后,逐渐蔓延至上海各个码头、各处小商聚集地,其俗称逐步渗透到上海各个领域里。凡强行勒索或被迫贡奉的行为,都被冠之为"敲竹杠"。民俗就像"敲竹杠"这样的流俗,没有人提倡,也没有人能阻挡,自己就流动传承起来。而且,一传十、十传百,由上海传到江浙两地及江南其他地区,以至北方的一些地区。如今,它早已突破了吴方言区的范围了。即使是在银元已不流通,钱也不需要装在竹杠里的今天,人们对仰仗权势,巧取豪夺的行为仍承俗称为"敲竹杠"。

民俗的传承,像"敲竹杠"那样,它凭自己的自控自动系统在流传。单凭行政命令是难以消除的,在一定的经济、政治等综合环境条件尚未成熟时,也难以被打破中止,也就是说,它依然会自动流传承袭。以过年习俗来分析,很能说明这个问题。

过年的习俗在我国流传了数千年。传统的过年习俗是按照我国农历计算的,与国际通用的阳历不一样。为了跟世界多数国家计时一致,辛亥革命胜利不久,民国政府就下令以阳历一月一日为新年岁首,并将农历新年岁首的俗称"元旦"转到此日，又把原农历岁首日用"春节"来取代。新中国成立后，沿续了这一改革。在历法上，两届政府都采取了与国际同步的统一步骤。可是中国广大的老百姓，观念上并没有转过弯来，改历六七十年了，依然把农历正月初一当作真正的过年。每年的元旦，除了报纸上热闹几句，几乎看不到有其他的新年迹像。它在人们的心目中掀不起一点激动的波纹。可是，每当传统的年节临近，节日的气氛就开始弥漫起来，人们的情绪出现了异样的亢奋，大人们到处忙碌，置新衣服，办丰厚的年货。小孩子个个喜气洋洋，乐不自禁。大街小巷，各种应节货物，琳琅满目，一过农历二十三迎灶日，上班的人也开始骚动了，人们的整个思绪和行动，都被一个中心漩涡——"过年"所盘旋。国家政府部门，在物资供应上，职工休假上，也把传统的春节（即过去的元旦）作为实际的年节来安排，所谓的阳历新年现在的元旦，只不过是历法上的一个时间名称而已，没有真正的为广大中国人所接受的节俗内容。

为什么行政的命令，甚至法律都无法改变民俗的传承？主要原因是形成这些民俗的经济基础、社会条件、季节气候、民众心理还没有发生根本性的变化。我们的国家近几十年来，工业经济有了发展，但经济结构变化不大。然而随着人员的迁移，经济的来往和文化的交流，一地一个民族的民俗也会传承到它地异民族中。像春节、端午、中秋一类的节俗不仅汉民族有，西南各少数民族也有，不仅中国有，近邻越南、朝鲜、日本也有。中国的一些民俗甚至横跨太平洋，传到了彼岸南北美洲的一些土著民族中。如标志越文化根柢的原始民俗工具——有段石锛，据国际考古学、人类学、民俗学界的人士的研究，就是由中华大地上的先民在一二万年前，大致从白令海峡陆桥传递过去的。民俗就是这样越过时空的限制，自发地流动传承。时光流逝，朝代更替，时局变幻，民俗的一些事像，却以超稳定的结构形式，一泻万里，代代相传。中国民间有关于年的传说，说"年"是个羊状的恶兽，到除夕夜便下乡食人畜。后来人们发现异响声可以唬退它，故在岁首新年来临之时燃爆竹驱除它。天长日久，便形成了过年燃爆竹的习俗，爆竹在远古是指被火烧而发出破裂之声的青竹。燃爆竹的习俗至少在周已流行了。《诗经·小雅》中所描绘的"庭燎之光"实是以火烧竹，可以说是早期燃爆竹的雏型。它一直沿袭下来无中断。《荆楚岁时记》云："正月一日……鸡鸣而起，先于庭前爆竹，以避山臊恶鬼。"到了宋代，才出现了用火药及纸做的"爆仗"，南宋时又发明了"内藏药线，一发连百余响不绝"的鞭炮。放爆竹的习俗在今天仍是过年的一个重要内容。上世纪80年代龙年岁首，当除夕夜的时针刚指向12点，中华大地，凡有人群居住的地方，爆竹声瞬间震天动地。俗说龙年多灾，在旧观念的影响下，不少人有信无信地大放爆竹。据上海统计，光这一夜放爆竹的花费就高达五六百万元。现今，新年放爆竹已带来了诸多社会公害，除夕之夜，爆竹往往会引起火灾，可是习俗的心态和习惯，还是驱使民众到过年时再来一次。民俗的传承，就是这么顽固不化，而且有的习俗甚至几千年一贯制,其传承的稳定结构达到惊人的地步,充分显示了民俗传承的神异伟力。

在现实中,民俗的传承也是不平衡的。同一个习俗在此地传承,在另一个地区却慢慢淡化了。像神社习俗本源于中国,日本学者鸟越宪三郎在云南考察,曾发现了日本神社鸟居(山门牌坊)、劝进绳……的最原始的原型物。① 中国古代吴越一带"里社之设"十分普遍。陆游诗《幽居岁暮》中有"巷北观神社,村东为戏场",可以想知当时神社的状况。后来,神社的设置和祭祀渐渐失传了,可在东邻日本,却得到了异乎寻常的传承和发展。民俗的传承是一个综合的系统,除自身的发展外,还受到政治、经济、文化、心态等多方面的影响。过去有一种说法,似乎经济发展了,物质繁荣了,往日的习俗就可以淡化或消亡了,现在看来是不确切的。与文学艺术发展的不平衡规律一样,民俗的传承也同样存在一个不平衡发展的问题,这是民俗传承中一个不可忽视的方面。有些民俗一时似乎不传了,停滞了,但并不说明它已消亡了,它不过是处在休眠状态,一旦时机成熟,又会重新活跃起来,传承开来。中国"文化大革命"十年动乱后,一些传统民俗的恢复及一些陋习在各地的死灰复燃,就是这样,对此,我们应引起足够的重视。

第二节 传承中的变异

民俗能跨时空地传承,但是,由于社会客观环境诸种因素的变化,及民俗自身质的局限,民俗在传承中要原封不动地流传下来,在实际中是罕见的,一般或多或少要发生变异,这是民俗传播中的一个重要环节。

中国民众普遍喜爱的春游习俗的历史演变,颇能说明这个问题。每当春暖花开,人们的情绪就激动起来,纷纷结伴,踏青游春。在一些学校公开放春假两三天,一般也总要择日去春游。现在的春游,日子一般不作死的规定,总在阴历三四月间,但大多数还是选择在传统的三月三的日子里。而这种选择有意无意迎合了传统节日的时间准则,春游实际上就是三月三的传统节俗演变过来的,而三月三又是从更古老的春秋二大季节习俗之一的春季习俗衍化而来的,春游,那是远古春俗在今天的回响。

据研究,我们古代先民一年的生活节奏在文明初期仅分出二个节拍——春季和秋季。这是农耕为主的中国先民,从自然气候和生产的节奏中顿悟出来的。《诗经·豳风·七月》中有:"四之日,举趾。同我妇子,馌彼南亩,田畯至喜。……十月蟋蟀入我床下,穹窒熏鼠,塞向墐户。"透露出在商周时期,耕作生活,唯有春

---

① 参阅鸟越宪三郎《日本人的起源之谜》。

秋二季的信息。故当时年月历史,便以"春秋"冠之。孔子写历史,称为"春秋",也是由此而来。后来,人们对气候的认识深化,再由春秋分出冬夏二时。故古书上四时顺序,不是"春夏秋冬",而是"春秋冬夏"。《礼记·孔子闲居》曰:"天有四时,春秋冬夏",《墨子·天志中》"判四时春秋冬夏,以纪纲之"即是佐证。

是时,农夫的生活,随两大季节而行。旧历二月起,到野外耕地,一直到九月把禾稼收割完毕。十月起,到来年的一月底止,主要在家中生活。由这些生产季节和生活形成的习俗,就是围绕两大季节进行的。春游,这是春季习俗中的一个重要部分。不过,那时它不是一种观赏春色的娱乐活动,它更多的是男女性爱交欢的盛大节目活动,有学者称之为中国古代的"恋爱节",或似可称之为中国古代的"狂欢节"。春风吹拂,冰雪消融,万物复生,被严寒冬天困在土垒房中的农夫也感受到了春的气息,纷纷出门,到河边洗涤冬季积下的污垢。在他们看来,水能洗去一切脏物,祓除一切不祥。此即后世所谓的"祓禊"习俗。"祓"本字"拔",言拔除,拂除病气之意;"禊"字就是"洁"字,言修洁、净身之意。两字都从"示",表示这种行为都属于心意的祈愿。古人相信,不生子也是一种病气,为了解除这种病气或促进生育,他们便在万物萌生的春天,来到河边洗涤,除去一切脏物病气。然后,男女相互歌唱嬉戏,逐情交欢。这是春的节律在人类生理本能中引起的骚动。男女各自寻觅愉悦自己的情人,有意者就在春花烂漫的大地上如痴如狂,情欲横流。这种习俗到了《诗经》产生的年代,还是颇为盛行,男女青年都借此良机,闹春游乐,取笑调情,寻找意中人。《郑风·溱洧》曰:"溱舆洧,方涣涣兮;士舆女,方秉蕳兮。女曰:'观乎?'士曰:'既且!'——且往观乎! 洧之外,洵訏且乐,——维士与女,伊其相谑,赠之以勺药。"诗中"方涣涣兮",《韩诗》解释道:"谓三月桃花水下之时,至盛也。"可见这首诗的背景,是在春天三月,桃花水涨的时候。在远古,这一习俗的时间只有一个大致的范围,即二三月间,《郑风·溱洧》一诗记载的这一习俗的时间大抵已定型。《韩诗》说:"《溱洧》,说人也。郑国之俗,三月上巳之辰,于两水上,招魂续魄,拂除不祥。故诗人愿与所说者俱往观也。"以为此诗为上巳节所作。《汉书·地理志》引此诗,颜师古注曰:"谓仲春之月,二水流盛,而士与女执芳草于其间,以相赠遗,信大乐矣,惟以戏谑也。"除了两种说法在时间上尚有差异,大致的情景还是差不多,从诗中"洧之外,洵訏且乐",可以推想当时男女杂沓,狂欢极乐的盛况:众多男女相谑、互相馈赠,以示定情。但是,随情野合之举,奔者不禁之事似乎有了改变,这从大致同一地域和时间产生的《诗经·氓》中可为印证。氓与女主人公在春天洪水边相逢相谑到相恋,但女主人公尚不能随心嫁给他。诗云:"非我愆期,子无良媒",没有媒人作月老,两人无法结伉俪。习俗"性"的成分减弱,"情"的成分上升,情爱逐渐代替了性爱,成了古老春俗的主要内容。嗣后,节俗的时间也逐步趋于固定,先是为每年三月的上巳日,继而又定为三月三。自汉以降,节俗依存,内容渐变,公开的谈情说爱,被视为非礼行为,两情依依,只能暗将秋波传递。这时,习俗称谓也变得雅趣了,什么"踏青"、"游春",仿佛与人情无关,唯有自然风光、明媚春色的欣赏了。与春俗相连的洗涤恋爱求子的"祓褉"之尚,也雅化为文人赋诗品酒的高雅游戏——"修褉"。晋代王羲之在公元353年与当时名士孙统、孙绰、谢安等四十余人,于浙江会稽境内兰亭"修褉事",与会者临流赋诗,"流觞曲水","一觞一咏","畅叙幽情",各抒怀抱,游目骋怀,怡然自足。原有的男恋女爱的浪漫风姿全不见了。民间大胆者,也只能悄悄来,像反映南宋世俗民情的《白蛇传》中白娘娘与许仙仗着神仙术,才放胆借游春逗情;一般的民众,在此节俗的举止也可想像的了。而且,佛教侵入,春俗三月三,又蒙上了宗教的外衣成为皈教的善男信女进香许愿的吉日。这些情况,今天还在延续。现在的春游或三月三,在汉族地区,不外乎观赏春光,陶冶性灵和烧香拜佛,中间虽不乏情侣同游,情意绵绵,但与远古春俗专以结情侣,做性爱,已不可相提并论了。它已发生了很大的变异。

民俗的变异,不是空中的阁楼,也不是全新的创造。在民俗传播中,它是和传承同时进行的。在传承中变异,变异中传承。大抵有三种情况。

(一)空间横向传承变异与民俗在民族或地域间转移和渗透。一般如同心圆式的,由一个中心点,波状似地向四处扩展。这一形式的传承变异,犹似水面的涟漪,从里向外,一个波圈又一个波圈地连续推进。原有的民俗圈张力大,波圈的移进也强。每个波圈形式上相似,但实际的状态不尽相同,总有一点变化。如流传广泛的梁山伯与祝英台的民间传说,它实际上是青年男女恋情的一种民俗的艺术缩影。在浙江民间传说中,男的是相公,女的是小姐,女的女扮男装与男的同窗三年,相公竟不知她是女身。两人相别,十八里相送,祝英台处处托物喻情,憨厚的梁山伯就是不知情,白费了祝英台的一片心计,一腔痴情。两人相爱而不能成婚配,最后化蝶双飞翼。梁祝的悲剧,牵动了其他民族少男少女的情怀,故事陆续在西南各少数民族地区民众中流传。故事的情节基本相似,但又深深烙上了流传地区民众生活、思想、文化的特有印记。在白族,梁山伯与祝英台变成了一对劳动者,求学没教室,自己伐木亲手盖,没人伺候,自己挑水又做饭。两人结拜松树下,没有情意缠绵的十八里相送,却有白族男女互递情思中常见的猜谜:"哪个一起来下棋? 梁山伯与祝英台。什么做棋盘,青天做棋盘。什么做棋子? 星星做棋子。棋盘摆面前,山伯不会下。"完全是白族民众世俗生活和男女恋情的风俗画面。民族间的传播是这样,不同地域间也是如此。中国古代劳动妇女命运的民俗写照,孟姜女故事,由北向南扩散,一些情节也就随地域风光、乡土习俗的变化而改变。北方多皇城高台,孟姜女祭奠万喜良后,身穿腐衣登台自杀,使秦始皇美梦成泡影。在南方多江河水泊,孟姜女设计,让秦始皇依意办好万喜良丧事,即投水自尽。秦始皇恼羞成怒,捞起尸体,用铁钉扒肉体。撕下的肉体到了水中,成了透明晶莹的银鱼,与当地丰富的鱼产相吻合,一派地域风光,地方民俗色彩。民俗在横向传承中,糅入了民族性、地方性的变迁踪迹。

（二）历史纵向传承变异。这是民俗在历史时间长河中的流变。它是民俗纵向线状因果关系的传递和变更,前后有着清晰的变迁轨迹。现代大城市结婚,新娘子需用小汽车接送。上海有些新郎、新娘,两家就是前后弄堂或左右邻舍,动动腿,几分钟即抵家门。平时情侣来往,三步二步,不请自到,可成婚大喜日,没有小汽车迎送,新娘就不迈出家门。于是请来轿车,在外面兜上一圈,风光风光,再进新郎家中。结婚用轿车迎送新娘,粗看是现代化交通工具带来的时尚,实际它是旧时新娘"坐花轿"迎送古俗的现代化变异。二三十年代的中国上海,就出现过花轿与轿车中西土洋结合的中间过渡状态。新娘的花轿装在彩车上,或将轿车改装成花轿模样行驶在大马路上,招摇过市。这种两栖型的花轿太麻烦又费财,如今都市民众就只用轿车充任,车前车后贴几个大红纸剪的喜字即可。

从历史的发展考察,花轿虽然是新娘轿车的前身,但是花轿也不是最古的。花轿的原始形态,经民俗学家和人类学家共同研究,追根溯源,发现竟是柳条编的土筐,粗麻编织的大口袋。新娘结婚为什么要坐在这些土玩意儿里面呢? 说来简单,远古曾一度大兴抢婚习俗,抢到的女性,哭哭啼啼,拉拉扯扯跑不快,这岂不是要坏大事? 干脆,即把人当货物,装在土筐里或塞在口袋中,一抬了事。由此,我们可以十分清楚地看到新娘成婚的代步工具是由筐袋——花轿——汽车线状纵向传承变异过来的。民俗的纵向传承变异是研究民俗过去和未来的一把钥匙。这对了解民俗的源起和社会诸因素的关系以及预测其将来的发展趋势都是必不可少的。

（三）纵横交叉传承变异。民俗的传播,不仅在传承中见变异,也不仅是单向性的传递嬗变,而是时间与空间,历史与地域,历时性与共时性综合立体进行的流变。这是民俗传播中最普遍的形态。

在西安古秦始皇骊山行宫所在地的临潼,当今出产的石榴又大又好,一个足有一二斤重。里面的石榴子白里透红,晶亮晶亮的,像一颗透明的珍珠玛瑙。临潼石榴名震海内。当地人结婚时将它作为新娘的礼品,形成了一种异趣的婚姻习俗,令人注目。可是,这石榴及与之相关的习俗是外面传来的,是两千余年来中外文化融合的产物。汉以前,中国无石榴的记载,古文字也没榴字。公元前139年,汉使张骞出使西域,到安息国。十三年后返汉,带回安息国(古帕提亚国,因汉使到达时适逢阿萨息尔王朝,故汉书称安息国)盛产的一种瘤状多子水果,取名安石榴。安石即安息的音变。以后简称石榴。

为什么石榴为新娘的婚礼所用呢? 安息,即现在伊朗所在地。在盛产石榴的扎格罗斯山脉地区,原属古波斯帝国。古波斯女神雅娜希塔手里,托着一个装石榴的钵。这位女神,在波斯神话中是一位专司人类丰穰多产的女神。进一步的考察,发现这习俗信仰也不是波斯原有的,显然是继承了古希腊神话习俗的衣钵。古希腊神话中天帝宙斯的妻子赫拉,人称天后,主管人间婚姻和繁衍子孙的大事。她的古代造型是头戴后冠,身穿艳服,右手拿一根神权杖,左手握着一只丰满多子的石榴。情况很清楚。古希腊人把人类的繁衍兴旺和多子的石榴联系一起,以石榴多子像征人丁众多。他们创造了石榴多子的信仰习俗,又把它归功于赫拉天后的神力。新兴的波斯帝国,在衰微的古希腊文明上兴盛起来,同时也继承了这一习俗的遗产。后来它又通过安息国的继承,在汉使张骞开通的中亚遥远古道上蔓延、开花、结果。

石榴信仰习俗不仅在中国传承,还在中国发生变异。古希腊、古波斯,石榴均是主管人类繁衍女神手中神圣的像征物。传流到中国,渐渐变成了赠送新婚夫妇,祝福他们多子多孙的吉祥礼品了。神物变成了"人"物。此外,石榴信仰还入境随俗,在中国衍生了古希腊神话信仰中所没有的石榴仙女的传说。唐代段成式《酉阳杂俎》中出现了石榴仙女石阿措与封十八姨,饮酒口角,求书生霍元微帮助,后来又因此相报,令他服下鲜花数斗,得以长寿的故事。石榴信仰的传承变异,在时空立体化中进行,几千年来连绵不绝,真不愧是民俗纵横传承变异的范例。

民俗经过传承兼变异的传播,在内容上往往今非昔比,大约可分五种情况:

(一)累积沉淀。在原有基础上的增多扩充。我国古代婚礼上,新人房中喜用吉祥的像征物。开始普遍放置枣、栗。枣栗本为我国北方地区的一种重要经济作物,在国计民生中占有较大比重。《战国策》:"苏秦将为从,北说燕文侯曰:'燕⋯⋯南有碣石、雁门之饶,北有枣栗之利,民虽不由田作,枣栗之实,足食于民矣。'"它们又被广泛用在婚礼上。《仪礼·士昏礼》:"新妇执笲枣栗自门入,升自西阶,进拜奠于席。"(拜见公婆)新妇为什么用枣栗呢?《公羊传》云:"枣栗取其早自谨敬。"《礼记·曲礼》云:"枣,早也,栗,肃也。以枣栗为资取其早起战栗,自正也。"本意借其谐音,表示新妇对长辈公婆的恭敬。汉代,枣栗在原意基础上又引伸出枣子——早子;栗子——利子。汉武帝娶李夫人,撒帐仪式里已兼顾了二种含意。民俗信念累增了一层。以后,婚礼吉祥像征物的物品也增多了,如长生果、石榴、红蛋等物。无论是意还是物,累积层在沉淀中增厚。其他像春节习俗也是这样,现有的习俗程序,是各个历史阶段不断累积沉淀而聚集成的。如贴春联起于五代后蜀主孟昶,自命笔题"新年纳余庆,嘉节号长春",后人们仿效渐成的;宋代出现了最原始的贺年片,俗称"拜年帖"、"送门状"、"送正贴"等等。历史的长河不断的冲刷沉积,才使今天的春节繁衍为送灶、吃年饭、守岁、放鞭炮、贴春联、接财神、拜年等多层次多功能的习俗活动。

(二)形存实亡。习俗的形式虽有变化但还存在,唯其内容已发生根本变化。

如春俗,承前所述,原型中男贪女欢的性爱基调,在中国,至少是广大汉族地区的春游习俗里恐怕已消逝了。不过,个别地区难免残留一点痕迹。像太行地区有个名叫温塘的山区,那儿温泉终年不断。泉水汇成一个池塘,每逢三月三,年轻的姑娘媳妇们纷纷跳入塘中洗裸浴。俗说,那天洗温泉,肌肤嫩白如凝脂,没结过婚的少女事后定能找一个如意郎君。显然这是远古春俗河边洗涤、寻觅情侣场景的现代折光。俗说规定,男性公民那天都要自动回避,谁去偷看,结过婚的要瞎眼,没结过婚的,一辈子讨不上老婆。俗规明显地打上了文明时代男女伦理观念的烙印。因此,只能说是痕迹。其他如远古祭百神的农事腊祭,今天也仅存下一股微弱的遗风。腊八,内容基本上是引申义,与本意大相径庭。总之,这类习俗经传承变异,几乎只存下了一些躯壳,内容已有了质的变化。

（三）合流变形。这是纵横传承变异中常有的现象。两种以上的习俗经过了历时性和共时性的交融,出现了合流的习俗变形。如佛教观音菩萨与中国送子娘娘信仰的交汇合流所成的送子观音信仰及形像是最典型的一例。观音,亦称观世音,观自在,是佛教菩萨之一。他通常是男身,为阿弥陀佛的左胁侍。同阿弥陀佛及右胁侍大势至合称"西方三圣"。佛教信仰认为,他专司"救苦难众生",信徒只要念他名号,他即可"寻声"往救。他佛法无边,可以作"三十二种变化"形像,在印度、泰国等佛教圣地,他一般都是男身形像,也没听说可以替人送子。在中国,除了现在普陀山寺庙中有一尊男身观音菩萨外,几乎全是清一色的女身像。她特别受信女的敬仰和崇拜,连生儿育女的事都要请她帮忙,助一臂之力。民间为此专称其为"送子观音"。这种俗信和俗称,似乎是外来的,实际是土洋结合的产品。我国远古有专司结婚与生子的高禖女神。这种神,在最早时期,都是各部落的先妣,亦即该部族在母系氏族社会期间所追忆想像的"第一位"女祖。如殷人的先妣为"简狄",后人以她为高禖。周人的先妣是姜嫄,族地民众以她为高禖。古人求子要祭高禖。《礼记·月令》曰:"是月也,玄鸟至,至之日以大牢祠于高禖。天子亲往,后妃九嫔御;乃礼天子所御,带以弓弢授以弓矢,于高禖之前。"传说简狄吞玄鸟卵而生子,故天子也在玄鸟到来的佳时,求拜于高禖前,让受孕的妃挂着弓套,授予弓矢,以期能感应她生下会使用武器的男孩。郭沫若先生《释祖妣》及闻一多先生《高唐神女传说之分析》都认为后世一些地方崇奉的娘娘庙,专职管理人间生子,就是高禖神信仰崇拜发展来的。过去晋南一带的娘娘庙,里面供奉的娘娘正是姜嫄。佛教势力在这些地方尚未得手,故民众信奉的送子娘娘,还是中国的土特产。但在那些佛教影响颇大的江浙一带,送子娘娘和救世观音合流了,变成了送子观音。在古人眼中,生儿育女是女人的事,哪能叫男的干?何况封建的中国社会,讲究男女受授不亲,让个男性菩萨送子岂不荒唐?最后只好请菩萨屈尊,化为女人身,他有三十二变化,成为女身,佛理也说得清。但是这女身,可完全是中国仕女像,真可谓中西合璧了。一般异民族传播过来的民俗,在传承变异中最容易发生合流交融的状况,这是民俗内容发生变异的一大特色。

(四)化旧立新。因时代、社会的巨大变化,一些民俗的陈规陋习逐渐由积极意义的新风取代。原生态民俗逐渐衍化为次生态、再生态的民俗形态。这也是民俗传播中,内容更新的常见形态。闹新房原型嬉新娘,这是群婚制的一种残余像征。但是在上海沿海一带渔民聚居区,旧时有一种奇异的次生态习俗,新婚之夜闹新房有"闹公公"的陋习。众人逼公公一手拿畚箕,一手握火剪(夹柴送灶膛烧火用具)到灶堂去扒灰。意为"爬灰"。公公偷媳妇,在历史上,这不是"空穴来风"。男性青壮年在鱼汛期累月在外,妻子常独守空房。此外,海洋气候变化大,在气像、通讯、渔船制造尚不发达的时期,渔民遭不测,葬身海底也是常见的事,一些行为不端的公公对年轻的儿媳妇不免别有用心,爬灰之事也常有所闻。现代,渔民生产条件有了极大好转,社会文明公德越加普及,公公、媳妇苟且之事自然也销声匿迹。闹新房的陋习插曲也就改了调,变成了媳妇向公婆送新被,公婆房里闹新房的再生态新风俗。现代的媳妇陪嫁多。一二十条新被是寻常事。自己盖,一辈子也用不完,何不趁早做人情,送给长辈公婆一些,既搞好了关系,又得个好名声。据笔者采风了解,新婚夜闹公婆,新娘送新被,业已扩展到其他农耕地区,如上海浦东农村。这种在原有民俗基础上,内涵不断更新的民俗变迁反映了民众共识的嬗变,在民俗传承中是颇多的。

(五)形实具亡。一些民俗在传承变异中,犹如沙漠里的季节河,流到最后,河床没有了,河水也没有了,全都消失在茫茫的大沙漠中。中国历史上有不少民俗因诸种因素的合力作用而丧失了流传的生命。如缠足恶习,自南唐后主赏识、倡导女性缠足后,宋、元、明、清,屡禁不绝,有时道学家们还推波助澜。这种恶习,在现代革命的浪潮中,慢慢湮没了。翻开民俗史,我们发现,远古的,甚至是近代产生的不少习俗在今天已不复存在了,这也是民俗历史发展的必然趋势。有人以为搞民俗就是把那些早已消失的民俗重新拉回现实的人生舞台,这是误解和偏见。真正的民俗学者是充分理解并欢迎失去了历史、社会、科学价值的民俗自己走进坟墓的。当然也需要我们移风易俗,促一促。

第三节　传播的载体与方法

民俗传播的独特风姿还表现在传播的载体与方法有着与其他文化意识形态不相同的特点。

历来的文献文化,常见的是用文字、艺术符号为载体来传播。现代的电影、电视、传真、电脑等主要依靠光电信号系统来显示自己和进行传递。民俗,自然形态的民俗,传播载体一般不求诸文字或其他符号,它不论是有形的还是无形的,人们对它的传播,只凭藉口承的、心意的和行为的人身天赋的一些功能,作为传播的媒介手段。

民俗传播的口承载体,是指人们在民俗传播时凭藉的载体是口头语言系统。我们在前面已谈到,民俗是不成文法的,虽然当我们的先人顿悟民俗存在,个别的哲人、史家对它作过一些记录,但是,大部分民众对一些民俗的传播,依靠的却不是这类实录——普通民众也没有条件和机会接触了解到。他们主要还是倚托众人口耳相传的流动传递通道来传承民俗。如民俗中大量的口传历史——史诗、叙事诗。《诗经》中的《生民》《公刘》,藏族史诗《格萨尔王传》,蒙古史诗《江格尔》,苗族史诗《古歌》等等,收录定本前,全都是凭民间传人口头传唱,一代一代传下来的。其他如咒语、口彩及占候、卜算一类的语辞部分,也都是寄寓于口头语言的载体形式。

民俗传播的心意载体比口承形式的载体更进了一步,它是不能言传只能意会,凭心意悟性的载体样式。在西方基督教盛行的国度内,你投宿住店发现旅社高楼没有 13 层,也没有 13 号房间。在西方化的日本旅店,我们也发现电梯升降中没有 13 的层次。12 层一下跳到 14 层,房间同样没有 13 号。这是为什么呢? 原来,他们民间俗信 13 是个不吉祥的神秘数字。传说耶稣受刑前,共进晚餐时刚好 13 人,其中有一位就是出卖他的叛徒犹大。著名的油画《最后的晚餐》,就活灵活现地描绘了犹大在耶稣严正的言辞与犀利的目光下,惊恐不已的神态。从此,基督教的信徒们在憎恨犹大的同时,也祸及 13 这个给人类带来不幸的数字。为了避邪,西方人便有了忌讳 13 的民俗观念,并波及到一些具体的事物上,旅店没有 13 层与 13 号即是其中的一项。人们唯恐与 13 这个数沾边而给自己带来厄运。

把心意、心领神会作为载体或载体之一的民俗是很多的。从广义角度讲,任何民俗都凝聚了群体认可的心愿感受,都赋有一定的心意载波的形式。从狭义角度看,图腾、崇拜、禁忌、占卜、咒符、预兆、术数、相面等信仰习俗中,基本上或至少是大部分的载体是由心意来充任的。

民俗传播的行为载体,指的是以人的一定的动作、形态表达民俗内涵的一种载体方式。如春节贴门神、挂春联,端午划龙舟、插菖蒲,七夕拜月宫、穿针线,中秋吃月饼、走三桥等节俗活动;各种祭祀的程序和相应的人体动作的配合;婚丧喜庆活动过程中的行为方式,以及大量的生活风尚习惯,民俗器物等等都离不开人的具体行动,而人在此氛围下的举手投足,塑物绘形都在显示和传递一定的民俗意味。这种不靠语言,主要靠动作行为来传导民俗的载体形式,就是行为的载体。

人活在世上,除非是毫无知觉的植物人,头、手、脚总是要处在不断的经常的运动或动态中。生命活力的正常反应和人的民俗行为虽然形式上难免一致,但还是有根本区别的。民俗的行为载体,少不了人体的动作行为,它与人们正常的生活、工作发生的动作行为最大的区别在于它有一定承袭而公认的民俗意味。平时你在主人家中吃饭,饭毕随意拿走饭碗,是不礼貌的。可是,如果主人家故世了一位八旬以上的老人,你吃的是"豆腐饭",你拿走碗,主人家会很高兴。因为,在江浙沪地区,俗信以为这是主客两好的吉祥事。同是拿碗行为,后者才是民俗传播的行为载体。所以民俗传播的行为载体中也有人的行动,但这不是人的常规行动。同是一个行动,如何确定是否传递民俗的载体,关键是看指导行动的有否民俗的意愿和氛围。

民俗的传播主要是上述三种载体。任何民俗的传播都离不开这些载体。民俗在传播中依靠的载体可以是单一的某种载体,如神话、传说、故事的传播主要凭口承载体,或者是以某一载体为主,其他载体为辅,如信仰类习俗,以心意载体为主,口承或行为,或二者兼有之为次。第一章中所提到的倒药渣、踩药渣便是两种载体,甚至是三种载体综合交叉,共同在为同一民俗的传播作载波运动。现实中,民俗的传播往往靠载体的结合,用两种、三种甚至加上"超导"系统——一定的文字记录脚本(注意!这与文字作载体还是有区别的。因为文字在这里是作为一种记忆的提示和注释,而不是作为民俗本身的传递。民俗本身是处在不断的运动中,它是一种特殊的流,任何文字都无法框定或运载它的完整的流动态)协同传导的。因而在传播的方法上,也与单一的载体有所不同。大抵可分为三方面。

(一)口传身教。大量的民俗,是由民俗传授者通过口传身教向民俗承受者传播的。一个人从小到大,经常受到爷爷、奶奶、外公、外婆、父母、长辈、亲朋好友各种人物的口传面授、身体力行传递的各种习俗的熏陶。笔者在农村采风调查中常见到一些五六十岁以上的民俗传人,大字不识几个,有的就是文盲,但是他们对一年三百六十天,什么时辰是什么节气,什么节俗该有怎样的程序安排,了如指掌;甚至对一个人的出生、周岁、学龄、婚娶、寿诞、丧葬,新娘出嫁时,嫁妆怎么拿,红被子在前,还是绿被子在前,红蛋放在何处,小孩如何嬉闹等仪式,知道得一清二楚。谙熟者不仅知道应怎么动作,而且还知道为什么要这样做,民俗的意味是什么,等等。你问他们怎么懂这些的,说来很简单,从小耳濡目染,见得多,听得多,跟着大人们干得多,自然而然也就熟识会做了。有的地方风行哭嫁习俗。民间俗信认为"哭哭发发,不哭不发",姑娘出嫁时不会哭,众人看不起,会哭的,婆家见了日后凡事都会让三分。一般姑娘从五六岁起,凡看到嫁女的,就会挤进去听,大一些就跟着哼唱。出嫁时,哭唱三天三夜,众人喝彩,娘家脸上有光彩,教女有方,婆家见了也高兴,讨了一位伶牙利齿的巧媳妇,门庭风光。可这哭唱,不是娘家什么人摆起书堂边教边念边哭唱的,完全是个人在民俗环境氛围感召下,有意无意接受他人口传身教的结果。

口传身教在民俗传播方式中占有重要地位。民俗作为非文献文化,它的传播主要靠人的言行组成的无形的传导流的移动,如金属电子瞬间的对应流动形成电流一般,民俗的口传身教在上中下各辈人中间的对位移动,也形成了一股特殊的民俗流,将民俗推向一切可以推进的时间和空间的领域中去,延绵不绝。

(二)生活范型。有些民俗在人们生活中已经"入世",完全生活化了,也就是说成了生活的一个构成成分,一种范型形式。在民俗的传播中,范型化方法起着重要的作用。这就是以生活化的民俗为示范的样板,竞相仿效,促进民俗的不断流传。从传播的形态看,它是一种共时的横向波动,以感染和模仿为主要形式。我们的前人所谓"历世相沿谓之风,群居相染谓之俗"和"相沿成风,相习成俗",其意思是一样的。这里的"相染"和"相习",就是指一定范型样板在现实中的"染""习"扩展。我国汉族一些地区婚俗中娶亲礼仪有一项跨马鞍的习俗。新妇从男家下轿后,令人置马鞍于内屋门坎上,让她跨过。该习俗原是游牧民族婚嫁中的一个范型,后渐染汉族地区。宋代高承《事物纪原》说:"国初以婚姻之礼,皆胡虏之法也,谓坐女于马鞍之侧,此胡人尚乘鞍马之义也。"唐代段成式《酉阳杂俎》也说:"今士大夫家婚礼,新妇乘马鞍,悉北朝之余风也。今娶妇家,新人入门跨马鞍,此盖其始也。"北方牧民为什么要让娶来的新妇跨马鞍呢? 它又怎么流传的呢? 唐代封演《封氏闻见录》有很好的说明:"婚姻之礼,坐女于马鞍之侧,或谓此北人尚乘鞍马之义,夫鞍者安也,欲其安稳同载着也。"民俗本意为的是吉祥平安,安稳同载,白头到老。这种欲望,非游牧的汉族民众同样向往,也模仿起来、蔚然成风。直到现在,山东等一些地区仍存在"跨马鞍"的习俗,祈愿"平安",有的进一步发展,又含有"安子"之意。与游牧民族地区相比,中原一带马匹的数量和作用是无法企及的,可是人们在婚娶中采取了与他们一致的民俗行为,归根结底,即是民俗范型的样板示范感染影响所造成的。

像跨马鞍习俗已成为婚姻生活的一部分,它的范型样式,既是习俗的,更是生活的。在民俗调查中,我们发现旧时江苏、崇明的南部区域,也存在这种模式。近代浙杭地区新人入洞房时,地上铺几条麻袋,新郎在前,新娘随后,履之而行。麻袋辗转传递,直至洞房前。袋与代同音,也即传代之意,俗谓"传代归阁"。一些研究者认为它是唐宋时代流传下来的,源于新人出于传种接代之意而在入洞房时踏青布条或毡席。"毡"与"传"同音,"席"与"息"(即子息)相通,认为踏麻袋是近代的发展。这的确也是一种说法,但我以为它是踏青布条或毡席与跨马鞍婚姻生活相的合流。马鞍在南方,尤其是擅长舟楫的吴越水网地区,并不是主要的工具。植麻、续麻倒是这儿的特产。麻与马同音,踏麻袋,既是踏毡席、青布条的传承,又是跨马鞍的变异。它是紧密联系生活的实际而形成的一种新的民俗生活范型,生活性强,因而在民俗的传播中具有特殊的优势。但它不能作为,至少在一些不谙民俗的人心目中,不是什么民俗的传播,而是一种生活相的模仿或者说是一种生活相的样板而引人瞩目。像服饰和发型,一旦产生受人欢迎的样式,马上会风行一时。而人们通常只认为这是一种时髦的打扮,时尚的生活。

以生活范型的民俗传播,在民俗传播中占有重要位置。中国众多的节俗、与人生直接关联的衣食住行习俗的传播,大多数就是靠这种方法,代代相传。节俗里的俗食,汤元、粽子、月饼、重阳糕、饺子、年夜饭,人们在实际中已当作生活需要、生活样式了。现代有些人对节俗的信仰观念淡薄了,可一到时辰,见到粽子、月饼、重阳糕,也不免以时新小吃品尝,一饱口福。他们无有意的民俗信仰,却无意中将生活范型化的民俗传播开了。另外,有些民俗本身就是以生活的嗜好和习惯惯制出现的,四川人爱吃辣,宁波人吃东西咸,无锡人爱甜食,该地区的人们在不知不觉的生活中传播着民俗事像。它们作为生活的某种范型和样板,本身就具有一定的感召力,由此而不断地传播开去。

（三）功能模拟。这是民俗传播中的又一种方法,它也是一种仿效,主要是从民俗本身具有的功能和效用的模拟上形成了民俗的不断流动发展。传统民房、服饰、菜肴、食品、酒类、糕点、工艺美术、用具等等的专门制作能够一代代传下来,依赖的是这些民俗物的实效功能和传人的技巧、手艺的传承。著名的北京四合院,是华北地区的传统民居样式。砖木结构,在抬梁式木构架的外围砌砖墙。屋顶以硬山式居多,次要房屋则用平顶或单庇顶。墙壁和屋顶都比较厚重。房屋和院落按南北纵轴线对称布置。大门多位于宅东南角。分内、外院。内院北面正房供长辈居住,东西厢房是晚辈的住处,周围以走廊联系。正房左右,附有耳房及小跨院,设厨房、杂屋和厕所等。住宅四周,由各座房屋的后墙及围墙所封闭。院内栽植花木或放置花盆,室内设炕床取暖。地面铺方砖。一般住宅色彩,以大面积灰青色墙面和屋顶为主,在大门、二门、走廊、影壁、梁头、屋脊等处略施色彩或加若干雕饰。这种建筑样式,与北方地区的生态环境、地理条件和民众心态是十分协调和一致的。民众喜欢居住其间,多少年来,绵绵不绝,它的流传,与它的实用功能和工匠的技艺模拟仿造是密切相关的。其他像黄土高原的窑洞,西南的干栏式竹楼或木屋,江南的堂房,无一不是相沿数千年而不衰。促进其传播的,主要是适宜的功能和养成的习惯做法。我们在浙江七千年前的河姆渡文化遗址中发现的干栏式建筑,今天西南地区还在发展。而今天水乡舟船的木桨与那儿发现的七千年前的木桨如出一辙,若不是考古的鉴定,真不敢相信这竟是遥远年代的用具。功能的模拟在民俗传播中,沿续的时间和空间是十分深广的,涉及的民俗事像也相当广泛。我国传统的中医和针灸,民间一些颇有疗效的秘方,在广义上也是一种民俗功能的模拟。说实在的,过去中医学原理尚未开发和加以科学系统化,病家和医生大多是对它的实际功效建立信任感,相沿采用连绵传承的。

功能模拟的民俗传播,与生活范型的样板传播有时是交织一起的。端午吃粽子是生活范型式的样板传播,可粽子的制作工艺,又是功能模拟的民俗传播。二者互相交融,共同促进粽子食俗的传播。

思考题:

    1. 以中国传统节日为例,分析民俗超时空传承的特性。

    2. 民俗传承中的变异有哪几种情况? 这种变异在内容上有哪些表现?

    3. 举例说明民俗传播的载体及传播的方法。

第七章　中国民俗的特点

在九百六十万平方公里的神州大地上萌生的中国民俗,以其独树一帜的风姿,伫立于世界民俗之林,其特点也显得格外的引人注目。

第一节　稚拙古朴　源远流长

中国民俗的一大特色,就是稚拙古朴,源远流长。一般的民俗事像,常有悠久的历史根基。一些家喻户晓的节俗,动辄一二千年以上,这在世界上是较为少见的。

现代的美国,是节俗最多的国家之一,但其形成的时间往往不长,如庆贺农事丰收的感恩节,这是当今美国最隆重的传统节日。每年十一月的第四个星期四为节日,从那天起就放假,连星期天,整整四天假,比圣诞节两天半假期还多一天半。按习惯,散居在外的人在感恩节都要赶回家团聚,可见美国人对它的重视。感恩节的形成,可追溯到公元1600年前,英国一批清教徒,为摆脱宗教和政治的迫害,从海上漂流,抵达美国现在的马萨诸塞州科德角的普洛文斯敦,后在普利茅斯找到一个印第安人遗弃的村落住下。在当地土著印第安人帮助下,移民学会了狩猎、捕鱼、种植玉米荞麦,逐步站稳了脚跟。为了感谢上帝赐予的农业丰收和增进同印第安人的友谊,这批移民在1621年秋,用猎取的火鸡,自种的南瓜、玉米、红薯、果品制成佳肴,大摆宴席,90名印第安人应邀又携带鹿、火鸡等礼品参加。庆祝活动搞了整整三天,白天设宴举行摔跤、赛跑、射箭等各项比赛,晚上燃篝火,载歌载舞,共享欢乐。如此年复一年,形成了一个感恩节。这是美国移民和当地土著居民共同抚育形成的一个节日。1795年,美国第一任总统华盛顿宣布感恩节为全国性节日。1941年美国国会将感恩节定为每年十一月的第四个星期四,以后沿续至今。感恩节以1621年为准,为360余年,如从1795年算,200年不到,假如从1941年起算,那才几十年。

类似感恩节,庆贺农事的节日,在中国是传统的腊八节。时至今日,我国不少地区的民众仍有过腊八节的风俗。江浙一带,是日,家家从各个坛坛罐罐内,取一些红豆、绿豆、黄豆、糯米等五谷杂粮,加上糖,熬成一大锅又香又甜又糯的"腊八粥",供全家老小食用,俗称吃腊八粥。现在流行的一种俗说认为,这是告诫人们生活要节俭,不能粮食丰收了,就浪吃浪用,坐吃山空,落到贫寒交迫在旮旯中搜寻残粮度日的境地。这一类的故事颇多,中心是劝勤诫懒。而在佛教信徒中则另有一说。相传,在古印度北部,迦毗罗卫国净饭王的儿子乔答摩·悉达多,年轻时痛感人世生、老、病、死的苦恼,便舍弃王族的富庶生活,出家修道。一天,他在尼连河畔,又饥又累昏倒在地,一位牧女见状,便把身边带的杂粮加野果,用清泉水煮熬成乳糜状粥,喂他喝。稀粥下肚,他顿觉精神一爽,就在尼连河水中洗了个澡,静坐在菩提树下沉思。终于在十二月初八得道,成了佛教始祖——释迦牟尼。后来,佛徒们便把此日称为佛教的"成道节",佛寺常在这天诵经,效牧女献"乳糜"之物,煮粥敬佛,遂有喝腊八粥的习俗。这些不同说法,反映了腊八习俗在中国民众中的广泛影响。但腊八习俗原来的本意不是劝勤诫懒,也不是因它救了佛祖释迦牟尼,并使他得道成佛而来。它最早的起因,是我们先祖为求农事顺利,五谷丰登而举行的祭祀活动。它较之释迦牟尼成佛之时不知早了多少年。

　　腊,也为蜡。据我国早期的文献记录表明,它始于我们远古先民中的一支,伊耆氏祭祀中。《礼记·郊特牲》云:"天子大蜡八,伊耆氏始为蜡,蜡者索也,岁十二月,合聚万物而索飨之也。"八腊者,一先啬,二司啬,三农,四邮表畷,五猫虎,六防,七水庸,八昆虫。许慎《说文》曰"腊,冬至后壬戌腊祭百神"。腊祀百神,似乎就是从腊八衍化而来的。伊耆氏是我们农耕时代的一个农业发达的部落,迄今年代遥远,以至我们今天已很难搞得清腊八的每一个具体事像。从上述及其他后人追述的文献来看,我们可以见到这样一个大致的轮廓:我们开创农业生产的先民,在岁终前,拿出各种丰收的果实,敬奉那些曾以各种途径帮助他们庄稼苗壮成长,五谷丰登的神祇。伊耆氏奉祀的是八个方面,后泛指百神。在《礼记·郊特牲》中还保留了一首伊耆民蜡祭时的祝辞,辞云:"土反其宅! 水归其壑! 昆虫毋作! 草木归其择!"辞中所提的土、水、昆虫、草木都与农业生产有直接关联,蜡辞反映了初民祈求百神各得其位,各安其所,保证庄稼苗壮成长的良好愿望。伊耆民开创的农事腊八祭祀习俗,被中国历代以农业为本的统治集团和民众保存下来,盛传不衰,所改变的主要是朝代不同而在名谓上称呼不一,做法上略有差异而已。今日江浙喝"腊八粥"的习俗,实际上还是因袭了的原始的腊八遗风。而佛徒之"腊八粥"显然是受了悠久的民俗熏陶后的挪用和变形。在意蕴上,江浙间尚存的"腊八粥"遗俗,表像层诫懒勤农事的意味在后世现实境况下得到引申、充实,但其深层,仍遗留了庆丰收,保丰食的最初意愿。与上古先民的最初愿望一脉相承。千古悠悠一线牵,时空的跨度真是罕见。其他像端午划龙舟、生肖属相、求子被褉等等习俗,均可以追溯到遥远的中国初民社会,真可谓历史悠久了。

　　与中国民俗旷古久远的源头紧密相连的,是它的稚拙古朴的心愿基础。任何民俗总是要有一定的心愿共识为契机。由于人类文明进化的时代代沟,各个时期产生的民俗心愿基准,是有差异的,即使是同一类的民俗也不例外。美国的感恩节,是十七世纪初才形成的,开创者们对自己在新大陆上的生存虽然不无对上帝的赞美,但是,更多的是有意识的对曾在危难时向他们伸出友谊之手、帮助他们学会种植庄稼、喜获丰收的土著人的感谢。搞活动,更多的也是现实人生的竞技和娱乐,美味的佳肴是供自己享用。简言之,这是集体有意识推进的群体活动,节俗的定型,最终还是由官方加以认可和提倡。同样类似于感恩节的中国"腊八节",就不一样了。那是远古时期的一支中国先民,在农业初创阶段,几近完全靠天吃饭的情况下,以泛灵论为核心的泛神心理意识为基础的产物。他们对一切可能有害或妨碍稼禾生长的自然物,都先赋予了灵性,然后再加以祈祷或作法(巫术的地方俗称之一)。伊耆氏蜡辞,是一个明证。土、水、昆虫、草木,在辞中俨然是一个个有生命的个体,人们或祈求或命令它们,老老实实,安分守己,使心爱的稼禾安安稳稳健康成长。这言行,就如一个刚牙牙学语,步履蹒跚的稚童,充满了天真、稚拙的意趣。在此心理基点上萌发的中国的远古民俗,理所当然地烙上了稚嫩、粗拙、原始的印记。在历史长河般的流动中,这种印记也未能消褪,即使外表涂上了一层新的油漆,但印痕依然存在,无法抹去。

　　因此中国流行的民俗,既拙又久,古老遗风大量存在。很多风俗一直可以追溯到人类初期。有的即使被后世改造变形,但仍有原始的余韵,常使绅士们瞠目结舌。在繁华的上海市西南松江三泖地区,现代婚俗中还保留了一个"虱新郎"的习俗程式。当新郎与迎亲队伍来到女方村落,刚进村口,就见纸屑、枯枝、土疙瘩等小杂物,劈头盖脸,从各处向新郎飞来。新郎在傧相们的掩护下,硬着头皮,迎着"弹"雨,一个劲地往丈人家冲。一路上只能招架,不能还手,待他进入岳父家门,这场"弹"战才告熄灭。这是"虱新郎"的全过程。身临其境,真仿佛进了野蛮人之境。常有一些不精明或不谙此俗的新郎被砸得鼻青眼肿,甚至一怒之下,宣布退婚的。而一些熟谙此俗的男青年,娶亲可不会吃亏。他们或让傧相穿上新婚礼服,打扮成新郎模样,自己则装随从,浪迹其间。等进了岳父家门,再重新打扮,正式拜见岳父母。或者,自己离开迎亲队伍,择小路,偷偷上岳父家。迎亲队伍由假新郎率领,与虱新郎的村人们周旋。等到人们大呼上当,新郎已衣冠焕然一新,正襟危坐,正在与丈人老头品茗呢!剖开虱新郎的表像,呈现在我们面前的,却正是远古初民抢婚中的一个场景。所不同的是被抢女方的族人们奋而反抗驱逐抢亲者的战斗,现在,只是更多一些戏谑、调侃、恶作剧的成分罢了。民俗调查表明,娶亲时,女方族人作弄新郎的习俗行为,各地都有,什么让新郎吃辣饺子,妯娌用粗盐砸打刚进门的新郎,如腌咸菜一样,腌一下新郎的刚性子等等。它们反映了文明时代人们心底残留的原始的习俗心态。

第二节　神秘奇异　巫术性强

中国诸多民俗事像,常伴有不可捉摸的神秘气息、奇异别致的形态以及光怪陆离的巫术行为,这是中国民俗的又一个特色。

中国民俗稚拙古朴源远流长的特点,奠定了民俗神秘难测的基础。不少民俗本身就是在我们先人迷惑不解、高深莫测的境况中形成,一开始就嵌入了奇奥怪诞的心理因素,如流传深广的星月崇拜,就是这样。夜空中,星星闪烁,时隐时现,色泽复杂,间或一颗流星蓦地一亮,划出一道弧光,随即戛然熄灭。拖着扫帚状蓝色光亮的彗星,像季节性的风候,到时候便来巡视一番。明亮的月光,阴暗圆缺,循环往复。这一切,在原始先民的头脑中都是匪夷所思的谜,他们竭力要打开这个谜,将心比"物",以人测星辰,遂以为它们是人性一样的神灵。《尚书·洪范》云:"庶民唯星,星有好风,星有好雨。"意思是星之好恶也和庶民一样,有的喜欢刮风,有的喜欢下雨。完全以自己的心态秉性去推测星辰变化,使星辰的自然状态,蒙上了层层神异诡谲,不可思议的重帏迷雾。由此而衍生的星辰习俗,也多笼罩了神秘的灵光。记得小时候,每当夏夜,繁星满天之时,我却不敢对这变幻颖异的点点星火多瞅几眼,尤其是流星,偶见流星划过,赶紧把眼闭上,生怕它落到我身旁。倒不是怕它砸在我头上,那时还不懂流星是陨石。怕什么?只怕它把我们的生命一块儿带去。原来,外婆在我童智刚启时就告诉我,天上一颗星,地上一个人,星落人亡,流星落到哪里,那里的人就要死去。这种奇特的观念在今天看来,似乎是笑话,但在当时的我却虔诚地相信过。在稚童的心里,夏夜银河中数也数不清的小星星,本身是一个难以窥测,充满神奇光彩的世界,使人心中浮现种种奇妙的遐思。原始先民与稚童一样,对这些夜穹上闪闪烁烁的星火有若无穷的思绪。星人感应,即是星辰崇拜派生出来的习俗观念行为。它在中国有广泛的影响,并有相应的巫术行为与之相配。《三国演义》第一百零三回"上方谷司马受困,五丈原诸葛禳星",叙述诸葛亮临终前,星像感应之事,颇为突出。"孔明扶病出帐,仰观天文,十分惊慌;入帐谓姜维曰:'吾命在旦夕矣。'维曰:'丞相何出此言?'孔明曰:'吾见三台星中,客星倍明,主星幽隐,相辅列耀,其光昏暗,天像如此,吾命可知!'维曰:'天像虽如此,丞相何不用祈禳之法挽回之?'孔明曰:'吾素谙祈禳之法,但未知天意如何。汝可引甲士四十九人,各执皂旗,穿皂衣,环绕帐外;我自于帐中祈禳北斗。若七日内主灯不灭,吾寿可增一纪;如灯灭,吾必死矣。闲杂人等,休教放入,只令二小童搬运.'姜维领命,自去准备。时值八月中秋。是夜银河耿耿,玉露零零,旌旗不动,刁斗无声。姜维在帐外引四十九人守护。孔明自于帐中设香花祭物;地上分布七盏大灯,外布四十九盏小灯,内安本命灯一盏"。然后披发仗剑,步踏星斗,进行拜祝祈禳,希冀延年益寿。孔明观天像星辰,自知命在旦夕,这够神奇的了,竟然还有祈禳之法,可以拜祝除灾。果然天意难违,孔明最终难逃死命,可作法的巫术形式还是令人费解的:为什么要用七盏大灯? 又为何配之四十九盏小灯? 为何不多几盏或少几盏,天晓得,这也够神的! 另外,这星人对应之术,司马懿也熟悉。他仰观天文大喜,谓大将夏侯霸曰:"吾见是将星失位,孔明必然有病,不久便死。"随即想派兵探哨,伺机乘隙攻击。因星像而涉及具体人事变动,或企图改变这种状况,在小说中被艺术典型化了,现代人即使断言它们为胡说八道,但还是不得不承认,中间漫溢的神奇光环,令人惊异!

中国民俗的神秘性,既表现在它形成时沉淀于其间的神迷的心理因素,又反映在它在现实中实施时的形态展现过程。一些民俗活动的本身就带有一种神秘的色彩。江浙一带,小孩受惊或病中的叫魂民俗活动,处处散发神异瑰玮的色彩。我曾亲眼看到过这全过程。那还是孩童时期,一家小女孩在野地玩,摔了一跤,惊哭不已。她家外婆说这是魂丢了,要去找回来,就用一小碗,盛了齐口的清水,又用一张细洁的黄草纸(黄裱纸更好)覆盖其上,让女孩的小哥哥双手端好,跟随其后。自己双手张开小女孩的内衣往前走,一面走,一面开始呼叫"×××(小女孩乳名)回来哟!"男孩就应一声"噢!"一路呼应到小女孩摔倒过的地方,用小女孩干净的内衣在该处扑腾几下,收藏好,再高呼一声"×××回来哟!"男孩再应一声:"回来噢!"然后一路呼应下去,一直到小女孩床前,将衣服给她换上,又端起水碗,审察黄草纸下是否有一个骨溜溜像眼珠似的小水泡,若有,就是说魂回来了,即将水碗放在小女孩枕头边。据说,第二天魂归附身,一切就都无恙了。若没有小水泡,那魂还没叫回来,需要重新再来一番,直至水泡出现,魂兮归来。整个叫魂活动,一般总在晚上进行,一招一式,荒诞不经,离奇古怪。当一老一少,一个张衣,一个端碗,神情肃然,一步一叫,一叫一应,怆凉悲切的招魂声此起彼落,在昏黑的夜空徘徊回荡,那神秘、阴森的景像,真使人仿佛进入了幽魂的冥冥天地。

中国不少传统民俗本身就是伴随着巫术活动的,民俗在巫术过程中得到实施。而巫术这个字眼本身就好像充满了魔力,在背后代表着一个神奇莫测,光怪陆离的世界,可以在任何人的心中激起某种神秘力的潜在观念。

在《山海经》中,有"不死之民"的记载。据闻一多等专家研究,所谓"不死之民",即是在一种特殊的生死信仰观念支配下,用巫术形式对死者实行火葬习俗的产物。古西姜先民(其中有一支迁移到齐地海边)有一种古老的信仰,认为人的灵魂可以离开人体独立存在。人的躯体不行了,然灵魂不灭,它可以走出,归附到他物上去,获得永生不死。但是他们又以为,唯有灵魂的附体——肉的躯体毁坏了,灵魂才能彻底解放出来。故为求不死永生,在适当时候就要毁体,不及老死,就要请人乘机杀死他,或力争在战场上死去。更多的尸解则是架在木柴上焚烧,即火葬,以便灵魂早早放出来,得到永生。因此,中国大地上火葬习俗早已有之,但古今之意相差很大,古俗原意不是唯物的卫生考虑,而纯粹是唯心的永生愿望。它本身充塞了奇异的神秘的魔力。后来神仙升天的奇妙遐想,也是受此魔幻观念的影响而衍生出来的。仙,本作僊,《说文》:"僊,升高也。"僊,即为人升高之意。人怎么升高?最古老的习俗办法是火葬毁体,灵魂登高上天。故古人取柴薪以焚,谓之登遐,又作异霞,它是人们欲成"僊"的最快途径。后来,人们对肉体的苦痛渐渐感到真实起来,不大喜欢单凭一场火,"顿"把自己灵魂送上天的简单办法了,而采取修炼——"渐"的办法,既保全自己肉体,又可升天,形成了新的升天模式。其中之一,就是避于深山,觅寻诡异的带有神秘性的自然物品,如芝菌、石乳、菊、玉等,希冀服用这些神性的食品后,能轻身乘空而游,所以僊与山发生紧密的联系,产生了别体字"仙"。据说,最初的仙山当指昆仑山,因天在昆仑山上,上了山就是升了天。以后则泛指一般的深林高山之处了。后期的所谓仙水离不开山,道理也就在此。从远古灵魂的不死到成仙术的一系列巫术民俗过程中,神秘莫测的魔力如潜流,簇拥着习俗的展现,这是十分明显的了。

中国民俗的神秘性,又是以奇异的形态为伴的。奇异的形态,又给民俗自身增添了一层神秘的光环。

仪式化的巫术民俗活动,像上面提及的禳星术,成仙术等等,在实施过程中,其形态本身就是稀奇古怪,奇光异彩的。有的民俗如服饰,属于有形的物质民俗,一般没有什么巫术活动相随。可种种服饰的奇特形态中,却蕴藏着某种神异的奥秘。在我国西南有一支白裤瑶,族中男子以穿齐小腿的白裤子称著。该白裤还有一个醒目的标志,即在膝盖部各有手指样五条长短不一的红色饰带。为什么在好端端的白裤上添上这五条红带呢?是为了漂亮吗?回答是否定的。究竟是什么原因?原来其间积淀着一个古老神奇的传说:在很久以前,白裤瑶不是生活在这块土地上。有一年,他们受到了外族的侵略,双方展开了激战,最后寡不敌众,白裤瑶节节败退,忍痛撤离了家园,向外迁移。一路上他们披荆斩棘,又不断抗击他族人的追击和侵扰。一天一场大厮杀后,族长带领余部披星戴月,日夜跋涉,直到人困马乏,无力行走时就地停下歇息。族长坐在一棵大树下打盹,梦见一白发老人对他说:"这里山清水秀,你率领族人就在此安家吧!"话毕,族长猛地醒来,放眼一看,天已太亮,周围山峦叠嶂,古树参天,鸟语花香,正是一块还没有人烟的好地方。他高兴得双手一拍膝盖,大叫一声"好",众人惊醒,睁眼看族长,只见那一双经过激烈厮杀的手沾满了鲜血,刚才那一按,在白裤上整整齐齐地印上了五条手指印。后人为纪念先辈的功绩和本族人民劫后逢生的历史,便都在白裤上绣上五条红带。

源远流长的中国民俗,随着时光的流逝,后人对前人很久前一代二代传承下来的民俗不免有一种隔膜感。原来简单明了的民俗事像,也会因"代沟"而蒙上一层层神秘的面纱。这是形成中国民俗神秘性的一个重要方面。

上世纪80年代初,笔者一次有幸作为男家的迎亲傧相,前往女家取嫁妆接新娘。那是在上海郊县浦东农村,两处相隔十余里。当我们临近女家村落一里地光景。带队的娘舅嘱咐就地敛声休息,谁也不准大声说话嬉闹。这是为什么呢?我忍不住问道。这位老娘舅摸摸后脑勺,回答挺干脆:"我也搞不清,这是老法留下的规矩。"老法规矩,我心底蓦地一亮,莫不是原始抢婚中的一个遗习?老娘舅可不懂什么原始抢婚习俗,他又接着说:"反正我们这些迎亲人,在当地俗称'当官强盗',没有好名声。"哈,这可正与我的推测一致。"当官强盗",青天白日,仗势行劫,太形像了。迎亲队伍轻身空车,静观动静,装嫁妆,接新娘,把嫁女的财物及人,一扫而空,运往男家,从某一角度看,两者何其相似!而且,强盗两字对迎亲人来说,的确是远古"匪寇",婚媾——抢亲习俗在语言文字上的遗留。在远古,就抢亲而言,堂而皇之进行的,虽然有为保证抢亲成功时采取的秘密行动,却无习俗的神秘性可言。然而,时光流转,抢亲的观念逐渐淡漠、消逝了,而其个别习俗程式化的仪式,却包含在婚姻习俗全过程中被传承下来。那些当时习以为常而后世失却本意的婚俗程式,如迎亲时的"敛声休息"或冠之为"当官强盗"的俗称,在今人眼中,的确是极神秘奇异的。

一般来说,年深日久传承下来的民俗,原有本意的遗忘和模糊,都会给人一种神秘的感觉,中国传统民俗大多有久远的历史源头,因此,也就更易带有神秘性。如再披上巫术的外衣,神异的色彩则就更浓了。

第三节 礼俗混同 封建味浓

在中国长期超稳定的封建社会中,中国传统民俗往往被纳入礼的轨道,深深地嵌上礼的烙印,从而展现为实用化的礼仪形式,这是中国民俗的又一大特色。

中国传统的民俗,是中国古代礼制的基础和原型。我们的古人早就明白了这个道理,如《礼记》中的《礼运》篇,对礼的源起作了颇为科学的描述:"夫礼之初,始诸饮食,其燔黍捭豚,汙尊而抔饮,蒉桴而土鼓,犹若可以致其敬于鬼神。"文中所描写的远古原始社会的祭祀活动,也就是最早的礼的雏型,礼源于俗。现有的文献古籍也充分说明了这一点。儒家经典"十三经"中有三部属于礼,世称三礼,即《周礼》、《仪礼》、《礼记》。三部书是古代礼学之大成,其内容按传统的划分,可分作吉礼、凶礼、军礼、宾礼、嘉礼。吉礼,按《周礼》讲,就是各种祭祀的典礼。《周礼》书中列举的对上帝、日月屋辰、司中司命、风师雨师、社稷、五祀、五岳、山林川泽,以及四方百物的祀典,从民俗学角度看,无一不是民俗的祭祀形态。凶礼,一般理解即是指丧葬。《周礼》所载,除丧事外,还包括对天灾人祸的哀悼仪式,其原型也是民俗的范畴。军礼,顾名思义是指战事的礼制,但古时又包括田猎等大规模的人员组织活动,遥想它们最先也是导源于民俗的狩猎、部落战争的仪式祭祀活动。宾礼,在此虽然主要描述诸侯对王朝朝见及相互间的会盟、聘问的礼仪,但它的源起则是从人际交往的俗规中提炼升华而成的。嘉礼,包括婚礼、冠礼、飨燕、立储等,其形态或原始的形态至今仍广泛或残存在民众民俗的相关程式中。由此可见,古礼不是哪位圣人贤士拍拍聪明的脑袋瓜,闭门造车,胡编乱造出来的,流行的民俗是古礼坚实的地基。仪式制度化的古礼是对民俗的理性归纳和升华。譬如吉礼中的天地祭祀礼,本源自以天地为直接祭祀对像的原始的天地崇拜。古人对高深莫测,变化无穷的天,怀着深深的敬畏之意,总感到那里有一个主宰人间一切的至高无上的上帝在决定人间祸福和万事安排。为此,常以己度之,在一定时机,用人间享用的牲畜美酒奉献它们,讨好它们。对滋长万物的地,人们也给予同样的敬畏和感激之意。可是,天之高远,地之深广,人们敬奉的佳肴美酒怎样才能传递给它们呢? 中国的先民,凭自己丰富的想像和虔诚的心意,创造出了独特的民俗祭祀方法。他们把贡品放在高高的干柴上,用火点燃,化为烟云,升腾高空,以便天帝享受,又把贡品深埋在挖好的土坑里,以利地神品尝。在实践中,他们又发现液体的东西,不必专门挖坑深埋,它们倾倒在大地上,马上就会被大地吸收,融为一体。故将它们洒在地上或灌注于地,就可达到祭祀的要求和目的。灌祭和埋祭一样是祭祀地神的原始的民俗形式。社会进入文明后,统治者出于人权神授的统治需要,继承并逐渐垄断了这种天地崇拜的祭祀活动,以示自己是唯一真正合法的神授的人间权威。另外,为增加自己的威严、神圣,他们又把原是民众普遍的原始天地祭祀民俗活动,套上理性的神秘精神,纳入礼的规范。《礼记·郊特牲》孔注:"以天之高,故燔柴于坛,以地之深,故瘗埋于坎。"《礼记·祭法》云:"燔柴于泰坛,祭天也;瘗埋于泰折,祭地也。"因为"天神在上,非燔柴,不足以达之。地示在下,非瘗埋不足以达之"。很明显,它们本来就是祭祀天地的民俗形式,为了统治的需要,将它们归之于礼。到了后来,这天地的祭祀,更为礼制化,定时、定地、定人,非皇帝诸侯,旁人都无权领衔祀典,甚至祭地的设置、规模都是有严格的制度规定的。北京的天坛和地坛是明、清两代帝王亲自祭祀天帝地神的场所,规模宏大、气势威严的天地祭祀,在这里已完全礼制化了。

中国的古礼就是这样,依靠民众的民俗形成自己的礼学体系。对民俗来讲,礼大抵是民俗的程式形态的理性概括和仪式化。说得简单些，所谓礼，无非便是把一些程式过程较为简单的民俗活动，经过充实提高，搞得更为繁琐复杂，铺张隆重，庄严肃穆而已。再概括之，所谓礼，就是民俗程式"梳妆打扮"而焕然成"仪式"是也。即如章太炎先生在《检论》一书中所述："礼者，法度之通名，大别则官制、刑法、仪式是也。"民俗程式的理性整理，归纳，升华为仪式，也就是礼。所以，离开俗，无以为礼。民间有谓俗礼的称呼，也是看到了礼受俗的奠基作用。然而，这仅是问题的一个方面。另一方面，中国的俗又深受礼的制约和影响，中国的传统民俗烙有礼制的鲜明烙印。民俗酿就了礼制，礼制又反馈于民俗，形成了民俗的礼仪化倾向，这在婚姻中甚为突出。六礼的婚礼仪式是从古代婚俗中凝炼而成的，中间明显留有古婚的痕迹。中国传统婚礼，时间总在傍晚。为何不选择其他时间，例如早上或中午呢？古人云：这是"婚"本身规定的。"士娶妻之礼以昏为期，因而名焉"。略具民俗学、文化人类知识的人，一看便知道，这种"娶妻之礼"，实则是前面已谈过的昏时抢亲遗俗在婚礼仪式中的残留。文明以降，文人制礼，或感到不雅训，抑或茫然不解，便不管三七二十一，执言为夫妇结成配偶的佳时，真是礼改俗规，妙笔生花了。经过礼制的雅化，婚礼的仪式越来越系统、规范化，尤其在上层阶级中更甚，礼制的婚礼就是为他们而设立的。《仪礼》的《士昏礼》篇，详细记叙了士阶层婚礼的过程和仪式。主要定制为六礼：纳采、问名、纳吉、纳徵、请期、亲迎。每一礼中尚有很多细小的具体规定和要求。如纳采，是男家请媒人到女家提亲议婚时需备一定的礼品外，尚要携雁同去。《仪礼·士昏礼》："昏礼下达，纳采用雁。"据说雁是随阳之鸟，取其妻从夫之义。也有认为雁失配偶，终生不再成双，取其忠贞。两家若有合婚的意向，继纳采后，便是问名，它是男家获得议婚信息后再托媒人前往女家，讯问女孩的芳名和出生年月日。问名也是十分庄重的。《士昏礼》云："宾执雁，请问名。"再度用吉祥鸟大雁，另外，"将加卜筮"，占卜男女双方的生辰阴阳，以定婚姻凶吉。其他四礼，也是如此，婚配人员的地位尊贵，礼仪更是繁杂豪华。士阶层婚礼的推行，反过来，也极大影响了民众间婚俗的礼仪化。各地民众古代婚俗，虽大多无明确的六礼的称呼，但在六礼制定后，婚俗的程式大体上逐步与六礼趋向一致。在名谓上，民众婚俗虽不一定遵奉士婚礼的叫法，但意味及过程却差不多。如宋代据《东京梦华录》、《梦梁录》等记载世俗则有起草帖子、起细草帖子等称呼与纳采、问名的礼仪相类。近世民间对此又有"拿八字""合八字"之说，或谓"请庚帖"等。纳吉在民间又称"文定""送定""过定""小聘"等等。纳徵，男女缔结婚姻后，男家送聘礼至女家的仪礼，民间又有"过大字""下财礼""下财""大聘"等俗称。请期，男家使媒人与女家商定婚期，上海浦东农村俗称为"话日子"。亲迎，该地俗呼"接新娘子"。在内容形式上，民众婚俗与六礼婚礼趋同性也十分明显。像江浙一带老式婚姻，犹如古装戏中常见的景象，新郎总是文士官吏模样，而新娘也不离凤冠霞帔，一派帝王千金公主气概，显然启迪于上层正规六礼婚姻中显贵男女的婚妆打扮。正统的六礼程序，除纳徵外，其余五礼皆需用雁。可在民间婚俗中，庶人无雁，就以雉及鸡鹜代之。据一些县志记载，上海郊区，民间婚礼，"宾执雁"，以颈系红绸的白鹅执代。其间，六礼的模式，昭然可见。

中国的民俗就是这样，一旦被统治者相中，给予一定的条理归纳和理性的训诂便成礼，礼成后，又随时反馈于民间，制约引导民俗走向礼仪化。俗礼相杂，互相影响，互相促进，互相交融，俗中见礼，礼中见俗，融合一体。我国过去有句老话叫做"礼不下庶人"，按照礼与士相对，俗与庶人相随的观念，似乎是对的，实际不然。礼俗是相通的，庶人高攀不上礼，实质仅是礼仪式的繁沓程序和奢华场面，其内容却是一致的，乍看，大概就是繁简程度不同而已。礼制的冠礼和民俗中的成年礼便是。

《仪礼》详细叙述了古代士阶层冠礼的仪节。《士冠礼》篇中讲到，男子二十岁行冠礼，冠礼在宗庙举行。先由加冠青年的父亲用筮，卜定行礼的日子以及帮青年加冠的来宾，然后通知宾家，到行礼之日，一清早，一切准备妥帖，让加冠青年立于房中。其父请宾，入庙就位，然后引加冠青年出房就位、行礼。负责加冠的来宾，把规定的服饰让青年穿上，共行三次，称为始加、再加、三加，然后以酒祝青年。青年饮酒毕，由西阶下，拜见母亲，完后，回到西阶以东，由加冠之宾给起一个字，于是礼成。古代，士人行冠礼而有字。按礼制，女子行笄礼后也有字。有没有字，在礼制中是已否成年的标志，所谓童子无字，就是说他没有成年。古代普通的民众难以像士人们那样行冠礼，他们一般还是承袭民间由原始社会就延续下来的习俗，举行成年礼。今天尚存于沪浙交界的松江三泖地区农村的"庆号"之俗是成年礼的一个活化石。那儿的民众，承吴越先民之遗风，人来到世间，一开始没有字，即没有大号，只有"阿"字带头的乳名。诸如阿狗、阿猫、阿根、阿福、阿妹等等。长大至十八岁，一些同龄男青年就在父母的支持下，自行串联，约定时日、地点，略办酒菜共贺，并将自己新起的大名，用红条纸写上，挂在席间周围墙上，互相申明通报，叮咛众兄弟今后以大名呼之。完后，又请村中亲朋好友观戏娱乐（现一般打球、放电影等），让众人知道自己的大名，以示庆贺。这种庆号习俗活动，不用说就是一种民众的冠礼。冠礼的核心，即是人长大了。其标志，就是有一个真正的字（名字），以"名符其实"。古人云："男子二十，冠而字"，"冠而字之，成人之道也"。庆号习俗的中心，也是为刚成年的青年取一个大名，二者是同一的。但是，冠礼隆重而繁缛，为礼制。庆号欢娱而明了，为习俗。冠礼的一整套礼仪对庶人是不适合的，可按其内容意愿和目的来讲，庶人同样在风行。何况冠礼本身就是从原始社会成人礼程序规范的结果。

中国民俗的礼仪倾向，与中国社会进入文明后，长期处于封建社会是分不开的。精神文化包括民俗深受封建思想的束缚与影响,具有很浓的封建色彩。封建社会壁垒分明的等级制度,奠定了俗礼的分野和民俗的礼仪化。

原始的星辰崇拜及"星有好风,星有好雨"的万物有灵论俗信,到了汉代,变成了封建王朝制度的天上缩影。好风之星被认为是属于东宫木宿的集屋。《正义》云"箕主八风,亦后妃之府也"。"星有好雨",则认为是西宫的全宿毕屋,《正义》云:"毕动兵起,月宿则多雨。"风雨之星宿,被授予了东西宫,后妃之府的排位,其本身就是封建宫廷等级分封制的反映。民俗的礼仪化,首先是在封建等级观念制度指导下产生的。俗而成礼和民俗的礼仪化渗透着浓浓的封建味。古代的三部礼书《周礼》《仪礼》《礼记》的形成,与中国封建制的步伐基本是一致的,《礼记》作为礼学的论文集,也与它最后完成于封建社会的成熟期西汉相适应。它们的出现,就是封建统治者对原有民俗程式按封建制的次序等级礼仪化的结果。礼俗的繁简,实际上即是封建等第的差异,俗简而不入流,进不了一定的封建等级,庶民习俗也进不了一定的级别,即礼的范畴,故曰"礼不下庶人"。而俗的礼仪化倾向,则又展示了封建等级制的烙印对它的浸渗规范。前面提到,江浙女子出嫁凤冠霞帔的装束,是对上层礼仪家族嫁女的摹仿,其根源还是封建思想意识在作祟。有一则民间传说讲,民女出嫁原来没有这等待遇,北宋末年,金兵南下,宋帝康王兵败逃窜,危急之机,一村姑机警地把皇帝装在箩里,自己若无其事在一旁做针线活,迷惑了追兵的盘问和搜寻。皇帝脱险了,很感激村姑的救命之恩,想封她为皇妃,却因故未成,遂开金口封她为公主妹妹,以皇家礼仪出嫁,嫁时可以享用公主才能穿戴的凤冠霞帔,并且扩大到当地所有的嫁女。原来皇恩浩荡,才使民女得以嫁时行公主之礼。倘若没有这位皇帝的金口赐封,民女穿公主服饰出嫁,那是僭礼,是要掉脑袋的。

在漫长的封建社会里,封建的等级观念和形式,体现在一切民俗和礼仪的形态中,进而使它们封建法典化,实现礼治教化的目的。正如《新书》所说:"奇服文章以等上下而差贵贱,是以高下异,则名号异,则权力异,则祭祀异,则事势异,则旗章异,则符瑞异,则泽厚异,则宫室异,则床笫异,则器皿异,则饮食异,则死丧异。"所有这些异,都是封建制所要求的,礼俗的封建性再清楚不过了。在中国,礼俗本质上是一体的,封建性是它们分野和联系的桥梁。

第四节　丰富多彩　注重实用

民俗事像,丰富多彩,并注意实用效益,这是中国民俗的又一大特色。

中国是世界上民俗事像最多的国家之一,民俗事像几乎无时不在,无事不存,广泛渗透到民众生活的各个领域。屋外喜鹊喳喳叫,主吉,不是客人到,就是喜盈门。若是乌鸦哇哇叫,主凶,灾祸要临头,出门要小心。外出,要挑好黄道吉日,行路,决不能在他人晒的衣裤,尤其是妇女的内裤下穿行,否则就会倒霉。说话,要时时注意忌讳,猪头要称"市利",猪耳,要呼"顺风",猪舌要叫"赚头",吃饭,筷子要端拿,鱼体不能翻身,不能吃得干干净净,甚至有的地方纯粹是装装样子,不可真吃的。还有鱼子,不让未成年的孩子吃,鱼子数也数不清,小孩吃了也会数不清,笨了。干活,农工匠牧渔,行行有行话、行规,不能随便破例出格。

中国民众古往今来人生的各个领域,处处充塞着各具特色的民俗事像。俗话说,"十里不同风,百里不同俗",这种区域性的民俗原色,使中国民俗更为光怪陆离,多姿多彩。即使行政地理划分上属同一区域,民俗却因具体环境、人情的不同,也会亮出不同的色泽。上海崇明、横沙等长江沙洲,过去葬俗流行"碎尸拾骨"之风。人死后先置棺露葬,年后冬至日即破棺拾骨于瓮内正式下葬。如果尸体未腐烂尽,就只好举斧破尸成碎块,装入瓮内埋葬,这些都是死者的晚辈或亲人亲自动手干的。当地俗规,拾骨再葬,才能使死者真正入土安息。与这些地方隔江相望的上海浦东地区就相反,入葬死者,无特殊原因决不能再去侵扰,否则就是大逆不道。中国幅员辽阔,同一个民俗称谓,在不同地区,具体的形态会有千差万别,有的甚至大相径庭。如"喝汤",在一般人的概念中便是喝饮食中的汤肴,上海嘉定县一带,指的却是喝茶。河南南阳地区,你说要"喝汤",那就是说你要吃晚饭。造成这种巨大差异的原因,一方面是生活环境、方式的不同,如嘉定农村,过去没有专门烧开水的水壶,普遍是在灶上两个大锅间隔上方另置一团锥型的小铁锅,俗称"汤镬"。人们就利用烧饭做菜时的灶膛余热,将"汤镬"之内的凉水烧熟,故谓此名。河南南阳地区则另有特定含意,据民间传说讲,主要是元代统治者强暴下发生的异化习俗。元代,大小官吏横征暴敛,为榨取更多粮食,强令百姓一天只能吃两顿饭。一次一个村庄的百姓饿得实在受不了,私下商议将偷偷贮藏的一点口粮拿出来煮,刚吃完,被暗中监视的官员发现了,追问为什么晚上还升火,百姓中一个机灵的小伙说,我们是烧点汤喝,就把此事搪塞过去了。从此,大家一到晚上就纷纷烧点汤喝,吃晚饭被喝汤名谓所代替,遂以成俗,一直到今天。正因为中国民俗绚丽多彩,千姿百态,故民间有所谓"入境问俗","走一乡,问一俗"的习惯,初到一地,万不能贸贸然,以个人熟悉的风俗习惯来度量之。这更说明了中国民俗的丰富性和多样性。

中国民俗事像虽然不胜枚举,但万变不离其宗,这就是广泛强调实用的价值和效果。

在《民俗的发生》一章中,我们已论述了中国民俗是出于我们民众生存生产和发展自己基本需求下萌发的。由此而诞生的民俗,不只是心愿的慰藉,也不仅是非科学无价值的想当然、自以为是的做法和行为。在实际中,民俗从实用出发,在一定的现实环境中还真是管用的,剔除了混杂里面的迷信成份、荒诞意识,不少民俗还是相当有道理,挺派用场的呢。如观天像和占星术,里面有不少是气像学的宝贵经验。诸葛亮借东风是家喻户晓的三国故事。周瑜欲用火攻,只是苦于没有东南风。诸葛亮看出了周瑜心病,自告奋勇为他"借东风",筑起了祭坛,装神弄鬼搞了一阵子,东风果然来到,气得周瑜恨不得立即杀了诸葛亮。诸葛亮不是神,哪来呼风唤雨的本领? 说穿了,无非是他谙熟民俗的天文地理知识。他对周瑜说一通曾遇异人,传授奇门遁甲天书,可以呼风唤雨,帮他调遣东南风,完全是蒙蒙人的。这点,曹操也知道。当将军程昱入告曹操"今日东南风起,宜预提防"时,曹操笑曰:"冬至一阳生,来覆之时,安得无东南风? 何足为怪?"①足见曹操也知道这时节会刮东南风的,这是一种普遍流行的气像知识,小说为了突出人物形像故意进行了艺术的夸张。

有些民俗事像如预兆一类似乎是无稽之谈,但随着现代科学研究的发展,发现中间也不乏真知。在我们中国传统的民俗观念中,扫帚星是丧门星,大祸要临头。从皇帝到百姓,上下都会惶惶然,想方设法避凶消灾。近代科学发展,发现它不过是一颗拖着碎冰块等杂物长尾巴的行星,人们不必对此大惊小怪,到了上世纪80年代,科学家进一步发现,彗星的大尾巴——扫帚体经过地球,虽不会造成行星相撞那样的大悲剧,但也不可小觑。因为每当它光顾地球之时,便把不知名的病毒留在人间,人间一些新的流行感冒就是它造成的。另外,它还会引起地球大气循环的紊乱,直接影响农作物及交通航行等方面的正常秩序。因此,我们古人对彗星忌讳,似乎也不无道理,至于一些相应的民俗行为,虽大多无力改变彗星本身带来的问题,但对个人生活、生产无疑是一种事先的提醒和戒备。

中国民俗的实用,主要体现它对人们生产和生活以及与之有关事物的指导、媒介、参与等效应上。大体可以表现在几个方面:

(一) 有利于统一生产的进程,促进生产的发展

中国大量的季节性习俗都具有这种实用的目的和功能,

什么时候该种庄稼? 种什么? 什么时候应该收获打场? 在分散的小农经济状况下,如何使散沙式的生产个体大致统一起来? 政府颁布统一的时辰是一个办法,但是,正如柳宗元在《种树郭橐驼传》中揭露的那样,"长人者好烦其令","官命尔耕,勖尔植,督尔获,早缲而绪,早织而缕;字而幼孩,遂而鸡豚",外行管生产,未能"顺木之天以致其性",生产只能越管越糟。何况旧时通讯不发达,"鸣鼓而聚之,击木而召之",一次能有多少人可以得到信息? 我们聪明的先辈为此而创造了一个运用农事的民俗信息传播方式,即一年两次的春、秋祭日,俗称春社、秋社。春社

① 《三国演义》第四十九回,《七星坛诸葛祭风,三江口周瑜纵火》。

一般在春分前后举行,意在求神,万物更新,播种丰收;秋社在秋收之后,意在谢神。农事的二社祭祀活动,在中国起源甚早,应用广泛。《诗经·豳风》中的《七月》里有"四之日其蚤,献羔祭韭",即是用羔羊和韭菜来祭祀的春社仪式。汉、唐、宋、元、明、清一直延续下来。那是农村中的大喜日子,人们敲锣打鼓,宰猪杀羊,迎神祭祀,热闹非凡。陆游诗咏:"太平处处是优场,社日儿童喜欲狂"就是南宋宁绍地区农村社日热闹场景的真实写照。至时,老诗人自己也按耐不住时令的激动,"巷北观神社,村东看官场"。社日祭祀是迎神、娱神,同时也是唤人娱人,它以固定的迎神心意,告诫人们,神愿已请过了,大家已欢快过了,下面该是自己好好干了,或者好好总结一下,振奋起来,争取明年好收成。在旧时,春社活动中江南各地多有"鞭春牛"活动,鞭打泥塑的春牛,以此激发大家春耕的热情,务使不误农时。浙江金华的斗牛习俗活动,实际上也是鞭春牛的一种形式,民众通过这种斗牛活动,比较谁的牛养得好,力大无穷,也就意味着农耕发达顺当。它与西班牙的斗牛在民俗意蕴上是不相同的,完全是从农事生产实用需要出发的。

在农事生产中,中国民俗还积累了不少经验和忌讳,常常以"老皇历"和农谚的形式出现的,它们都是实用的,但不一定有实效,尤其是一些"老皇历"上的说道更是如此。赵树理《小二黑结婚》中的二诸葛,种地只靠老皇历,耕地、下种都要择日而行,"不宜栽种"而误了农事,这都是要批判的。但无可否认,众多的农谚中,保留了大量宝贵的农事经验,这类民俗谚语实用性很大,效果至今还存在,万万不可在剔除陋俗时,把它们一块儿倒掉。

(二) 应用于身心健康的保健活动

古往今来,人们总把健康长寿视为莫大幸福。中国民俗的不少事像和活动,或鼓励,或治疗,或健身,对人延年益寿颇为有益。

俗话说:"三分药,七分养。""药补不如食补,食补不如练功夫,功夫练好,不用选药铺"。在这样的民俗观念和相应的行为模式中,中国传统的强身术不是吃补药,而是在饮食中糅和天然的富有营养的物品。什么红豆、红枣、米仁、百合、人参、鹿茸等等,在日常的饮食中,潜移默化地解决体内营养不足,机制失衡等病根。民间食补的民俗佳肴比比皆是。常见的红豆汤,莲心汤、绿豆汤,或补血,或助心,或退火,都是佳肴良药。然民俗观念认为还不够,最好是练功夫,武术、气功都是强身的好方法。有人说中国武术搏击性差,这是事实,但中国武术的民俗意念比较侧重于防身、强体,所以民间才有上述的说法。

在中国民间一些节令的习俗活动中,虽然不乏带有禁忌、迷信一类落后的成分,但不少确有实用的实际效果。端午节避邪,挂艾叶、菖蒲、大蒜,喝雄黄酒,用雄黄涂在儿童的耳朵鼻子上,在额头上涂成王字,中间是有一厢情愿的心意愿望和迷信色彩,但整个活动还是有一定效用的;要知道,农历五月,春寒未返尽,地热渐升温,寒热交加,瘴气(现在看来是病毒细菌一类)弥漫,毒蛇恶虫纷纷出笼,活动频繁,时时侵扰人体,危害健康。艾蒿、菖蒲是天然的药性植物,具有很强的驱虫杀菌作用。民间习惯将它们挂插一段时间,干枯后,即点燃,用烟熏蒸室内,进一步发挥"余热"。现代蚊香的除虫菊,也是受艾蒿、菖蒲等天然植物的药性成分的启迪。另外,还有除夕前的大扫尘等等。其他如产房的禁忌,死丧的烧衣,撒石灰等,也有着明显的实用价值。

现实中有不少民俗单纯从习俗、俗信角度观察,证据似乎不足,甚至是牵强附会的。如小孩出生三天后吃黄连汤。

俗说是让小孩先苦后甜,好调养。一些西医认为这没科学依据,就针对俗说来说,似有道理,可是民众或中医中流行这样的观念,喝黄连,可以清清火,消除婴儿在母体胎儿时积下的胎气。实际运用,应该说是利大于弊。时下,一些青年夫妇,怀孕后就到处张罗"片仔黄",药性大大超过黄连,也是预备给新生婴儿服用的。民俗习惯,婴儿满月要理胎发,不论男孩、女孩,一律剃光头。俗说小儿生长有力,会长一头好发。有人不信,可信者也大有人在。据著名演员刘晓庆自述,她到十二岁还是一个"黄毛丫头",一头枯黄的头发,她姥姥认为是没理胎毛的缘故,不管三七二十一硬要她立即剃了个光头,后来,刘晓庆果然长出了一头乌亮的秀发。剃胎发,还真有用呢!

利于人生的实用性民俗,过去我们偏重于衣食住行、人生礼俗,对于人生性习俗中国学界或缄口不言,或视而不见,或斥之为淫亵,不予重视。像民间暗暗流传的"房中术",常被冠之为帝王荒淫佐证或道家妖淫之言而打入冷宫。据现代医学研究,除去强加在它们身上的不实之词,所谓"房中术",大多是道地的中国式的性习俗:性生活的技巧、性生活与身体保健,和现代性知识、性技巧有异曲同工之妙。它对夫妇和谐协调性生活是行之有效的民俗指导。对怎样过好性生活才有益于身心健康,如何行房才适度,又如何实现房中优生,我们的先人早有自己的一套民俗方法,并通过民间医士之手流行于世。如在两千年前马王堆出土的竹简医书《合阴阳方》和《养生方》就记载了房事和男女交合的方法。人死了,还要放在棺材里,带到阴间去,可见当时对性的民俗观念比现在还要有透明度。民间文艺家们在搜集整理和研究中发现,民众中流传甚广的荤故事、荤诗歌,一部分就是这种民俗房中术的形像化展现。

(三) 有助于人际的团结和睦,充实生活的情趣

中国民俗中人际交往的习俗五花八门,但有一个共同的基点,即强化人际的亲密关系。像春节拜年、会亲友、回娘家以及贺生育、过中秋、庆重阳,所得的结果,加强了家庭、家族以及长幼、亲朋之间的情感联系。而民俗在里面起到了一种粘合剂的作用。

愉悦、快乐本是人性的天然要求,传统的民俗迎神娱神活动,实际也是娱人的。与习俗相连的闹元宵、划龙舟、踩高跷、花儿会、大鼓会、小车会、幡会、杂技、杂耍、连厢、台阁、踢毽子、斗鸡、斗蟋蟀、斗牛、扭秧歌、混竹灯等等民俗技艺活动,原有的民俗信仰意识逐步淡化,而民俗的娱乐性能,逐步提高。这种习俗事像的实用性发生转化,但还是实用的,从信仰转到娱乐上来了,对人们还是需要的。

思考题:

1. 中国民俗神秘奇异并有时混有巫术的特性是怎样展现出来的?
2. 中国民俗与礼仪的关系如何?
3. 中国民俗的实用性表现在哪些方面?

第八章　中国民俗的分类

民俗史上，中国是世界上最早确立"民俗"概念，并实际应用的国家之一，两千多年前，"民俗"一词已频频出现。在我们先人的文献中，《礼记·缁衣》："故君民者，章好以示民俗，慎恶以御民之淫，则民不惑矣。"《史记》中有"人界、耕者皆让畔，民俗皆让长。"《货殖列传》中对一地人情、物产、时尚爱好，也是以"民俗"冠之。民俗是处在不断的运动中，如行风一般，所以，我们的古人又形像地称其为"风俗"，约定俗成，广泛使用。由于民俗学科的理论研究在我国起步较晚（虽然古代就有搜集民俗的作法，但那不是理论研究），加上各人认识上的差异，在学术界，对中国民俗的分类和范围存在着不尽相同的看法。在此，笔者只能以个人的认识作一简要的归纳和叙述。

第一节　中国有形物质民俗

有形的物质民俗，又可称其为实体民俗物，这是中国民俗范畴中一个庞杂而又重要的新领域。国外传统的民俗学分类中，曾取消它们"入俗"的资格，或根本视而不见。如英国早期的哥麦（L. Comme）和博尔尼（C·S·Burne）等民俗学家，在所著的民俗学专著中都没有物质民俗的地位。他们所以认为的民俗只是民众心理、信仰一类无形的习俗，而将维系人类生存的前提，物质生产中的传统用具拒之门外，并一再强调"所注意的不是犁的形状，而是用犁耕田的仪式，不是渔具的制造，而是渔夫捞鱼时所遵守的禁忌，不是桥梁屋宇的建筑术，而是建筑时所行的祭献等事。"①现在民俗学纠正了这一偏颇，把物质民俗纳入了民俗的系统，使民俗大家庭增添了新的生力军。

有形的物质民俗是指人们在为生存和发展的物质实践活动中，长期俘获物质

---

① 英·博尔尼《民俗学手册》第 1 页，上海文艺出版社 1995 年 4 月版。

为自己服务形成的各类看得见、摸得着的生产工具、衣冠服饰、饮料食品、居住交通、器用杂物、民间工艺等物品。它为一地所固有，一般就地取材经众人共同长期使用而逐渐定型，并在以后的实践中为人们所习惯应用而很少发生改变。在汉代的壁画中，农夫已用有柄的铁耙翻地松土。直到现在，江南农村中仍在普遍使用的竹柄铁耙，俗称铁鎝，两千多年来并无多大变化。铁鎝的竹柄是当地竹子制成，铁耙形状如人的五指倒斜，似手刨土样。农业翻地的工具，在我国还有一种"臿"。在河姆渡遗址中发掘出来的木柄木臿，如今农村还在广泛使用的木柄铁鎝，形状一模一样，只是下部已由木头变成了铁器。原始的木柄木臿，完全是一地的自然物产构制的，连固定木柄和木臿的用品，也是原始山野中的葛藤缠绕而成，铁鎝和臿在我国的农耕史上可谓自远古延绵至今日的大元勋了，它之所以还没退出历史舞台，和现有的耕作环境、劳动者的经济条件、工具本身的效能是分不开的。在小块耕地，特别是丘陵地带耕作，即使有小拖拉机，使用也不方便，而且经济上也划不来。这些翻地的土工具，看上去原始、简陋，使用起来，只要有体力，还很方便。铁鎝和臿的又薄又硬且宽的楔面，加上柄的杠杆原理，入土、掀土都较轻松，不全凭死力气。农民在漫长的农耕生产中已习惯了使唤它们，在机械工具出现的情况下，仍保留了它们用武的一席之地。鲁迅在文章中曾写到自己家乡绍兴地区防狗抢吃禽食的"狗气煞"，一种木栅栏式的无底笼状物，食料放入其间，只有鹅鸭的细长脖子可以伸进去觅食，狗类只能在周围绕圈子，流唾涎，无法偷吃一口。这种民俗物，不论是制作还是使用，似乎只有绍兴地区所有，它是当地饲养家禽得力的习俗器具了。江南山地多竹子，人们在生产和生活实际中，发明了很多以竹为原料的用具器物，竹篮、竹椅、竹簸箕、竹匾、竹筛子、竹篓等等。在竹篮中又可分为菜篮、竹筐、淘米箩等各种式样的器具。这些器具都是有形的，质地、状貌、用途方面，处处留下了地域风土人情的特有痕迹，它们是物品，又是民俗，二者融合一体。

　　在有形的物质民俗中，一定的民俗意味已凝聚在特定的物体上，并通过民俗物的存在而显示或运用而释放出来。因此在一定意义上，它是群体心意的物化存在。舟山渔民尊称渔船为"木龙"，舟山造渔船有两个重要附件，一是安装"船眼睛"，二是要置"船灵魂"。过去，每一条新船船壳制好后，造船师傅总要用上好的木头精制一对船的眼睛，钉在船头两侧，俗名"定彩"。"定彩"又分"封眼"和"启眼"。在封眼时，按金木水火土五行，用五色丝线扎在作船眼珠的银钉上，由船主将它嵌钉在船头，然后用新的红布条或红纸把它蒙住。启眼：新船下水时，在一片鞭炮、锣鼓声中，船主将封眼的红布或红纸揭去，船便下水，俗称"赴水"谐音"富庶"。所谓置船灵魂，是在新船"水舱"的龙骨合拢时，用一块小木头，挖个小孔，里面放进铜钱或银元，或是妇女的头发，表示船的灵魂，放在水舱内，据说船为木龙行于水，有了灵魂，就是活的生命，方能呼风唤雨，不被鱼虾欺负。现代的舟山渔港，还可经常看到船体装了两只大眼睛,也必定置了船灵魂的舟山渔船。在俗信观念中,它们有眼睛,又有灵魂,同为水族的一员,在大海中就可以自由安全航行捕捞。渔民浓厚的民俗信仰在渔船的制作中已被融合进去了。整条渔船在渔民的心目中就是一条可以畅游大海的"木龙"。

在有形的物质民俗上,也往往刻有居住地地理环境的印记。贵州山区,地无三尺平,出门就爬坡,交通运输极为困难。聪明的民众创制了一种张帆的独轮小车,推行在崎岖的山道小间。帆的大小与独轮车相宜,借助山谷的清风帮助推车人启动行进。弯弯曲曲的山间小道上,小巧的独轮帆车缓缓而行,真是别有一番情致。其他诸如黄河三峡的羊皮筏,云贵川山区的索道,江浙的脚划船等都与一地的山林、江河、风光、物产相一致。

中国古往今来现实生活中的有形物质民俗是很庞杂的,分门别类叙述,非一部专著不可穷尽,现只能以衣食住行为主,择要作一管窥。

(一) 衣——服饰民俗

中国人的民俗服饰在世界上有其鲜明的民族特色,它的产生是与物质生产、地理自然环境及民族心理的综合影响分不开的。《墨子·辞过》云:"古之民,未知为衣服时,衣皮带茭,冬则不轻而温,夏则不轻而清。圣王以为不中人之情,故作诲妇人,冶丝麻,梱布绢,以为民衣。为衣服之法,冬则练帛之中,足以为轻且煖,夏则绤绤之中,足以为轻且清,谨此则止。故圣人之为衣服,适身体和肌肤而足矣,非非荣目而观愚民也。"衣服是供人御寒热,而不是饱眼福给人观赏的。这与古人的生存环境有关。所用之料,不离兽皮和丝麻之类。墨子是提倡节俭的,他对服饰的用途有他个人的爱好,就他而言,也并不反对服饰的悦目,但必须是"衣必常暖,然后求丽"。

中国一般常见的服饰有以下几种:

1. 年龄服饰

一生中不同年龄阶段穿着不同的民俗服饰。如江南婴儿,刚出生穿"毛衫"。在现代一般是以薄绒布为料,不用针线的毛边幅衣衫裤。这里有两个原因:一是婴儿皮肤娇嫩,细小的线头对他来讲也是荆棘;二是民俗心理的物化。上海等地初生婴儿俗称"小毛头",犹如嫩大豆,毛茸茸的。如此贱名呼之,是祈愿他如野生之毛豆,能在不经意中茁壮成长。幼儿脚着虎头鞋或猪头鞋。前者意味如虎勇猛,可避邪祟,体魄强健。后者祈愿小孩,如幼猪一般,能吃能睡,长得白白胖胖。其用意如贱名呼之一样。头戴兔帽、猫帽象征和顺。幼儿,传统常穿开裆裤,适合幼儿大小便的生理特点,也暗合卫生和保暖要求。随着年龄的增长,中国传统的民俗服饰样式、色彩、质地要求也都有变化。如男性传统服饰长衫,对体型不适西装者来说,尚不失为一种典雅的装束。在苏州附近农村,民间女性服饰更多变化。年轻姑娘爱穿传统的镶拼衫齐膝裤,显得轻盈、秀丽,而婚后则换穿深蓝的老年服。

2. 季节服饰

中国传统服饰还有四季之分。北方天气温差大,常以单、夹、棉、皮相区别,不按季节穿戴,就会在民俗风尚上受到种种压力,或预示着某种变故:如六月穿棉袄,不是生病,便是家道中衰,经济拮据,而旁人也会以冷眼相视。传说元代有一个叫披裘公的人背柴在道上,有一书生出游,马路上有失落的钱,就对他说:"你把钱拾回去吧。"披裘公把柴镰一扬,怒目道:"你就这样以为自己高贵,看别人卑贱。我五月披皮袄背柴禾,难道是个拾钱人吗!"可见服饰不合节令,旁人要生疑窦。服饰要季节分明,这是个常理。但是,每一季节服饰繁简有很大差异。一般说冬季繁,夏天简,春秋交替乱穿衣。冬季,从头到脚,从里到外,形式多。除棉袄外,还有衬胸护背的褙子,外加大衣。夏日中国的服饰较随便。俗说:"夏天穿衣无君子","男赤膊、女大兜",有时连场合都不分。相传乾隆皇帝一年夏天中午心血来潮,到臣子办公处去。那儿的大臣们正热不可耐,赤膊摇扇,蓦地,有人发现皇上从远处走来,唬得大家慌忙钻进台下。从这则轶闻中,我们看到了夏季服饰的随意性,连皇宫内也不例外。

3. 职业服饰

在等级森严的中国,各色人员、各等职位的服饰是有严格不同的。龙袍,历代只有皇帝一人穿戴,清代大臣只能是鳞蛇袍。在大臣中地位级差也表现在服饰上,除袍服图案、颜色有异外,帽子的红顶、蓝顶也因官级不同而异。在同一职业中不同身份的人之间,服饰也有差别。《明会典》记载:禅僧常服是茶褐色,青绦,披五色袈裟。讲僧常服是五色,绿绦,披浅红袈裟,教僧常服是黑色,黑绦,浅红袈裟。道士常服都是青法衣,只有朝服才是红色的。服饰一般也是显示职业的特征,旧时势利者常以衣量人,不免闹出笑话。鲁迅先生当年在上海,有次他到大饭店拜访客人,开电梯的见他穿的是旧长衫,竟然不让他乘电梯。

4. 专用服饰

因生活、工作、庆典等不同需要而穿戴的各种传统民俗服饰,民间主要表现在人生礼俗的各个环节上。如生、冠、婚、寿、丧各种场合下的特种服饰。各民族小孩成年时冠礼都有一定的冠服,有的要举行仪式,当场穿戴。结婚礼服、寿衣、丧服也各具样式。民间还有一种专用服饰,颇为别致,这是特定场合专制专用的服饰。如在宁波流行一种习惯:新娘子要为公婆做裤子。意图是清楚的,无非是一试新娘手艺,二试新娘对公婆的孝顺之心。还有一种谐音祈愿,缝纫机踩蹬时发出的声音似"苦、苦、苦",民俗意味:先苦后甜。这恐怕是后起的,因为缝纫机传入中国时间还不太长。

5. 民族服饰

中国各民族都有自己的服饰样式,构成民族标志。苗族妇女常服是无领满肩衣、围裙、裤子和鞋,上面都饰有著名的苗绣。景颇族女子上穿黑色圆领对襟衣,下穿色彩鲜艳饰以花纹的统裙,上衣较短窄,多用银币制成的钮扣。在现代化、国际化的潮流中,服饰仍有民族特色。像上海,服饰西化起步早,但西服穿戴常不合西方礼俗,非正式场合,大多不愿系领带。其缘由是戴领带,虽精神,但在一般中国人眼中,似乎太一本正经了些,不随和,连旁人也会感到不自在,不系领带,无拘无束。

6. 性别服饰

在中国,性别不同,服饰也有区别。传统的区分习惯,即在衣服的开襟钮扣上做文章。历代的做法是男左女右,与中国传统的信仰,左为上、为尊、为阳,右为下、为卑、为阴有关。针对女性的生理特征,款式面料上也有花样。如绸缎软性面料做的旗袍,现代孕妇春夏或初秋穿的特殊马夹——娃娃衫等。在装饰中,女性的特点更为明显。以发型为例,传统的倭坠髻、盘髻;现代城里姑娘时兴的羊角辫,维吾尔族姑娘特殊的年龄辫、畲族妇女头戴的三公主凤冠等等都是以女性为标志的。

(二) 食——饮食民俗

中国人对饮食的嗜好和钻研,以及食品的精美和独特的风味是世界闻名的。在国外,流行着这样一句俗话:"花园洋房,日本老婆,中国菜。"中国菜的重要位置是举世公认的。对饮食的关注,是中国一个古老的传统习惯。孔子对饮食的要求特别讲究。他说:"食不厌精,脍不厌细。食饐(饭变酸)而餲(食腐臭变味),鱼馁(腐烂)而肉败,不食。色恶,不食。臭恶,不食。失饪(煮熟),不食。不时,不食。割不正,不食。不得其酱,不食。肉虽多,不使胜食气……沽酒市脯不食,不撤姜食,不多食。"从孔子的这席话中,可看出他还真是古代的一位美食家。古代的一些帝王,在这方面都是享用民俗美食的专家。远在周代,帝王宫寝的侍奉人员,据专家考证达四千人,其中百分之六十,即二千二百多人是管饮食的。

中国民俗饮食的一个特点是可食的东西多,用料极其广泛,杂食性强,凡是可食的动植物以及少量无机物都被人们所接受,成为口腹之物,这在世界上是颇少见的。

以汉族为例,他们不像人类中其他民族的人们在饮食上有着种种的自我限制或禁忌。在吃的方面,称得上彻底开放的样板。除有毒、食后要死人的外,天上飞的,水中游的,地上长的,"海陆空"能吃者尽吃。人工栽植几千年的各种植物,豢养已久的动物理所当然在口福之列。那些荒地野草、名声不太好的昆虫动物,只要可利用,也不放过。如山野里的"黄花菜",太湖中野生浮萍式的叶状植物"莼菜"等。其他像蛇、鼠、蚱蜢、蚕蛹,在地方的菜谱中都是颇有名的菜肴。枣、栗等野生植物,春秋时代在北方地区已作为重要的粮食经济作物,大面积培植了。至于稻粟,世界上最早的故乡就在中国。浙江河姆渡遗址出土的七千年前的人工培植水稻,已有粳、籼之分,与今无多大区别。现在中国广泛食用的梨、山楂、杏、梅、李、桃、柿、榛、杞、花仁、樱桃及枣栗等鲜干果在周代已开始加以栽培种植了。中国饮食如此广泛,以至被国外的学者作为论证中国能生存这么多人口的重要依据:"我们假如更进一步把除了栽培的作物以外在中国用为食物的野生植物的繁多的数目也考虑进去,我们便更能了解多少亿的人口如何能在中国的大地上生存下来。毫无疑问在这方面中国显露出来了比任何其他文明都要伟大的发明性。"①迄今,中国在民俗饮食方面还具有独特的魅力,成了招徕外国游客的一块迷人的招牌。小到一般国外游客,大至美国总统尼克松、日本首相田中角荣,访华建交时的个人私欲,就是美美地品尝道地的中国食肴。当今世界,中国餐馆、中国料理,在西方世界方兴未艾,这与中国饮食独特的民俗风韵是分不开的。

中国民俗饮食第二个特点是选料操作上功夫独到,这主要表现在艺术化的烹调方式上。中国饮食的制作,传统习惯讲究色、香、味俱全,讲究在品味时调动人体多方面的感官刺激:视觉、嗅觉、味觉以及第六感官"直觉"。诚如林语堂先生所述:"整个中国的烹调艺术要依靠自己综合的艺术的。"饮食的好坏,不仅在于味觉,胃口的好坏与心情也有极大的关系,多种感官的同时调动,无疑会增加对菜肴的欲望。这在中国是十分出色的。不少外国来宾、游客对中国精美的民俗饮食,或瞠目结舌,或赞不绝口,常对着蟹肉做成的蟹,冬瓜精雕细凿作成的"盅",五色菜肴拼装成的凤,蛋糕奶油制成的龙,惊叹不已,不忍下筷。中国传统民俗"色、香、味、形、名"的特色与具体制作方法是紧密相连的。数千年来,我们创造了爆、烧、炒、炸、煎、蒸、炖、扒、溜、汆、拌、煮、烩、煸等众多的食肴烹调法,并习惯按不同原料,不同菜谱,运用相应的方法。而且原料往往已按习惯做成了半成品,方便烹调。如金华火腿、南京板鸭、福建笋干、绍兴霉干菜等一大批地方土特产,它们本身已为烹饪奠定了基础。

独特用料和烹饪,使中国自古以来形成了品种繁多的民俗佳肴。当今常见的有:北京烤鸭、德州扒鸡、清蒸鲥鱼、鱼香肉丝、水晶肴蹄、南京盐水鸭、豹狸烩三蛇、菊花龙虎面、沛县狗肉、湖州羔羊肉、福建佛跳墙、镜泊鲤鱼丝、拉面、刀削面、千层酥、羊肉泡馍、天津狗不理包子、八宝饭、莼菜汤、燕皮汤、莲子羹以及饮料茅台酒、绍兴加饭酒、西凤酒、五粮液、烟台葡萄酒、乌龙茶、铁观音、龙井茶、碧螺春、普洱茶、黄山毛峰、祁门红茶、沱茶等等。它们在国际上都享有很高的声誉。人们把这些视作生活中珍贵的享受。

中国民俗饮食的第三个特点,就是在艺术烹饪的基点上,根据不同的味觉习惯,选料方式,操作方法,色泽搭配,逐渐构成了区域性的食谱程式——菜系,以及

---

① 参见张光直《中国的青铜器时代》第220—251页,生活·读书·新知三联书店出版,1983年9月。

由此而衍化的各种风味饮食、食用惯制。

1. 区域性菜系

我国民间有句俗谣："南甜北咸,东辣西酸。"江南,苏杭沪一带偏甜食,菜也多甜味,无锡肉骨头,无锡包子,咬上去甜滋滋的。北方口重偏咸,山东大头菜,浓盐腌制,清脆爽口,但也咸得够呛,仿佛是盐制成的。山东、苏北等地区,辣椒、大蒜常是水洗一下就生吃的,不习惯的人嗓子眼要冒烟。西南侗、苗族等少数民族喜酸。鱼肉都要腌得酸酸的才觉得好吃。在侗族更是无酸不食,十年以上的酸制物,拿出来招待贵客,把外地客人酸得眼睛眯成一条线。当然,俗谣的区域划分,也是相对而言的。西部的四川人、湖南人爱吃辣也是出名的,在此饮食习惯基础上,中国大体可分为几大菜系:闽菜、川菜、粤菜、京菜、苏菜、鲁菜、湘菜、徽菜。闽菜以福州等为中心,突出特色是"糟法",特色佐料是由糯米、红米和酒药炮制封藏一年而成的红糟,红糟配合主料如鲤鱼、瘦肉,经炮糟、爆糟、炸糟而成名菜。菜色呈玫瑰红色,味香甜酸,惹人喜欢。川菜以味多、味广、味厚著称。调味多用辣椒、胡椒、花椒和鲜姜,故味重麻、辣、酸、香。有"一菜一味、百菜百味"之誉。烹调上,川菜以小煎、小炒、干烧、干煸见长,以成都风味为正宗。粤菜主要由广州、潮州、东江三种地方菜组成。该菜系用料十分广泛。南宋·周去非《岭外代答》云,原广东越人"不问鸟兽虫蛇,无不食之。"以蛇为主的菜肴,自西汉至今一直视为上肴。有的菜肴吃得惊心动魄,如活猴脑宴,旧时在某些贵族食客中颇为流行。把活猴套在一个固定的笼柜内,头部固定,用小锤子敲开脑壳,拿小勺子掏还在颤动的脑浆吃,以为滋补大脑。这种吃法颇为残忍、恐怖,不应提倡。粤菜善变,配料多,讲究鲜、嫩、爽滑,擅长爆、炒。京菜是融合北方满蒙回汉多民族多地区菜肴发展起来的。以满汉全席为京菜高峰。苏菜是以南京、扬州、苏州、无锡为主的地方菜融合而成的。擅长炖、蒸、焖、烧、炒,重视原汁原汤,风味清鲜,浓而不腻,淡而不薄,骨酥松而不失其形。鲁菜由济南和胶东地方菜构成。以烹调海鲜著称,味重清、鲜、脆、嫩。湘菜,以湘江流域、洞庭湖区、湘西山区三种地方菜为主组成。重辣,辣味浓和烟熏腊肉为它的特色风味。徽菜是以皖南、沿江、沿淮三种地方风味为主的菜系。以烹制山珍野味为特长,重细,重酱色,重火工,多用砂锅、木炭煨炖,八大菜系是笼统的划分,实际上还有不少菜系如浙菜、沪菜、藏菜,在此就不一一介绍了。

2. 节日风味饮食

在一定节俗里食用的一些习俗食品。中国有众多的节俗,而每一个节俗都伴有吃食。这种吃食带有浓厚的地方和民族特色。如年糕、水饺、馄饨、春饼(卷)、粽子、月饼、重阳糕、汤元、贺年羹、青团、乌米饭、塌饼、抓饭、酥油茶等。虽然现在随时可以食用,但它们主要是供节日时用的。

3．信仰风味饮食

出于信仰祭祀目的的供品食品,在供奉过鬼神后为活人享用。如祭灶用的麦芽糖、死人丧葬时的"豆腐饭"。有些地区以巫术方式驱赶苍蝇,为苍蝇饯行时的"吃红饭"也属此例。其他还有雄黄酒、巧果等。

4．礼仪风味饮食

喜庆场合吃的红蛋、寿糕、长寿面,婚礼上饮的交杯酒,福州民众在亲人外出时吃的用鸭蛋两个和面条合制的"太平面",广东、福建待客的功夫茶都是这方面的代表。

5．健身风味饮食

莲心羹、地黄粥、红豆汤、枸杞子粥、枣粥、莲子粥等等具有食物和药物双重作用的一类民间地方饮食。

饮食总是要供人"饮"和"食"的。中国民众传统的饮用内涵,长年累月,以一种惯制共同构建中国民俗饮食的组成。这就是饮食相兼,饮料为次,食料为主,食料中又以菜为次,饭为主,饭菜对立的结构程式。自周代以来,至今无多大变化,《论语·雍也》云:"贤哉回也,一箪食,一瓢饮,在陋巷,人不堪其忧,回也不改其乐。"《论语·述而》云:"饭疏食饮水,曲肱而枕之,乐亦在其中矣。"《孟子·梁惠王下》云:"以万乘之国,伐万乘之国,箪食壶浆,以迎王师。"古时一餐,最低限度包括一些谷类食物和一些水,菜往往被忽略。这一俗观深深印扎在人们头脑里。旧社会即使穷人家,家长教训小孩是多吃饭,少吃菜。我们现在招待客人,即使满桌佳肴,客人吃得吃不下饭,主人还是要谦虚地打招呼:"菜不多,饭要吃饱。"光吃菜,在不少中国人的观念中不算吃饭,这些人即使吃了很多菜,只要没进谷类饭食,心里总感不平衡,觉得不曾饱。这种习惯,上溯,可追究到远古年代华夏族的饮食惯制。《礼记·王制》云:"中国戎夷,五方之民,皆有其性也,不可推移,东方曰夷,被发文身,有不火食者矣。南方曰蛮,雕题交趾,有不火食者矣。西方曰戎,被发衣皮,有不粒食者矣。北方曰狄,衣羽毛穴居,有不粒食者矣。"唯有华夏族,吃谷粒又吃火食。在民族融合过程中,起主体作用的华夏族民众将饮食惯制也带到民族大家庭中,对中华民族传统饮食的构建作了重要奠基。

(三) 住——居住民俗

中国人民传统的居住样式——民居,也是有形物质民俗的一个重要方面,在世界居住民俗方面具有鲜亮的民族色彩。

中国民居是怎么开始的? 我们古代的先哲认为是两条路线:一是"穴"居。考古发现太古之民如山顶洞人以天然的洞穴为居,洞内长十二米,宽九米,可容几十人居住。洞分前后二室。前室在洞口处,为公共住宅,后室在洞的深处是公共墓地。随着农耕的萌发,家禽家畜饲养的出现,人们为获取更多生活资料,或是仿照天然洞穴的样子,依高丘挖洞,扩大居住的天地,如黄土高原的窑洞。或是从平地向下挖坑,坑面搭以茅草以避风雨,并在实践中进一步发展,在坑中及周围立柱,再覆盖茅草避风雨,呈半居穴样式。西安六千余年前原始社会半坡村遗址的民居结构便是这样的。每座房都是圆形的半坑式、半居穴的样式。群居的周围,还有很深的壕沟,像后世的护城河。半居穴,已用了柱子,为后来的宫室奠定了基础。《易经·系辞下》云:"上古穴居而野处,后世圣人易之以宫室,上栋下宇,以待风雨,盖取诸大壮。"1984 年,我国五千年前的近似殿堂式房屋建筑在甘肃秦安县大地湾发现,据考察,遗址原是一个大房间结构,其中有主室、侧室、后室及门前附属建筑。主室呈长方形,有五个大门。地坪光洁平整,分四层制作。其中一层竟是人造轻骨料制作的混凝土。是时,中国的民居已发展到相当的水平,尤其是会使用混凝土,真令人叹为奇迹。我国民居的另一条发展路线是"巢居"。韩非子《五蠹篇》云:"上古之世,人民少而禽兽众,人民不胜禽兽虫蛇,有圣人作,构木为巢,以避群害,而民悦之,使王天下,号曰有巢氏。"有巢氏为何方生民,史家也难定论。但自从河姆渡七千年前的干栏式木构民居建筑的重见天日,我们似乎觅到一点踪迹。有巢氏的房屋建筑样式,大约是这种干栏式木房的前身。干栏式建筑在现今西南一些少数民族地区尚能看到。它是以木为主要构架,上下二层,干栏下层通风透光养牲畜或放杂物或闲空,上层为人居住处。傣族竹楼实际也一样,仅竹代木而已。蛇虫野兽若来侵扰,一般不易登上干栏式建筑的高处。这与有巢氏的"构木为巢"是一样的。由"巢居"发展而成的干栏式建筑,也是上栋下宇,栋作为屋的脊梁,宇为屋檐。穴居与巢居在民众的迁徙交往中,逐渐融合,因最早的文献中似没有"穴居民"之谓,功劳全归于有明确记载的有巢氏,以至出现了两个有巢氏之说。宋·罗泌《路史》云:"昔在上世,人固多难,有圣人者,教之巢居,冬则营窟,夏则居橧,号曰有巢氏。木处颠,风生燥,颠伤燥夭,于是有圣人焉,教之编槿而庐,缉耀而扉,溟途茨翳,以违其高卑之患,依违风雨以其革有巢之化,故亦号有巢氏。"在此,穴居和巢居说成是冬夏不同的居住样式。漏洞是明显的,很难想像他们古人一年要盖两次房,或一户两种屋,至少现在还未被考古证实,实际上,它似乎是中国南北两大流域、两大文明中心,黄河文化源和长江文化源中因地理、气候、风土物产造成的两种居住样式。后因政治的一统,文化的交融,而统一成上栋下宇的基干的民居形式。北方的四合院,南方的堂屋也是这种交融影响的产物。至于江南干栏建筑的西迁和衰落,这又与当地民族的迁移和建筑业的发展等综合因素有关,似另当别论。

上栋下宇为基干的建筑结构的主要特点是主梁和屋檐——脊檩是最要紧的。盖新房,关键是上大梁,由大梁定局。民间盖房,上大梁都得大事祈愿庆贺。梁上挂吉祥物,唱上梁歌,放高升,抛馒头,喝上梁酒。其重要性在人们对人的评价中也可看出。凡核心人物，人们习惯称其为"挑大梁的"或"顶梁柱"。

除窑洞保持远古穴居样式，无上栋下宇外，上栋下宇的基本结构在各地居民中仍有不少变化。

长江流域的民居，如江浙小镇、徽州民居，多傍水而建，多种形式的水街构成了村镇街网的主干。江苏古镇甪直、上海青浦古镇金泽、徽州古村西递，水网与街网大致并列，人们的亲水性使他们自然而然将房屋沿河溪而建。在西递等徽州民居，还常在水流和房屋之间搭建成一处室外起居地，为了遮阳挡风避雨，人们常把这一段空间加上顶篷，作为居民共同聚会活动的场所。江浙小镇往往在沿河门面相对的小巷街道上加一段顶篷。北方的城镇一般没有这种水街。华北大多是封闭式的个体四合院并由此构成间隔的小胡同。内部结构上承传统，北方睡觉用炕，南方支架用床。外表装饰上，南方多黑瓦粉墙，砖、石、木上多雕刻。北方外墙一般多灰色，少雕饰。即使同为长江流域，地区不一，建筑风格也会有差异。如沪、浙沿海民居，因崇龙惧龙民俗意识的渗透，屋脊大多中间凹，二头翘，呈飞龙之势，借龙势龙威，防水淹、台风卷；南通沿江近海处，房屋如庙状；经常会"坍沙"（塌方）的崇明岛乡间，民居常常是独家独势。茅屋前是场院，周有杨树枝的栏围，后是池塘、竹林，一派怡然自得的农家小乐园。

近代上海市区居民住房中，有一种房子很有特色，这就是里弄式住宅。19世纪50年代之前，上海并没有里弄住房。当时居民的住房，都是几间连成一列，小的三间，大的五间、七间，最大的多达十三间。至于官绅之家，则高墙深院，重门数进，又是一番景像。1853年，上海小刀会起义占领县城，城里居民大批涌入租界。太平军东征，江浙地区的士绅也纷纷逃到上海租界避难。由于人口激增，租界房价与地价急剧上涨。房地产商人乘势活跃起来，买地造屋，大发其财，英国商人趁租界住房租地紧张的机会，以最低的成本、最快的速度建造了一大批木板房屋，此后又有许多地产商相继修建了许多，这种建筑密度极高，经常会引起火灾，被租界当局明令取缔。后来又出现了里弄式住宅。由于老式房屋占地多，用料省、造价低的石库门里弄应时而起，大受房地产商的欢迎，一时间，石库门里弄如雨后春笋，在公共租界和法租界的空地上破土而出。

里弄式住宅分为旧式和新式两种：

石库门房子是里弄房子中出现的最早也是最普遍的一种。从字面意思上看石库门的意思比较费解，其实石库门房子的大门实际上是由两块黑色的厚木板合并而成的，每块木板正中安着一只青铜门环，大门四周是石结构的框架，因此石库门的意思是"有石头框架的木门"，也有人认为典型的里弄式建筑都是建在一个由围墙围起来的弄堂内，弄堂的入口为一道石砌框架的大门，所以石库门就是指一个小区，也是指一个里弄的大门。老式里弄住房构造简单，总体布局不考虑朝向,房屋成排毗连,排距狭,开间小,采光与通气性能较差,并且无各类卫生设备,但是它的平面和空间却接近于江南传统的二层楼的三合院或四合院形式,后来又压缩成单开间的联排式住宅。最早的老石库门建筑大都没有得以保存,如今还能见到的是建于 1872 年的位于北京东路之南,宁波路之北,河南中路之东的兴仁里。此外还有中山南路新码头街的敦仁里、棉阳里、吉祥里等。后期石库门在总体建筑规模上大大扩展,但单体规模却比早期石库门缩小。如"永裕里"(复兴中路),"东德安里"(塘沽路),1916 年兴建的"斯文里"(新闸路)达664 个单元,为迄今规模最大的石库门民居。后来还有新式石库门里弄住宅,其特征之一是设置了住宅卫生设备,每幢里弄房屋均有水泥楼板的亭子间及晒台。质量标准较高的,在楼梯的安置上,其坡度大都较老式石库门里弄住宅平坦;在天井的设置方面,也从老式石库门里弄住宅大量采用的横向后天井,改为纵向后天井,面积较前缩小,常使毗邻二房屋的天井,两两相对,借以形成大的空间,解决辅助用房的通风和采光。这类石库门住宅约建于 1919—1930 年间,是当时上海市民的主体民居住宅,被誉为"海派建筑"。其代表建筑有南京西路上的静安别墅、山阴路上的大陆新村等。

至于新式里弄,则是 20 世纪 20 年代以后才出现的,大都建造在法租界比较冷僻的地段。新式里弄比较考究,外观有英国式、法国式、西班牙式、立体式等分别,环境也比较清净,但租金相当昂贵,居住的多为中产之家。新式里弄住房也有成排毗连,但在外形上近似西式洋房,每家入口处的石库门没有了,代之以铜铁栅栏门。围墙高度被大大降低或用低矮栅栏代替,甚至干脆用绿篱隔断。有卫生设备,一般二楼有阳台,有的前面还有小花园。都是建筑式样美观,设计标准高,布局合理,卫生、厨房等设备齐全,室内高大宽敞,弄堂较阔,环境幽静。其代表建筑有 20 年代的淮海中路尚贤坊,延安中路的四明村;30 年代的延安中路福明村,浙江中路的新德里,延安中路的慈惠南里。在徐汇、卢湾、虹口等区域还散落有新式里弄花园住宅。后来又有里弄式公寓住宅。

抗战前夕,由于人口膨胀、中低档收入家庭经济拮据,导致里弄居民两极分化,原已不宽裕的石库门又被人为分割使用,厢房一分为前楼、后楼,晒台间、灶披间均改为居室出租,还有什么后客堂、客堂间(两层阁)、灶披阁,连阁楼也分为前阁、后阁,呈现七十二家房客的局面。有人就称上海人的住房如同"鸽子笼"。虽然有过显赫的过去,但此时与所谓钢窗蜡地、煤卫齐全的新式里弄住宅、花园里弄、公寓里弄相比,石库门就显得比较寒酸。

勤劳而聪明的中国人民在一般民居上,又创造了苏州园林、北京相府一类高雅、风姿独特的民居样式,建成了故宫这样的帝王之居,以及种种宅院、堂室、斋轩、楼阁、亭台、园囿,为中国的民俗民居增添了无穷的光辉。

（四）行——交通民俗

即民众之交通。它也是有形民俗的一部分,可分为两部分,一为途径,二为工具。

交通的途径,古时唯陆路和水路,在周代,已初具规模了。《周礼·地官·遂人》云:"凡治野,夫间有遂,遂上有径。十夫有沟,沟上有畛。百夫有洫,洫上有途。千夫有浍,上有道。万夫有川,川上有路。"这里的遂、沟、洫、途、川都是各类大小河的别称,而径、畛、途、道、路则是各种宽窄路的别名。就是说,那时的人们已知道,按河流大小,运载东西的能力,在旁建筑相应大小的陆路来配合了。据郑玄注云:"径畛涂道路皆所以通车徒于国都也。径容牛马,畛容大车,涂容乘车一轨,道容二轨,路容三轨。"犹如现代公路的级别,都是有一定的俗规定制的。1988 年修水利时挖掘出来的秦代的咸阳古道,以今天的眼光衡量,也不比现代中国农村、山区的土面公路差多少。在城镇的交通途径,俗规有街、巷、衢、弄、胡同等形态,有的已具有相当的规模。《三辅决录》云:"长安城面三门,四面十二门,皆通达九逵,以相经纬衢路平正,可并列车轨。"这里所指的汉代长安城的马路,质量与宽度都已不错了。且路两侧"周以林木,左右出入,为往来之径,行者升降,有上下之列"。与现代马路的林荫道与行人道相差无几。这在世界上也是罕见的。到了唐代,长安城的街道更为宽敞。主要通路几辆马车可并行列队而过。水路方面除利用天然河流、海洋作通道外,还专门挖掘运河作为运输的坦途。我国贯通南北的京杭大运河是最突出的一例。它是我们的祖先在开创交通方面所创造的典型的民俗通途形态。

与道途相关的还有桥。它是沟通因水流或山谷而隔离通途的必要环扣。我们的祖先在这方面也有很多独创,造出了很多颇具民俗特色的桥梁。据史载,我们祖先先用舟代梁,后以木、石为梁。唐·徐坚《初学记》云:"凡桥有木梁、石梁,舟梁为浮桥,即《诗》谓造舟为梁者也。"又说到汉代以木为梁,并以石为梁架桥。另据梁·任昉《述异记》云:"秦始皇作石桥于海上,欲过观日出处。"如是,则更早。中国式的拱形桥——赵州桥及泉州城内的万安桥,世称洛阳桥,号为"天下第一桥",在世界桥梁史上也是有名的民俗建筑物。其他像云贵川山区的藤索桥、竹索桥和后来的铁索桥也是这样。

同通途相配的,是有民俗特色的交通工具。秦始皇兵马坑挖掘出的一辆铜制马车,做工之精巧,部件设计之合理,在现代科学昌明的今天,也觉得它的工艺是伟大的。我们的先人很早就发现了轮子的功能,自古以来,造出各式牛马车,还独一无二的制出了具有民俗特色的指南车等。此外在舟船、舆轿方面也是如此。如除了远洋帆船外,民间还有乌篷船、桦皮船、牛皮船、羊皮筏、猪槽船、泥土船等各种乡土风姿的小船,以及花轿、滑竿、黄包车、爬犁、独轮车等各种运载的工具。这些交通工具在过去的年代曾发挥过很大的作用。

中国有形的物质民俗的散射面是很广的。除衣食住行外,其他众多的社会传统行当,行行有自己的民俗物。农、林、牧、副、渔、匠、医、商、妓,三百六十行,经过长期的积淀和传承,都有自己行当专用的器用杂物。如农业,各种传统的生产工具是很多的,往往其中一个工种,罗列起来,也有一大箩。以山东农畜使役的民俗工具为例,大体可分为套具、挂接工具、指挥工具、附属工具及其他工具五大类。具体为牛轭、夹板套、驾车套、架子、鞭子、撇绳、大担子、二五担子、挂钩、爪口、笼头、鼻圈、笼嘴、缰绳、嚼子、脖套、肚套、肚带、搭腰、鞍子、架子、驮篓。若不是专业人员,要一下熟悉也不易。在我们生活里还有大量的日常用品,瓮、甑、碗、杯、盘、壶、盆、盒、灯、烛、扇、拂、箕、帚、枕、席、梳、筐、凳、椅、箱、厨、匙、箸、针、剪、笔、墨、纸、砚等等,人们已熟视无睹,见怪不怪的了,可从世界的器皿用物观察,它们真是道地的中国民俗物。另外,由民众集体智慧和审美观念创造出来的具有强烈地域和民族色彩的各种民间工艺美术品:竹刻、木刻、石雕、瓷雕、玉雕、贝雕、砖雕、铁画、麦秸画、枯叶画、羽毛画、剪贴画、杨柳青年画、剪纸、鞋花、窗花、顾绣、苏绣、湖绣、蜀绣、蜀锦、壮锦、傣锦、蜡染、夹缬、风筝、草编、绢花、盆景、纸塑、腊塑、面塑、泥塑、陶塑、景泰蓝、粉彩瓷、青花瓷、玲珑瓷、薄胎瓷、脱胎漆器等等也都是中国有形物质民俗中孤枝独秀,傲首于世界的不朽的成员。

第二节　中国人生社会民俗

在中国,每当一个新的生命降临人间,赤条条的,似无拘无束,无牵无挂,其实不然。迎接他到来的人生社会,早已备好了一套又一套的规矩,即民俗,为他作出不由他自主的熏陶和选择,他长大成人后也如此。正如约翰·杜威曾指出的那样,企图摆脱习俗规范的努力是不易的。任何习俗在塑造个人行为方面所起的作用远胜于个人可能影响传统习俗作出的任何努力……个人生活史的主轴是对社会遗留下来的传统模式及准则的顺应。每个中国人的一生,都面临着既有民俗对他的塑造,直至生命结束,尚有余音缭绕的丧礼及纪念祭祀仪式习俗的存在。这围绕人的种种社会民俗,我们就称之为人生社会民俗。

中国现有的人生社会民俗,大多是前人在发展自己的社会活动中产生累积的,面广,内容多,按民俗承受形式划分,大致可分为个体人生社会民俗,小群体人生社会民俗,大群体人生社会民俗。

(一) 个体人生社会民俗

这是指个人在人生社会中所经历的仪礼习俗,简称个人生活仪礼民俗或人生仪礼民俗。人生仪礼民俗,是我们先人在千万年的生养实践中摸索出来的一套按生命的节律而构建的仪礼程式。主要体现在生命的关节点:生、婚、丧三个阶段上。

生,即人生命的源起、诞生和成长。人生中生命是宝贵的,我们的古人很早就感悟了这个道理,为了新的生命的降生和茁壮成长,在生养的实践经验和心灵的美好祈愿中逐步沉淀出一套程式化的模式,即仪礼习俗与之相配,其中包括求子、胎教、催生、诞生、开奶、洗三、满月、抓周、过关、冠礼、寿庆等各种习俗。从生命的节律来看,可分为四个时期。

1. 祈愿孕育期

生命的出现在尚无现代生育知识的古人们眼中,是一个神奇的谜。远古的先人把谜底破译,寄托在某种神物上。《史记·殷本纪》云:"殷契,母曰简狄,有娀氏之女……三人行浴,见玄鸟堕其卵,简狄取吞之,因孕生契。"人的生命来自于玄鸟卵的神秘力量,从而就形成为有子息,需在玄鸟到来之时进行求子的祈愿仪式。《礼记·月令》云:"仲春之月……是月也,玄鸟至,至之日以大牢祠于高禖。天子亲往,后妃帅九嫔御,乃礼天子所御,授以弓矢,带以弓韣于高禖之前。"郑玄《礼记·月令注》云:"玄鸟,燕也。燕以施生时来,巢人堂宇而孚乳,嫁娶之像也,媒氏之官以为候。高辛氏之出,玄鸟遗卵,娀简吞之而生契,后王以为媒官嘉祥,而立其祠焉。"古代天子亲自出马,命嫔妃于生殖之神简狄祠里挂弓矢,祈求早生继大业的儿子。《礼记》载,古时生了男孩,"设弧于门左",左为"天道所尊",生了女孩,"设帨于门右",右为"地道所尊",以此为男女出生的标记。"弧"是木弓,用以像征阳刚的男性,"帨"是佩巾,用它表示温柔的女性。为了早日有儿子,没生之前,就迫不及待地拉起弓矢,祈愿得子了。祈子的习俗,旧时相当流行。以到娘娘庙求子、偷瓜送子、摸秋祈子、麒麟送子为最普遍。远古的简狄祠是娘娘庙的前身,在庙内烧香许愿及施巫术之法,以求得孕子。偷瓜送子,不孕妇女的亲友从瓜园偷一瓜,画上眉目,穿上新衣,乔装成婴儿模样,抱上竹轿,敲锣打鼓,送到不孕妇女家,置于床上,与其同睡。次日,将瓜煮熟吃掉,以为即可怀孕生子。摸秋祈子,则是中秋之夜,妇女结伴至瓜架间、豆棚下,随意摸摘,得南瓜者宜得男,得扁豆者宜得女。是夜,田园主人也不嗔怪。麒麟送子,则是舞龙灯时,至不孕妇女家,该家加送封仪,让龙身绕妇女一次,又将龙身缩短,上骑一小孩,在堂前绕一周,谓日后妇女可怀孕。三者形式有别,宗旨一个,祈求妇女怀孕得子。

当祈愿得胎后,又有孕育的习俗跟上,即中国传统的"胎教"。我国古人在这方面是很有见解的。《列女传·胎教论》说,妇女妊娠时"目不视恶色,耳不听淫声",要求孕妇清心养性,品行端正。《育婴家秘·胎养以保其真》云:"须行坐端严,性情和悦,常处静室,多听美言,令人诵读诗书,陈说礼乐",以促使胎儿正常发育。这与现代医学研究成果是不谋而合的。当今研究表明,胎儿的耳、目和感觉,在母体内渐趋完善,特别是受胎中期,胎儿中耳发育告成,对血液的湍流声、母亲的心音与肠道蠕动,以至外界的音乐声、嘈杂声等各种声响,都已清楚地听到,并作出反应。胎儿的活动,与母亲的情绪变化休戚相关。母亲入睡,胎儿也就不动,母亲情绪激动时,胎儿活动也增多。故国内外医学专家,大多认为母亲在孕期,应多听些诗文、音乐等轻柔悦耳的声音,保持心情舒畅,使孕中胎儿发育良好,智力聪慧。

在孕育期,中国传统还有节性欲的习俗,以确保胎儿正常发育。上海松江一带民间,妇女怀孕三个月左右,娘家即送一张单人床,俗谓"送分床铺",暗示女儿女婿从此暂时分居,节制房事,以利孕妇和胎儿的发育,同时也为婴儿准备了床位。中医受传统的影响,也主张分房寝居。《幼幼集成》云:"古者妇人受孕,即居侧室,与夫异寝,以淫欲最所当禁。"

总之,生命尚未来到世间,人生社会为呼唤他的到来,作了多种的习俗安排。新的生命虽然不能自觉地领悟它们,可在自己萌生的过程中已清晰地打上了它们各种途径中关切的印记。过去,一些民俗学著作对此是不够重视的,甚至将其排斥在人生仪礼民俗外,似乎是不应该的。

2. 诞生养育期

这是个体人生社会民俗,人生生长阶段仪礼最繁杂重要的时期。通常由催生、诞生、开奶、洗三、满月、抓周、过关等习俗组成。各地习惯不一,称呼上既有差别,细节上也有增删。

首先是送催生礼。孕妇临分娩,由娘家父母送礼至婿家,慰问产妇,以贺如意。宋·吴自牧《梦粱录·育子》载:"杭城人家育子,如孕妇入月,期将届,外舅姑家以银盆或彩盆,盛粟杆一束,上以锦或纸盖之,上簇花朵、通草、贴套,五男二女之意,及眠羊卧鹿,并以彩画鸭蛋一百二十枚,膳食、羊、生枣、栗果及孩儿绣糊彩衣,送至婿家,名'催生礼'。"在当代,形式没这么隆重,礼品以产妇滋补品及新生儿用品为主。江浙沪一带,新生儿的毛头衫裤、褂袄及当年的小棉袄,习惯上也是由娘家在产妇临盆前送至婿家的。

其次是诞生礼。传统的诞生礼是婴儿诞生之后三天内,分几个仪式逐步完成的。以三朝礼(第三日举行)为正式仪式。如有些汉族地区,新生儿问世后,即有家人把胎盘用瓦罐装好封口,或用他物包裹好,于夜深人静的时候,深埋于通衢大道口,或村头,俗称"踩胎盘"。俗说胎盘被千人踩、万人踏可使小孩无病无灾。开奶吃黄连,俗意新生儿先苦后甜,吃得起苦,长得成材。最主要仪式是在第三日举行的。宋代行"落脐炙乳",以表示完全脱离孕期残余,同时又行出生的第一个大仪礼"洗三",即三日洗儿,产妇家多用艾叶、花椒等中草药熬煎热汤洗婴,洗去出生时未洗尽的污垢,并以此驱灾避瘟。洗儿时,浴盆中放喜蛋和金银饰物。洗毕,取蛋在婴儿额角摩擦一遍,以为可免疖。放金银饰物于水中,则以为可以镇其惊吓。另外,洗时,还可放入其他吉祥物。洗儿仪式由一位全福的妇人主持,一边洗,一边唱喜歌。若是男孩,主持人就念语道:"长流水、水流长,聪明伶俐好儿郎","早立子、胖小子,长命百岁寿屋子,连生贵子,连生贵子。"有时,主持人还拿棒槌,一边搅水,一边念叨:"一搅二搅三连搅,哥哥领着弟弟跑;七十儿,八十儿,歪毛儿,阔气儿,希哩呼噜都来了。"婴儿放水中洗时,一边洗,一边念:"先洗头,做王侯,后洗腰,一辈倒比一辈高;洗腔蛋,做知县;洗腔沟,做知州。"

为了确保小孩问世后的健康成长,中国各地还有很多仪礼习俗,祈求吉祥如意。如挂红字、种葱芸、蹲狗窝、续姓、认干爹、讨百家饭、做百家衣等。满月或百日宴请酒。周岁行抓周礼,以测日后发展趋向等。湖南一些地区小孩十二岁时要行"过关"仪礼,请神保佑。唱孟姜女裸浴池塘,娱神消灾。

3. 成年期

人生的一个转折点,男女青年要行成年的仪礼活动。此俗在各民族又因习惯差异而各呈特色。汉族传统,男子二十"冠而字",女子十五"许嫁笄而字",《礼记·冠义》有专门的介绍和要求,仪式隆重,需择良辰吉日及请嘉宾助礼。在少数民族地区流行换裙礼(凉山彝族),包头帕(瑶族),三加礼(朝鲜族),挽髻(藏族),拔牙(高山族)等成年礼形式。现代上海松江三泖地区残留"庆号"式的成年礼,男青年十八岁后,自行联合,更乳名,命大名,以示成年。

4. 寿礼

为祈求健康成长,小孩自周岁起,就要做生日。是日,亲朋多有馈送,主家也要备酒席相待,以示庆贺。以后每逢一年的出生日,都要过生日。小孩除周岁较隆重外,在汉族地区一直到四十岁以后再逐步注重。一般五十、六十、七十、八十,逢十为大寿礼,需祝寿,或称"贺寿"。至寿日,子孙铺设寿堂拜祝;亲友贺礼庆贺。寿礼多为糕、桃、寿面等,上放置"福、禄、寿"等字样,以祈吉祥。现代做寿,多是吃寿面为主,意长寿。城镇多用生日蛋糕。少数民族一些祝寿方式颇有特色。如侗族,流行添粮祝寿的习俗。谓人到老年,若不为他添粮,原有的份粮不足以维持他健康长寿。是日由亲朋组成的"卖粮队"将筹送的粮食装入箩筐,送往祝寿人家。主家燃鞭炮迎接,并用簸箕盛上送来的粮食,让众人围着簸箕而坐。寿星面前放一口袋,在寿歌的引吭下,长幼为序,每人从簸箕中抓三把粮食,投入寿星面前的口袋中,并念唱"添粮增寿"、"添寿增福"等吉语。之后,主家设酒席款待众亲朋。在中国江南,在佛道交叉影响下,还有做阳寿和阴寿的。阳寿,为活着人做寿,以增寿。阴寿,为已过世的亲人做。胡朴安《中华全国风俗志》云:"尚有冥寿,凡祖先亡故以后,每遇整十,子孙为作纪念,诵经礼忏,以表示后人孝念,亲戚朋友送纸扎锭,亦有登堂拜祝者。"

婚,即人生命的繁衍和发展,是人生自身深切感受到的重大仪礼习俗。古往今来,被人们最为看重。所行的规矩仪礼,洋洋大观,前人多有铺叙,陈顾远先生还专撰《中国婚姻史》一书,可供一阅。此书所述多为已有文献记载的仪礼,对民间风行的习俗规矩注意不多。

我国的婚俗因社会制度、经济状况、民族传统等的不同,在不同时代,不同地区形成了多种惯制和仪礼程式。从婚俗惯制看,大抵有如下几种。

1. 母系婚

大抵是太古母系社会中的婚姻惯制,民知有母而不知有父。《史记·殷本纪》:殷始祖母简狄吞玄鸟蛋生契,《史记·周本纪》周始祖母姜嫄履巨人迹生弃(即后稷),《史记·秦本纪》云:秦始祖母女脩,也是吞玄鸟卵而生子大业,都是母系婚制下生子只知其母的生动写照。

2. 抢掠婚

用武力强娶女为妻,产生于古代氏族外婚时期。在各时代有遗风流传,俗称"抢亲"或"抢婚"。旧时农村地区常有发生,连城镇都不能幸免,特别是寡妇再嫁,常采取抢亲形式。男方相中一女子后,纠集一伙人,突然冲进女家,有人放鞭炮,有人上前强行解下女子裤腰带,迫使她两手提裤,然后又套上麻袋扛了就走。至男家藏匿某地,当场举行拜堂成亲仪式,生米煮成熟饭,再由男方向女家送礼赔罪,获得认可,抢亲即告结束。

抢婚在中国历史上影响很深。婚字本身是抢亲的缩影。这一痕迹曾长期残留在婚姻的传承中。孔子曰:"嫁女之家三日不息烛,思相离也,娶妇之家,三日不思乐,思嗣亲也。"揭开圣人们以意为之的美丽面纱,呈现在我们面前的即是抢亲的时辰及被抢人家的悲伤和抢人人家慌恐的真实图景。

在现代,一些少数民族的婚俗中保存了抢亲的形式,已大多是"真戏假做",成为婚俗中的一种热闹场景。瑶、畲、高山、傈僳等民族都在自己的婚俗中留有形式上的抢亲遗风。

3. 收续与续嫁婚

这是婚姻中的转房形态。为古代民族二兄弟姐妹共夫共妻的残余形式。收续的婚制,有两种形式,子收后母为妻和弟纳嫂为妻(或哥收弟媳为妇)。第一种情况,汉族很早就禁止。与匈奴单于成婚的和蕃公主王嫱,其夫亡故,前妻之子按匈奴习俗收续为妻。王嫱曾以汉无此俗而拒绝,经请示汉武帝后才被迫改嫁。也有例外,隋炀帝就纳后母——文帝之妃宣华和文华二夫人,为此遭后人唾骂,并以此事作为他淫乱的罪证。第二种情况,汉族有流传,俗称"叔接嫂",大抵是兄长不幸亡故,由弟弟继承丈夫位置,抚养遗孤寡嫂。续嫁,是收续的一种特例。即姐姐嫁后不幸早逝,婿翁关系又不错,便由小姨嫁姐夫。此俗汉族各地都有。

4. 赘婿与养媳婚

赘婿,即招婿。由男子上女家门成亲。一般男子或其子女改姓女家姓氏,是从妻居服役婚形式的继承和发展。招女婿的家庭,大多是家中无男丁,或疼爱其女,不愿使之嫁离,便招男子入赘,承女方儿子之职,为其传种接代。招婿婚,历史上几经变迁。秦商鞅变法,国家提倡,并以政令扶植之。改革的法中规定:"家富子壮则出分,家贫子壮则出赘。"秦始皇执政,则改为鄙视之,将入赘者当囚徒一样发配。在世俗观念中,招赘为下贱之事。被赘者为此感到矮人三分。故富家子一般不入赘,入赘男子大多出于家贫。入赘后,流俗有让其干女活的陋习。电影《老井》中孙旺泉入赘小寡妇家,须每日倒尿盆,即是一例。对这种婚姻形式,秦汉时称"赘婿服役",宋代称"舍居婿"、"赘婿补代",元代称"赘婿养老",今也有称"养老女婿"。随男女平等观念的建立,现在对招婿婚的歧视已大大减弱。而且形式出现多样化。上海等一些城市里出现了不少"类招婿婚"的"上门女婿"、"从妻居"。男子在妻子家与岳父母共居,但子女仍从男姓。男子在女家常承当女家儿子的责任。上海的一些调查表明,这种婚姻关系大多融洽,大家庭也较和睦,这比婆媳家庭矛盾少。

养媳婚,即童养婚。其实质与招婿异曲同工。一般是贫家女,家庭无力抚养,便早早许配他人,送至男家。由男家抚养成人,再与已定的丈夫完婚。这类女子俗称"养媳妇",未成年上男家,承担家庭繁重的劳动,甚至负有养育尚未成年的未来丈夫的责任。有一首民谣云:"二十岁媳妇三岁郎,夜夜睡觉抱入床",就是这种无人道畸形婚俗的形像反映。旧时颇为流行,现在国内基本已绝。

5. 招夫与典妻婚

招夫,俗称"拉帮套"、"接脚夫",为一妻多夫婚姻的变态。旧时多流行于东北、陕北等北方地区。一般是一家庭丈夫患病,或收入不足以养家,于是女方另招一夫,帮助或负责原夫及全家子女,构成一妻二夫的婚姻共同体。典妻为一夫多妻婚姻的异化形态。男方发妻无子嗣,由于惧内等原因,不能离异,也不便再娶,为传种接代计,用一定的典金,租雇有生育能力的贫家妻为其生子。时间有一定年限,到期,典妻则回到自己丈夫家去。此风在宋元明清,屡禁不止,相沿不衰。上世纪二三十年代,江浙仍有遗风。左翼作家柔石《为奴隶的母亲》写的就是典妻习俗的悲剧。这两种婚姻形态,虽然形式不同,但实质是相同的。

6. 表亲婚

俗称"姑表婚"、"舅表婚"、"还娘头"。这是兄弟子女和姐妹子女的一种婚配形式,远古兄妹婚的一种遗风,中国各民族都有流传。古时新媳称公婆为舅姑,实际就是这种婚俗的遗存反映。这是种近亲婚姻,对子孙不利,现婚姻法已禁止。

7. 换婚

民间流传的一种换女婚姻。双方家庭互以兄妹配对成亲。旧时大多因家贫无力娶媳,就以妹妹或姐姐与他家姑娘交换,为阿舅之妻,可省去一笔聘礼。现时尚有残留,常带来不少家庭悲剧。

8. 阿注婚

人类早期的对偶婚残余,现残留于云南永宁纳西族中。"阿注",意为"朋友",男女皆可称。以阿注建立的婚姻关系双方无所谓嫁娶,按习惯,女子十五六岁,男子十七八岁,开始和异性过偶居生活。通常是男子夜间到已有爱慕之情的女家访宿,次日清晨返母家。双方不称夫妻,也无结婚、离婚的概念。子女属女方,男子不承担抚育责任。

9. 试验婚

在正式结婚前先行同居的婚俗,旧时多在少数民族地区流行。未婚青年多在村寨的"公房"里同居,经过一段试婚,再正式结婚。现在汉族一些地区也有发现。上海浦东农村,男女按习俗订亲后便"住夜",大多过偶居生活。嗣后再登记结婚。

10. 指腹婚

旧时两亲朋主妇同孕,指腹相约,产后若一男一女,即结为夫妇。古代主要流行于官宦富豪之家,如此,可保证门当户对、地位富庶的平等关系。现时,民间常有以此开玩笑,结亲家,但多不实际执行。

11. 买卖婚

以金钱财物或赴女家服役作价的形式换取女子为妻的婚姻关系。聘金、彩礼,其代价《礼记》有规定,民间也有一定的俗成。有的地方流行以姑娘的容貌,论斤作价,什么单眼皮多少钱一斤,双眼皮多少钱一斤。黄花闺女和二婚头价格也不一样。此陋俗有禁,却未匿迹。个别地方时有变相的买卖婚出现。

12. 共妻婚

群婚的遗俗,一个女子同时嫁给两个丈夫。在旧时藏族流行兄弟共妻、朋友共妻、父子共妻的形态。其目的是维护家庭财产不分散。此俗现已绝迹。

13. 冥婚

俗称"鬼攀亲"。男女两家为死亡子女联姻的一种婚俗俗制。此俗虽然远在周代已遭禁止,如《周礼·地官》"禁迁葬者与嫁殇者",但是从官府到民间,禁而不止,直至现代,江浙一带还时有耳闻。合婚时,一切仪礼如活人联姻,礼毕两家即成姻亲,适时走动。

为生命的延续,我国的民众已实行过的婚俗惯制形式还有一些,形态上与上述情况大同小异。在我国近数千年的历史上,夫妇婚姻关系主要是以单偶婚结构出现的。"明媒正娶",是一种主要的形态。上述婚姻惯制中,大多是单偶婚的结构关系,包括抢婚、冥婚。这种婚姻关系的确立,民间有一套完整的仪式。旧时所述的六礼:纳采、问名、纳吉、纳徵、请期、亲迎则是仪式礼仪化的归纳。实际上民间的婚仪,与六礼不完全一样,各地都有一套合乎地方规范的习俗程式。什么"过草帖"、"放定"、"下财礼"等。以上海市浦东农村婚俗仪礼为例：(一)拿八字：即拿了女孩的出生年月芳名与男孩家配对。尤如现代说亲拿照片过目一般。当地出八字并非郑重其事的事情，一个女孩，出十张八张，"广种薄收"是不稀奇的，有的甚至上百张，东家看看，西家对对，物色对像。(二)调帖：男家受了拿来的女孩八字，请风水先生或者算命先生去排八字，男女命相克，此事就了结。八字排着五分半，意为还可以，即请媒人去提亲。连去两次以上，女家露了口风，男家便出两个帖子请媒人送去，女家受帖，表示答应这门亲事。然后女家也出两张帖子送男家。调帖后一般还有个小仪礼——应节。男家叫媒人送两个红包(财礼)给女家。女家通常只收一个，另一包仍退回男家。(三)话过门：由媒婆约女孩上未婚夫家熟悉一下情况，见识长辈，看看家境。当地又俗称其为"通脚"意为"开通脚路"，来往走动。届时，长辈要送见面礼，女孩当时由媒人陪送回家，翌日带礼品至男家行"还望"礼，对送过礼的长辈，需一一回敬一点小礼品、以示孝敬。"还望"二三天后要"邀还"，此番由婆婆或小姑出面邀请，女孩再度上男家作客，此日可在男家"住夜"与婆婆或小姑睡，旧时不可与未婚夫同居。此时女孩就是过门媳妇或通脚媳妇了。同时，男孩也可上女家走动，俗称毛脚女婿。媳妇过门后，男家逢年过节还要送节礼至女家。(四)话好日：就是定婚期，男家请人择好黄道吉日，定下婚期，由男女媒人拿四张帖子去女家下帖。女家一般总要推辞一二次才受帖。收下两张，请媒人送回两张，则表示同意如期结婚。女家受帖后，男家先要"行小盘"，送钱给女方做衣服。婚前一个月，要"行大盘"，送财礼(包括金银首饰)。(五)填箱：拿嫁妆前一天，女家要行填箱礼，父母将嫁女的陪嫁品一件件递给哥嫂，由他俩一一装入箱内，以示东西都是哥嫂同意带到婆家去的。(六)铺床(房)：婚前一天，男家行铺床(房)仪式。由全福妇人铺床叠被，整理新房。(七)拿嫁妆：女家先将嫁妆"摆堂"，按习俗次序一一摆在客堂里。取嫁妆的来到堂门口，由代表(一般是男方娘舅)拿红包出来，俗称"开销钱"，请媒人分给有关人员，然后放高升，待阿舅说一声"迪些破家牲(俱)拿仔去"，即可动手搬运。出门，一定先朝东、南方向路上走，嫁妆不能换手，也不能停下来，即使是很轻的东西，也要装出很重的样子，俗称"兜青龙"。(八)送花轿：婆亲花轿进宅，放高升"催妆"，新娘才慢慢起身梳妆，母亲坐在床头哭叮嘱女儿为人之道，俗称"坐床压帐"。女唱哭嫁歌，谢哥嫂，接着由哥哥抱上轿。上轿后，轿子不能马上走，需停三停：场角停一下，路上停一下，路口停一下，分别由母亲、哥嫂、侄子女惜别，并叮咛归宁日早回家。(九)行婚礼：花轿到男家场角停下，婆婆把帖子送给女伴娘，女伴娘受帖后轿子抬到客堂门口，一般由婆婆接媳妇下轿，俗称"婆接媳"，媳妇要走麻袋铺的路，俗称"传种接袋"，要"跨火堆"，避邪气。完后拜堂：拜天地、拜父母、夫妻对拜，入洞房。接着喝交杯酒，闹新房。此时无辈分，无大小，嬉闹新郎新娘，各种恶作剧，层出不穷。(十)三朝回门：

成亲后第三天,新婚夫妇同往女家。女探父母,男拜丈人丈母。第四天"小满月",新娘可一人回家,须当日回婆家。数日后还有大满月,由母舅出面相邀回女方家,亲朋相聚。新郎当天回家,新娘可住几天,嗣后由新郎上门接回。

上述婚仪过程,颇为繁琐,一环扣一环,环中还有许多小圈圈。其他地区的民间婚仪也有自己的特色。主要表现在某些程序和礼品上。如有的程式有坐花席、吃子孙饽饽、喝和合汤、爬高杆、抢牛尾巴、洗和合脸、甩筷子、坐中柱、抢枕头等。新妇入门,旧时要"跨马鞍",拜堂后要"坐帐"、"坐富贵"、"揭盖头"、"撒帐"、"守花烛"等。有些地方如台湾高雄一带,女方陪嫁还有一公一母的"带路鸡"。有的如崇明岛,新妇带万年青陪嫁。中国个别蛮野之地,旧时婚仪还存有"见红"蛮俗。新娘陪嫁随身带一块白绢布,送给新郎,经过洞房花烛夜,次日绢布有处女血为吉,为婚礼完美成功,否则可退婚。

中国婚俗仪礼虽然五花八门,各呈千秋,但有一点是共同的,即祈求吉祥如意、夫妇和谐、早生贵子、发家致富。各种习俗仪礼都是围绕这一点展开的,表现了人们对生命的热爱和追求。

死,人生命的终结。按中国古老的传统观念,那是灵魂走向了另一个世界。为了使灵魂在新的世界安宁、如意,活着的人便要进行种种的仪礼——丧葬和祭祀。对死人的仪礼,中国大致由三部分——安葬、殡礼、举哀组成。安葬的习俗惯制大致有:

1. 土葬

最普遍的安葬惯例,原始社会已大量出现。上古之时没有棺材,《易·系辞》所谓"古之葬者,厚衣之以薪,葬之中野",即是一种土葬的形式。一般就是将死人埋在浅坑中。元朝蒙古族采取的是深埋,上由马群踩过,无标志。据说成吉思汗逝世后,就是在荒野中这样埋葬的。他真正的墓地至今还没找到。

2. 墓葬

土葬的一种发展。最古时它是用火烧土坑四壁而成。后来,棺椁代替了火处置的墓坑,然后培土成丘为墓。古坟之高有定例。名称也因死者的身份各异而名为陵、陪陵、茔等。民间一般俗称冢、坟墓。古时帝王富贵人家的墓掘地挖山,打洞建墓,如一座座地下宫殿。

3. 水墓葬

这是墓葬防盗而出现的一种葬法。通常是在江湖湾,筑堤抽水,在干涸的河床内建坟墓,葬礼完后即灌水,如原状。据说起源很早。相传曹操也是这样埋葬的。江苏昆山陈墓镇,得名就是北宋末年康王的一个妃子水墓葬在镇边的湖湾里。

4. 火葬

即火化,也古已有之。《墨子·节葬》:"秦之西有仪渠之国,其亲戚死,聚薪柴而焚之。"《山海经》中所载"不死之民",据闻一多等专家研究,也是实行火葬,肉体毁而灵魂不死的形像称谓。在宋元时期,火葬也盛行于江南。

5. 瓮葬

一种古老的丧葬模式。西安半坡村遗址的墓地就有不少瓮葬的死骨。这种葬法,一定要等尸体烂后,才能拾骨再葬。故历史上又称二次葬、迁葬、洗骨葬、拾骨葬。上海崇明岛俗称"拾骨碎尸"。如停尸三年还未尸解,只好破尸拾骨再葬了。据考古发现,新石器中期在新会罗山嘴贝丘遗址中,已发现了瓮棺葬。《墨子·节葬下》载:"建之南有啖人国者,其亲戚死,刳其肉而弃之,后埋其骨乃成为孝子。"大约指当时江南普遍流行的这种习俗。近代崇明岛还有少量遗风。拾骨瓮葬,在每年冬至日举行。

6. 悬棺葬

入殓后,悬石棺、木棺于岩洞内,曾流行于福建、四川、云贵等山区古代居民中。

葬殓的惯制同婚俗一样,因民族和地区的不同,习惯也有不少差异。古制有水葬、天葬、塔葬、合葬等俗制。

在我国,对死者的殡礼程式是庄严的大事,有一整套的程式次序。但各地不尽相同,以汉族为例,大致有如下几项:

1. 招魂

在死者弥留之际,便要对他的逝去的灵魂进行规劝、挽留,即招魂。一般用专职的人员,名"复者"(即可以招人返回的人)主持仪式。按古俗,先要在门外高悬招魂幡,为灵魂退还的路标,并手持寿衣呼叫,取灵魂返归于衣。从《楚辞·招魂》可知,在劝说灵魂不要离去的言词中,说尽人间的美好和远离人世四面八方的险恶境地,以使其回心转意。旧说招魂在人死后,是不确的,至少也是后起的。

2. 穿衣

在死者咽气之时,亲人要抢先将寿衣换上。俗信,死后换衣为不孝。有些地方还要行"试穿"、"称衣"的仪礼。即将寿衣依次递给儿孙辈等亲属,一面问,这是谁的衣,各亲属依次以本人与死者的关系的称谓一一作答,礼华,再穿衣。

3. 顺风烧

或称"送丧荐"。即在死者咽气后把其生前的一些生活用品和随身物放在门口烧掉,为死者送行,同时又向四邻报丧。

4. 停尸

把尸体安放在规定的地方。一般停尸在木板上,南方通常把家中的门板卸一块下来充任,家人要把死者口眼闭上。不闭为死者心愿未了,此时要想方设法边哭边劝说死者放心而去,什么事由活着的人来干。停尸多取西向,头、手等裸露在外的肢体一律用布或纸盖上。

5. 报丧

丧家四出发丧。家属奔丧,亲朋好友纷纷前往吊唁。远不能至者,则寄物以吊。吊客们通常不理发,不刮胡子,女的不涂脂粉,不食荤腥(现在不忌了),以表哀恸。丧家晚辈充任外出报丧和在家守灵的主要责职。穿孝服,因辈分、亲疏不同而用不同的装束。

6. 大殓

又称入殓。饰尸后入棺,仪式庄重。死者按制更衣,脚穿绣有莲花和七颗星的寿鞋。最后全身严严实实包扎好。由儿子抱头抱脚入棺。视家境,南方有钱人家再用丝棉被覆盖,上铺一块有吉祥图案的红布。入殓时死者生前喜爱的小物件和其他随葬品同时入棺。

7. 送葬

旧时年老的死者,生前通常已择好墓地,或做好坟墓;南方一些老年人,人活着的时候就做好棺材放在家中,俗称"寿材"。故下葬时一般无需临时置办墓地,只要择日由殡葬队伍在大殓后送去入土即可。江南丧家,丧事三天,天天要请和尚念经,或道士做"道场"。农村大多是道士出场。送丧时也由他们吹吹打打开道前往。旧俗颇为繁杂。

8. 做七举哀

死者大殓入土后,每隔七日设一祭,请僧或道诵经,为死者超度。过五七后至百日、周年再祭。嗣后每年的清明、夏至、七月半、十月朝(送寒衣)、冬至、年夜各祭一次。

在丧葬中各地都有哭丧的习惯,此外还有送灵饭、接煞、贿野鬼等地方性习尚。旨意无非是让灵魂安然到达自己应去的地方。在中国传统的观念中,鬼魂世界也与人间社会一样,同样有贪赃枉法等不法现像存在,所以需要活人用钱物为鬼魂"开路"。烧冥钱、元宝,纸扎的电视机、电冰箱、沙发等现代化用品。这些财物除想让"死灵魂"自己享用外,就是帮他用这些东西到阎王、小鬼处"开后门"、"通路子"。这些当然是无稽之谈,应当革除。

(二) 小群体人生社会民俗

这是以血缘关系组合起来的家庭、家族、宗族群体流行的人生社会民俗。主要有家谱、家风、家法、族规等形态。

家谱是记录家世历史发展的一种人生谱表,俗谓宗谱、族谱、家牒、家乘等。以血亲延续系统为主要内容。在农村姓氏村落中多有流传。

家谱根源于家世的观念。而家世观念出自于血缘氏族同姓的亲缘性和姓氏标志。在封建社会里,它演变成"血统论",即"龙生龙,凤生凤,老鼠的儿子会打洞"的陈腐观念。以家庭的贵为贵,贱为贱。什么"书香门第"、"将门之子"、"祖传名医"、"出身寒门"等等。为了使自己的后代能不忘先祖的业绩,系万世于一牒,家谱便应运而生了。从司马迁《史记》帝王侯列传中所运用的大量宗谱资料看,它很早就形成了。据现有的少数民族史诗的样式可以推定,在口传的年代,人们就用史诗在记述自己血缘民族、部落的历史及宗谱和族谱。《诗经·生民》中就叙述了后稷祖先的源起和发展。血缘氏族时代就出现了家(族)谱,应是有道理的。

在我国,魏晋南北朝时为了煊赫家世,望门之族纷纷采用谱牒,记录自己的家族史。重门第,立谱书,成为流传的惯制形式。宋代,家谱又得到了盛行。《宋史·艺文志》中有《谱牒》类一百十部四百三十卷。宋代的司马光、苏洵、秦观等名人都有自己的家谱。死后被封建帝王册封为上海城煌老爷的秦裕伯,在秦氏家谱中为秦观的后裔。

为了使自己的家庭有所依附,旧时各地都有认谱的习俗活动,俗称"认谱归宗"。有的是一个家庭,有的是一个村落的同姓人到原住地寻宗认谱。得到认可后要举行隆重的归宗仪式与续家谱的习俗活功。据报载,美国秦氏华裔也来认宗。解放后,家谱形式出现了变化,出现了以家史形式的家庭史实记录。近几年,传统的续家谱活动又有所流传。

家风是一个家庭的传统风习。一般指一种传统的大家庭世袭下来的生活习惯和作风,狭义也指家庭的"门风"。它往往有一位先祖开创,并贯彻下来,蔚然成风,全家族数代相传承,它对子女的培养教育起重大影响。故人们历来重视好家风的养成。

北周·庾信《哀江南赋序》载:"潘岳之文采,始述家风。"晋人潘岳有《家风诗》,《颜氏家训》风操篇专门讲述维护家庭门风的道理,成为美谈。

我们中华民族素有"礼仪之邦"之称,向来重视家教。自汉代以来,"家训"是儒家文化在家庭、家庭问题上的集中反映,是长辈对晚辈的教诲,是儒家对"修身、齐家、治国、平天下"的理想追求。历史上见诸典籍,较为完整的"家训"并非鲜见,为后人称颂的家训亦很多。

一种民族文化若要长久地发展,需要靠文化的拥有者一代又一代向下传承延续,一个传统的"根"若要持久的保存,需要通过家庭、社会把这种"根"的触须渗透到一代代人的血脉中。不可否认,历代"家训"中的言论,多以封建礼教为纲,糟粕显而易见。但是,剔除其糟粕,吸收其精华,将家风家训中的精华融入新的社会道德建设中,对提高全国人民的道德素质定会大有裨益。一般而言,家风家训被归入道德教育领域,其实,古往今来,官风与家风,治国与治家,总是紧密相连的。家庭教育作为教育的细胞,在人之初就发挥着重要的导向作用。我国悠久的历史文化中留下了许多脍炙人口的家训。说是家训其实已不是某一家之训,而已家喻户晓,几成"家家之训"。

如"养子须教",早已是我们先人的自觉意识。如《三字经》中赫然写着"养不教,父之过"。《增广贤文》中随意拾取,就有若干教子家训:"须知孺子可教,勿谓童子何知。""养子不教如养驴,养女不教如养猪。""富若不教子,钱谷必消亡;贵若不教子,衣冠受不长。""居家务期质朴,教子要有义方。""能师孟母三迁教,定卜燕山五桂芳。""训子须从胎教始,端蒙必自小学初。""心术不可得罪于天地,言行要留好样与儿孙。""国清才子贵,家富小儿娇。""事亲须当养志,爱子勿令偷安。""儿孙自有儿孙福,莫与儿孙作牛马。"……《家诫要言》中也把人品教育放在了首位:"人品须从小作起,权宜苟且诡随之意多,则一生人品坏矣。""立身作家读书,俱要有绳墨规矩,循之则终生无悔无尤。"身居要职,深为皇帝重用的曾国藩却更看重读书明理:"凡人皆有望子孙为大官,余不愿为大官,但愿为读书明理之君子。""京师子弟之坏,未有不由于骄奢二字者。尔与诸弟其戒之,至嘱至嘱。""凡世家子弟,衣食起居,无一不与寒士相同,庶可以成大器;若沾染富贵习气,则难望有成①。"我们的家训中几乎涉及到生活的各个方面。而各个方面都是围绕着"做人"二字。如果说"学而优则仕"表现出了古代用人制度的不够健全的话,而在我们的家教语境中,则常常是更注重人的全面发展。从人品到才学,从生活到事业,从家庭到社会,几乎涉足到了人作为个体的人的全部活动空间。

首先做人要讲"仁爱"。"百善孝为先"。"孝当竭力,非徒养生。鸦有反哺之孝,羊知跪乳之恩"。"重资财,薄父母,不成人子"。"当少壮时,须体念衰老的酸辛"。"父子和而家不败,兄弟和而家不分,乡党和而争讼息,夫妇和而家道兴"。"尊师而重道,爱众而亲仁"。"处富贵地,要矜怜贫贱的痛痒"。"宁可人负我,切莫我负人"。"肝肠煦若春风,虽囊乏一文,还怜茕独"。"责己之心责人,爱己之心爱人"。"美不美,乡中水;亲不亲,故乡人"。"割不断的亲,离不开的邻"。"远山难救近火,远亲不如近邻"。②《治家格言》:"与肩挑贸易,毋占便宜;见贫苦亲邻,须加温恤。"《家诫要言》:"孤寡极可念者,须勉力周恤。"《颜氏家训》:"泯躯而济国。"

其次,不管为官为民,做人要"正直",要有气节。"见富贵而生谄容者最可耻,遇贫穷而作骄态者贱莫甚"。"勿恃势力而凌逼孤寡,毋贪口福而姿杀生禽"。③

---

① 《曾国藩家书》。
② 《增广贤文》。
③ 《治家格言》。

"官长之前,止可将敬,不可逐膻"。"毋为财货迷"。"立身无愧,何愁鼠辈"。"勿贪意外之财,勿饮过量之酒"。"俭以养廉"。①《增广贤文》中收集许多,诸如:"气骨清如秋水,纵家徒四壁,终傲王公。""事业文章,随身消毁,而精神万古不灭;功名富贵,逐世转移,而气节千载如斯。""千里不欺孤,独木不成林。""钱财如粪土,仁义值千金。""富贵是无情之物,你看得他重,他害你越大。"连《续小儿语》中也强调:"丈夫一生,廉耻为重。"

第三,则是对诚信的重视了。"许人一物,千金不移"。"一言既出,驷马难追"。"心口如一,童叟无欺"。"人而无信,百事皆虚"。②

第四是俭朴,可谓家训中最普遍的内容了。《治家格言》中:"一粥一饭,当思来之不易;半丝半缕,恒念物力维艰。""自奉必须俭约,宴客切勿流连。""器具质而洁,瓦缶胜金玉。""饮食约而精,园蔬愈珍馐。"《增广贤文》说:"志从肥甘丧,心以淡泊明。""常将有日思无日,莫待无时想有时。""由俭入奢易,由奢入俭难。"

第五,历代家训的宗旨本不在竭力培养后代入仕,但对读书勤学一点也没有轻视。虽然在古旧时代,读书往往是有钱人的专利。因此,《家诫要言》中说"多读书达观古今,可以免忧。"《增广贤文》中有"读书须用意,一字值千金。""良田百亩,不如薄技随身。""少壮不努力,老大徒伤悲。"《家诫要言》则谆谆告诫"读少则身暇,身暇则邪间,邪间则过恶作焉,忧患及之。"

对个人修为强调得最多的恐怕还是在"修养"方面,这也是对为官之人而言极为重要的素质。《治家格言》中说:"乖僻自是,悔误必多。""轻听发言,安知非人之谮诉,当忍耐三思;因事相争,焉知非我之不是,需平心暗思。""施恩无念,受恩莫忘。""凡事当留余地,得意不宜再往。""人有喜庆,不可生妒忌心;人有祸患,不可生欣幸心。""善欲人知,不是真善,恶恐人知,便是大恶。""匿怨而用暗箭,祸延子孙。"《家诫要言》中讲:"知有己不知有人,闻人过不闻己过,此祸本也。故自私之念,萌则铲之,谗谀之徒至则却之。""才能知耻,即是上进。""器量须大,心境须宽。""待人要宽和,世事要练达。""恶不在大,心术一坏,即入祸门。""一念不慎,坏败身家有余。""每事宽一分,即积一分之福。"三令五申的还数《增广贤文》:"毋私小惠而伤大体,毋借公论而快私情。""毋以己长而形人之短,毋固己拙而忌人之能。""仗势凌人,势败人凌我;穷巷追狗,巷穷狗咬人。""不自恃而露才,不轻试而幸功。""静坐常思己过,闲谈莫论人非。""得意盎然,失意泰然。""驭横切莫逞气,遇谤还要自修。""以直报怨,以义解仇。""贪爱沉溺是苦海,利欲炽燃是火坑。""平生不作皱眉事,世上应无切齿人。""饶人不是痴汉,痴汉不会饶人。""不因群疑而阻独见,勿任己意而废人言。""幸

---

① 《家诫要言》。
② 《增广贤文》。

名无德非佳兆,乱世多财是祸根。"就连《续小儿语》中也有"人悔不要埋怨,人羞不要数说。人极不要跟寻,人愁不可喜悦"的忠言。

这些流传甚广,影响深远的家训格言,从宏观上为我们勾勒了我国家庭训导的基本倾向和宗旨。做人的道理和为官的道理大同小异。许多清官、廉吏的成长往往和严格而有方的家教有十分密切的关系。这些大而化之的家训落实到一个个具体的家族、家庭,就呈现出了千姿百态的家规或家法。

我国历史上一些名人子孙盛而不衰与家风有着直接的联系,如曾国藩。他曾权结四省,位列三公,拜相封侯,是清后期政界、军界以及洋务运动中的一位有名人物。他的历史功过暂且不论。他在权势炙手可热的顶峰,从未放纵子女骄奢淫逸,而是严加管束。他在数以百计的家书中,以一种特有的曾氏家风教管子孙,在家教方面取得了举世瞩目的成果。如对子孙,只求读书明理,不求做官发财。他说:"凡人皆望子孙为大官,余不愿为大官,但愿为读书明理之君子","银钱田产,最易长骄气逸气。我家中断不可积钱,断不可买田;尔兄弟努力读书,决不怕没饭吃。"他要子女力戒虚名,谨防骄奢,其子纪泽二十七岁时,诗文精通,湘乡县修县志推荐他去纂修。曾国藩也不同意,告谕儿子"余不能文而微有文名,深以为耻,尔文更浅亦获虚名,尤不可也"。仍要他扎扎实实学习。后来曾纪泽诗文书画俱佳,又自学通英文,成为著名的外交家。他认为"京师子弟之坏,未有不由于骄奢二字,尔与诸弟共戒之,至嘱至嘱"。"凡世家子弟,衣食起居,无一不与寒士相同,庶可以成大器;若沾染富贵习气,则难望有成。"他对子女做衣服也严格要求不准过于绚烂。无论做学问,还是做人,曾国藩都有自己的一套家教。不仅儿子个个成材,孙辈出了著名诗人曾户钧,曾孙辈又出了曾宝荪、曾约农这样的教育家和学者。《曾文正公家训》、《曾国藩教子书》如同过去的《颜氏家训》等,都是我国家风、家教的典范之作。

家法、族规,这是家庭成员中世代传承、共同遵守的法规条例。一般也是由大家庭的最高长者或宗族族长执掌。其内容因家庭、宗族而异。《祝福》中祥林嫂被抢再嫁,及待第二个丈夫病逝,儿子被兽吞噬,大伯出面收房子,赶她走,使用的就是通行的家法和族规。另外,旧时家法、族规多有封建性及惩罚手段,有的相当残酷。今天多提倡好的家风,而对家法则不提倡。

在家族群体人生社会民俗中,旧时还有家庆、家难、家庙、家祭、家号、家讳,或宗庙、族祀等等,它们在过去对人生有不少影响,现已不多见。

(三) 大群体人生社会民俗

人是群居的社会理智动物,一个人不能离群索居,即使是罗宾逊只身在荒岛上栖息,他身边,也需要一个助手礼拜五及庄稼的种子、生产的工具,还得靠他已往群体社会已给予的社会习尚生产、生活。同样,单个的家庭小群体也难以应付变化莫测的自然界。人类之所以能发展至今,成为主宰地球的生灵,其中一个很大的因素,就是靠人类大群体共同创造的人生社会民俗的沟通和维系。民族、国家这种大型人类群体共同生活、生产的规范性法约与规律性节奏,衍化出众多的社会习俗。其一是人际交往民俗,其二是岁时节令民俗。它们共同构成了大群体人生社会民俗。中国有自己的一套程式规矩。

1. 人际交往民俗

中国素有礼仪之邦之称,讲究人际礼节,已成为民众生活的一部分。如作客:客人到主人家,必先敲门或呼叫,候主人应答招呼请进时再入内。长沙出土的一唐代青瓷壶上有无题诗云:"客来莫直入,直入主人嗔,打门三五下,自有出来人。"形像地反映了民间的这一习尚。主人对贵客和特邀的宾客来临,必先候于大门外,一般也可在中堂迎候。届时也可燃鞭炮,以示敬意。客来必敬茶,有的地方行三道茶仪式。吴江县等苏南水乡,主人待客饮"阿婆茶"。由专用烧水的小灶煮熟水泡茶,喝茶时配四小碟土特产佐兴。福建、广东等地,待客用"功夫茶",茶具小,茶叶多,量少,味浓,没点功夫喝不了茶。在湖南,客人乍到,献茶于前。茶水中除泡有茶叶外,还有炒熟了的黄豆、芝麻和生姜片。喝茶水也必食嚼它们,而且忌用筷子等辅助工具,多以手拍杯口,利用气流将其吸出食之。远客至,必设宴为之"洗尘",亦谓"接风";客人吃饭时,忌饭后饮酒,以避谐音"久后犯上"之嫌;忌留碗底,食必尽;忌倒扣饭碗,宛如坟墓,于主家不祥;忌发出"渍渍渍"的品味声响,为不懂规矩。客人若未吃饱,不便自己动手,只需把筷子平放在自己的饭碗上,主人见了,必会给你添饭。宴席上,主人要行祝酒,请人陪饮,或以歌劝饮等仪礼。日常家中亲人或至朋好友远出,要以酒食相赠,为之饯行。是时,还有赠言、赠物、折柳赠别的习俗。各少数民族,还有些特殊的待客习俗。蒙古族待客,主人送上一瓶酒,瓶口上糊有酥油,先由上座客人或长者用右手食指蘸少许酥油而自抹其额,事毕主人才拿来杯子斟酒敬客。贵州白裤瑶,设宴待客,将大鸡头敬客。布依族食时必先拈鸭头敬客,接着即将鸭爪献于客人之前,以示对客人敬重的诚心诚意。柯尔克孜、哈萨克等民族,客人至家中,主人即牵一只肥羊至客人前,请其应允,然后宰杀。煮熟后,向客人敬上羊头,表示敬重,客人受羊头后,应先割一片送给长者,再割一片送给幼者,然后将羊头捧献主人,事毕大家共食羊肉。各民族作客应酬的礼俗如五月的鲜花,难以一一欣赏,它们是我们人民群体生活的情感结晶,具有强有力的区域性的社会感染力。

人际的交往是广泛的,其习俗也是众多的。除日常生活中常见的待客外,尚有什么拜同年、会盟结社、交友、盟誓、契约、赶集、议价、传书信等。我们熟见的幼龄儿童间为允诺之事"拉勾勾"的习俗,也是盟誓的一种。在现代邮政还没发展之前,我国传统的民俗邮政,就有多种。如信鸽传书、急脚递、传竹筒、送鸡毛等像征物的物信等等。这些也为一地的众多民众共同遵奉。

2. 岁时节令民俗

简称节俗。这是天地运转、季节气候变化节律在一个大区域人群中产生的文化行为模式。如记时的方法，我国远古的十月历和司马迁改制的太初历，俗称农历，代表了一定时期、民族群体共同认可的年月日计时习俗。如太初历，月圆缺一次为一月，初一叫朔，十五为望，三十为晦。每年的正月朔日子夜算起，为岁首，称为"元旦"或元日，即新年。以后农历年的习俗就一直流传下来。民国初年采用国际阳历后，把阳历年岁首第一天称为元旦，而农历年的岁首改称为春节。农历一年又分二十四节气，这都与天地运转的位置有关。同时又与农业生产按自然生长节奏相联系。我国的众多节俗就是人们对时令节气的习尚表现。

节俗在我国人民中有极大影响，旧时所述风俗，大多即是指节俗而言。平时我们讲四时八节，春节、元宵、端午、中秋、重阳等仅是一些笼统的大节，实际上一个大节中还有好多小的节俗。以中国新旧年交替的前后两个月即农历十二月及次年正月计算，据《清嘉录》记载的吴中节俗，按顺序为：跳灶王、跳钟馗、腊八粥、年糕、冷肉、送历本、叫火烛、打埃尘、过年(即赛神或祭百神)、盘龙馒头、念四夜送灶、灯挂挂锭、冬青柏枝、口数粥、接玉皇、烧松盆、照田财、送年盘、年物、年市、年夜饭、安乐菜、暖锅、压岁盘(压岁钱)、辞年、守岁、守岁烛、老虎柏子花、过年鞋、门神、神荼郁垒、欢乐图、春联、封井、接灶、祭床神、撑门炭、节节高、富贵弗断头、年饭、画米囤、听响卜、叛花、节帐、小年夜大年夜；上面为十二月月朔起至除夕夜，共四十六项。正月元日起，又有：行春、打春、拜春、拜牌、岁朝、挂喜神、上年坟、拜年、飞帖、开门爆仗、欢喜团、黄连头叫鸡、看风云、秤水、新年、烧十庙香、山川坛迓喜、状元筹、升官图、年节酒、小年朝、接路头、开市、七人八谷九天十地、看参星、斋天、祭猛将、点灶灯、爆孛娄、春饼、圆子油馓、灯市、走三桥、放烟火、闹元宵、打灯迷、三官素、接坑三姑娘、百草灵、验水表、灯节，至正月十五止共四十一项。时间前后一个半月，节俗的项目有八十七项，平均每天近二项。实际上有几天，一天要有好几项。从每个月看，至少有一二十项固定日子的习俗活动。生活在民俗圈内的人们，一年三百六七天，平均一天半就要有一个群体性的节俗仪式，人们几乎要沉浸在这节俗的海洋中了。

中国节俗有的是观农事生产的。如正月看风水："农人岁朝起看风云，以卜田事。"谚云："岁朝东北风，五禾大熟丰。岁朝西北风，大水害农功。"有的是属祭祀神灵、先祖，祈禳凶邪的。如二月十二百花生日祭花神，二月十九为观音生日，拜观音。四月十四为吕仙诞，俗称"神仙生日"，食"神仙糕"、戴"神仙帽"，医生郎中系牲以酬，或酌水献花，以庆仙诞。其他如送灶、接灶也是祭祀性的节俗。有的是庆贺性的节俗，如正月行春、拜春、拜年。有的是巫术性的节俗，如端午喝雄黄酒、挂蒲剑蓬鞭、贴门神等。有的是游乐性的节俗，如元宵(即后世的灯节)、三月游春玩景等。有的是祈愿性的节俗，如八月十五、斋月宫、走月亮等等。总之一句话，这些节俗都是为了满足人生的某种需求应运而生的。

中国的节俗源远流长,在历史长河里处在不断的流动和演变中。大致有三种趋向:季节型向节日型转化。中国远古的节俗,是季候性的习俗活动,也就是说它在某一个季候间,而无明确的日子。节俗开始阶段都有一个日期不稳定的过程。习俗活动的时辰大体有之,定时则无。如远古春季的一些习俗,大多集中在"仲春之月",月中何日,无定例。天子命妃子去高禖求子,时间为"玄鸟至",燕子北飞之时。完全以季候自然景观及动物征候为标准。其他又如岁末农事之祭。大蜡为"岁十二月",蜡日是哪一天? 开始也没固定。十二月初八为腊八节,是后起的,是后人对《礼记》所载"天子大蜡八"的误解。秦时,十二月为腊月,汉代以冬至后第三个戌日为"腊日",南北朝时,始改为十二月初八,谓之"腊八节"。节俗之所以趋向固定的节日型,是人们对季候感悟和农事的经验感受逐步理性化,不必再单纯求诸外界表像的征候。表明了人们在自然界由自为向自在发展,是人类成熟的结果。此外,我们祖先对气候规律的加深认识和历法的更定,也使节俗趋向固定的纪念日。如日时元旦,商朝在农历十二月,周朝改在农历十一月,秦和汉初则在农历十月,汉武帝太初元年采用"太初历",规定孟春正月为岁首。尔后,农历新年延续了两千余年。现在我们虽然改了阳历,但民众实际过年的岁首仍在春节——太初历的岁首。

单纯性向复合型、综合型发展。传统的节俗大抵经历了这么个过程。如端午节,原为初民的巫节。农历五月五,在远古民俗中是个恶日。《风俗通》云:"俗说五月五日生子,男害父,女害母","五日盖屋,令人头秃。"为了禳解,去邪避灾,民间早就流行很多禳解之法。《风俗通》云:"五月五日,以五彩丝系臂者,避兵及鬼,令人不瘟病。"《续汉礼仪志》云:"五月五日,朱素五色柳桃印为门户饰,以止恶气。"汉·崔寔《四民月令》说:"五月五日取蟾蜍,可合恶症疮,取东行蚂蚁,治病难产。"《荆楚岁时记》载:"荆楚人,并踏百草,又有斗百草之戏。采艾以为人,悬门户上,以禳毒气。"《大戴礼》曰:"五月五日蓄兰为沐浴。"五月俗称恶月,尤以五日为甚。所以,五月五日,也是古人用巫术避瘟病鬼邪、禳灾消毒的日子。以角黍投江,也是一种巫术作法。《风土记》云:"以菰叶裹粘米,以像阴阳相包裹未分散。"至南朝·吴均撰《续齐谐记》,把角黍事与屈原相联系,曰:"屈原五月五日,自投汨罗而死,楚人哀之,每至此日,以竹筒贮米,投水祭之。汉建武中,长沙欧回,白日忽见一人,自称三闾大夫,谓曰:'君常见祭,甚善,但常所遗,苦蛟龙所窃,今若有惠,可以菰叶塞上,以彩丝约缚之,此二物蛟龙所惮也'。"此外,五月五日竞渡之事,《荆楚岁时记》曰:"俗谓是屈原死汨罗日,伤其死所,并命舟楫以拯之,至今为俗。"在吴越之地,五月端午尚有纪念涛神或伍子胥的传说,闻一多先生认为端午和龙有缘,系龙的节日。总之,端午从民间禁忌习俗看,是恶月的忌日,起源甚早。屈原自尽后,后世的人又把对屈原的纪念附会其上。所以,后世的端午节,已超越了忌日的单一性,组成了有五色信仰即五彩线及吃粽子、龙舟竞渡、纪念屈原等习俗综合一体的复合型节俗。其他节俗如乞巧节也经过综合的演变。乞巧源起似与牛郎织女故事关联大。《西京杂记》云:"汉彩女常以七月七日穿七孔针于襟褛,俱以习之。"《陔余丛考》乞巧条"乞巧不独七夕也……"据云,七月、八九月皆可乞巧。至《荆楚岁时记》载:"七月七日,为牵牛织女聚会之夜……是夕乞巧。"这才把两者结合起来。到唐代,此俗已很盛行,连帝王贵妃也不免从俗。这种综合,出自民众的心愿,把七巧与心中的织女结合起来,表现了对劳动者技巧的向往与赞颂。还有重阳节同样如此。这类节俗在历史发展中积淀了各个时代民众民俗的某些内容,显示了民俗的多重性,含意多样性。

祈求性向娱乐性发展。节俗深层的意蕴多祈求性。随着社会的发展,人们征服大自然和农事生产的能力越来越强。祈求神灵的恩赐、神秘力量宽恕的内容逐渐淡薄或消退,人们在习俗活动中更多倾注在民众性的娱乐上。节俗成为群众性的民俗文艺活动了。如元宵节,最早是原始初民对火的崇拜,到唐宋,虽还有祈求的意味,但主要是玩灯、赏灯的娱乐活动了。唐玄宗时代,这种娱乐性文艺达到高潮,从皇帝、贵妃、皇亲国戚到一般的老百姓全部卷入了赏灯的热潮中去。端午的禳灾避邪祈愿活动,也为后世的龙舟竞渡娱乐性所替代。连纪念屈原的内容也大大减弱。一些缺水地区的旱龙船,更纯粹成了地区民俗艺术的一种样式,在端午节供人观赏。可以这样说,大多数节俗在流传中娱乐性成分不断增强,这似乎是节俗发展的一个规律性现象。而过去时代积淀其间的民俗祈愿却被逐渐淘汰了。

传统节日,是先民在特定的生存环境中,对宇宙生命(天体运行、万物生长)与人体生命节律交织的心灵感悟和文化展演;是地域族群文化生命周期的关节点和民族文化生命——民族精神的重要标识。是人类在不同领域中形成的群体性代代相传的思考原型与行事方式。它具有对后继社会行为起规范化模式和思想感召力的文化力量。在现实中,它以有形的物化形态、无形的心意表像,通过节日的载体,沟通了代与代之间,一个历史阶段与另外一个历史阶段的连续和同一性,构成了一个社会创造与再创造自己的文化密码,并为人类的有序发展现代民族的凝聚力的增强,奠定了基石。因而,一个社会的现代化节庆,不可能完全破除民俗的传统节日,而只能在传统基础上有所选择,有所创造性的改造。

第三节　中国心意信仰民俗

心意信仰民俗,是指民众间流行的偏重于独特心理观念的各式崇信。如2006

年社会上流行的双春扎堆结婚和来年生子抱金猪一类的说道。

亚里士多德有一句名言："人是理性的动物。"人类自顿悟外界的存在，便不断作出自己的思维判断。客观的世界在人们头脑中形成种种反映，而一个地区或一个民族的人们在群体的共同的生活中，对外界事物则会萌生出大体一致的心意反映，并十分虔诚地尊重它，信服它，这就是心意信仰。

心意信仰民俗，因民族、国度或区域群体的不同而呈不同的色彩。中国的心意信仰民俗，无论是在内容或形式上都呈现出鲜明的中国特色。如"十三"在西方是不吉利的数字，可在中国，除了受西化影响的上海，视疯疯颠颠、不知自重的人为"十三点"外，其他地区，在旧时对十三这个数非但不忌讳，似乎还是有吉祥味在内。代表中国儒学之大成的集子，不多不少，刚好十三部，世称"十三经"。"十三经注疏"则是历代大儒替"圣贤立言"的又一集大成者。它是历代文人必读的中国"圣经"。明代帝王在京都附近修建的陵墓刚好十三座，时称"十三陵"。古代划分天下行政区域，史称十三州、十三刺史部、十三布政使司的也不绝于书。日本现代民俗学的鼻祖柳回国男先生为此称心意民俗为"土著者的学问"，是颇有见地的。它的确是一地民众群体历史养成的心理观念的集中表现。俗话说，"人心隔肚皮"，不同民众群体长期形成的心意信仰一时是难以相互理解的。它不像有形的物质民俗，有一个可供观察的实体，可给人多方位观察思考。而心意信仰民俗是无形的，难以用言语作完整的表达，只能凭心意捉摸，靠心灵的交流而神会。笔者碰到一位留美的文学博士生，我问他，在美国最困难的是什么？他不加思索地回答，巨大的心理意识和文化观念的差距，是他们学习的最大障碍。同一事物，双方的习俗观念往往有很大的距离，彼此难以理解。他还补充道，大多赴美攻读文学的中国大陆留学生为此而改了专业。微妙的心意信仰常常是不同民族和群体人们互相了解的深层障碍。但是，它倒是了解民族心理的一把钥匙。中国的计划生育，为什么困难重重？特别在一些农村地区出现反复，问题的关键在于心意信仰民俗方面，我们尚未得到根本的改变。近年来，各项政策齐下，计划生育有进步，但又出现溺女婴、男孩村的异常现像。传统的心意信仰习俗观念认为，家中没男孩，父亲断了"种"，母亲也失去了"母为子贵"的地位，族人会觊觎家财，村民会借故以势压人。地分给坏的，自留地，被强占一条，家族亲友巴不得你女儿早日出嫁，好收房产。中国民众群体在生儿育女的整体心意信仰观念上如不加修正，必然会对计划生育带来重重阻力。而这一切对美国人来说则是不太容易理解的。西方人士在联合国对中国计划生育的责难，其中一部分就是这样造成的。由此可见，一国或一民族的心意信仰的搜集、整理和研究，是民俗学中的重要环节，失去它，如同失去了根本的命脉。

一、中国心意信仰民俗产生的原因

1. 中国心意信仰民俗的形成，在于先民对生存方式和生活体验正确和不正确的心灵感受，并与根源于原始初民生命一体化的神话思维方式有密切的关系

在洪荒野性时代，初民难以摆脱猛兽的侵扰，无法理解自身已感悟到的自然威力，便以"生命的一体化""以己度物"揣度它们。他们或采取一定的行动，试图征服"异己"的力量，从而形成最早的原始巫术；或采取祈求的方法，讨好那些超人的外力，使它们能够"顺己"为自己服务。在这过程中，他们既崇仰使自己显得软弱无力的一切外力，又迷恋自以为是的两套做法，两者结合形成了原始的心意信仰民俗。后世的心意信仰民俗，大多数是由它传承或衍化而来的。旧时农村久旱无雨，靠天吃饭的农民便把下雨灌庄稼的希望寄托在所谓的"龙王爷"身上。他们烧香献供，祈求龙王开恩，一旦祈愿不成，就把"龙王爷"抬到烈日下游行暴晒，让它也尝尝太阳的煎熬。据说，这一招还很灵验。当然，也有在暴日下晒了十几天，滴雨未下的。祈愿施法的"龙下雨"的心意信仰民俗，根源于中国原始初民的龙意识、龙观念。诚如前面已说过的，龙观念最初是从自然物候景观逐步神化凝聚的。初民对云这一自然现像缺乏科学的认识，特别是对暴雨前兆风云突变、乌云密布等具体景候更感到神秘莫测，想当然地以为存在着一种力大无比的神灵，它不断发出"隆、隆"的吼声，拟声取名为"龙"，只要它一出现，大雨就会从天而降。这种原始的心意信仰，幻化出张牙舞爪、四不像的龙形，并传承于一代又一代的后世民众的心底和思维中。

2. 有些民间俗信最先从原始崇拜或迷信中发展而来，它渗透着原始信仰及迷信的影响

俗信是民俗的重要组成部分，是民众精神生活的一种表现形式。有的学者把俗信看作是民间宗教的一部分，是宗教在民间的退化和残余。但又不等同于原始信仰和迷信，与原始信仰和迷信处于一种"我中有你，你中有我"、"我催生你，你借我活"的关系。如民间流行的"打燕子瞎眼""摸燕子尾要烂手"崇信，其间的俗信和迷信交织在一起，很难截然分开。

3. 有的俗信就其本质来说属于"生产与生活经验的积累"

尽管其中有些俗信是生产、生活常识的片面的甚至是歪曲的反映。虽然一部分俗信往往笼罩着一层神秘的色彩，然而将其剥开，就会发现其源头在于民众的生产、生活。一是直接来自于实际生产、生活的经验。其中有些经验是成熟的、科学的，而有些经验则是不成熟的、非科学的。但无论哪一方面，人们往往都普遍认可、接纳，从而形成俗信。如"人误地一时，地误人一年"、"一年之计在于春，一日之计

在于晨"等。二是来自对未来的预测。其中有的是根据一些客观自然因素推测的,如"三十年河东,三十年河西"、"恶有恶报,善有善报"、"多行不义必自毙",就是自然规律或社会发展一般规律的体现。三是在传统观念和风俗习惯的引导或制约下,大部分往往具有必然应验的因果关系。比如"水至清则无鱼,人至察则无徒"、"出头的椽子先烂"、"胳膊扭不过大腿"等处世俗信。

4. 俗信的产生,还有其他一些来源

有的俗信是某些社会历史事件和故事的转借或嫁接,或者是从一些偶然的巧合中派生出来的,有些在传承中发生了错讹,有些是牵强附会的,有些干脆就是捏造的——去强调并说服人们去相信它。

在不少人的心目中,俗信属于那种神神道道、荒诞不经、不科学、不健康的东西。应该说,得出这样的结论事出有因,因为众多俗信中确实存在一些这样的东西。但就总体而论,这个结论是失于偏颇、有欠公允的。对民间俗信,既不能全盘肯定,也不能全盘否定,必须采取两分法、三分法甚至多分法,科学地去进行分析和对待。

二、中国心意民俗的分类

心意信仰民俗的搜集整理分类,不是一件很容易的事。原因在于心意常与事物相随,心意信仰总是与一般的民俗事像纠缠一起,遍及了民俗的整个领域。无论是有形物质民俗、人生社会民俗还是综合游艺民俗,它们的深层结构,都潜存着心意信仰的精神因素。反之,信仰习俗也与其他形态的民俗相连。如"扶乩"亦称"扶鸾"的请神问卜,扶即"扶架子",此为"卜以问疑"。其间既有实体的有形物质民俗,扶乩用的道具:木制的十字架、簸箕、箩筛、竹筷所组成的扶架子;又有扶乩的巫师及助手在乩架移动时的心愿祈问。因此,严格地讲,信仰习俗并非全是无形的,唯"心意"的祈愿才是无形的。心意信仰民俗正是从这方面去归类的,取其习俗的主要倾向而命名,以便更好地认识和分清各种民俗。

中国的心意信仰民俗大致可分以下几类:

(一)崇祀

民俗的崇祀是指对所信奉的超自然体或超凡人力量所表现的崇信和敬仰之意,它们一般总与一定的祭祀仪式相结合,形态多样。

1. 天地崇祀

指对日月星辰、风雨雷电诸天像和江河大海、山石林原诸大地自然物的尊崇信仰祭祀活动。在我国,对"天"的抽象和信仰是在对实体"日"的信仰基础上发展过来的。原始心意信仰最初出现的是对日神的崇敬。《礼记·王制》云:"天,谓日也。"《山海经·大荒南经》具体描绘了古人幻想中的太阳:"东南海之外,甘水之间,有羲和之国。有女子名羲和,方浴日于甘渊。羲和者,帝俊之妻,生十日。""汤谷上有扶桑,十日所浴。在黑齿北,居水中,有大木,九日居下枝,一日居上枝。"《淮南子·天文训》里还有日母羲和驾车送爱子日神巡行的描绘,从浴日晨明,经正午、晡时,送至悲泉停车,黄昏时太阳进入虞渊。与之相应的是我国古代迎送太阳的习俗。《尚书·尧典》中有"宾日"于东,"饯日"于西的拜日风俗记载。《礼记·月令》则进一步将此俗信礼仪化,"立春之日,天子亲帅三公、九卿、诸侯、大夫,以迎春于东郊"。立夏、立秋、立冬之日,也都有迎日于南、西、北郊的信仰礼俗。对月和星辰的崇祀,我国古代也很普遍。古代神话传说中月精蟾蜍或白兔,月仙嫦娥,力士吴刚,边砍边长不死的桂花树,以及拜月、看月华等习俗信仰在民间广泛流传。牛郎、织女二星神话及七夕、乞巧习俗信仰也是自古以来家喻户晓。《说文》中有"万物之精,上列为星"的说法,民间则有"天上一颗星,地上一口丁"的俗信。对"本命星"、"当年星"的祭祀崇信以及"二十八星宿"观念也普遍流行。

例如七星崇拜——七夕节的习俗崇信,便是星辰心意信仰的展演。每逢农历的七月七号,即是中国著名的"七夕节",这是由中国星辰崇拜发展而来的在中国已经流传相当久了,而随着各个朝代的流传和演变,它发展出了许多的信仰习俗:

(1)乞巧

根据《五王传》(见引于唐代徐坚所修的《初学记》卷四)记载,传说西汉的窦太后(逝于公元前一四七)自小秃头,家人嫌她丑陋,就不准她出门看星。当然,并不是每个女孩都像窦后小时候一样的不幸。事实上,七夕的重头戏就在这些女孩的身上呢!因为传说中,织女的手艺极巧,能织出云彩一般美丽的天衣。为了使自己也能拥有织女一般的巧手,在少女之间,遂发展出了一种"乞巧"的习俗,而后来也有人称七夕为"乞巧节",又因为这个节日的主角在女性,遂称为"女儿节"或"少女节"。

西晋葛洪《西京杂记》记载:汉代彩女们在七夕这天,穿七孔针于开襟楼。汉高祖宠姬戚夫人有一侍女贾佩兰,每至七月七日,就在百子池旁跳于阗舞,然后又以五色线相羁,称之为"相连爱"、"穿七孔针",显然开了后来乞巧风俗的先河。从穿七孔针与五色线来看,明显得知是把七夕看成爱情节的开始。

《荆楚岁时纪》记载:于七夕之夜,妇女们用彩线穿七孔针。此时也摆香案,置瓜果,向织女乞巧。如果夜里有蟢子(一种红色小蜘蛛)结网于瓜果上,且结得又密又整齐,就被认为得到织女的青睐,必然乞得灵心巧手,满意兼如意。

《舆地志》亦有如此的记载:齐武帝修建了一座城观,每逢七夕,宫女登楼穿针,后世称之为"穿针楼"。除了乞巧之外,当时还有"乞富"、"乞寿"、"乞子"之俗。周处《风土纪》提到:在七月七日的夜晚,洒扫于庭,摆设酒肉水果,撒香粉,祭拜牛郎和织女,说出自己的愿望,不论是乞富乞寿,或是没有子嗣的乞子,无不灵验。但只能求一种,不得兼求,且要连乞三年才会应验。

明清后,更发展了"丢巧针"的游戏,七夕上午,拿碗水在阳光下曝晒不久后水面产生薄膜,此时平时缝衣或绣花的针掷入水中,针会浮在水面上。如果水底的针影呈现云状、花朵、鸟兽样,便表"乞得巧";如果弯曲不成型的,就表示丢针的妇女技巧拙劣。

此外另有窃听哭声之说,据说必须要是个童女,在夜阑人静之时,悄悄的走近古井之旁,或是葡萄架下,屏息静听,隐隐之中如果能听到牛郎、织女对谈或是哭泣的声音,此女必能得巧。乞巧的风俗,反映了青年男女,尤其是女子,向织女学习技能的强烈愿望,因为能否善于此技对于婚后女子的家庭地位、夫妻和睦、生活幸福至关重要。

此外,中国也流传了许多有关乞巧方面的诗文,从这些诗里头我们便可以看出,乞巧这个习俗对中国人来说是相当重要的。如崔颢《七夕》"长安城中月如练,家家此时持针线。仙裙玉佩空自知,天上人间不相见。长信深阴夜转幽,遥阶金阁数萤流。班姬此夕愁无限,河汉三更看斗牛。"

（2）祭拜魁星

俗传七月七日就是魁星爷的生日。魁星爷就是魁斗星,为北斗七星的第一颗星,也叫魁星或魁首。魁星主文事,以前的读书人认为魁星爷和榜上题名有关,所以都会在七夕这天很虔诚的祭拜魁星,祈求魁星保佑自己考运亨通。而古代士人中状元称"大魁天下士",或称"一举夺魁",亦与此有关。

（3）晒棉衣、晒书

"七月七,晒棉衣"的风俗起源于汉代。宋卜子《杨园苑疏》记载:汉武帝时建章宫之北有太液池,池西有一曝衣阁,常有宫女于七月七日登楼曝衣。魏晋时演变成晒书习俗。据王隐《晋书》记载:司马懿因权力太盛而受魏武帝猜忌,因此装疯躺在家中,魏武帝派人探查,就是在七夕这天,装疯的司马懿却在家中晒书,派去的人回去禀告,魏武帝命令司马懿立刻回朝复职,不然就拘捕处分。此令一下,果然奏效,司马懿不得不回朝。当时文人都讲求虚名,自以为清高且蔑视礼法,往往以晒书显示自己的书多和知识渊博,因此形成晒书的风尚。

（4）供奉摩诃乐

宋朝与异族文化交流甚深,所以容易受到影响,在七夕时有种叫"摩诃乐"的娃娃,又称"摩侯罗"或"魔合罗",因为是梵文音译,所以不太一致,为祭祀织女、牛郎的一种供品。磨诃乐原是佛教的天龙八部神之一,当年曾是一个国王。有一位仙人犯了罪,被禁在安后园里。国王忘记了这回事,有六日未供奉饮食。因此被罚坠入黑绳地狱,过了六万年才脱身成胎,又过六年才出世。六岁出家成佛,得道后,人大乘,久住世间者乃其变化身。此种玩偶大多是泥塑的小泥人,也有用木雕的。而给皇宫内廷进奉的摩诃乐是用高级木材或像牙制成的,甚至用金珠玉翠做装饰,价值常高达数千钱,可爱精致自不在话下。

摩诃乐应是妇女在乞子时所供奉的吉祥之物,但从摩诃乐的生平中,我们找不出任何与七夕或求子有关的事迹。尽管如此,七夕所供奉的摩诃乐手中经常拿着一枝荷叶,因此在七夕时,许多小孩子也都打扮得服饰鲜丽,手持荷叶,在大街小巷游行嬉戏。

(5) 祭拜七星娘娘

七夕除了是魁星爷生日,同时也是七星娘娘的生日,七星娘娘又称"七娘妈"、"天仙娘娘",另外,有人则认为是指包含织女在内的七仙女,又称"七仙姐"或"七仙姑"。七星娘娘的职务是保护婴孩免于受病痛威胁。因此每到七夕黄昏,家里有小孩的,会在门口祭拜,乞求子女顺利长大。与一般祭祀仪式相同,先烧香请神案的香炉,后再准备祭品。重要祭品有软粿(以糯米制成,中间压个凹洞,传闻是给织女装眼泪用的)、鸡酒油饭、圆仔花(代表多子多孙)、胭脂、白粉、金纸、烛等。必不可少的还有一座纸扎的七娘妈亭,家有满十六岁者,特别要供奉粽类、面线。祭后,烧金纸、经衣(印有衣裳之纸),并将七娘妈亭焚烧,将没有烧完的竹骨架丢到屋顶,此称"出婆姐间"(婆姐,传说就是临水宫夫人女婢),表示该孩童已成年。胭脂、白粉一半丢至屋顶,一半留下自用,据说这样可使容貌与织女一样美丽。

祭拜七娘妈最著名的就属台南开隆宫的"做十六岁"。家中如果有小孩满十六岁的,家长会带着小孩前往开隆宫还愿,感谢七娘妈的照顾。除了携带供品外,有个像征子女成年的仪式:绫桌脚。即是父母或长辈高举七星亭让孩子由后往前钻过,且从七娘妈的供下匍匐钻行三圈,男绕左,女绕右,表示出了七娘妈亭已经成年了,举止行动要更成熟,且为自己做的任何事负责。

(6) 祭拜床母

我国台湾省人以农历七月七日为"床母生",主要是在祭祀婴儿神"床母"。其和七星娘娘一样都是保护婴儿的神祇,但是两者拥有不同的传说来源。床母的由来,据说是这样子的:古时候有个书生名叫郭华,有一年他去参加秀才的考试,路过苏州,住在旅馆中,晚上出去买扇子时,竟和卖扇子的姑娘一见钟情,当夜两人便成了夫妻。不料郭华竟暴毙于床上。卖扇的姑娘很可怜郭华的惨死,又怕被亲戚邻居知道,所以就把他的尸体埋在自己的床下。后来这个卖扇的姑娘怀孕了,十个月后产下一子。为了安抚郭华的灵魂,她经常供奉酒菜在床上焚香祭拜。有人问她为什么这样做。她说是拜床母可使孩子长得更快,从此便有人认真地仿效她拜床母。也有人认为卖扇的姑娘拜的是情夫(即台湾话的"契兄"),所以也有人说拜床母就是拜"契兄公"。据说这个"以讹传讹"的床母生日就在七夕。台湾人将十六岁以内的孩子称为"花园内",均受床母的保护。所以在这天,这些少男少女,都要从下午六点起,在自己的房间内祭祀床母,供品要有鸡酒油饭,并烧床母衣(有木刻衣服图案之金纸),以拜谢床母保护幼儿之恩。

由此可见,源于星辰崇信的七夕习尚在我国心意信仰的文化内涵不仅仅是男女的爱情,而是十分丰富的,展演的形态也是多样的。但是,在这多样性中有一点是共同的,即是一种美好心愿的祈望。

土地神灵祭祀。在原始初民眼中,孕育万物、毁灭万物的大地具有神奇的力量,故崇敬、祭献之。东汉·班固《白虎通义》对此还作了专门的说明:"地载万物者,释地所以得神之由也。"大地神与一般的天地神在人们的尊崇中还有一种殊荣,即自汉以来,人们尊称地神为"地母"或"地祖",为赐人类以万物的女神,礼祀中亲如母亲。《礼记·郊特牲》说:"社,所以神地之道也。地载万物,天垂像,取材于地,取法于天,是以尊天而亲地也。"因此在祭祀中采取了"以血祭社稷"地的庄严崇高的祭法。《周礼·大宗伯》有"以血祭祀社稷"之说,即为此。血祭不仅用牲血,还用人血。《公羊传》、《管子·揆度》中都记述了以人血祭社、杀身以衅某地神的情状。后世流行的土地神、土地老爷、城隍爷一类的敬仰、崇信、祭祀活动,就是从远古地神之祭习俗衍变而来的,它成为我国最广泛的天地崇祀形态之一,今天各地尚有不少遗存。与大地崇祀紧密相连的还有山石崇祀。高山怪石傲然于世,给原始初民以无穷的遐思。人们敬畏它们的巍伟险峻,或以为它们是天地之间的通道桥梁,或幻想那儿是神灵的家,因而对它们怀有深深的神秘的敬意,令人敬仰。我国素有崇奉东岳泰山、西岳华山、南岳衡山、北岳恒山、中岳嵩山的尊五岳习俗。各地方、各民族还有自己的山神崇拜,不知其数。至于怪石崇信,当以泰山石为首。"泰山石敢当"的石信仰遍涉全国,波及海外。在日本京都民族博物馆,还珍藏一块冲绳岛发掘出的"泰山石敢当"铭文的镇山石。石崇拜流传各地,成了压禳不祥、消灾避祸的镇物了,这在吴地犹盛。《继古丛编》云:"吴民舍,遇街冲,必设石人,或植片石,镌"石敢当"以镇之。现代苏州、上海等地拆旧翻新,掘地建筑,时而发现石敢当条石和石人,还有一尊刻有万喜良之名的石人被压在上海城墙底下,据推算为建城时的压邪镇物。远古的人衅筑物和石镇物崇信发生了合流。

水火崇祀也是天地崇祀中的一个重要方面。《山海经》中已有四海之神的信仰。嗣后,四海龙王的崇信祭祀在沿海地区经久不衰。渔民出海先备三牲,点香焚烛,对海龙王顶礼膜拜,虔诚之至。陆地各处江河湖泊,也都有对其神灵的祭献。中国祭山有五岳,祀水有四渎,四渎即"江、河、淮、济"四条江河。《礼记·王制》:"天子祭天下名山大川,五岳视三公,四渎视诸侯。"据说自周以后,独流大海的四渎:长江、黄河、淮河、济水成为河流崇拜的主要对象和像征。据《广雅》载:"江神谓之奇相。"《华阳国志》云:"蜀将李冰于彭门阙立江神祠三所。"长江奔泻万里,其初并无统一之神,所以又相继出现了不少地方性的江神。如奇相一般则是蜀地的江神。楚地以湘君、湘夫人为江神,吴越又有以伍子胥为江神者。黄河之神史称河伯,也有称其为巨灵者。黄河边上,置有河神庙。各地的小河溪流,也不乏为崇信的对象,由该地民众祭奉。对火的崇祀是源远流长,影响极广的一种天地崇祀。火的自然威力,使原始初民的生存方式发生了巨大的变化,引起了质的飞跃。世界各国人民都有火的崇祀,中国也不例外。我国上古时代称火神为"祝融",对它的崇祀逐渐与灶神融为一体,这是一种说法。火崇祀属自然崇祀,论属性,当是自然物体。祝融或灶神都似乎已是自然神人格化的产物,都是后起的。因而有一种意见认为,元宵节的前身,点火似是火崇祀的雏型,元宵节是后来的衍化。由此推及西南少数民族的"火把节",恐也是由此而来的。在西南少数民族地区,人们对家中火塘的尊敬和禁忌,也含有火崇祀的遗迹。

自然诸物天地日月风雨雷电云雾山石水火土等在中国民间均有敬崇祭祀的习尚。种类繁多,祭法不一,但万变不离其宗,即对它们的不可思议而寄寓于虔诚的信仰之意。我们的古人曾有专著论述,最早的见《尚书·舜典》,它把天地崇拜祭祀分类待之:"肆类于上帝,禋于六宗,望以山川,遍于群神。""类"、"禋"、"望",为不同对象的不同祭法。"六宗"为禋祭的对象,包括"天宗":日、月、星;"地宗":海、河、岱。各种祭祀程式《礼记》、《仪礼》等书中备有详记,在此不再赘述。

2. 动植物图腾崇祀

动植物崇祀是我们先民在生产斗争中对与自己生产、生活关系密切的动植物发生的一种崇信祭祀习俗。图腾崇祀则是在动植物崇祀基础上发展而成的。

动植物崇祀以动植物或幻想中的动植物为尊崇对象。我国的先民在生产的实践中逐渐认识到鸡、马、牛、羊、猪、谷、稻、麦等重要的生产资料和食物对人的帮助以及虎、豹、蛇等对人的严重威胁,为感恩、或为笼络而对它们加以尊崇以"利己"由此而形成的敬仰的俗信。还有一类是初民臆造的幻像如龙、凤、麟、龟等特异动物,它们本身是信仰神化物,也属于动物崇拜。

中国动植物崇祀久远而广泛。中国十二生肖的出现,从另一方面说,也是动物崇祀的一种表现。在中国的历法中不仅将大年初一到初六这岁之首的吉日留给了鸡羊马猪狗等与人生活息息相关的动物作生日,同时还在一年四季适当的时间定出百花、稻、棉等植物稼禾的诞生日而加以祭拜。如农历二月十二为百花生日,民间有祭花神的习俗。蔡云《吴俞》"百花生日是良辰,未到花朝一半春。红紫万千披锦绣,尚劳点缀贺花神。"从中可见全貌。农历七月二十日俗传为棉花生日,农历八月二十四为稻生日,这些设置充分反映了民众对它们的虔诚敬仰之意。在中国传统的观念里,一切动植物都有神祇,因而动植物的崇祀十分广泛,影响也大。种桑养蚕,在中国长期的"男耕女织"经济生产结构中占有重要的地位。所以,对蚕的神化崇拜既深又广。自商周历秦汉唐宋至明清,均将蚕祭列入国家祀典。民间对蚕的祭祀也非常虔诚。茅盾先生的小说《春蚕》对旧时代农民的蚕崇拜作了形像的刻画。这在农村是妇孺皆知的祭祀。在古夜郎国及云、贵、川等地彝族地区盛行竹崇拜。滇、桂交界处的彝人有专门崇祭"兰竹"的风习。傈僳族更为奇特,有崇拜荞麦的,有崇信蜂的,有信奉紫柚木的。

动植物崇祀中的一个重要内容,即崇祀对像与崇拜者之间有着自以为是的亲缘关系。这就是图腾崇祀,西南彝族等流行的拜竹习俗,实际上是图腾崇祀的遗迹,如竹图腾相传为古夜郎国的标志。传说古时候一女子在河边洗衣,随水漂来三节竹,竹止女子足间,推之不去,中有啼声,女拾竹破之,得一男儿。及长,文武齐备,以竹为姓,是为竹王,遂自立为夜郎侯。彝族地区也有相类的传说,破竹得王子,分别为各彝之祖。无独有偶,一衣带水的日本也有相类的"班竹姑娘"的传说。这些传说都涉及到一个祖先与竹的亲缘关系。中国图腾崇祀的种类是比较多的。大多为龙、凤、蛇、熊、狗、狼、虎等动物,反映了中华民族历史上就是多种民族、部落、民族融合而成的,幻像的龙、凤图腾即是其真实的写照。

3. 鬼神祖先崇祀

中国对鬼的崇祀由来已久. 初民对梦的最好解释就是灵魂的显现,死人的灵魂,没有了活人的躯壳,也就沦为鬼。鬼虽脱离阳界,但却未断干系。它偶尔还可重返人间,兴风作浪,故人们不得不对它表示敬畏,鬼崇祀便出现了。鬼受到敬崇,身价也就提高了,不知不觉竟与神相混杂了,得到了同神一样的祭奉,也就成了鬼神崇拜。这种崇拜在世界上似乎是少见的。一些专家学者早已看到了这一点,认为中国往往鬼神不分,鬼常得到神一样的尊崇礼拜。民间的紫姑崇拜即是。宋·苏轼《子姑神记》载,紫姑亦称子姑,传说姓何,名媚,山东莱阳人,寿阳刺史的小妾。唐武后垂拱三年为大妇曹氏所嫉,正月十五日被推入厕所淹死。上帝见怜遂命为厕神。此事似有根由,后人对小妾不幸被迫害致死,甚为同情,越年是日祭祀哭鬼魂,流传开来,如神祇一样受人拜祀。后来,又衍化为请其扶乩,暗喻他人命运前途。旧时,信奉此俗者不少,民间又俗称"坑三姑娘"。从上述可知,不论是实事还是传说,紫姑本身原不是一个神祇,而是人鬼,受人敬仰,遂受神祇拜礼。类似的情况,在中国是很多的。历史上一些著名的人物,死后为鬼雄,俗信当神祇崇拜。如三国时的关羽,祠祭遍及全国各地,连少数民族地区也有崇祭遗存。一些为民作过好事的人物,死后也常常会得到殊荣。如历史人物蜀太守李冰的二儿,兴修水利有功,在他死后民间崇为水神,即二郎神。这些历史人物有的是舍己救人,有的是乐善好施,人们纪念他们便建祠崇祀。

中国的鬼神崇祀中还有一种奇特的现象,不仅将值得称赞或同情的人鬼当神崇祀,而且将一些恶鬼也给予礼遇如神敬奉。

江南各地,多祀五通神,又名五圣或五郎神,俗传他能魅妇女,淫人妻女,并以种种怪异,作祟人间。蒲松龄《聊斋志异》上说得最为详尽。民间多争先恐后地供以香火。俗以为其神怪诡异,多依岩石树木为丛祠,或以委巷空园,屋檐树下,鸡埘猪圈,设小庙。高广不逾三四尺。这种拜恶鬼为神的传统中国远古已有。《独断》云:"帝颛顼有三子,生而亡去,为鬼。其一者居江水,是为瘟鬼。"后世便演变为瘟神并加以崇祀。祖先崇祀,是鬼神崇祀的一个主要内容,在中国特别突出。祖先崇拜是对民族、宗族、家族及行业集团先祖的顶礼膜拜。中国长期的小农自然经济模式,先人生产经验的积累和富有实践经验长者的指点,显得格外的宝贵和必要。由此对创业的先人怀有特殊的崇敬之情,祖先崇拜诞生了。中华民族在融合的过程中产生了好几位民族崇拜的先祖。如黄帝、伏羲、女娲、盘古。传统的家庭,设有已故家主的牌位,宗族置有族中祖先的灵牌,适时礼拜。举世闻名的孔子家族,今日已繁衍至 76 代,族中以曲阜为中心保持着尊先祖孔子的崇祀。人们对祖先的崇祀,也往往要追溯到历史上有联系的显赫人物,以增光彩和价值。

中国祖先崇祀的一个特点是,它不仅尊崇血缘关系的先人,还崇奉各行业的"开山祖"。俗话说:"三百六十行,行行有业祖。"如酒的业祖是杜康,梨园的业祖是唐明皇,木工的业祖是鲁班,金银匠的业祖尉迟公,售饼的业祖汉宣帝,刻字匠、印字匠、锦匣匠、裱画匠及纸店的鼻祖为文昌神。一个行当的业祖有时不止一个,崇祀就凭各人喜欢了。如中医业祖,有扁鹊、孙思邈或黄帝。织机匠的行业祖苏州崇拜张平子(东汉张衡),而松江及余杭一带尊奉黄道婆。

中国祖先崇祀的又一个特点,就是它在社会上衍变为崇老、崇名,影响深广。祖先都是"老"的,年老意味着先辈的身份,崇祖也就崇老。于是,唯老是举,讲资历,摆资格。青年人则是"嘴上没毛,办事不牢",不论你有多大能耐,凭你年纪不大,就不能受尊重,更谈不上崇拜。这与西方文化的观念是极不相同的。美国人一般的观念认为,人过六十就没用了。崇老,即崇经验,在美国人看来也不科学。他们认为牛顿定律是他一辈子的杰出成果,可这些在今天已浓缩成维生素丸一样,一个星期的理性提炼和教授即可接受解决。崇老不能使牛顿开创的物理运动学前进一步。与崇老相联的,中国还有崇名,崇名门望族,崇名人血统。民俗中所谓"龙生龙,凤生凤,老鼠的儿子会打洞"是典型的一例。这些都是祖先崇拜的派生物。晋世家、唐版籍,到极左路线下的唯成分论,提拔干部时的干部子女优先论,无一不是祖先崇祀的延伸和发展。我们论述祖先崇祀时不应将它们遗忘。

(二) 禁忌

这是心意信仰民俗中心理的防范性制裁手段或观念。国际通用术语称 Taboo或 Tabu,音译"塔布",源自太平洋波利尼西亚群岛。涵义是指禁止同"神圣"事物或"不洁"不祥物接近,否则将会受到惩罚。

中国的禁忌,有时也称忌讳,内容也是很多的,各行各业、生产生活,就是有人活动的领域,都有它们存在。按形式分,五花八门,也难穷尽,只能挑一些作扼要介绍。

日忌。即日的禁忌,日忌所禁的内容很多,以时日的不同而异。如汉族较多地区,农历正月初一至初三,旧俗禁止从家里往外扫地及向外倒垃圾,俗信认为这样就把财气扫走了,于年不利。旧时河北一些地区,正月十六忌开仓,此日俗观为"耗磨日",开仓意味仓中所蓄耗磨,一年要饥荒。农历二月二日,俗谓"龙抬头日",忌动针、刀、剪,以免伤龙目。农历寒食禁烟火三天,悼念晋文公重臣介之推。俗信农历六月二十四日为雷神生日,民间流行忌荤食素,屠行歇业。江南俗信,稻棉生日忌天刮风下雨。冬至日嫁女忌在娘家留宿,以防克死夫家长辈。日忌的范围扩大到月忌。江南一带普遍流行"正月、九月不迁屋","二月、八月不适灶"之习俗。民间还认为五月是恶月、毒月,《荆楚岁时记》称是月"多禁,忌曝床荐席,及忌盖屋"。日忌还有扩大到年忌的,旧俗认为龙年是凶年,各种禁忌颇多,不一一介绍了。

食忌。亦可称吃忌,饮食中的禁忌。小孩忌食鱼子。俗信以为鱼子数不清,年幼的孩子吃了也会拎不清(不聪明)。汉族不少地区未生育的妇女及孕妇忌食狗肉或乌龟肉,以为会导致难产或胎儿病残。食忌之所忌,往往与民族和地区民众的信仰和习尚有关。壮族自古以农为生,重视耕牛在耕作中的地位,传统不食牛肉,以示爱情。据史载,汉族至南北朝仍有规定,严禁宰杀耕牛,违者重惩,自元游牧民族入主中原,遂兴食牛肉之风。

行为忌。即忌讳某种场合下的行为动作。常见的有忌从裤子等物下经过。尤其是女性内裤裙子晒在高处,若有男子从底下走过为大不吉。摇篮为婴儿安寝之处,婴儿在时忌摇动,否则将会招致不测或婴儿哭泣。闺中少女忌脚踩落花。

已婚妇女忌在娘家与丈夫同房,以为将使娘家家道衰落。临产之妇忌在娘家生孩子,应速速归婆家,或让接生婆扶至荒野生养。俗信在娘家生孩子,会冒犯神灵,招致女子不吉等灾异。出殡前停尸守灵,忌猫近前。以为猫触越尸体,死者会骤然直立。人生礼俗里,特别是生养婚寿丧,各地有种种行为禁忌。生产中也有这样的情况。如养蚕,蚕初出,忌生人入蚕室,尤忌叩门,以为会冲去蚕花,使之受损。蛇入室,忌扑打,因为这是福佑蚕事的。"青龙"降临,应叩拜斋供,听其自去。旧时店铺忌人坐柜上,柜为贮钱之器,坐之会影响财运亨通。新疆牧区,忌用手或棍棒指点清查人数。因为这是清点牲畜时的动作。傣族忌靠室内柱子。其室内柱子一般有四根代表女性,中间较高大的两根柱子代表男性。中间靠里面的一根多贴有色纸,挂有腊条,视为神灵之所凭附,绝不能靠在上面休息或谈话,也不能挂东西,犯忌则以为冒犯神灵,会招致灾难。有的行为禁忌,可以在多种场合下出现。

如理发忌,举丧期间丧家男性一月内不得理发刮脸以避邪。新生儿忌满月或百日前理发,否则有夭折之祸。

交际忌。人们相互交往中的礼仪禁忌。结婚送礼,忌送单数,因为俗信好事成双。旧时视寡妇为"不祥"、"不洁"之人,禁止其参与祭祀、触及祭祀物品。非全福之人(父母、公婆健在,夫妇合好,子女成双的女性为全福之人)不能为新娘铺床、布置新房。旧时北京地区,农历大年初一至初五,忌妇女串门走亲。妇女分娩未满月前忌孕妇、生人入其卧室视望。犯忌则将有"鬼"乘机侵入,对产妇婴儿不利。蒙古族、达斡尔族人入他人住所,忌持马鞭入室。俗规认为只有寻衅者才如此。彝、佤、傣等少数民族寨子多建门寨,骑马至寨门前必须下马而行,否则视为挑衅。

名讳忌。即命名、称谓方面的禁忌。旧时对子女的命名忌讳繁多。主要有命相八字忌讳。不得以相克之字命名。如命中缺金,不得以火名。,避与长辈祖先之名同字或同音,以防不测。在中国,名讳忌被封建统治者们搞到登峰造极的地步,数千年来,成了中国历史上特有的一种历史现像——避讳。它约定臣下对君主不得直称其名,而要用其他方法称呼,而且由此推广,为圣者讳,为尊者讳。这种"国讳"自周代起到辛亥革命才大体告终。在古代,命名忌讳要逾七代以上,才可以不避讳。如颜师古释《汉书》时还须避"虎"字,因唐高祖李渊祖父名虎。宋代,七世以上君主名字,仍不开禁。二十四节气之中的"惊蛰",原为"启蛰",刘安作《淮南子》为避汉景帝刘启讳,改"启"为"惊"。《三国志》作者陈寿,为避晋宣帝司马懿讳,把《后汉书·灵帝记》中的并州刺史张懿,在史书中改作"张壹"。东晋人避讳是走在很前面的,为避晋文帝司马昭讳,竟硬把生活在二百年前的王昭君改名"王明君",把汉人所作《昭君曲》改成《明君曲》。封建王朝,君主更迭,一些从臣为避讳,姓名如魔术,变来变去。王安石变法的反对者文彦博,先人在后晋时,为避高祖石敬瑭讳,曾祖父改姓文。至后汉,复姓"敬",进入了赵宋王朝,为避赵匡胤祖父赵敬讳,其祖父又复改姓"文"。我国古籍中,常常为此也弄得很混乱,真令人啼笑皆非。

说话忌。这是内容十分广泛的口语忌。常见的是忌说不吉利、不吉祥的话语。旧时江西流行谓喝药为喝好茶。药是治病之物,言之恐一直附身,于己不利。形式上一般忌谐音。如送给婚礼品,不能"送钟",吴方言"送终"即为死人送行,"钟"与"终"同音,大不吉利。也不能说格子衣料,格子谐音"疙里疙瘩",有矛盾不和谐,这也是新婚夫妇的大忌。中国人盼团圆,忌离散,与分离的谐音一般忌讲。梨子削好了,只能一人吃,决不能"分梨"。伞,音近"散",故一些地区称为"竖笠",忌分别。各种生产行当,也多有种种忌口说的话语,需改换一种新的语词说出来。船家盛饭改称"添饭",避与"沉"音相谐。卖猪头,老板呼为"赚头"(吴语,意会发财)。一些不祥之物,禁止用称呼比附。如龟,在唐宋前,曾是四灵之一,元始用以羞辱娼妓之夫或淫外妻之夫,遂为讳。"龟儿子"、"王八"之骂话,为人之大忌。这也是中国旧时"国骂"之一,国外及古代并非如此。

(三) 兆卜

兆是不寻常的动植物表现,反常的气候气像,人体异常的生理现像和怪梦为未来人与事物之间某种神秘联系的预测诠释活动。根源于人类初期,人们受自然力威慑,对未来的遭遇和行动后果无从预见和左右,试图乞求神秘力量和意旨指点,先期把握,以避灾祈福的心理认识活动。久之,成为一种预测或预兆式的俗信。兆或称预兆,因地因民众的差异而有较大的差别,它的存在是卜发生发展的基础。

中国心意信仰民俗中,兆也占有很大比重。现在以兆体本身为类,作一些简要介绍。

动植物兆。这是人们对异常动植物的出现或平常动植物的异样表现为征状的前兆信仰。俗话说"乌鸦叫祸,喜鹊报喜"即是。乌鸦除颈项处有一圈白毛外,余皆漆黑,与丧服相类,且它又喜食腐肉,旧时汉族普遍以它为不祥之物。它在屋顶叫,必有坏事到。而喜鹊叫声和毛色惹人愉悦,又以"喜"名,汉族地区广泛认为是吉祥之物,它登枝鸣叫必有喜事到。民间流行的动植物兆,稀奇古怪,形式颇多。如狗作揖兆祸,蛇现足主凶,鸟屎落身兆灾。有的动植物兆,在民间已形成顺口溜式的谚语体广泛流传,如"竹子开花,家破人亡";"竹子开花,人要搬家","猪来穷家,狗来富家,猫来孝家","年夜狗吠叫,来年疾病少","母鸡打鸣,家有不宁"。某些动物,一身可以有多种征兆,常见的以鸡、狗、鼠、蛇类为多。如鸡,尚有"公鸡西啼,家有不宁";"鸡上屋,火警至";"鸡身带草贵客到"等等。有的动物兆,只因时辰不一,主兆内容有很大区别。如江浙民间流行的白天蜘蛛悬空,主喜,客人到;晚上见蜘蛛悬空,主凶,贼骨头将至。

值得一提的是,动植物兆在现代科学面前也不全是迷信。实践证明,动物的有些反常现象确是某种天地物理异变的前兆。老鼠大白天搬家,安宁的动物突然暴躁等往往与地震有联系。这种凶兆,加以科学的鉴别可造福于人类。

人体兆。据人体生理异常表现的兆征。最流行的是俗信所述的"左眼跳福,右眼跳祸"。以人的眼皮不由自主的抽颤为福祸之兆。一般左为吉,右为凶。而且男左,女右,女子跳眼皮的祸福与男子正相反。其他还有耳热、打喷嚏等征兆。俗信耳根无端发热,是有亲人想他,或有人在嚼耳根子,说他坏话。人偶然打喷嚏的兆征也如此,一为吉,有人思念,二为凶,有人背后责骂或灾祸加身。此俗流传甚古。《诗经·终风》"嚏言不寐,愿言则嚏。"《传》云:"愿,犹思也,盖他人思物,我则嚏也。"现在民间尚有遗存。

此外梦兆也是一种人体兆。梦兆范围很广,中国各民族的梦兆有不少区别。较多流行的是相反律。如梦中遇害,兆现世灾祸将临。梦中见棺材,主大吉,预示升官又发财。

物候兆。物体的特定形态或时辰的气像征候预示的兆征。灯花兆即是一例。旧时以烛照明,灯烛余烬结成如花状,故名灯花。古人以它的出现为喜兆。俗谚:"灯花爆,喜事到。"旧式婚礼洞房花烛,以灯花为兆,预夫妇和合。星兆在中国古时很有市场。如扫帚星(即彗星)的出现为凶兆,以为将出现瘟疫、灾荒、战乱等各种灾难。旧时江南流传七月七日夜观天河——银河系群星,兆征未来收成。星体晦兆米贵,显则主米贱。星兆中有不少与农事气像有关。典型的如参星兆。俗以正月初八日黄昏时参星的位置为当年水旱之兆也以参星在弯月之"背"主大水,在其"口"则兆旱。农谚云:"参星参在月背上,鲤鱼跳在镜盖上。参星参在月口里,种田种在石臼里。"此外尚有"上八不见参屋,月半不见华灯"之说,是日参星远兆一年,近兆正月十五的气候。天像兆在物候兆中是相当多的。如"立春晴一日,农人不用力";"正月雷打雪,二月雨不歇";"三月沟底白,莎草变成麦";"朝虹日头暮虹雨"。天像兆实际上不少是对天文气像的经验总结,里面有不少科学的东西。过去物候兆不少是以农谚形式出现的,有科学价值,应好好整理,发扬光大。

卜是兆的发展。在兆中已有卜的因素,即兆像意味的固定指向。但有些征候所兆之意尚不明确,或尚不知何意,则就需要专门检验或再行检测,这就是卜了。卜一般要在兆的基础上进行,它本身也可是一种征候,一种通过某种习俗行为产生的征兆,然后据一定的术数进行分析、诠释。《说文》云:"卜,灼剥龟也,像炙龟之形。"就是通过火灼龟壳产生的裂纹征状进行的术数预测。故古代又称为"占卜"。《说文》解:"占,视兆问也,从卜口。"即对征候行术数卜测之意. 我国古代在兆的基础上设有专职的占卜官员。称"占人"或"卜人"。占卜的内容有:卜年、卜月、卜日、卜岁、卜星、卜战、卜宅、卜老、卜嗣、卜名、卜妻、卜祀、卜食、卜宰、卜邻、卜梦等等。占卜在发展中又演化出多种形式,通常俗称"算卦"、"相面(手)"、"看风水"、"测字"及其变体"抓周"、"算八字"、"合婚"等等。我国古代术数家创造的,并由《周易·说卦》记载的八卦,是传统占卜的最初术数,其影响今天还可以感觉到。它以"一"表示阳,"--"表示阴,并由此排列组合成☰乾、☳震、☱兑、☲离、☴巽、☵坎、☶艮、☷坤基本的八卦。推算时又分别扭叠组合成八八六十四卦,以像征推测自然和社会、人事的种种变化和发展。八卦算命后来成了职业迷信者的谋生手段。民间流行甚广的还是那些比较简单的卜术信仰。如手相、面相、金钱卜、蒿草卜、坑三姑娘(扶乩)等现在还有遗留。

(四) 巫蛊

巫术是心意信仰中信奉借助超人的神秘力量对人、事施以控制影响的方术。卜也是一种巫术,因卜主要在于预测,与兆更为接近,故分开。实际上自古以来巫是包括占卜在内的,而占卜在巫术中是以一定的法术出现的。中国巫术信仰有深远的基础和丰富的内容。

巫术在中国原始社会职能范围比较广泛,主要是奉祀天地鬼神及为人祈福禳灾,后来演变成人们去凶化吉、避煞祈祥、装神弄鬼一类俗信活动。一些巫术活动有治病的功能。《吕氏春秋》云:"巫彭作怪。"但它不是从病理去治病的,它采用的是法术手段,信奉的还是巫术的神奇力量。巫术在崇信者眼中,是法术无边的。如压殃法,信奉者以为用它可以使致病的邪祟魔鬼统统除掉,相反,对仇人还可以使其致病。

在巫术中,咒语、符篆、法术仪式等是必不可少的。为巫术目的而诵咒文、套语称为咒语。原始人相信语言有种神奇的力量和效应,咒语就是由此发展而来的。咒语一般古奥、难懂,富有神秘色彩。上古时祝仪中的辞如前面所叙伊耆氏蜡祭辞、招魂中的呼唤辞、婚礼撒帐时的口彩、江南造房上梁时的祝词、遇到异常兆征时的禳解之语等等,都是咒语实际运用中的凡例。民间行巫的人员,还多用一定咒语请鬼神。符篆,则是咒语的书面文字化,用墨或朱砂书画在特定纸帛上,或张贴或焚烧,以此驱鬼镇邪。在中国少数民族巫术中,咒语多,符篆少,而汉族则巫术咒符并用。如治小孩惊哭的流行巫术。主家将书写"天皇皇,地皇皇,我家有个夜啼郎。行人君子读一遍,一觉睡到大天亮"咒语的符袋,张贴在厕所墙上,让穷人在念咒语中将病魔驱逐走。中国民间,还有一种除邪的符水,也是巫术符的一个方面。崇信符水可以服用治病。其中大多是迷信,可现代科学发展证明,具有神奇力量的气功师放过功的"信息水"即现代符水,确有治病疗效。想来气功师古已有之,不能排斥有此特异功能的巫师作术后的古代"信息水"的存在。道教中很盛行符水的巫术作用,北宋张房编集的道教类书《云笈七签》中有"符水论"专论此道。

中国巫术中还有不少法术、仪式,它们也都是为达到巫术的目的而采取的一定行为。如厌胜法:古代修墙建城,有以童男或童女埋压以求成功的,或设木人、石人以作镇物的。整个过程,往往有一定程序的仪式相配,同时还有神衣、神刀、神鼓等巫术用具及避邪物、厌胜物、镇物或替代物。

蛊是巫术的一种用毒方式。一般是用毒虫酿成。民间有金蚕、疳蛊、癫蛊、肿蛊、蛇蛊等等。放蛊是一种黑巫术,实际上是巫医将迷信毒物并用的野蛮手段。针对放蛊中毒,民间还流行医蛊、解蛊的巫术方法。旧医书上多有解蛊偏方,也是巫医之术。

三、中国心意信仰民俗的现实启示

当代中国思想文化一个无可回避的事实是:自20世纪80年代以来,久违的五光十色的心意信仰民俗在民众的生活中重新蔓延开来,从各个方面影响着人们的生活态度和价值趋向。究竟如何看待和处理民众生活中心意信仰民俗的存在和流行问题,实际上,一直是政府部门,特别是我们现行体制下管理者和思想文化工作者十分棘手的问题。

针对这一问题,民俗学科应当就当代社会流行的心意信仰民俗及和民众生活的关系,以点带面,作实践的调查,理性的缕析,科学的界定,并在此基础上提出相应的对策,为国家对心意信仰民俗的管理提供政策的依据,为中国现当代思想文化建设作应有的贡献。

这不论在学术价值,还是在实践意义上都是十分重要的。

首先,它是我国现当代人思想文化研究中一个尚未开拓的新领域。对它的深入研究,有利于人文学科建设的持续发展和社会的和谐发展。

我国在现当代对心意信仰民俗的关注和研究,专著文章,还是时而可见。心意信仰民俗内容庞杂,有俗信,如生肖属相、祖先崇拜、龙凤崇信;也有迷信等不乏负面的东西。但是,大多论者,对民间俗信,往往只注意其信仰的层面,并以宗教学的知识理论进行解说。然而,心意信仰民俗其实是和我们民众的世俗生活紧密联系在一起的独特的信仰形态。它既是信仰,又是生活,一种不脱离信仰的生活相。

一般而言,俗信是人们在长期的生活、生产中形成的约定俗成的传统理念。如"瑞雪兆丰年","三百六十行,行行出状元"。俗信有的是日常生活生产中实用的经验性心意体验。有的本来是原始信仰或迷信的事像,在民间传承、流传中,随着社会的进步,科学的发达,知识文化的提高,一些非理性的无内在因果关联的信仰事像,逐渐失去了存在的根基,一些合理的有用的成分,在实际中不断有所借鉴,并形成了一种传统的习惯在行为上、口头上或心理上都保留下来,在一定的人群中流传,直接间接用于生活目的,这就是俗信。

它与宗教、民间信仰、迷信等,既有着联系,又有着明显的区别:

一、宗教,是富有哲理的系统信仰。它具有一些特有的特征。扼要地说有三点:1. 高深的哲学和伦理系统的教义。2. 特定的神职人员。3. 特定的活动场所。

二、民间信仰。《民间信仰》作者日本崛一郎认为民间信仰"不受任何宗教约束。在民族的宗教实践历史中是指有宗教以前的未分化阶段而言,并多来源于该社会、该民族所承袭的自然宗教的变化之中"。自然宗教——原始的自然信仰。

三、迷信,特指民间信仰中给社会生活带来严重危害的部分。迷信一般是以非逻辑和超逻辑为前提将事件、事物、现象之原因看作两者之间存在某种永久的必然性。只要相信超自然的、神圣的、人格化的事物之中存在某种魔力就有迷信存在。主要指不合理的、自相矛盾的、与生活脱节的、不能使人积极地面对生命的思想与行为。

迷信与俗信虽然在构成的类型上极为相似,但其性质和手段却有明显区别。

迷信是对事像的因果进行歪曲认识的观念或施行歪曲处理的神秘手段,它具有十分浓重的自发性和盲目性。

心意信仰民俗是与宗教不同的信仰形态。一般而言,它不受宗教的约束,也不同于一般的宗教。现实生活中,它与民间民众日常生活场景的方方面面:盖房买房、生老病死、养育嫁娶、读书上学、外出行商、打井造桥、种田捕鱼等等纠缠在一起,并有意无意规范制约人们在其间的言行走向。在世俗的生活中,心意信仰民俗极大地约束着人们的思想言行和人生观。心意信仰民俗是一把双刃剑。其负面,对民众生活有害。但因立场观念的差异,时代的不同,实际危害的程度和个人的感受不同而有所差别。心意信仰民俗中蕴涵的民间权威文化符号和信息,具有不同于法律的法约力量,其合理的流行、应用,往往与遏止人性的劣根性,促进人性的良知,保护生存环境,祈求人生福禄寿、美好幸福等生活目的相联系,内含有利于现实民众生活和社会公共秩序的和谐发展的积极因素,对维系社会规范,促进社会稳定,凝聚国民性等方面,具有政府行政管理无法替代的影响和作用。这些问题的深入探索、剖析和建树,可以为我们当代思想文化和相关学科提供新的理论。

其次,对当前我国现代化进程中,如何进一步凝聚民族性具有实际的意义。

由于多种的原因,我们对心意信仰民俗在民间生活的实际状况,调查不足,研究薄弱,知之甚少,加上国家原来也没有宗教一样的管理机构,从各级领导到普通民众,普遍缺乏对心意信仰民俗的科学认识,心意信仰民俗的滥觞一直处在无序的自发状态。在二十年的田野调查中,常可见一些领导干部,对民间流行的民间心意信仰民俗简单斥之为迷信,一概排斥,对佛教、基督教等宗教,称其不是迷信,一切从宽。领导阶层宗教信仰认识上的无知和"崇洋迷外",造成了民间,特别是广大农村信仰思想文化的混乱。一部分基督教徒传教中,学着我们领导的口吻,指责民间心意信仰民俗,乃至道教等中国本土信仰为迷信,称自己是国家法定的宗教而不是迷信。弄得不少农民分不清楚,为了不搞迷信,放弃本土心意信仰民俗而皈依洋教。个别地区,这一问题已十分严重。浙江一些沿海乡村,乃至楠溪江上游深山沟里,也是教堂矗立。西方传教士,远至上千年,近至几百年,一心想做而不成的事,在近二十年得来全不费工夫。本土民间信仰的弱化,外来宗教信仰的强化,对民族的思想文化和凝聚力无疑是一种精神的"偷心术",后患无穷。二十世纪初,鲁迅先生慧眼独识,早已看到了这个问题的重要性,他在《破恶声论》中,指出民间心意信仰民俗对中国社会和民生的重大影响,倡导参照国外经验,进行科学调查梳理,为现代社会的建设服务。近百年过去了,事情已到了刻不容缓的地步。为了国家的长治久安,务必对此进行了解、研究并作出对策。

心意信仰民俗是一种区别于官方文化、上层文化而又在一定程度上受其影响的、具有民族民间特色的、反映民众精神生活面貌的社会文化现像。林林总总的各种俗信，按照科学与否评价，可以分为科学的、含有科学成分的、带有迷信色彩的、迷信色彩浓厚的几类；按照文化价值取向，可以分为积极健康向上的和消极颓废落后的；按照其带来的社会效果，可以分为有益的、无害的、有害的几类。但是不论哪种类型的心意信仰民俗，无不从正面或反面与科学和文化有着密切联系。许多心意信仰民俗蕴涵着一定的科学知识、道理，有些直接就是科学知识、科学精神的表现；有些则是非科学的东西，没有科学道理可言，甚至是对一些科学知识和自然现像的歪曲。许多心意信仰民俗有着健康的文化内涵，反映了健康文明的文化思想，对科学发展、文化建设有着积极的作用；也有一些心意信仰民俗表达了不健康甚至是落后腐朽的文化观念、文化现像，对文化建设起着消极、有害的作用。应当承认，心意信仰民俗中的大多数，不同于纯迷信那样明显地严重危害社会，为害民众，而是有益于或无害于社会和民众。特别是传统节日心意信仰民俗、人生礼仪心意信仰民俗等，主要展现了人们的求吉避祸心理，表达向往健康长寿、家人平安、生活美满、社会安定的良好愿望。如自生肖观念在民间出现以后，它随着算命术的盛行在民间流传不衰，民间迷信认为，五行中的每一种要素都是相互制约的，对人的一生会产生重大影响。人们可以利用不同的五行要素来协调，使自己的生活及所从事的工作能顺心如意。民间把生肖动物列为阴阳两类，与五行相对应，从而生成一套生肖决定命运的算命术。同时民间还认为生肖属相与人的性格也有着某种关系，即使同一属相的人，由于出生的时辰不同，性格、命运也会各异。

但是，如除夕前辞灶、贴门神、贴福字，过年说吉利话，守长命岁，年初一不扫地，正月里不剃头，七月七年轻女子乞巧，中秋月圆人团圆，新婚仪式上新娘抱瓶跨鞍示平安等等，都体现了这种心理。尽管其中有些心意信仰民俗仍带有某种迷信的成分，是不够科学的，但它们在实质上已经成为人民大众既娱神更娱己的丰富精神生活的组成部分，而不存在多少有害成分。有一部分心意信仰民俗，原来是有害的，但是后来逐步演化为像征性、礼仪性的，从而使有害成分大大降低。

总的来看，心意信仰民俗的社会功能主要包含三个方面。一是社会整合作用。它是民间用以进行社会整合的主要手段，民众往往以此来维持评价标准，统一社会行为。二是实践指导价值。除去一些消极的东西之外，不少心意信仰民俗有其"合理内核"，是民众长期社会实践的结晶，有一定的认识价值和实践指导价值。三是心理制衡工具。现代科学证明，人类最大的敌人是人类自己。心理健康，即心理平衡、心理稳定，是人类正确感受生活意义的基础。这种心理需求，在民间还没有找到更合适的普遍的替代物，自然而然选择了传统的、拥有广泛群众基础的俗信。

心意信仰民俗往往能起到许多行政手段、法律规范所起不到的作用。一个重要的因素,是它有着独特的作用机制。

第四节　中国游乐技艺民俗

民间广泛流行的游乐技艺,是中国民俗大家庭中另一位生气勃勃并赋有独特魅力的成员。主要有两大类,一是游乐竞技,二是手工技艺。

一、游乐竞技

游乐竞技,它是民间传统的各种文化娱乐体育活动。中国的游乐竞技形式千姿百态,富有浓烈的乡土色彩。著名的龙舞,发轫于中国民众崇龙的心理行为,具有悠久的历史,民间俗称"玩龙灯"。它通常就用民间的竹、木、布、纸扎成,形式多样。按质地分,有布龙、纱龙,以及刨花扎成的"木花龙",乡间长板凳首尾相连而成的"板凳龙",稻草或茅草扎成的草龙,内装蜡烛的"龙灯",门内燃焰花爆竹的"火龙"等等。按体积量,有的龙多达几百节,要数十人集体挥舞,小的如舞小龙,仅二节,前后二个人挨家挨户游耍。与崇龙有关的游艺竞技,还有划龙船、旱龙船等等。在中国传统的崇龙习尚中,我们衍化出了许多有关龙的游乐和竞技活动。另外,放花灯的游乐活动也是乡土味极浓的。唐宋时代的灯市已达到了令人如痴如狂的境地,先后形成了灯楼、灯树、灯塔、灯山、灯球、灯牌坊等高大雄伟、华光绚烂的景观。在民间,各地民众充分利用乡土物产,争奇斗艳,令人拍案叫绝。如苏北等地人们用各色彩纸糊制成精美玲珑的船形物,装上蜡烛,或灯草和豆油,然后点燃驾船在河中点放。河灯随波逐流,五光十色,煞是好看。在浙江桔乡黄岩,民众废物利用,将桔子的果皮,做成一盏盏小巧精致的"桔灯",在海边、河中点放,形体一致,阵势壮观。在东北广大地区,利用寒冬天然的冰块,制成各种样式的"冰灯",供人观赏。

游乐竞技民俗在中国,大多是随季而兴、遇节而盛的。也就是说大多的活动有一定的季节性、节日性。

中国游乐竞技活动不少有明显的四季感,如春季,赏梅:中国植梅已有两三千年历史,每年早春,山翠梅艳、幽香四溢,人们喜登临游赏。苏州邓尉山、无锡梅园、杭州超山、漳州南山寺、福建仓前山、厦门鼓浪屿菽庄公园等是传统的赏梅胜地。届时,游客如云,盛况空前。赏红:为传统女性在百花生日那天的游艺活动。是日,女郎剪五色丝缯,粘花枝上,争艳斗奇,即谓此俗。古时虎丘花神庙,系牲献乐,以祝仙诞,热闹非凡,俗语谓之"花朝"。春台戏:旧时在二、三月间,农村有好事者,出头敛财,于田间空旷之地,高搭戏台,约聘戏班子演各种俗戏,是日远近轰动,农人村妇,少年少妇,群聚争相观看,盛况空前。蔡云《吴歈》云:"宝炬千家风不寒,香尘十里雨还干。落灯便演春台戏,又引闲才野外看。"形像勾画了这种群众性娱乐场景。戴荠菜花:旧时杭州等地,每年三月三,野荠菜花盛开之时,女性纷纷到野地摘荠菜花,一置于灶上,俗说可以驱虫蚁,二是作头饰,男女皆可戴,各人使种种招数,相互比艳。田汝成《西湖游览志》云:"三月三日,男女皆戴荠菜花。"谚云:"三春戴荠花,桃李羞繁华。"戴杨柳球:在三月三之际又有以杨柳枝插鬓或结成杨柳球戴鬓畔,以保红颜不老。届时,人人争戴,小贩还以此作生意。杨韫华《山塘櫂歌》云:"清明一霎又今朝,听得沿街卖柳条,相约比邻诸姐妹,一枝斜插绿云翘。"据段成式《酉阳杂俎》载,此俗在唐代已流行,唐中宗是日还分赠侍臣细柳圈。古人云:"杨柳最是无情物,也逐春风上鬓云。"即是此活动的真实描绘。春季尚有踏青、春游等,都是游春玩景的一种游艺活动,在今天还很流行。其他如夏季,初夏"斗百草"。常见的是用车前子草的茎蕊,一根对一根,互相交叉,用力对拉,看谁的茎粗又韧。车前子草为古代巫术者的用具,此游戏恐怕就是那时传下来的一种形式,完全变成娱乐性的了。或以花草名相对。像用"鸡冠花"对"狗耳草"。唐宋时期此俗已很盛。《红楼梦》六十二回生动逼真地描写了香菱等人玩斗草的情景。盛暑,民间儿童游戏还有玩"知了"、"响板"等昆虫以及游泳。秋季,最出名的是斗蟋蟀。旧时江南不少风土志称这种民间游戏为"秋兴"。据说始于唐代。宋·陈樱《负暄野录》云:"斗蛮之戏,始于天宝间。"至宋益盛。清·潘宋殿《帝京岁时纪胜》云:"都人好畜蟋蟀,秋日贮以精瓷盆盂,赌斗角胜。有价值数十金者,为市易之。"此况,至今未褪,通常白露后开斗,重阳后止斗。秋季的娱乐活动是丰富多彩的。重阳登高秋游,为古代文人骚客一大秋兴。古往今来,留下了不少登高的诗赋之作,为人们所快谈。赏菊花,又是一项群众性秋日游赏活动。深秋,笼养蝈蝈,俗名"叫哥哥",听鸣声为玩。《瓶花斋集》云"有一种似蚱蜢而身肥者,京师人呼为'蝈蝈儿',南人谓之'叫哥哥',喜捕养之。食丝瓜花及瓜练。音声与促织相似,而清越过之,露下凄声彻夜,酸楚异常,俗耳为之一清。"霜降以后,斗鹌鹑角胜,行情一如斗蟋蟀。每斗一次,谓之一圈。斗必昏夜,至是畜养之徒,彩缯作袋,严寒天则用皮套,把于袖中,以为消遣。陆启滨《北京岁华记》云:"霜降之后斗鹌鹑,笼于袖中,若捧珍宝。"可见当时京城斗鹌鹑风气之盛。一些地方,还流行看枫叶的游乐观赏活动,以枫叶红时为最佳时际,游者如云。北京西山,苏州西天平山,都是赏枫叶的胜地。冬季,踢毽子,据考证,源起汉代,盛行于六朝、隋、唐,到了明清时,已发展成可以多人同踢,不断变换花样的娱乐、体育、技巧三位一体的群众玩乐活动,深得人们喜爱。清·潘荣殿《帝京岁时纪胜》:"都门有专艺踢毽子者,手舞足蹈,不少停息,若首若面,若背若胸,团转相击,随其高下,动合机宜,不致坠落,亦博戏中之绝技也。"现代广州城的一些娱乐场所,常可见众人围一圈,如上所述,煞是惊绝,引得围观者热烈鼓掌。抽陀螺,也是一项在冷天进行的传统娱乐竞技活动。在山西夏县荫村仰韶文化遗址的出土文物中,就发现过石制的陀螺。此外还有滑冰(古称"冰嬉")及堆雪人等各项冬季娱乐竞技活动。

中国游乐竞技民俗的季节感又是以传统节日为高潮的。一些季节性的游乐竞技活动,往往是节日习俗活动中的精彩热烈的场景。如斗鸡,相传源于春秋战国时的民间游戏,到了唐代成了清明节时的节俗娱乐活动,皇帝唐玄宗本人还成了斗鸡忘朝政的昏庸者。唐·陈鸿《东城老父传》云:"玄宗在潜邸时,乐民间清明斗鸡戏。治鸡坊,索长安雄鸡,金毫铁距、高冠昂尾千数,养于鸡坊。诸王、世家、外戚、公主、侯家,倾帑破产市鸡,以偿鸡值。"李白有一首《古风》对走向斜道的斗鸡风进行了辛辣的讽刺,诗云:"路逢斗鸡者,冠盖何辉赫。鼻息干虹蜺,行人皆怵惕,世无洗耳翁,谁知尧与跖。"浙江金华的斗牛,又在"鞭春牛"——春耕前的节俗活动中形成高潮。传统的游乐项目"荡秋千"源于汉之前,汉以后,成为清明、寒食、端午等节日间流行的习俗游戏。唐宋时,还被称为"半仙之戏"。其他如人们熟识的龙舞、花灯、斗百草、龙舟竞渡、戴荠菜花等等,无一不是特定节日的代表性习俗活动。它们的原意恐怕不是娱乐的,但时光的流逝,冲淡了原先神秘的色彩,成为娱人的特定表演了。

中国游乐竞技民俗还有一部分是四季通行的。如搓麻将、下像棋、舞剑、练拳以及较多的儿童游戏都是可供人们随时玩乐的。

这部分娱乐性民俗之所以冠之于游乐竞技,一个很重要的因素在于民间的习俗游艺多有竞技性,而竞技性的项目,搏击度较弱,又多有游艺性,从而构成了中国这类民俗的独特风采,龙舞、花灯及舞狮、舞麒麟、走高跷、花幡等游艺习俗,游乐相娱中带有攀比的竞技性。两条龙上场,众目睽睽下,哪个队的龙舞得有生气,就会得到众人当场的喝彩。于是地区、村落之间的竞争性就出现了,大家都会暗暗使劲。在旧时,龙舞等活动,也是男性,尤其是未婚的小伙子们在姑娘面前一展风采的"关键"时刻,此时此刻,谁也不愿落后,这无疑加剧了竞技的状态。在舞"火龙"时,爆燃的焰火,星星点点,直洒在祖胸小伙的皮肉上,有的还吱吱作响,可谁也不会去理它,而是咬紧牙关,坚持狂舞,观众会以最热烈的喝彩和掌声给予鼓励,当然还有姑娘含情脉脉的秋波。一些民间的竞技项目如龙舟竞渡、中国武术,比赛中,器具、服装以至正式的交手,都有很大的表演性。如传统的场合中,龙舟上的发号令指挥者还兼表演头手倒立、金鸡独立等杂耍,同时还要用"号子"声统一划桨。在屈原故地秭归江面划龙舟时,参赛者一边划,一边在指挥的领唱下唱"招魂歌",俗称《招魂龙船歌》:

（领）三闾大夫啊，

（和）嘿嘎嘎！

（领）听我讲呀嘎嘎，

（和）嘿嘎嘎！

（领）你的呀魂魄，

（和）嘿嘎嘎！

（领）不可向东方唷唷，

（和）嘿嘎嘎！

（领）东方有哇魔鬼唷嘎，

（和）嘿嘎嘎！

（领）高数丈啊嘎嘎……

演唱的衬音呼喊，成为当地龙舟竞渡的一种特色，招魂的娱乐性表演和集体划桨节奏形式紧密结合，竞技本身与游艺巧妙地融为一体。这在中国传统的武术，各种拳路、剑术的竞赛中尤为特出，外行看上去，你一拳我一脚，刀光剑影，令人惊心动魄；内行人一瞅，花架子，缺乏真正的搏击性。竞技的标准，衡量的尺度，也被艺术性的眼光和要求渗透了。若好若坏，表演是否精彩，成了重要的一个杆标尺。

中国游乐竞技民俗内容繁多，分门别类，大致如下：

民间游乐。这是偏重游艺方面的一项内容，包括春游、秋游、赏梅、看枫叶，以及群众性的歌舞娱乐活动。如民间花会，出名的有北京的花会，中间有表演走高跷的。高跷用两根木棍上支木托而成，走高跷是表演者将两腿分别绑在两木上，由木代脚支地行走表演。民间又谓"脚把"、"柳木腿"、"踏跷"。在北京通称"走跷"，表演者人数不一，大多以传统民间故事为内容。有"八仙过海"、"白蛇传"、"唐僧取经"等。演员扮饰其中著名人物，足蹬三尺的高跷，或扭舞、或行走、或倒立、或滚翻、或叠罗汉。花会中除走跷外，还有跑旱船、小车会、地秧歌等游乐活动相配。

民间游乐多歌舞性的综合表演。湖北的扑蝴蝶、八虾闹鲢，陕西的牛斗虎、马社伙，江浙的大头和尚戏柳翠，瑶族舞春牛，傣族击招歌，布依族唱筒歌，彝族跑花山，苗族踩山坪，侗族抢花炮，景颇族像脚鼓舞，佤族圆圈舞，高山族甩发舞，傈僳族寮替，土家族花花灯，壮族打谷榔鼓，以及流传各地的龙舞、花灯莫不如此。

民间游戏。这是游乐性民俗的又一方面。一般有活动性游戏和智力性游戏两种。前者如捉迷藏：以毛巾或手帕一类织物，将一人双眼蒙住，令其在一定范围内捉摸他人，被抓者，与其对换，继续捉摸。江浙一带俗称"躲野猫"。还有击鼓传花：众人围住一圈，圈外一人蒙眼敲鼓，随鼓声，众人依次传花（或手帕），鼓停，花在谁手，谁即中彩，需当众表演一个小节目，不能表演者，学狗叫，众人捧腹大笑。游戏多为儿童玩乐的。各地常见的还有老鹰抓小鸡、卖糖粥、造房子（也谓跳房）、躲妈虎子、轧墙壁、摸瞎鱼、猫捉鼠、转瓢、猎狗熊、升留级、烧野火等等。智力性游戏,传统的有猜谜、射覆、猜枚、急口令、填字、积木、下棋等等。谜语,古称庾辞、隐语,以某一事物或成语、俗语、诗句、常用语为谜底,用隐喻、形似、暗示等多种方法作出谜面,供人猜射。其本为民间文学,深为广大群众喜欢。后来发展成为一种高雅的智力游戏。射覆,古代游戏。东汉·班固《汉书·东方朔传》云:"上尝使诸数家射覆。"唐·颜师古注曰:"于覆器之下而置诸物,令暗射之,故云射覆。"猜枚,为饮酒时助兴取乐的赛饮游戏。取一样物件,如钱币、莲子、棋子握于拳中,变幻单双、颜色或数目,供他人猜测,猜中者为胜,负者如约罚饮。急口令,又称绕口令,拗口令,以语言为嬉戏。将声母、韵母或声调极易混同的字,组成反复、重迭、拗口的句子,要求准确发音,一口气急速念出。凡字音相混不清者为负。中国各地民间游戏活动样式繁多,智力游戏也不例外,如满族传统智力游戏,玩嘎拉哈。嘎拉哈是猪腿骨和胫骨相连的一块骨头,经蒸煮去肉脱脂后即成。骨头四周有不同的形状,分别叫做耳、轮、里、背,把四枚放在一起,会有不同的组合,并有不同的计分标准。四枚子全相同时计十五分,各各不同时计十分。江南还流行"王老五切豆腐",三刀要切出八块的技巧性计算游戏。其他如玩火柴棍,计算或造型;空格填字,左右或上下都可衔接连词等等也都是常见的形式。

民间杂耍。这实际是游乐性民俗的一个分支,传统的"抓子"即是。它一般用小口袋装米或麦,也有沙的,缝口而成。也有以光滑的砖、瓦、石子等物制成的子。通常设三子以上。玩耍的方法,将一子抛起,迅速抓起其他子后再接住抛起下落的子。反映一个人的灵敏度和技巧性。以抓起其他子儿的多少而又能接住下落的子儿决胜负。雀竿,明·田汝成《西湖游览志余》云:"其法,树长竿于庭,高可三丈,一人攀缘上,舞蹈其颠,盘旋上下。有鹞子翻身、金鸡独立、钟馗抹额、玉兔捣药之类,变态多方。"在此基础上更进一步,有一人头顶长竿,另一至三人缘竿而上,进行各种表演。其他如打铜板、打弹子。玩走马灯、放炮仗、耍坛子、蹬梯子等等都属于民间的杂耍活动。

在传统的游乐性民俗中还包括民间文学及民间艺术。如传说、故事、歌谣、说书、说唱、歌舞等等,内容十分丰富。今天,它作为一门独立的文艺,已呈从民俗学中分离、独立门户的趋势,故在此不再赘述。

二、手工技艺

(一) 手工技艺

手工技艺是我国各民族民俗的一大景观。悠久的历史、广袤的地域和心灵手巧充满生活智慧的国人,形成了民间手工技艺色彩斑斓,品种繁多丰富。一般而言,可分为两大类:一是民俗艺术,如刺锈、竹刻、木雕、玉雕、砖雕、石刻、微雕、泥塑、面塑、岩画、汉石画像、灶壁画、年画、农民画等等,不一而足。另一类则是手工制作类的技艺,如酿造、纺织、造纸等等,大多已有专著介绍,有的已进入我国首届非物质文化遗产代表作名录。现择其一二,简单介绍。

1. 刺绣

刺绣,又称丝绣,它用针和线"作画",是中国优秀的民族传统手工工艺品之一。据《尚书》记载在四千前的章服制度,就规定"衣画而裳绣";另在《诗经》中也有"素衣朱绣"的描绘。宋代时期崇尚刺绣服装的风气,已逐渐在民间广泛流行,这也促使了中国丝绣工艺的发展。手工刺绣是中国传统的著名工艺品,在中国工艺美术史上占有重要的地位。手工刺绣与养蚕、缫丝分不开。中国是世界上发现与使用蚕丝最早的国家,人们在四五千年前就已开始了养蚕、缫丝了。随着蚕丝的使用,丝织品的产生与发展,手工刺绣工艺也逐渐兴起,可见中国在四五千年前,手工刺绣品已经广为流行。明代刺绣已成为一种极具表现力的艺术品,中国各兄弟民族都有自己精美的刺绣绣品,流传甚广,先后产生号称"四大名绣"的苏绣、粤绣、湘绣、蜀绣。

苏绣的前身是顾绣。乃江南唯一以家族冠名之绣艺流派,400 年来历经由盛而衰、乃至消亡、重生的变迁,可谓上海民间刺绣史上的奇迹。顾绣,又称"画绣",是顾绣特征最鲜明的体现,由明嘉靖三十八年松江府进士顾名世家族缪氏、韩希孟、顾兰玉三位女性眷族创造、发展和传播,而赋予"画绣"艺术灵魂的,却是松江画派文人画领军人物董其昌。

董其昌,松江人,在绘画、书法、鉴赏、理论等领域皆为当世翘楚,以他与顾家的密切关系和深厚的影响力,使顾绣成为松江画派文人画在针刺艺术上的延伸。顾绣正是以松江画派文人画画理为宗旨,创造出"画绣结合"的绣品,锻造了顾绣在江南无所可及的地位,并对江、浙、湘、蜀刺绣术发生深远的影响。董其昌可谓"画绣"的倡导者和实践指导者。由此,崇祯年间《松江县志》称:"顾绣斗方作花鸟,香囊做人物,刻划精巧,为他郡所未有。"

明末顾氏家道中落,成为顾绣脱离士大夫家庭,流入江南民间的转折点。

但"画绣"制作耗时长、人员须有书画修养,难获真正普及;又且,"画绣"乃民间绣艺与士大夫文化结合的产物,一旦离开松江画派的土壤,失其精髓而得其技者,大多又由纯观赏性艺术珍品变为日用工艺。随着顾氏后继无人,顾绣之名虽盛而"画绣"真谛却在上海绝迹。

然而士大夫阶层中却不乏对顾绣价值的理解和挚爱者。清末明初,南通名人张苏属顾绣名家沈寿,兴办顾绣学校延续了明代顾绣香火。稍后,松江也出现"松筠女子职校顾绣班",通过校际师资、教学流动,教育传承成为明代顾绣返传回松江的契机。当时顾绣班中的一位女学生戴明教,半个世纪后成了明代顾绣在松江的真传艺人。

松江复兴顾绣,自上世纪"松筠女子职校顾绣班"迄今已74年。戴明教女士上世纪50年代在街道刺绣社从业,70年代随社并入松江工艺品厂顾绣组,直至退休,毕生绣绘"画绣"作品41件,培养顾绣传人达20名,超过历史增长比例。

顾绣在松江400余年,跌宕起伏,传承脉络清晰。"画绣"精髓今已名动天下,绣品远销24个国家和地区;绣工还应邀出访国外文化交流。松江已成为顾绣新的生产中心和传承地。

2. 雕刻

雕刻即是以刀为笔,在各类物体上作字画的手工技艺。古代,雕刻即为"篆刻"。最初见于扬雄的《法言》:"童子雕虫篆刻是也。"篆刻有广义与狭义两种解释。狭义的篆刻专指后人所谓的治印之学;广义的篆刻则泛指一切雕琢技法。篆刻的"篆"字,古写作"瑑",从玉(说文的注释上说明:"圭璧起兆,瑑也。"),凡是在玉、石上雕琢凹凸的花纹都叫做"瑑",后来,竹帛成为通行的书写工具,于是篆字的形符也由"玉"改从"竹"。其实,在古代,凡属于雕玉、刻石、镂竹、铭铜的范围,无不叫做"篆刻",玺印的制作只是其中的一小部分而已。直到明清两代,印人辈出,篆刻便成为以篆书为基础,利用雕刻方法,在即面中表现疏密、离合的艺术型态,篆刻遂由广义的雕镂铭刻,转为狭义的治印之举。

而其他的雕镂铭刻则称为雕刻。例如竹刻。竹刻即是用刀在竹子上雕刻各种图案的手工艺。成为专门的工艺美术种类,则是从明代中期开始。明以前,传世的竹刻器物和知名刻工较少,明代中期起竹刻工艺日益繁荣,名家辈出,使竹刻从实用性为主转变成供人玩赏的艺术品。当时盛产竹子的江南嘉定和金陵,是明清时期竹刻艺术的两大中心。金陵派的竹刻艺术与嘉定派不同,不讲究精雕细琢,只就天然形态,稍加凿磨,为人称之"大璞不斫"。刻法的主要技法是浅刻,即竹刻中的阴文刻法。这种刻法不仅有线也有面,使刻出景物有再现书画的笔墨情趣。该派创始于明代中期,由濮仲谦首创,可惜的是濮氏去世后,得其亲授或直接受其影响者竟殆无一人。清代竹刻在继承明代风格基础上,又出现"翻簧竹刻"和"留青竹刻"两种刻法。前者是将毛竹锯成竹筒,去节去青,留下一层竹黄,经煮、晒、压、胶合成镶嵌在木胎、竹片上,然后磨光,再在上面刻图纹饰。后者创始于清代中期。"留青",是留用竹子表面的一层青筠,作为雕刻图纹,然后铲去图纹以外的竹青,露出下面的竹肌作地,故名。

在国内外享有很高的声誉的嘉定竹刻是我国民间工艺百花园中的一朵奇葩。由明代正德、嘉靖年间,文人朱鹤(字子鸣,号松邻)、朱缨、朱稚征子孙三代,以刀代笔,将书画艺术融入竹刻,开创的一门具有深厚文化底蕴和独特审美价值的竹子雕刻艺术。技艺上它以透雕、深雕"深刻技法"为主要特征，由浅刻、深刻、薄地阳文、浅浮雕、深浮雕、透雕、圆刻等十余种基本技法，由于他们艺术修养极高，工韵语、善绘画、书法、篆刻等，在竹刻时用刀如运笔，生动有力，人物及动物神态亲切自然使嘉定竹刻艺术上具有鲜明的原创性和独到的风格品味。

三朱之后，400余年来，嘉定竹人推陈出新。在朱氏三世的努力下，"嘉定派"成为当时全国竹刻艺术最大的流派，还有名垂竹刻艺术史的侯崤曾、沈大生、王永芳、王之羽、王质、吴之藩、施天章、周颢、顾宗玉等人，都是该派中的姣姣者。历代著名竹人达130余人。他们以刀为工具，以竹子为载体，将书、画、诗、文、印诸艺术融为一体，将竹刻从附属于实用工艺的范畴内脱巢出来，赋予竹子以新的生命，作品渗透了浓厚的文人气息和情趣，有淡淡的书卷气和金石味，风雅绝俗，是历代文人士大夫的雅玩。代有创新，如清代康熙年间，吴之璠创薄地阳文。层次多变，秀媚道劲。同期还有封锡禄（字义侯）、封锡爵（字晋侯）、封锡璋（字汉侯）三兄弟，均精于圆雕人物，作品生动传神，时称鼎足。清代乾隆年间，周颢集嘉定竹刻之大成，用刀如笔，作品生动浑成，被世人称为"绝顶佳品"。

嘉定竹刻的样式有以竹筒和竹片制成的笔筒、香筒（薰）、臂搁、插屏、抱对等；还有以竹根刻成的人物、山水、草木、走兽等。嘉定竹刻问世后，即引起文人学者的关注，清初，嘉定竹刻即以贡品传入宫廷，康熙、雍正即收藏了不少竹刻制品，乾隆不仅喜爱嘉定竹刻，还将自己的诗题写在笔筒上，让竹人刻下。皇家的喜爱倡导，使嘉定竹刻的名声更加响亮。作品为海内外博物馆及私人珍藏。海内外人士称"竹刻有超常的技巧和诗意的想像"，是"绝世的艺术"。

但是，嘉定竹刻系纯手工操作，工艺流程复杂，制作耗时费神，经济效益低，竹人大都已转业，后继乏人，目前正处于濒危状态，亟待抢救。

3. 面塑

面塑，汉代就有记载。民间俗称"面人"、"面羊"、"羊羔馍"、"花馍"等。各地叫法不一，形态也各有特点。这些面塑，大都出自农村、乡镇、城市家庭妇女之手。山西民间有个习俗，那就是逢年过节、婚丧嫁娶以及其他喜庆时日，都要捏制面塑以示庆祝。尤其是农历七月十五的"中元节"，几乎家家都要用面粉塑制诸如人物、动物、花卉、翎毛、瓜果等花样繁多、技艺精湛的面塑。

山西面塑，本身就是一种民间艺术品，它以上等白面为原料，经过揉面、造型、笼蒸、点色而成。一般面塑，造形夸张、生动，用色明快、大方，风格粗犷、朴实、简练，并富有稚拙的美感。而且有着鲜明的民间和地方特色，与各地风俗人情有着千丝万缕的联系。

地处山西南部晋南平原的绛州，即今日新绛县、襄汾县蒸制面塑讲究染色，面塑制品华丽别致。

新绛县历史上盛产小麦。所以,逢年过节,这里的家家户户都要用上等的小麦磨成面粉,捏制出千姿百态的面塑欢度节日。由于这里的面塑注重彩色点染,花色绚丽,所以当地人称之为"花馍"。绛州花馍,造型比较夸张,塑造造型别致,尤其以"走兽花馍"最为出色。绛州城乡,大部分家庭妇女都会捏制花馍,而且普遍都会捏制多种普通的造型,由于是自做自用,尽管水平不一,并不影响食用,久而久之,一些家庭妇女熟能生巧,花馍的捏制水平便能不断提高。由于这种家家户户都要进行的民间活动,造就了大批捏制花馍的能工巧匠,而且世代相传。每当城乡嫁丧婚娶,捏花馍便会成为一种必然的活动。而且,这些花馍会在大庭广众面前展示,从而得到品评,这种不推选冠军的自发的群众性品评,无疑成了推动捏制花馍的一种动力,成为促进面塑水平不断提高的民间评议。

霍州一带,面塑不讲究修饰着彩,有着朴素雅致的特点。忻州、定襄等地的面塑,则以塑为主,着色为辅,色与面的本色相间。霍州面塑,当地人称之为"羊羔儿馍",古时的"羊"即是"祥",有着"吉祥"的寓意。春节来临前,农家妇女用家庭自磨的精粉按当地习俗捏制小猫、小狗、小虎、玉兔、鸡、鸭、鱼蛙、葡萄、石榴、茄子、"佛手"、"满堂红"、"巧公巧母"的面塑制品,以像征万事如意、多福多寿、发家致富、和睦友爱,祝愿万事如意。在"寒食"节时,霍县人上坟祭祖用的面塑造型是"蛇盘盘"。有的,还分单头蛇、双头蛇。旧时民俗,祭祖时晚辈吃掉"蛇头",表示"灭毒头、免灾祸"。农历七月十五日,霍县境内面塑种类最多。有猪头、羊头、麦秸集、针线箩筐、顶针、剪子、针线、坐饽饽(是塑造女子坐于莲台上的造型)、狮、虎、狐狸等等造型。农历七月七日是"乞巧"节,传说这一天妇女吃了"针线"、"顶针"之类的面塑就心灵手巧。婴儿闹满月,一般由姥姥家制做直径达尺余的"囵囵",即一个圆形面圈上再置放精细的十二属相的面塑。有的在大"囵囵"里还会有较小的"囵囵",中间放龙凤或虎头造型的面塑,名曰"龙凤呈祥"或"猛虎驱邪"。谁来看孩子,便把"囵囵"切一块送给来人享用。新媳妇过门第一年,娘家要给女儿送"羊羔儿馒头"。旧社会,由于穷困,给女儿送去几个"羊羔儿"馒头,就算尽心了。如今,生活富裕了,一次送给女儿的"羊羔儿馒头"几十个甚至几百个。馒头造型多样,而且都有寓意。比如"牛羊",像征六畜兴旺,"麦秸集"像征五谷丰登,石榴比喻多子多福。霍州面塑造型朴实,不多修饰着色,往往仅用品红点彩。忻州一带地域内,春节期内要敬神蒸供。春节前,把发好的面团,捏制成佛手、石榴、莲花、桃子、菊花、马蹄等各种形状的供物,通称之为"花馍"。忻州花馍,中间往往插以红枣,既有装饰性,又是营养品、调味品,很受欢迎。当地还有一种大型供品名为"枣山"。这种枣山以面卷红枣,拼成等腰三角形,角顶往往塑一层如意形图案,在上面再加上面塑的"小元宝"三至五个,同时,还塑上一个供咬铜钱的"钱龙"。"枣山"蒸出后,可以颜色点染,成为一种鲜艳的民间艺术品。清明节,捏制一种当地人叫做"寒食供贤"的面人头。这种面人头,内里包油、盐、小米和芝麻的素馅,捏成男女小孩人头,用红莲豆作嘴,黑莲豆作眼睛,外加面鼻子、耳朵、眉毛等,蒸熟后加以点染,甚是天真可爱。有的还捏制一种"寒燕儿",捏好蒸熟的寒燕儿,插在酸枣枝上,很像是停在树枝上的群燕。这些供奉的民间面塑,相传与"寒食节"有关,"寒食禁火,冷食一日",燕子是像征春天的到来。农历七月十五,忻州民间有着蒸"面人"的习俗。相传,这种习俗开始于元代末年,据说人们用互赠"面人"传递信号,至今,民间有着"七月十五捏面人,八月十五杀鞑子"的说法。然而,七月十五的面塑样式繁多,有牛、羊、猪、兔、猫、鸡、鸭、娃和花卉、瓜果。还有寓含幸福、吉祥、爱情的鸳鸯、孔雀、狮、虎、鹿等动物造型。十五过后,几乎家家墙上都挂着一串串面塑。忻州一带,在婚娶之日,男女两家都蒸很多大"喜馍"。这些大"喜馍",要摆在桌子上供人们欣赏、品尝。与此同时,还要蒸大"花糕",有的地方习惯用十来斤面粉捏一个"花糕"。这种花糕,以面作圆底盘,卷条边缘为纹,铺一层红枣,上面再加上一层比第一层略小的带花边的面盘,上面捏上"鱼钻莲"的浮塑,蒸熟后加色点染,供人们欣赏和食用,也可作为礼品馈赠。忻州一带的寿诞之期,也常蒸制"喜馍"。"喜馍"多以桃形为主体,上面加上各种寓意吉祥长寿的小装饰物,点染色彩,作为"寿馍"赠送亲友之用。办丧事时,当地人还要捏制一种在灵堂前面供奉的"小食儿"面塑。这种面塑捏成各种花果、小动物形像,甚为精巧别致,有的蒸熟后点染,有的晾干后点染。在忻州地区的繁峙县一带,有一种以胖娃娃为题材的人物面塑。同时,还有一种玲珑小巧,不加点染颜色、白胖素雅的小面人。这种小面人,有着爬、卧、抱花、啃瓜的各种姿态。有时,还将置其于染成大红大绿的"大面花"之中。相传,这类面塑是当地群众为上五台山佛教寺院拜佛求子而专门制作的供品。忻州民间,还有着塑造生、旦、净、末、丑等戏剧人物的人物面塑,甚至拿到庙会的市场上出售。这种面塑,制作也颇为精巧。总之,忻州面塑各式各样,五花八门,丰富多彩,成为民间具有审美情趣的艺术作品。

大都市上海面塑已有百余年的历史,相传起源于北方蒸锅铺和南方的糕团店。每逢喜庆佳节,人们在面点和糕点上缀以各色糯米花纹,像征吉祥如意,福寿双全,由此逐渐发展成为面塑艺术品。

在上海地区,有记载的著名面塑艺术家早期有潘树华和赵阔明翁婿俩。"面人赵"——赵阔明,是与天津"泥人张"齐名的我国著名的民间艺术大师。他技艺娴熟,制作精细,擅长捏戏曲人物和佛像,也爱捏"胖娃娃"。代表作"贵妃醉酒"、"武松打虎"、"八仙过海"、"钟馗嫁妹"、"关公读春秋"、"寿星"、"观音"和"五子戏弥陀"等,姿态万千,色彩绚丽、丰富,具有浓郁的戏剧效果。晚年对制作现代人物也深有研究,有"鲁迅"、"白求恩"、"民族大团结"和"友谊长城"等佳作问世。

赵阔明的作品造型优美,形神兼备,线条细腻与粗犷共治,雄浑与柔和结合,富有艺术感染力。他在作品中细腻地刻划人物的面部表情,讲究形体动作的结构比例,使之性格鲜明,各具个性。"李逵"刚健勇猛,"梁山伯"温文尔雅,"林黛玉"娴静多姿;"民族大团结"捏30余个人物,民族、体态、肤色、服饰不同,脸相表情各异。他的作品尤其追求意境变化,追求眉目传神。"达摩"用瞪突的眼珠和拧紧的剑眉,表现出怒气冲天;"观音"用微细的眼睑和低垂的秀眉,显示了安详自若;"五子戏弥陀"用弯弯翘起的眉毛、眼角、嘴角,使人物眉开眼笑。赵还善于运用对比手段,烘托神态,使作品形像益为生动。"关公读春秋"以周仓的暴躁、不耐烦,反衬关羽的专心致志、旁若无人的气度。他还巧妙地利用面人肌肉骨骼与服饰的关系,作为塑造人物的重要手段:先捏出面人的形态动作,然后给"穿"上用面粉做的薄如蝉翼的衣饰。"达摩"、"观音"的服饰做得很"飘",但前者服饰下是紧张的肌肉和剧烈的动作,"飘"得骠悍强劲;后者则表现出恬静轻柔。

赵阔明从艺60年来,改革传统工艺,总结出手捏八法(揉、捏、搓、捻、拧、挤、掐、拉)和使用工具八法(挑、拨、按、粘、嵌、刮、戳、滚)以及调色配色等一整套面塑技法,使原来制作粗糙的小玩意变成造型生动的艺术品,还首先解决了面塑防裂、防霉、防蛀三大难题,使之能保存10年以上。

赵的长女赵艳林得其真传,首创了微型面塑和蔬菜瓜果昆虫面塑,曾赴美、日、澳等国表演技艺。

4. 剪纸

剪纸,又称剪花、刻纸、窗花。中国是世界上纸的发祥地,没有纸,谈不上剪纸,剪纸手工艺实在纸张发明后形成的,约在汉代前期。司马迁《史记》中记载有"剪桐封弟"故事,记述周成王用梧桐叶剪玉圭图像,赠给他的弟弟姬虞。战国时期已出了银箔镂空刻画的艺术,汉晋民间妇女就有用金银箔和彩帛剪成方形花鸟贴在鬓角为饰的风尚。可谓是剪纸手工艺的先河,后来演变成民间手工美术形式,有了专业艺人和专门的剪纸手工业。剪纸在民间广泛用作窗花、门笺、团花,除像征吉祥喜庆外,还用作鞋花、枕花、梳妆镜上的喜花,陶瓷器具上的边饰等。民间剪纸来源于生活之中,出自劳动人民之手,常采用寓意像征手法和变形夸张手法,结构简洁,风格明快,表现人民对生活的体验和感受。

现在剪纸的种类很多,黑白剪纸、套色剪纸、分色剪纸、刻金彩衬等。内容也很丰富,花鸟虫鱼、瓜果飞禽、民间故事、历史人物、戏剧脸谱等。近几年来,剪纸的发展变化更大。专业美术工作者的介入,借鉴国画、年画等表现形式,融入现代工艺设计趣味,除大红纸和金纸外,又配以电光彩纸衬托,剪纸变得新颖精美,金碧辉煌,渐渐朝着高档化、精细化方向发展。现代剪纸不光具有观赏性,还有时代性,装饰性,受到现代家庭包括年轻人的喜爱。据说陕北已办起剪纸博物馆。

早在晋唐时期,仪陇的雕花剪纸就已经蔚然成风。在旧时仪陇的农村里,人们常常把剪纸技艺高低作为品评媳妇灵巧或笨拙的标志,农村妇女自然成了剪纸工艺的民俗传承人。那些年过半百的老大娘和纯朴俊秀的姑娘,常常借助一把小小的剪刀或刻刀,弯曲自然、运转灵活地在纸上镂空剪刻成花样,装点着自己的生活。三剪两剪,轮廓对称、圆外秀中、动静和谐,一股农家气息扑面而来。那色彩纷呈的窗花和各色图案,那迎风飘动的门笺,那碗橱、粮柜、畜栏等处寓意吉祥的各色花卉、家禽纸花,定会让你发出由衷赞叹,仿佛感受到了浓郁的生活气息。炬兴乡青山村年届八旬的农民张素碧,徒手行剪,随心所欲,其作品与汉画像构图与形像有神似之处,多次参加全国剪纸大展并被多家省级博物馆收藏。在南充市首届旅游博览会上,张老太婆一把剪刀如行云流水,引来观者如云。

仪陇剪纸题材广泛,内容丰富,包括"吉祥如意图"、"翎毛花卉图"、"神话传说故事图"、"历史英雄人物图"、"现实生活图"等。丰富的民俗民事,为剪纸提供了自由驰骋的广阔天地,举凡岁时节令、诞生、成年、婚葬、寿筵,都会在剪纸中得到反映。以岁时节令为例。正月初一家家挂春幡、贴窗花,一派喜庆气氛。正月十五闹花灯,灯上要贴剪纸,更加绚丽引人。结婚时,大门两边要贴上大红双喜字,陪送的嫁妆上用《鱼儿扑莲》、《麒麟送子》、《鸳鸯戏水》、《龙凤呈祥》、《凤凰戏牡丹》等大型剪纸覆盖,像征婚姻的美满与神圣,作为装点。枕头、手帕上的绣花,也是以剪纸为底样绣成的。伴随着千家万户的生活,这些极普通的剪纸作品,具有牵心动魄的艺术魅力。据《仪陇县志》载,早在民国初期,剪纸就已进入了市场,剪纸职业艺人林世植的作品,"丰满、精巧、秀雅,畅销顺庆府属各县"。新中国成立后,仪陇剪纸在形式和内容上都有了重大创新,在原有的阴阳套刻法、黑白贴刻法、暗刺排剪法、折叠刻剪法基础上,又发展了双手撕纸法和火烧烫绘法。前者全凭一双灵巧的手,把大自然和人类社会的印记与意像作为创作素材撕成作品;后者是国家一级书法家、民间工艺美术家何作霖首创的一种特殊技法,他是将剪、刻、钻、刺、撕、烧、烫等多种技法统一起来,利用特制的烧烫工具进行创作的一种剪纸方法。何作霖创作的16幅作品参加了文化部在北京举办的"中国民间艺术一绝"展览并被文化部认定为"中国民间艺术一绝"。一些专家学者还在积极将我国的剪纸向联合国申报"世界文化遗产",中国的剪纸已在不少国家办过展览,剪纸不光承载着欢乐与理想,还走向世界一展风姿。

剪纸手工艺在我国的大城市中也有滥觞。旧时上海每年农历正月初七为"人日",人们常常剪蝴蝶、花卉插在头上作为装饰品,每年重阳节人们也常用剪纸贴在糕点上,像征"九九重阳登高望远"。旧时上海市民喜穿绣花服饰,如民间刺绣鞋、帽、衣,特别是花鞋,小孩子不论贫富,从出生到学龄前都要穿绣花鞋,而且要求绣鞋图案要有吉祥的寓意。成人在夏季都爱穿绣花鞋,其图案之丰富更是举不胜举,如万事如意、四季平安、松鹤延年、福寿双全、鸳鸯戏荷、龙凤戏珠等等。这些刺绣图案全都是由民间剪纸艺人制作并出售给爱绣花的妇女。每逢春节,上海的工商业者都有在除夕前"谢年"的时尚,要在菜肴和水果盘上放上大红色有吉祥寓意的剪纸礼花,如"黄金万两"、"一本万利"、"年年有余(鱼)"等。再如,婚礼要用"喜花"、长者过生日要用"寿花"、年节的吉祥装饰也要用到剪纸。上海的民间艺人往往能应时应景,按不同的需求为人家即兴创作。上海的剪纸艺术家人才辈出,著名的有全国特级工艺美术大师、著名剪纸艺术家王子淦,被誉为"江南神剪"。他很好地继承了江南民间剪纸传统,在原有的基础上加入了自己的创新。他突破传统剪纸多表现刺绣花样的局限,开拓了更广泛的题材空间。传统的花鸟鱼虫、山水瓜果、人物走兽以及都市人所喜爱的时尚图案,都可以成为他剪下的表现对像。他的剪纸构思巧妙、造型生动,善于把握表现对像的神态。他剪下的动物都有一股"灵性",小猴子的顽皮、青蛙的机灵、凤的蓬勃向上……他剪的"五牛图",牛的姿态各不相同,造型古朴。猫头鹰,整体轮廓近似于一个对称的"心"字,细看上面多了两只耳朵,圆圆的一对大眼睛,以及身上的羽毛全是图案化的,远观近视都十分有趣。他剪的蛇,用曲折蜿蜒的藏卧式的结构,蛇身上的花纹用了几个有规律的三角形,蛇的形态便活现出来。他的剪纸还有极强的韵律感。他善于发挥剪纸对称、重复、阴阳相成的特长:团花"青蛙戏莲",成功地运用了折叠剪纸团状勾连,相映成趣的特点,以硕大的荷叶为圆心,四只青蛙各居一方,隙间荷花盛开,使人感觉浓浓的夏意扑面而来,耳边响起古代歌诗的韵味;另一幅"游鸭"则突破了传统的对称格式,三只游鸭呈"品"字型同向排列,一注水流将它们连成一体。阴剪而成的鸭映衬在阳剪的水纹线上,好像五线谱上的几个浮动的音符,奏出"春江水暖鸭先知"的春曲。他还善于运用反复重叠的刀法来表现动物有规律的羽毛、鳞片,并善于运用旋纹来表现动物的关节动势,这既便于运剪,又增加了剪纸的韵味。

5. 编织

我国有五千余年的编织史,早在 7000 年前的河姆渡文化遗址时期,我们的先人们就会用芦苇等植物茎杆和纤维编制生活用品。到了夏商,麻、丝、毛织已很发达,并产生了中国早期的纤维编织艺术,除上述外,棉织、草编、竹编、藤编、柳条编、中国结,千姿百态,不可胜数。

产于嘉定县的黄草编织始于唐代,至今已有千余年的历史。开始时,仅拖鞋一种,后来品种和色彩逐渐增加和丰富,做工也渐趋精细,为嘉定一绝。黄草主要分布在徐行、曹玉、花亭、城东、娄塘等地。这一代产的黄草色泽淡雅、质地坚韧,既可剖劈,还能染色。嘉定的黄草编织品编织技艺精湛,式样美观新颖,图纹造型富有民族特色。据清光绪六年重修《嘉定县志》记载:"黄草种于水田,收成时宜于干搁。产东北乡,城东三里有蒲鞋村,村民以黄草织凉鞋,更有制为凉靴者。草经丝纬,细密如线缎。""黄草立夏时种植,立秋时成熟,暴之于日,待其半干湿再暴使柔韧,拔而整之成束,力揉之,使柔韧,暴之于日待其半干再柔之暴之,以干为度储而藏之。应用时沤之于水,用小刀剖开表皮,匀分成缕,染以色,花以援,编织鞋帽,提包等物。"足见清代时嘉定黄草制品工艺已很发达了。

关于嘉定黄草编织,当地流传着一个优美动人的故事。相传,有一位聪明、美丽、善良但却贫苦的姑娘,在即将出嫁的时候,连做一双鞋子的钱都没有。眼看就要光着脚过门了,姑娘心里非常难过。有一天她放牛割草到村边小河旁,默默流泪。相伴多年的老牛忽然用舌头舔她的脚,姑娘一看,老牛衔来一把黄草放在她的脚边。姑娘眼睛顿时亮起来,她用老牛衔来的黄草,编织了一双金光璀璨的草鞋,穿着它到了婆家。这件事一下轰动了全村,全村的姑娘们都学着编织起草鞋来了。后来,老乡们为了纪念这位首先用黄草编织草鞋的姑娘,把这个村改名为"蒲鞋村",姑娘被尊之为"草编仙子"。

思考题:

1. 七星神星辰信仰习俗在文化上对今天有何启示?

2. 如何认识宗教、民间信仰、迷信和俗信的联系与差异?

3. 现实社会中如何面对心意信仰?

4. 传统岁时节日在脱离了农业社会的今天有逐渐淡化的趋势。如何理解这一现象? 这些节日是否有继续保护的价值? 我们应该如何予以保护?

5. 民间的俗信有时和迷信混杂,但亦有很多合乎科学和积极之处,试举例说明。

6. 在保护非物质文化遗产行动中,手工技艺民俗的濒危性是很突出的,应该如何进行保护和传承?

第九章 中国民俗学的现实应用

由于中国长期封建专制主义的统治和思想禁锢，人们对民俗学——民众真正固有的本质知识文化之学，常常抱有贵族、士大夫式的偏见，认为是不登大雅之堂的，是无足轻重的。殊不知，中国民俗以其独特的内涵特质和地位，使社会多方面的发展受到它的沾溉和影响。数千年来，中国社会的实际进程已充分展示了民俗所发挥的特殊效能和可喜成果，只不过人们对此的认识有深有浅，自觉或不自觉罢了。在这一章里我们就从六个方面来谈这个问题。

第一节 现代的经世济民之学

一门学科能否对社会有用，直接影响着它的生存和发展。中国民俗学在21世纪的今天也正面临这样的检验。民俗学，虽然因它的研究对像民俗——传承性的生活文化——内容的丰富广泛，而形成价值诉求的多元化，但是，综观国内外本学科发展的成功经验，归根结底，回归生活，面向现实社会，关注经世济民是民俗学科本位发展趋向的一个重要选择。

一

民俗学科回归生活，面向现实社会，关注经世济民，从外在因素而言，是本国学术传统使然。中国民俗学奠基者钟敬文先生生前强调：民俗学是一国的民俗学。民俗学科虽然是从西方引进的，但它研究的内容和学术倾向，总是受到不同民族、国家的民情、国情的制约和学者选择的影响。

在我国，学问强调经世致用，源远流长。《礼记·大学》篇云："古之欲明明德于天下者，先治其国。欲治其国者，先齐其家。欲齐其家者，先修其身。欲修其身者，先正其心。欲正其心者，先诚其意。欲诚其意者，先致其知。致知在格物，物格而后知至，知至而后意诚，意诚而后心正，心正而后身修，身修而后家齐，家齐而后国治，国治而后天下平。"这一"格物、致知、诚意、正心、修身、齐家、治国、平天下"经世观念的经典表述，一直为我国传统文化所提倡，并与时俱进。北宋时期，张载则进一步将经世观念与"治事"之学相兼：提倡"为天地立心，为生民立命，为往圣继绝学，为万世开太平"，精辟地概括了我国文化执著的经世济民精神，虽历经千年，却始终延绵不绝。

现代中国民俗学，就是在这种传统经世济民学术精神感召下，向西方求索引进的新学问。民俗学作为一门国际性的人文学科。形成于 19 世纪中叶，比文化人类学出现要早 20 余年。我们中国，对民俗概念的感悟和知觉，文字记载也已有二千多年的历史，但从学科认识它，却是从 20 世纪初从西方引进的。20 世纪中国学界发展民俗学科的思考和行动，之所以能发生，如本书开卷所述，原因在于清末民初爱国志士为"富国强民"，向西方寻求"经世济民"方术的滥觞。从今天的学术眼光衡量，这种理念与民俗学的实际学理有着差距，然而，这并不影响他们满怀热情，鼓吹民俗学。当年，中国学界大力倡导、互相推崇民俗学的一些大人物未必清楚民俗学真正的学理学识，经世济民的学术传统促使他们情不自禁地呼唤民俗学在中国的诞生。

二

民俗学回归生活，面向现实社会，经世济民的学术关注，从内在因素而言，应该是该学科本身的学识所致。

与物质文化遗产和自然遗产相比，非物质文化遗产更注重以人为载体知识技能的传承。国际上与非物质文化遗产内涵最为对应的基础学科是民俗学（Folklore）。英文原本的文字含意，就是民众的智慧。主要是有关人民生活知识的学问。

民俗的事项是民众生产、生活知识、智慧、经验的展演。现代民俗的研究，来自于民众生活实践，反馈于社会发展所需，经世济民，成了认识民生，关爱国家，促进现代化建设不可缺少的必然选择。

日本民俗学界一开始就有这样的认知。日本现代日本民俗学鼻祖柳田国男在晚年和关敬吾共同撰写的《民俗学研究的出发点》一文中追索道："民俗学研究的出发点在于认识祖国和认识自我，它的意图是站在自然共同体的立场上来研究民众的传承生活样式。但是，各国研究者最初的动机与目的并不一致，因而表现出各自不同的发展趋势。德国的民俗学始于格林的文献学研究。民俗学的研究内容、范围都是由该国资料状况所决定的。"日本"民俗学研究的根本动机源于热爱祖国、了解民众。除了民俗学，可以承担这样任务的科学还有很多，而民俗学则是应用独特的方法进行研究的新的科学。它主要是把历史学所舍弃、忽视的部门作为课题，而以此为基点"，研究"我们祖先的生活样式、思维方法、感觉方法和生活技术。了解这些都是经历了什么样的过程而发展至今，对现在的生活还有什么作用。生活样式发生演变的背后，必然存在着一定的法则乃至因果关系。要对此加以阐明，既是乡土研究最初的愿望，也是现在民俗学的任务。"（王汝澜译原载《民间文学论坛》1982 年创刊号）但是，现代中国学界对民俗学内在天生具有经世济民的知识，由于多种因素，经历了颇为曲折的认识过程。

20 世纪 70 年代末，经钟敬文、顾颉刚、杨成志、杨堃等老一代学者的上书呼吁、提倡，沉寂数十载的中国民俗学终于重新浮出水面，发轫于五四前后的民俗学科又迎来了蓬勃发展的艳阳天。一些大学相续开设了民俗学的课程和设置了相关的专业、研究的学社。全国各地的民俗调查和民俗活动，犹如山花烂漫。然而，民俗学在改革开放的当代中国，为社会所认同的地位虽有所提高，但在总体上，它仍处在浅表、边缘，甚至无序的状态中。造成这一现像的主要原因在于：民俗学学识学理观念的滞后，缺乏对现实社会发展的有力参与，有意无意地扼制了学科本身与现实的联系。致使百年前，先辈们为经世济民富国强民而呼唤的民俗学进步不很大。当然，这问题也不是今天形成的。

周作人于 1913 年在童话研究中首次提出了"民俗学"学科名谓。但是，他将"民俗学"出口转内销，从日本转购回来后，理论上没有系统地将其重新界定。当今有学者认为"中国民俗学界对此缺乏明晰的认识，因而在总的倾向上，一直停留在'民间古俗'的学术取向上而没有进升至 Folklore 真正意义的'民众知识'的学术取向上来。今天，是应当觉醒和认真加以调整的时候了。"（任骋《"从民俗"到"民识"》，《民俗研究》1999 年第 1 期，山东大学）作者的一些见解是很精辟的。

我国一般的知识界和舆论界，对民俗学的认识，大多囿于英国 20 世纪初博尔尼《民俗学手册》的狭隘的民俗观，停留在无形的"民间风俗习惯"的层面上。与国际比较，滞后至少数十年。民俗学识理念的后进，有内外的因素，首先与中国传统的民俗观念有很大关系。虽然中国远在春秋战国时期，统治者已懂得"彰好以示民俗"，"观风俗以察朝政"，但是，其理念与西方民俗学 Folklore 之民俗内涵，认知有颇大的差异。较之接受了西方的 Folklore，并用汉字将其翻译成日语的"民俗学"，在涵义上也是有很大差别的。日本，表面上也用了与汉字一样的文字——民俗，可客观上已灌注了西方的学理、学识，内涵上已不等同于原汉字的"民俗"。可在思维习惯上中国人常常想当然地把"日语汉字"的"民俗"与"汉语中文"的"民俗"相提并论。无意中，还是以传统汉语的民俗，取代汉字日语的"民俗"，并以此替代英语系统中 Folklore 的全部。殊不知，这两下转换，把两方学科理念上的民俗学已作了两次外科手术。在很长时间内，我们学界包括《辞海》都把民俗视同"民间风俗"的缩写。风俗与民俗混同一体,等量齐观。在日本,西方的民俗学理论引进后,日语汉字"风俗"与日语汉字"民俗"就明显分了家。"风俗"在现时的日语中已成了"风流","风俗"成了带有红灯区的代名词。而中国传统意义上的风俗,在柳田国男的分类中,仅是民俗的一个浅表层面——生活技艺中的一个方面。在日本,生活技艺这个层面所包括的内容,除了中国传统风俗意义上的四时八节,生养嫁娶,殡葬习惯,还包括衣食住行、生产工具、传统工艺等等。如果再加上另外两个层面口承语言、心意诸现像,其民俗的内涵,从无形到有形,从言行到心理,囊括了民众传承性生活的各个领域。

所以,什么是民俗? 民俗的表层是一个族群传承性的生存经验、智慧的结晶。在生活层面表现为生活的技艺和生活习惯。表现为社会民众群体风行的不成文的程式化的行为规范和文化模式,一种活世态的生活相,或生活场,生活流。我们会发现我们的日常生活中很多细节都和民俗分不开。例如,传统节日,是先民在特定的生存环境中,对宇宙生命(天体运行、万物生长)与人体生命节律交织的心灵感悟和文化展演;是地域族群文化生命周期的关节点和民族文化生命——民族精神的重要标识。是人类在不同领域中形成的群体性代代相传的思考原型与行事方式。它具有对后继社会行为起规范化模式和思想感召力的文化力量。在现实中,它以有形的物化形态、无形的心意表像,通过节日的载体,沟通了代与代之间,一个历史阶段与另外一个历史阶段的连续和同一性,构成了一个社会创造与再创造自己的文化密码,并为人类的有序发展、现代民族的凝聚力的增强,奠定了基石。因而,一个社会的现代化节庆,不可能完全破除民俗的传统节日,而只能在传统基础上有所选择,有所创造性的改造。

从深层结构看,民俗是一个族群独特的、特有的思想文化的起点和思考的原型。常常不经意地流溢在我们人类每个人的日常言行、器物和观念中。民俗归根到底是"人俗"。如果说我们一个人有生物的生命,那么我们也有文化的生命。人是生物生命和文化生命的双重复合体。如果生命的基因是 DNA,那么文化的基因就是哲学理念上的民俗。

总之,民俗学对于国计民生有着重大的天然联系。经世济民是其内在必然的学术走向。

三

民俗学科回归生活,面向现实社会,关注经世济民,最重要的是要落到实处,其研究和发展要真正切合社会发展的需要,这切合,更多的应是学科本身主动对社会发展的参与。近两年来,中国民俗学会,顺应当今中国社会发展的需求,从上到下,从民俗学的知识理论出发,积极主动投入各地非物质文化遗产的挖掘、研究、保护,有力推动了社会主义城乡的文化建设,受到了政府和各界的赞誉和支持。

我们今天为什么要提出并实施非物质文化遗产保护?尽管非物质文化遗产形态千姿百态,但它归根结底集中展现了一个民族赖以存在发展特有的生存方式、生活智慧、思维方式、想像力和文化意识。

上海今年申报国家非物质文化遗产代表作中,《黄道婆及手工棉纺织技术》,是中国手工艺纺织技术发展史上的一个重要里程碑。宋末元初,她由流落三十余年的崖州返回故里松江府乌泥泾,面对家乡的落后状况,勇于改革创新,糅合汉黎两族人民纺织的技艺,革新和传播植棉和手工棉纺织技术。改进了擀弹、纺、捍织手工棉纺织技术和工具,发展了我国具有民族性、科技性和文化内涵的手工棉纺织技术及产品,形成了当时世上由碾籽、弹花、纺纱到织布最先进的手工棉纺织技术的工序,比国外领先了数百年,在我国乃至世界科技事业发展中具有重要的科学价值和历史地位,有力地推动了当时的社会生产力的发展。直接影响了中国 600 年,同时也促进了世界棉纺业的发展。另外,她的作为也提高了上海妇女的家庭社会地位和社会风尚。

民俗学今后的发展,就应该注意学科研究的现实性。作为把握民众生活文化知识智慧的中国民俗学,如何将其融化在现代化的发展和社会主义精神文明建设中,将是一个重要的学科走向。这方面还有许多工作可做。

日本民俗学界曾不拘泥于西方学理的框架,从自身社会现实需求出发"经世济民",进一步拓展了民俗学研究的视野和领域,在现代化经济文化发展中,显示了独特的力量,今天仍不失为一个可以借鉴的经验。

20 世纪初的日本,正处于向现代化转变的时期,现代工业生产在飞速建立和发展,日本传统的农业和民族文化受到很大的冲击。在西方文明民俗学学科的影响下,学术界也有学者,盲目地跟随西方一些人,如调查殖民地陋习一样对待民众的民俗:对传统民俗不进行科学的分析,一概视为随俗恶习加以否定。当时,因工作关系经常深入农村的柳田国男,接受西方贡姆民俗学的学科理念,却对民众在长久传统生活中所创造的民族基层文化——民俗,予以特别的注意和关照,从中发现了它之所以生成传承"经世济民"的积极意义。

先进的西方工业技术产业和农业技艺的引进,日本传统的社会结构,特别是以稻农为主的农业文化受到了巨大的震荡。然而,这是不是日本传统文化的终结?数千年来,伴随日本人一起发展到今天的民间生活习尚,是不是已经一无用处,拱手让位于全盘的西化?我是日本人,我怎么会这样?我将来该如何发展?带着这种种的思考,柳田国田与日本民俗学的一些先行者,走向当时日本社会最广大的农村采访,与农民促膝谈心,全面展开"乡土研究"名称的民俗学资料搜集和研究。

极力"要对日本民族生活的一切方面的一切现像进行根本的研究"（［日］《乡土研究》创刊号高木《乡土研究的本领》1913）。为了贯彻这些意愿,柳田国男还专门在创刊号上撰写文章,具体阐明乡土研究的科学目的与实践的方法。具体是:1.阐明各个乡土地区的民众生活怎样发展到今天,经历了什么样的道路,有什么规律,怎样使村落居民幸福地生活。2.乡土研究和历史学的共同点是要对文化进行历史的分析。但通过文献学无法了解日本的民族性,因为日本文献中没有平民的历史,历史是由贵族豪杰的列传组成的,政治与战争是历史的主流,即使有一点关于民众的记录,也是被草率处理的。因此,民俗学研究的与一般历史学有所不同。3.为了弄清民众的生活,思想变迁的过程,要摆脱过去的史学方法而采取新方法,即实地采集资料,重视比较研究。

柳田国男在早年的《乡土生活研究法》一文中谈到,日本社会的现实"农民为什么这么贫困的根本问题",引起了他极大的关注,因而鲜明地提出了"学问救世,'经世济民'的主张"（《定本柳田国男集》第25卷327页）。由此,他突破了英国早期民俗学的界说,注重民俗与生产和生活关系的梳理和其间的经验智慧:如早期的山村生产,狩猎方法和狩猎生活的变迁等。二战后,关于工具制作、使用方法等技术系统的研究,有了很大的进展。从而奠定了日本民俗学经世济民的基本学术走向,成为日本国内家喻户晓,影响极大的国学,并扩散达到其他学科领域,将民俗学引进到生活和生产各个领域,渗透进日常衣食住行以及工农业、贸易等生产经济活动中,有力推动了日本社会经济文化的共同发展。

日本民俗学"经世济民"还表现在积极主动将民俗学科投入社会国民的思想教育的体系。二战后,日本将历来的修身公民科,附同历史、地理等各科内容,成立了仿美国教育设置的社会研究科（Social Study）形式的"社会科"。社会科应开设些什么课程? 教育部门的官员征求了柳田国男的意见。在学界已有相当名声的他,在教育部征求意见时,以一个关注民生现实的学者眼光,敏锐地发现这是一个"经世济民"和学科发展的双赢机遇,即提出,把对民俗的教育和研究作为新设制社会学科的主要内涵,并告诫他的一些得力干将后藤兴善、大藤时彦、折口信夫等人在学科研究上不能随心所欲向前发展,从事学问之道的人应有点特色,渗入教育界,参于国家重建工作。事后,民俗学就进入了中小学和大学的课堂,并逐步交叉进入到文学、艺术、伦理、宗教、信仰、法律、心理、建筑等各个学科,成为日本国民性认同,大文化建设的主干课程,爱国主义教育的基本教材。

客观地讲,民俗及其学科的理念,在中国民俗学界本身近百年来的发展中已有了很大的进步。在其内部对学科的学识学理的认识与国际趋于一致。然而在其外部,在大人文学科领域内,由于多种因素,对此,仍视而不见,充耳不闻,该用的,也被弃之不用,如此,民俗又怎么进入学科之流呢? 今天,自诩为把握中国精英文化的人,视民俗为历史垃圾的,似乎少了一些,有时也会说几句门面的话,可骨子里对民俗的认同仍然十分低下。有一位中文教授为显示对民俗的认同,关切地对民俗学工作者说:"啊!民俗嘛,是可以搞搞的,就像一个人大鱼大肉吃腻了,要换点萝卜、咸菜吃吃,爽爽口一样的嘛。"要知道这位教授还是十分好心地讲这话的,这是他想表扬一下民俗,提高周边人对民俗的不公正认识而说的话。民俗在中国国情中要被正确地理解,也有待于学人素养和学识的提高。

在封建等级观念浓烈的中国,人分九等,历来的学问与人与文学样式一样,常被分为不同的等级。民俗学要在中国人文学科中脱颖而出,如日本一样得到真正的重视,从上至下从左到右,不克服和矫正这种封建等级的学科观念,是不行的。值得一提的是中国作为社会主义国家,由劳动人民当家作主,然而令西方学者不解,令旁人奇怪的是,为什么对真正是人民的文化——民俗,在一些人的心目中老是"高"不起来呢?曾有一位欧洲的著名学者对此向我发问:在你们的眼中,我们是资本主义国家,资产阶级当政,但我们对民俗一类人民的文化十分关注,而你们为什么不这样呢?他的话显然也不准确,但是,我们一些自以为是中国文化代言人的学者专家,一提到民,一看到俗,心底里升起的不是崇敬,而是蔑视。这是不争的事实。然而,这些人中不少人还掌握着中国人文学科的话语权。这的确使民俗学在今天中国的发展举步维艰。

当然,中国民俗学今后的发展,关键在于民俗学自身要加强学科建设,关注学科研究国家现代化进程中"经世济民"的现实性和迫切性。关注民俗传承在现代化进程中的地位和作用,民俗文化遗产在现代社会经济文化全球化下的多样性重构:民俗文艺传承与现当代文艺创作(诗歌、小说、戏剧、音乐、舞蹈);民俗空间环境传承与现代环保(村落布局、民居构架与山水草木、朝向等);民俗水利传承与现代洪涝灾害的防治;民俗饮食传承与现代餐饮的发展;民俗食疗传承与现代饮食养生;民俗土特产传承与现代村落乡镇经济的发展;民俗民居传承与现代民宅走向;民俗育儿传承与现代儿童教育;民俗竞技娱乐传承与现代问题活动;民俗制度传承与现代人际关系处理;民俗乡规民约与现代公共秩序建设;民俗精神传承与现代民族凝聚力的铸造;民俗资源与现代文化旅游开发;民俗语言学与对外汉语教学等等。作为把握民众生活文化知识智慧的民俗学,只要真正投入、融化在现代化的发展和社会主义经济文化建设中,一定会有光明灿烂的前景。

第二节　民俗与民族精神

要将我们的文化发展与民族精神的熔铸,融合一体,引向深入,我感到,有必要对我们生活中处处存在文化事项——民俗予以正确的认识与深层的把握。按照现代民俗学的理念,民俗不仅仅是一般的民间的风俗习惯,而是一国一民族固有的传承性生活文化的总和——人类社会中一国或一民族最独特的最根本的基础文化或地质文化。真正的民族文化,只有在这些长期流传于普通民众的民俗文化中才能获得。然而,毋庸讳言,由于多种原因,民俗学科以及密切相关的文化人类学、哲学人类学,在我国尚处在初级阶段。理论的贫乏,造成了实践的苍白和对民俗认识的短视。环视当今中国社会中民俗的运作,有一个奇特的现像:一方面,久违的民俗,如雨后春笋,到处涌现。并被制成种标签和旗号,频频在商业、旅游、娱乐、影视等经济文化活动和媒体中亮相;另一方面,一些社会文化沉渣的泛起,弊端的再现,动辄被斥之与民俗相牵连。这种文化上实用主义的民俗运作,时而将民俗推上云霄,时而将民俗打入深渊,实在是不足取的。从中也折射出我们一部分人,包括一些文化人,对民俗认识的浅薄。这不仅不利于当前经济文化领域和精神文明中民俗的合理应用,同时,又阻碍了我们对民俗内涵的真正理解。拨开笼罩在民俗上的种种迷雾,我们发现,民俗是风习性群体心愿的综合反映和表现,是民族群体共同文化共同心理素质的集中体现。对于民俗,我们要有科学的分析,对它重新全面地梳理,去粗取精,除芜存真,则是凝聚民心,重塑当代国民性,熔铸民族精神的一个有益步骤。

一、民俗——民族民众精神意愿立场观念的展演

民俗与民族精神的关联,首先在于民俗展现了民族民众的群体化文化精神的走向。按照现代民俗学的理论指南,民俗是一个国家一个民族共同文化的基础层或基石,其间代表了民众群体的精神意愿和立场观念。[①]

可是,上述理念在我国还没有得到普遍的理解和认同,包括我们的知识界。民俗学识理念的后进,究其原因,有内外的因素,其中与中国传统的民俗理念有很大关系。民俗学之民俗,表面上是汉字,实际上如同文艺理论、物理、化学、干部等一些专用名词一样,都是上世纪之交,为向西方学习,从日语汉词出口转内销回来的。而中国传统意义上的风俗,在日本民俗学鼻祖柳田国男的分类中,仅是民俗的一个浅表层面——生活技艺,而且就这个层面所包括的内容,除了中国传统风俗意义上的四时八节,生养嫁娶,殡葬习惯,还包括衣食住行,生产工具,传统工艺等等。如果再加上另外两个层面口承语言,心意诸现像及民俗思考原型,其民俗的内涵,从无形到有形,从言行到心理,囊括了民众生活的各个领域。民俗的事项是与民众生

---

① 参见[日]柳田国男、关敬吾《民俗学研究的出发点》原载《民间文学论坛》1982 年创刊号。

活息息相关的生活文化经验的汇总,民俗的研究也就成为攸关历代民生不可缺少的社会需要。反观我国,各地的民俗调查和民俗活动,犹如山花烂漫,然而在这些勃勃生机的背后,却因学识理念的落伍滞后,有意无意地扼制了民俗向民族文化本质层面行进的步伐。现实社会中,民俗的张扬,表面似乎是怀旧,或传统的回归,实质上却是民族民众心中情感意愿、立场观念的展演,其内里往往蕴涵着文化立场观念的转变和价值的重估。例如,这几年,神州大地大江南北,一股股民俗热,如燎原之火,在纷纷燃起,连北京、上海、广州、天津这样的现代大都市也随势浸染期间,并不时刮起一阵阵回肠荡气的民俗文化热浪。对此,有些学者称之为怀旧热。

然而,从文化批评的眼光,怀旧热的描述,仅是一种表层现象,其深层的底蕴,却是现代化进程中一种文化立场观念的转变和价值的重估。在人类社会中,人与异类的差别最根本的是人的文化。人创造了文化。文化也创造了人。人们的思想行为和价值判断,时时处处受到由其创造的文化观念的制约和影响。

人世间,一个"外在物"的价值评估,除了它本身具有的物质意义外,不可避免地受制于人们赋予的物质所代表的文化代码——文化观念所指的价值倾向的约束,从而使物质本身具有了超越物质意义的价值判断。例如在美国日常的餐饮文化模式里,牛肉被视为最好的肉。虽然生产量超过需求量,但是价格仍然很贵。穷人经常食用其他比较便宜的肉。这些肉之所以价格低廉,是因为被视为不好的肉。日本也是这样。为什么呢? 牛肉之所以在美国被认为是最好的肉,可以一直追溯到古代印欧传统那种把牛看作是男子汉的气概,一种性的文化观念。餐饮传统模式一直以鱼肉为主的日本,当代也视牛肉为最好的肉且价格不菲,明显受到欧美牛肉文化价值观的影响。从单纯的物质意义而言,有的动物肉类的价值,未必不如牛肉。如果欧美人一开始以狗肉为主,那今天最好肉的标准,就不是牛肉了。而且,整个社会的经济结构都会不一样。人类把自己的文化观念烙印在外在物上,使外在物的价值深深打上了人类文化的印痕。[①] 我们眼中的外在物,实际上往往是由一种人为的文化逻辑所构建的。文化代码所蕴涵的文化观念,常常成了评估事物价值的重要的无形标尺。

应当指出的是人类社会中,人们所创造的文化是有不同层面的。按照现代民俗学的研析,人类文化最基本的是两个层面:一是表层文化,二是基层文化。表层文化就是上层文化,中国一些报刊媒体还时常喜欢冠之为精英文化(殊不知,精英文化并不是表层文化或上层文化的专利品。精英文化分别存在于表层文化与基层文化或它们共同的建构中);基层文化也称之为地质文化,则是指与民众生活息息

---

① 参见[美]乔治·E·马尔库斯、米开尔·M·J·费彻尔《作为文化批评的人类学》,199 页—201 页,三联书店 1998 年 3 月版。

相关的民俗或泛称之为民俗文化。一个健全的社会人,可能没有或缺少表层文化,像俗话所说的,没有文化,如阿Q。但是不可能没有民俗文化。反之,一个身处上层文化熏陶的人,也不会没有民俗文化。即使像红楼梦中钟鸣鼎食知诗达礼的贾政,也不能免俗。囿于"抓周"的民俗阴影,找个碴,就将"孽障"贾宝玉往死里打。

　　不同的文化层面所持的文化立场观念是有区别的。这样也就造成了对事物不同的价值评估尺度。如从上述上层文化或精英文化观出发,《三国演义》等,在我国大学传统古典研究领域,一直视之为古代小说的典范。但是,站在民俗文化的立场考察,它源自民俗文艺。唐代段成式《酉阳杂俎》已记载民间艺人在长安城讲三国故事。千百年来,三国故事在民间不胫而走,不绝于耳。但是,如果将《三国演义》归属于民俗学的民间文学立场的研究,那离高雅的古典文学就远了。按世俗观念说句上海的大白话:档子就低了。当然国际化的学术立场和视野就不同了。国际著名的汉学家俄罗斯李福清就转换立场观念,撰写了《三国演义和民间文学传统》的专著,令人耳目一新。实际上基层文化的民俗文化,是人类文化大厦的基础。其所持的立场观念也是人类认识、判断、评估外在事物的最基本的文化立场观念。我们在认识和评价事物的时候,要重视这一问题。顺时合理的文化立场观念转换能使我们对事物有更科学的结论。比如高粱、玉米等谷物,在我国上层文化系统中是低下的,称其为粗粮。长期以来,一直是农民、贫民的主要食粮,它们在主食中使用是贫穷的像征。在改革开放,经济迅速发展的今天,人们的立场观念发生了极大的变化,它们现在成了绿色营养的文化代码,富裕人钟爱的食品,身价翻了个个儿。

　　所以现代化进程中的今天,我们对事物的认知,需要注意调整我们的文化立场观念。长期的封建社会,使我们的文化立场观念,浸透了唯"上(层)"为好的等级观念。使理应看破红尘的寺庙和尚也挂上了"处级""科级"的文化等级的标签。在国际上真是个大笑话。这真到了非改不可的地步了!

　　其实,中国一个世纪以来,在追寻现代化的进程中,此起彼伏,一直在进行文化立场观念的转变整合。20世纪初,我国轰轰烈烈的五四新文化、新文学运动,透过其反帝反封建、倡导科学民主的现实需求,骨子深处流淌的却是一场文化立场观念的重大变革。具体表现为,数千年来一贯以上层文化为衡量标准的文化立场观念受到了激烈的颠覆,以民俗学运动为代表的基层文化的立场观念被推到了前台。

　　发生在五四运动前后的中国民俗学运动,从现在的学术眼光看,其原因在民俗学的基本理念代表的是民众的文化立场。中国民俗学运动是五四新文化新文学运动的前导。20世纪初中国民俗学的兴起,严格地说,它不仅是一个学术的求新,更多的是一面借民众文化理念进行文化立场观念转变的旗子。这一转变,明确了人民是历史文化的创造者,激励了无数先进的知识分子走向民间,用新的民众的立场观念重新审视中国社会的问题和现代化的发展。毛泽东为首的中国共产党人是这方面的杰出代表。他们将马克思主义与中国的实际问题——民众立场上的利益和理想结合起来，建立了我们今天的新中国。而当年国民党的失败，也正在于此。

总之，诚如《第三次浪潮》的作者托夫勒所言，现代的电子技术与民俗工艺是并行不悖的。现代化进程不惟有一个上层文化或精英文化的视角立场，民众代表的民俗的基层文化立场观念才是最根本的，我们应该主动顺时转换自己的立场观念，如"三个代表"重要思想所指出的，始终代表人民的利益。

二、民俗——民族文化生命的重要标识

民俗与民族精神的关联，其根本的还在于民俗是民族文化生命构成的基本成分。一国一民族之所以有民俗，并不是那个族群的喜好。民俗与人俱来，与族相连，是人类文化生命的基因。

人世间，一个完整的人的生命，应该是生物生命和文化生命的统一体。所以，一个人除了具有生物生命基因以外，还会有文化生命的基因。人的文化生命基因，是由以民俗为核心的第二生命系统构建。这是一种与有形物质的生物生命相异的独特的生命元素：它虽然是无形的，却溶化在人的生命里，并不经意地流露在人们的言行中。从而构成人类区别异类的根本标志，成为表现和鉴别民族或地域族群自身特征，展示和衡量人类多样性、复杂性的重要标尺，一种比人类生物生命基因更为深沉的文化生命基因。

首先是人类基因组计划的启示。自从现代生命科学发现构成生物生命的基本元素——基因DNA以来，人们就把解析生命的奥秘，探寻人种的差别，寻觅民族相异的希望，寄托在基因的解码上。然而，其结果与有些人的企盼大相径庭。据新华社报道，在人类基因组图谱和初步分析结果公布之日，法国科研部长施瓦岑贝格在2002年2月12日举行的记者会上说：人类基因组细节公布之日对那些种族主义者和排外主义者来说，是"非常难过的一天"，因为科学家们的研究成果，使他们丧失了仇恨其他民族的根据。因为人类基因研究结果显示，世界上不同种族人与人之间99%以上的基因密码是相同的，人类的起源与进化完全是在相同的生物基因基础上的完成的。这说明在人类基因组图面前，人们看不出世界各色人种、种族人群之间的差别。可是，静言思之，世界各种族、民族之间又确确实实存在差异，南北对话，东西方文明冲突，同一地区不同民族和族群之间矛盾等等，即是这方面的反映。现实世界，地球人类之间存在着种种的隔阂，一场小小的《刮痧》把中美两个民族的当事者推向法庭的对抗，这已是举世公认不争的事实。既然按人类基因组的初步图谱，我们的生命体的

建构99%以上是相同的,由此生命而产生的理念理应也相同,如同相同的机器模具压出同一产品一样,为什么还会出差错? 是我们对自身生命的基因检测手段和技术还不够先进、缜密,造成现有数据失误,还是我们在认识人类种族、民族差别和人类特征的尺度中尚有不周之处? 说是前者,我想是冤枉的。参加人类基因工程的中、美、英、法、德、日等国自然科学家们的科学水准和分析测验的设备、手段,是不容置疑的,各国在人力、物力、科技力方面的投入是巨大的,我们中国也有好几名院士顶级人物投入其间。问题显然不在前者,而在于后者。原因在于我们对于什么是人的基本尺度,什么是种族及民族的衡量标准方面有偏差。

什么是人? 人是生物生命和文化生命的统一体。

相当长的时间内,也包括学界的不少人,对于人和异类的差别,一般仅以自然科学生物学的眼光去衡量,往往把人仅仅定在高级灵长类人科的生命生物体的范畴。这似乎是对的,但又恰恰是不完整的。费尔巴哈曾说过一句名言:"当人刚刚脱离自然界的时候,他也只是一个纯粹的自然物,而不是人。人是人、文化历史的产物。"现代哲学人类学大师,德国的兰德曼教授在其名著《哲学人类学》中进一步指出,当生物人类学试图单纯从生物结构来了解人时,同时也丧失了人的完整性。只有不仅把肉体,而且把人的文化都视为人的存在,才能建立完整的人的形像。人是创造文化和为文化所塑造的人。人是文化生命的存在:文化对于人,如同外界供人呼吸的空气,如同体内维系生命力系统的血管血液,是必不可少的。人与文化交织一体,缺乏文化,就缺少了做人的起码条件。可见,没有人去创造,文化则不存在,没有文化,人也将无法从动物进化到人,这是生物和文化双重进化的结果。人不仅有生物的生命,还有文化的生命。生物生命,只是人生命存在的一部分,人之所以为人,是生物生命和文化生命共同进化的结果。在某种意义上,文化生命的进化,是人类之所以有别于异类而成为人的根本因素。文化进化对于人是比生物进化更为重要的进化过程。据报道,生命科学的科学家们,已破译出与人类基因最相似的还有鸡和鼠。从生物生命基因而言,它们与人极为相似。然,鸡,毕竟是鸡,鼠还是鼠,与人是不能等量齐观的。今天动物行为主义专家已测定,制造和使用工具,并不是人类的专利。猩猩一类高等灵长类中也具有类似的能力,以此作为人和异类的区别已不足为凭。人之所以为人,是人能创造文化,并以文化来塑造自己,文化是人的第二生命,人是生物生命和文化生命的统一体。人类有生物生命的密码基因,人类当然也有文化生命的密码基因。这是造成人类种族、人群差别的重要标志。所以,要真正认识人,认识相互间的差异,除了要对人类生物生命基因作进一步的破译之外,还需要对人的文化生命密码——人的文化基因——如同人类生物生命基因一样,进行同样的解码。这就是人类文化基因的破译。它可以在认识人类生命史纪念碑上镌刻下自己独特的印章。国外已有这样的先例。1998 年 3

月京都国际日本文化研究中心,召开了一个大型的国际学术研讨会,探讨日本人和日本文化的源起。会上美国、英国、法国、俄罗斯、日本、中国等国家和地区研究人类生物生命基因的分子人类学家、考古人类学家们,从生物工程,生命基因 DNA 和古人类骨胳比较研究追踪日本人的根由,对日本弥生时代的古人与中国山东同时代的古人遗骨基因作比较。美国 M. Crawfod 教授就人类从非洲起源,分北路南路进入亚洲中国大陆,及至日本的发展路线,作了详尽的论述。日本太田博树教授作《亚太地区古人类线立体 DNA 树系图的研究》,对日本人的由来运用体质分子人类学,即人类基因工程系统的梳理和分析。我应邀以文化人类学——民俗学的眼光所作的专题发言中,从中国古人类文化生命的一个重要信息和标识:远古江南稻作文化中的鸟(日)信仰崇拜的发生流变,分析日本岛(日)崇信的由来及本土的衍化,从中寻找日本人文化生命的基因和历程,分析日本人和文化的由来,受到了与会者的赞赏。会上生命科学家、文化学者携手合作,共同解析日本人生物生命和文化生命之谜,取得了丰硕成果。亚太地区的民族,从人类基因工程,分子人类学角度透析,他们基本上是同源同种,看不出有什么多大的差别,可现实中我们又处处感觉到不一样。这又是如何造成的呢? 文化生命基因密码的破译,似乎更能回答这些问题。可见在寻求人类生命的轨迹中,文化生命的破译可以起到与生物生命共同相同或达不到的意外作用。

其次,人的文化生命基因在哪里? 人的文化,似乎有种种解释,人的文化生命,仿佛更是虚无飘渺,看不见,摸不着,但又确确实实是在我们身上存在并可以找寻的。我以为,人的文化生命存在,人的文化生命基因的构成,是以民俗为内核的文化基因作基础的。茫茫宇宙中,人类在谋求自身生存发展的营生中创造了最初的文化。人类最初创造的并塑造自身的第二生命系统文化生命的文化形态,是人类挣脱兽性向人性进化的原生态民俗。诚如哲学人类学的先驱,恩斯特·卡西尔所述:"如果有什么关于人的'本性'或'本质'的定义的话,……人们突出的特征,人的与众不同的标志,既不是他的形而上学本性,也不是他的物理本性,而是人的劳动(work)。正是这种劳动,正是这种人类活动的体系,规定和划定了'人性'的圆周。"①方言、神话、巫术,习俗等等人类群体生活所形成的原始民俗,构成了必然要反馈并制约于自身的圆周的文化扇面。从而形成了万物中人所特有的以民俗为核心的文化基因,文化人性。世界上任何一个人,来到人世间,都无法用纯客观的眼光来看待这个世界。而必然会带上塑造他身心成长的群体眼光,即民俗的尺度来进行衡量评判。西方著名的文化人格学派美国文化人类学家露丝·本尼迪克特曾对此作过精湛的分析:"谁也不会以一种质朴原始的眼光来看世界。他看世界时,

---

① (德)恩斯特·卡西尔《人论》,87 页,上海译文出版社 1985 年 12 月版。

总会受到特定的习俗、风俗和思想方式的剪裁编排。即使在哲学探索中,人们也未能超越这些陈规旧习,就是他的真假是非概念也会受到其特有的传统习俗的影响。"[1]为什么呢,因为任何"个体生活的历史中,首要的是对他所属的那个社群传统上手把手传下来的那些模式和准则的适应。落地伊始,社群的习俗便开始塑造他的经验和行为。到咿咿学语时,他已是所属文化的造物,而他长大成人并能参加该文化活动时,社群的习惯已是他的习惯,社群的信仰便已是他的信仰,社群的戒律已是他的戒律,每个出生于他那个群体儿童都将与他共享这个群体的那些习俗,而出生在地球另一面的那些儿童则不会受到这些习俗的丝毫影响"[2]。生物生命基因几乎一致的人类,在实际生活中还是有那么多的差异,其原因昭然若揭,那就是人类生命孕育成长期,不同族群由民俗构成的文化生命基因所致。例如,主要由游牧习尚进入文明的西方,重视个人生存权利;主要由农耕习俗进入文明的中国,重视集体生存权利。两者对人生生命价值理念的出发点是有明显差异的。西方霸权主义,用抽象的人权幌子,攻击我国的人权问题,不仅是别有用心,在学术层面上,也是违反他们自己大肆宣传倡导的学理学识的。

过去,由于学术的偏见和学科自身研究的不够深入,民俗常常被误解为没落的文化遗留。是农民、陋民、落后人群的专利,对现实和现代化进程没有什么意义。其实,民俗与我们每一个人,都有割不断的联系。民俗,顾名思义,就是"民之俗",即"人俗"。任何人都是自身所属民俗文化圈的一部分。民俗与人俱来,与族相连,是人生永恒的伴侣。一种民俗一旦形成之后,就会以一种特定的思考原型和重复出现的行为模式,在民俗圈内产生强大的向心力和凝聚力,使生于斯,长于斯的民众,有意无意地整合接受具有共同心意民俗的规范。

任何民俗,说到底,都是一定民众群体共同心愿的显现。是一定民众群体心愿的"我们感",正是这种"我们感",构成了人类文化生命的 DNA。它类同于人类生物生命的基因,以一种创造和再创造的文化密码,延续并制约人类文化生命的成长。可见,民俗是人类文化生命有序发展的基础。它以代代相传的行事方式,一种对人类社会行为具有规范作用和道德感召力的文化力量,沟通了人类一代人与一代人之间,一个历史阶段和一个历史阶段同一性的联系。

任何一个民俗,有原生态,次生态,再生态的衍化。如中国龙信仰民俗,从最早的龙意像,到后期的龙舞、龙舟活动,再到龙村龙潭、龙门吊等等以龙名谓的称呼,就展示了这一演变的过程。但是,不论是民俗的次生态、再生态的泛民俗主义文化,其间始终蕴含着该民俗最初的意像,包孕着创造这一民俗事项集体的心愿,一

---

① [美]露丝·本尼迪克特《文化模式》第 5 页,三联书店 1992 年 6 月第二版。

② 同上。

种理性和非理性的"我们感"形态表现出来的集体有意识和集体无意识,并以集体心理定势——民俗思考原型线状传承,在人们代代相继的日常生活的器物、称谓、观念、行为中不经意地流露出来,成为构成我们人类种族、民族、族群、区域人群中个人文化生命的特征的重要标记。例如日本民俗学鼻祖柳田国男撰写的反映日本民族国民性的专著《日本人》;露丝·本尼迪克特对日裔族群调查感悟到的日本人国民性专著《菊与刀》;得到过鲁迅赞赏的,从普通老百姓生活习俗中提炼出来的美国传教士明恩溥《中国人的气质》以及清代赴欧外交官陈季同根据家族和乡村生活体验撰写的《中国人的自画像》、林语堂的《吾国与吾民》等等,虽然一些说道,不无偏颇,但今日读来,仍有令人震憾之感。当代作家们在此基础上,以各地民众现在生活习状为刻画对像的《闲话中国人》、《读城记》等等,也通过当代人中一些不经意的行为,显示各色人群五光十色的文化生命。

总之,人的文化生命基因,虽然不像生物生命基因有物可凭,但是,还是有迹可寻的。现实中,人的生物生命基因激活了生命的活力,人的文化生命基因规范了生命的走向。两者从各自的基因密码出发,共同构建了人生的生命里程。

综上所述,人的生命基因是双重的。以民俗为核心的文化生命基因,也是人类生命的另一重要部分。人类如果只对自身的生物生命有所了解,而对文化生命一知半解,那人类生命奥秘的破解,不可能是完整的。从某种意义上,就连对生物生命的认识恐怕也是不能深入的。如前所述,鸡和老鼠与人类的基因有很大的相似,为什么呢?研究人类基因的专家们感到迷惑不解,新闻媒体作为一个亮点竞相报道。作为一个民俗学家,却由此而激起了另一层思考;无独有偶,中国古老的创世神话中,天地的开辟,万物的萌生,比较多的传说,都将此功劳归结于一个是鸡,一个是鼠。另据南朝宗懔《荆楚岁时记》载,古人把一年中最隆重的日子,大年初一,尊封为鸡的生日。联想生物基因解析中它俩与人类基因的相似,我们不禁要问,这是巧合,还是我们尚不了解的生物生命演变的轨迹?抑或其他?看来,研究生物生命基因的专家,研究文化生命基因的学者对此都需要作深入探讨。

一个民族或族群群体生命的阐释,光依靠人类生物生命基因工程是难以担当起此重任的,必须同时借鉴和发挥人类文化生命基因工程的作用和力量。第二次世界大战至今六十多年过去了,可是当年发动侵略战争,野兽般屠杀生灵,给亚洲乃至世界人民带来巨大创伤的日本,却至今不肯认罪,为什么?难道它们生物生命 DNA 中混有我们的生命科学还未发现的狼的基因?所以特别的残忍?我不谙生物生命基因工程,不敢妄加评论。但是,我自己从文化生命基因工程角度研究分析发现,日本民族群体文化生命中先天就缺乏"恶"的理念和价值判断,①恐怕才是其真正的根由。

---

① 参见拙文《中日金鸡传说崇信的文化走向》,《中国比较文学》2000 年第三期。

这也是国民性劣根性的所在。认识人的文化生命基因,其意义是极其深远的。

当然,由民俗构建的文化生命基因,虽然代代相继,推动着人类族群群体生命的延续,但是,如同生物生命基因一样,它总是不够完善的。对此我们自己也要有清醒的认识。我们要像生物生命基因研究那样,缕析文化生命的基因。并在此基础上,区别优劣,扬长避短,博采众长,熔铸新的国民性,为中华民族 21 世纪的腾飞作出应有的贡献。

三、民俗——民族精神构建的内在凝聚力

在我们现实生活中展现的民俗,虽然光怪陆离,五彩缤纷,但其深层却有着这一民俗的承受者群体民众所特有的共同的活生生的文化基因。在这文化基因中,如上所说,蕴藏着群体民众相通的"我们感"——一种心心相印的共同意愿,荡漾着自古以来连绵不绝的具有共同精神内涵的集体意识流。并由此构成了群体民众——民族、国家思想精神文化的基础,民族魂、国魂的内核。

民俗与人俱来,与族相连,从它诞生的那天起,就烙上了群体性共识的印记。任何民俗,说到底,都是一种群体性的感受和认同。各民族中最古老的民俗:神话、巫术、图腾、方言、仪式等人类最初的原生态文化意识团,它是集群而居的初民在共同的生态环境和生存条件下,相同的生理、心理机制不约而同滋生的共同约定和俗识。其间,积淀着人类实现自我进程中,使人逐步摆脱兽性、光大人性的共同的文化基因与文化进化系统,其基础,如同含金的伴生矿的原生态民俗。

一个民族或国家的人民,具有优秀的国民性格与民族精神,如前所述,主要不是人种的进化,而是文化的进化。在生物进化与文化进化双重进化中,文化的进化与抉择,则是人类群体异于其他生物或其他人类群族的关键。而民俗则是文化塑造人格的重要方面,人类的每一个生命从它在母腹中诞生的一天起,就处在不同民族孕育的民俗文化的熏陶和感染之中。其生命的每一个历程,都可感觉到特有民俗文化的关照和影响,成为一种民俗文化锤炼下的具有特定国民精神民族魂的人。

民俗本身就是人类在不同领域中形成的群体性代代相传的思考原型与行事方式。它具有对后继社会行为起规范化模式和思想感召力的文化力量。在现实中,它以衣、食、住、行等有形的物化形态和情趣、风尚、习俗等无形的心意表像,通过口头、行为、心理的载体,沟通了代与代之间,一个历史阶段与另外一个历史阶段的连续和同一性,构成了一个社会创造与再创造自己的文化密码,并为人类的有序发展奠定了基石。因而,一个社会不可能完全破除民俗传统,而只能在旧民俗传统基础上对其进行创造性的改造。一个国家崇高的民族精神的建设同样如此。有一种论调认为,现代人的内核是理性化,民俗一类传统已经过时了。为了适应现代化发展

的需要,就必须建立一种理性化的"发展"理想,应用抽象的理性原则行事,而与传统的观察方式和行为方式决裂。事实上,人类社会的发展,从思想文化史角度来看,从来没有彻底理性化,而总是在理性与非理性的交织运动中前进的。理性化仅仅是一种美好的理想。恰如当代美国著名的社会学家爱德华·希尔斯雄辩论证所指出的,"那些对传统视而不见的人实际上正生活在传统的掌心之中,正如同当他们自认为是真正理性的和科学的时候,并没有逃出传统的掌心一样"。"新事物的形式与实质在很大程度上取决于一度存在的事物,并且以这些事物为出发点和方向。新事物吸取了存在于它们之前的某些东西"。① 每一时代精神思想,同样如此。即使是所谓时代民族的新精神新观念,它本身就蕴含着过去的遗存内涵,历史精神的合理内核。民俗作为一种传统,本身就是这样一种存在于今天的世代链环。毋庸置疑,很多源远流长的民俗传统不再有明确可辨的形式存在,但是,并不影响它以某种成分和变异的形态而继续发展。正是这种内在的规范性的相继延传,超越了时空的界限,构成了一代又一代人共同的行为与模式,情趣与爱好,从而为一个国家的固有的民族精神的凝聚作了层层的积淀。

可见,一国的国魂,既不是天上掉下来的,也不是时代的某个先觉或勇士凭空塑就的。它是该国民众在世代相继,代代相传的群体文化范式——民俗中筛选挑选出来的。有着悠久历史和生活文化的中国人民,在漫长的岁月中,就凭藉有史以来生存实践中磨炼出来的一套行之有效的民俗精粹,一套适合我国民众人情和国情的文化系统,才得以处变不惊,排除万难,生生不息而自立于世界民族之林。

然而,有人却断言,传统的民俗已过时,惟有引进外来的现代文化与精神文明,才能重铸国魂。这是不正确的。在建设我们民族的精神文明中,当然应该吸取外国优秀的精神文化。但是,一国的国魂,代表民族群体的崇高精神,不可能是外来的,而只能是本民族中固有的,否则何谓国之魂,民族之魂!它的根基不在国外,就在我们千万年来流传不衰的优秀民俗之中。这些民俗中展现的民族的精神力量,足以代表我们国魂的雄姿。例如,心意民俗中,凤凰非梧桐不栖;大鹏展翅九万里的远大抱负;精卫衔木填东海的悲壮举止及夸父逐日的勇敢坚韧;大禹治水,三过家门而不入的自我牺牲;男吊女吊刚烈的复仇意志;梁山伯与祝英台不畏权势金钱的生死恋情等等,无一不令人扼腕击节激动不已。人生社会民俗中,重阳节登高敬糕尊老,春节元旦日让小辈先饮屠苏酒扶幼,其精神,今天仍为国家倡导、全民响应的民族优秀的传统精神。

现代国际人文学科民俗学之民俗,如前述,不仅仅局限于古代残存的"风俗习惯"这样狭隘的观念。长期以来,不少人,包括我们学界也望文生义对此理解存在极

---

① 爱德华·希尔斯《论传统》,第 5 页、46 页,上海人民出版社 1992 年 4 月第二版。

大的误解,严重影响了学科的建设,极大阻碍了国家经济文化和民族精神具有中国特色的健康发展。在现代化建设的今天,加强民俗学的研究已经到了刻不容缓的地步。

民俗学之民俗是一个国家民族千万年来积淀下来的固有的传承性生活文化。反映了一个国家、民族特有的文化心理和生存智慧。一定的民俗之所以能长期流传,关键是有它特有的能为人类生存所用的生活的知识经验。在人类社会中,它又是一种道德的感召力,一种代代相继的文化力量。日本在 20 世纪初开始将民俗作为日本人之所以能成为日本人的经济和文化的宝贵经验加以开掘和宏扬,极大地支持了日本不同于西方的现代化之路。上海市前市长汪道涵同志卸任前夕,曾支持翻译出版了日本技术比较论者撰写的关于日本经济起飞的分析报告,日本专家们一致认为,除了借鉴美英德等西方国家的先进技术外,利用日本民众自古以来成功的民俗传统"物质变精神,精神变物质"重新塑造西方的现代技术起了重大作用(可惜,这本书出版后,因种种原因,未能引起国人的注意)。所以,民俗学在日本成了一个"济世之学",一个渗透到众多学科的一个国学。不仅在物质层面,而且在构建日本现代民族精神方面,起了重大的作用。学科的鼻祖柳田国男撰写的历史审视日本国民性和民族精神的《日本人》等名著,成为日本国民教育和民族精神建设的良师益友。从而也使他获得了最高的荣誉——国家最高文化勋章。无独有偶,韩国在激烈对抗日本的同时,在这方面也向日本学习有了长足的进步。汉城奥运会、世界杯足球赛上韩国化的现代科技和技艺表演,给中国乃至全世界人民留下了难忘的深刻影响。这一切充分说明了一国固有的民俗文化对一国现代化经济和先进文化建设的巨大作用。传统和现代化是并行不悖的。民俗传承在现代化进程中大有可为,中国特色的现代化建设急需加快现代理念的民俗学学科建设和发展。

另外,社会主义的精神文明建设,也离不开现代民俗学的建设。一国的精神文明,是一国民众有史以来一切进步文化知识智慧的继承和发展,民俗是其中的重要组成部分。它为我们提供了迄今行之有效的各类模式经验,也向我们昭示了行将消逝的人类唯一的文化成果,这也是我们精神文明的宝贵财富。

民俗孕育了国魂,国魂就在民俗之中。古往今来,一些有远见和成就的统治者和政治家,就十分关注这个问题。让民俗来熔炼符合国家和民族利益的国魂,以达到强国富民的目的。古希腊斯巴达城邦居民,中国满族入主中原都曾利用民俗来培育统一的国魂和民族精神,从而达到一时的辉煌。德国格林兄弟一位是语言学家,一位是法律专家,他俩后来倾力于民俗的收集研究和学科研究,其目的就是要挖掘和构建德国的"人民精神"即"民族精神",并取得了丰硕的成果。[1] 应当指

---

① 参见刘魁立《欧洲民间文学研究中的第一个流派——神话学派》,载《民间文艺参考资料》北京师大中文系编 1982 年 3 月。

出,民俗是多棱的宝石,而且其间掺和着杂质,利用不当,也会导致国魂的偏离,甚至走向邪恶。希特勒法西斯上台便是明证。当今西方一些国家,为了自己的国家具有鲜明的国魂,缺乏民俗,就想方设法人为地制造民俗,试图从中孕育共存的国魂意识,以增强民族的凝聚力及国家的稳定。如美国,立国才几百年,又是一个移民国家,居民来自五大洲,四大洋,如何把他们牢牢地粘在一起,是个大问题,为此,就设计出了一个又一个的节日和其他的习俗活动,从中来操练并展示一种美国精神。至今,它们已有了二百多个稀奇古怪的节日。透过这些眼花缭乱、色彩艳丽的节日,我们可清楚地看到其中明确的动机——企图铸造美国魂。这种方式究竟有多大效果,姑且不论,但是,民俗与国魂民族精神是紧密相连的母子连环,这是事实,我们千万不能忽视。

第三节　民俗与非物质文化遗产保护

为贯彻党的十六大报告中"扶持对重要文化遗产和优秀民间艺术的保护工作"精神,落实国务院在我国加入《保护非物质文化遗产国际公约》后,尽快建立我国国家级"非物质文化遗产代表作名录",逐步形成有中国特色的非物质文化遗产保护制度,时下,从文化部到各省市区县乡镇文化系统,一场采集、整理、申报国家级非物质文化遗代表作的工作,在没有大肆渲染的情况下,紧锣密鼓,如火如荼地在全国各地展开。这项工作,其规模之大,涉及面之广,学者专家参与的自觉性之高,在我国的文化建设史上是罕见的。更为重要的是,非物质文化遗产的保护,有着更为深广的意义,那就是——在现代化进程中寻找和保护我们民族的精神家园。

什么是非物质文化遗产? 它有何特点? 非物质文化遗产是以一国一民族传承性生活文化——民俗为遗产的文化;是我们民族精神家园历史精神文明结晶中的一种新认知的独特形态,一个人类对自身文化形态特征认识的一个新境地。

人类创造的一切物质遗产,以物态形态,物化的文化产物,记录着人类自我发展、自我完善的精神文明足迹,而非物质文化遗产是指人类世代相承的、与群众生活密切相关的各种非物态的传统文化表现形式和文化空间。根据联合国教科文组织《保护非物质文化遗产国际公约》的定义,具体表现为:(a)口头传说和表述,包括作为非物质文化遗产媒介的语言;(b)表演艺术;(c)社会风俗、礼仪、节庆;(d)有关自然界和宇宙的知识和实践;(e)传统的手工艺技能。

我国国务院办公厅颁布的《国家级非物质文化遗产代表作申报评定暂行办法》认定非物质文化遗产可分为两类:(1)传统的文化表现形式,如民俗活动、表演艺术、传统知识和技能等;(2)文化空间,即定期举行传统文化活动或集中展现传统文化表现形式的场所,兼具空间性和时间性。非物质文化遗产的范围包括:(一)口头传统,包括作为文化载体的语言;(二)传统表演艺术;(三)民俗活动、礼仪、节庆;(四)有关自然界和宇宙的民间传统知识和实践;(五)传统手工艺技能;(六)与上述表现形式相关的文化空间。

联合国教科文组织 1997 年 11 月第 29 次全体会议对人类口头和非物质遗产的界定:"传统的民间文化是指来自某一文化社区的全部创作,这些创作以传统为依据、由某一群体或一些个体所表达并被认为是符合社区期望的,作为其文化和社会特性的表达形式、准则和价值通过模仿或其他方式口头相传。它的形式包括:语言、文学、音乐、舞蹈、游戏、神话、礼仪、习惯、手工艺、建筑艺术及其他艺术。除此之外,还包括传统形式的联络和信息。"

另外联合国教科文组织 2001 年 10 月第 31 届大会对口头和非物质文化遗产作了进一步的认定:"人们学习的过程及学习过程中被告知和自创的知识、技术和创造力、还有他们在这一过程中创造的产品以及他们持续发展所必需的资源、空间和其他社会及自然构造;这些过程给现存的社区提供了一种与先辈相连续的感觉,对文化认定很重要,对人类文化多样性和创造性和创造性保护也有着重要意义。"

非物质文化遗产是一个外来的术语,我们现在转译自联合国教科文组织《保护非物质文化遗产国际公约》英法文本,一些专家学者认为,非物质文化遗产(Intangible Cultural Heritage)又译为无形文化遗产,来自于日本学者创立的"无形文化财"的表述和阐释。韩国国内在此领域目前采用的仍是日本的术语。

非物质文化遗产是从形态学视阈对精神文明确立的一个新的文化理念,它的主要特征,表现在下面四个方面:

1. 与物质文化遗产和自然遗产相比,非物质文化遗产更注重以人为载体的知识和技能的传承。

国际上与非物质文化遗产内涵最为对应的基础学科是民俗学。民俗学,国际术语 Folklore,英文原本的文字含意,就是民众的智慧。它是由两个撒克逊词"Folk"和"lore"合成而成。Folk 原指乡民、农民,理学界现扩展为民众。而 lore,即为知识、学问。就民俗学而言,美国当代著名的民俗学家,加州大学伯克利分校的教授,原美国民俗学会主席,《世界民俗学》一书的作者阿伦·邓迪斯(Alan Dundes)指出:"自 1846 年威廉·汤姆斯(William Thoms)最早使用了民俗学(Folklore)这个词语以来,关于民俗学定义的讨论,一直没有中断过。很多定义侧重在"知识"(lore)方面,也有一些侧重在"民众"(Folk)方面。显然,和任何学科一样,学科的定义不免有歧义,但是,总的倾向,大多数的意见还是明确的,主要是有关人民知识的学问。"民俗的事项大多是民众生存方式,生产生活知识智慧、经验的展演,以及独有的民俗思考原型。民俗学国际术语 Folklore,我国学界也曾译作"民间知识"、"民间智慧",反映了民俗学为人类非物质文化遗产的实际表述。

2. 非物质文化遗产在现实社会中的展演,并非是虚无缥缈的,它往往是与物态的物质文化遗产连在一起的。

非物质文化遗产虽然有它自己独特的内涵和文化表现,如一般呈现为口头的、行为的形态。但是,在现实中,物质文化遗产和非物质文化遗产关系密切,它们往往也不是孤立存在截然分开的,而是相互依存、互相作用构成一个整体的空间——文化场。其中非物质文化促生物质文化,而物质文化中包涵了非物质文化遗产。非物质文化是人类文化产生的基础,是产生一切物质文化的基础,其凝聚了创造者个人智慧的结晶,具有个体性,易于消失和发生变化。人们将自己创造的文化通过口耳相传,通过书籍艺术作品等物化方式,如音乐、舞蹈戏剧等表演艺术巩固、传承下来,其传承和积累是经验性的。它们不仅仅是单纯的口头的和非物质的形态,而是口头与行为,物质与非物质,有形和无形的结合。

如国家重点文物保护单位"泸州老窖",是我国浓香型白酒酿造的发祥地。国家文保的老窖,最早的是自明 1573 年间到今天仍在生产的窖池,属于国家级的物质文化遗产。1915 年,泸州老窖三百年老窖池产出的泸州大曲酒,就以其一举荣获国际巴拿马金奖而享誉全球;1952 年,泸州老窖评为中国最古老的四大名白酒之一,列为浓香型大曲酒的典型代表;1996 年,泸州老窖四百年老窖池群,以其长期不间断地连续酿酒奇迹,被国务院颁布列为重点文物保护单位,成为世界罕见的活文物——跟随时间的推移,窖泥微生物犹如人类繁衍进步般地得以不断的驯化和富集,产出的酒质越来越好!然而,"泸州老窖"的文化遗产价值,不仅仅是物质的,也是非物质的酿酒技艺,而且,更重要的恐怕是后者。

3. 非物质文化遗产打破了大传统和小传统的人为屏障,消解了上层文化和下层文化的界线。从另一个侧面,认同了人类文化的一统和文化价值的相对性。

对于文化,我国学界一部分学者中流行着一种从西方传来的文化分层理论:即所谓代表上层文化层面的大传统和代表民间文化层面的小传统。视人类的文化层面,一个为大,一个为小,其间的立场观点和价值判断,泾渭分明,一目了然。实际上,人类的文化是有层次之分,然而不同层面的文化很难说你大我小,你是精英,我就是低下和糟粕。如民间文化,作为传承性生活文化,包括了一个国家一个民族人民生活技艺、口承语言艺术、文化心理模式等在内的庞大内容。人世间,每一个正常的人,须臾离不开它。它是人类文化的基石,支撑并衍生出人类的整个文化大厦。你能说它小吗?反过来,我国荣获的第一个世界非物质文化遗产代表作昆曲艺术,你能说它不够精英吗?人类的文化是多元的,价值也是多样的,我们对它们的认识常在不断地深化,对此不可以轻易下结论。所以,非物质文化遗产的提出,矫正了传统文化学术研究中的贵族化的眼光和封建等级化的偏见。同时,在将人类的文化的价值回归统一的基础上,摒除了先验的价值论之类非科学的表述,而采用中性的形态学来概述,显得格外的客观和通融。

4. 非物质文化遗产形态展示了人类现行文化知识体系的学科分类的重新勾画。

非物质文化遗产的基础学科是民俗学,民俗学因其学科研究的特点,中国早期学者曾称其为文化考古学。民俗学确立于 19 世纪的中期,之后到 20 世纪前后,随着对于人类知识认识和把握的深入,民众民俗流行的一些知识智慧,被具体细化,归纳演绎成为一门门新的独立的学科,如西方的占梦、图腾、禁忌民俗,经过弗洛伊德的梳理提炼——《梦的解析》《图腾与禁忌》,并以此构建了西方的心理学。但是,民俗学作为人类知识智慧的母体源地,依然存在,其间尚有大量人民的知识智慧,还没有得到挖掘和发扬光大。非物质文化遗产保护的开展,为其焕发了新的青春和活力。可是,光有此还是不够的。例如几近绝迹,精美绝伦的松江顾绣,俗称"画绣",它们不单是民间工艺的造诣,而且是民间绣娘的刺绣的绝技和当时画坛泰斗董其昌等包括宋元杰出文人画的结合。昆曲艺术除了包含民俗学学科的内涵外,还有古典文学学科的戏剧学的知识。人类这些优秀的知识智慧,现有单一的学科分类已不足以概括它,要深入理解,用非物质文化遗产这一表述更为科学完整些。这样,就打通了传统学科之间的分野,实现了多学科交叉:文文相通、文理相通、文工相通的学科整合的科学发展。

5. 体现了现代人的民族精神家园。

在全球化和现代化进程中,我国的文化生态发生着巨大的变化,非物质文化遗产受到猛烈的冲击。非物质文化遗产,体现了现代人对曾支撑民族精神家园的精神文明形态及价值的重新审视和认知,依恋和追寻。民族精神作为各民族对人类文明的共同选择和人类特定的文化现象,是促进人类社会进步的重要力量,它所产生的巨大精神力量,始终支撑着人类各民族的生存、发展和进步,是世界文化多样性的体现,显示了一个国家和民族精神文化的特有标记。我国非物质文化遗产所展示的中华民族特有的生存方式、生活智慧、思维方式、想像力和文化意识,蕴涵着一个国家一个民族或族群文化生命的密码,承载着中华民族上万年活态文明史。它是我国人民生命创造力的高度展现,也是维护我国独立于世界文化之林——文化身份和文化主权的基本依据。科学地实施非物质文化遗产保护,不仅是国家和民族发展的需要,也是国际社会文明对话和人类社会可持续发展的必然要求。

党的十六大报告指出,民族精神是一个民族赖以生存和发展的精神支撑,深深蕴涵于我们中华民族优秀文化之中。我们今天为什么要提出并实施非物质文化遗产保护? 尽管非物质文化遗产形态千姿百态,但它归根结底集中展现了一个民族赖以存在发展的特有的生存方式、生活智慧、思维方式、想像力和文化意识。

联合国对非物质文化遗产也曾定义为"来自某一文化社区的全部创作,这些创作以传统为依据、由某一群体或一些个体所表达并被认为是符合社区期望的作为其文化和社会特性的表达形式;其准则和价值通过模仿或其他方式口头相传,它的形式包括:语言、文学、音乐、舞蹈、游戏、神话、礼仪、习惯、手工艺、建筑术及其他艺术。"

为此,联合国世界文化遗产保护中,民俗为主的非物质形态的文化遗产成为重要的保护对象。另外,它的保存状况如何,也是世界各国申报世界文化遗产的重要依据。

近年来,以传统的文艺、古城、民居、中国结、唐装等中国民俗遗产、民间文艺为内涵的文化,在现代化经济建设中,及走向世界和世界文化遗产申报中,不断取得成功,越来越为国人和世界人民所重视,但是,令人担忧的是,由于多种因素,尚有不少的领导和群众对民俗的价值缺乏科学的认识,在现代化进程中大量具有中国特色、民族个性的民俗文物、民俗习尚,却遭到了不公平的待遇,受到了很大的冲击和破坏,若不抢救、保护,即将与时消沉。中国加入 WTO 之后,这个问题显得更为紧迫。因为 WTO 的基本原则中有一条,在鼓励世界文化多样化、丰富性的基点上,支持本国文化的个性化,而民俗正是实现文化个性化的基础。中国优秀民俗的保护开发和利用到了刻不容缓的境地。为了让中国优秀的民俗文化更好地为当今现代化建设服务、也为了让民俗学这一人文学科走向现实,更好地切合社会发展实际的需要,民俗学的建设在哲学社会科学等人文领域中理应得到更多的支持,这正是为了扭转国内在这方面落后的局面,顺应加入 WTO后的国际现代化潮流所作的学术努力。令人振奋的是,我们的党和国家领导层,已充分注意到这一点,党的十六大明确指出的,文化的发展要关注"扶持文化遗产和民间艺术的保护工作",它必将对我国的文化遗产的保护和民族精神的建设的互动带来巨大的促进。

相对于其他民族来说,民族精神往往是由非物质文化遗产为载体的民族的自我意识和自我认同,是理想信念,人生观和价值观中的独特的"我们感",以及思维方式和行为方式中集体无意识和有意识构建的人格体现。

世人在发掘和推广梁祝文化遗产的过程中,一些地方为"正宗"的梁祝遗存地而展开激烈的争夺。在去年 6 月召开的"中国梁祝申遗磋商会"上,有浙江杭州市、宁波市鄞州区、绍兴上虞市及江苏宜兴市、山东济宁市、河南驻马店市等四省六地专家,现在又有安徽省六安市的加盟,中国梁祝遗存地已发展到五省七市。

不过,梁祝故事的真正价值不仅仅在于它有多少固态遗址,而是在于今天它是否还拥有延续的文化生命力。

梁祝传说的震撼力，在于生死的恋情。古往今来，人们到梁山伯庙烧香祭奉，重要目的是祈求婚姻的生死相随，美满幸福。如相传宁波一带，凡是青年男女两情相悦，自愿结为夫妻，在有人出来干涉，从中作梗的紧要关头，就会双双到梁山伯庙里走一遭，祈求梁山伯和祝英台英魂帮助他们，使他们称心如意、姻缘美满。宁波有句谚语："若要夫妻同到老，梁山伯庙到一到。"当地还流传着这样一首歌谣："梁山伯庙去烧香，拜拜多情祝九娘。少年夫妻双许愿，不为蝴蝶即鸳鸯。"因此，年轻夫妻必到梁山伯祭拜，已成宁波地区人们的普遍行为。这种俗信不知影响了多少代宁波人，其价值怎么表述都不会过分，是无法估量的。

这种习俗还延伸到了其他地区，如在浙江杭州民间也流传着一句意思相同的俗语："若要夫妻同到老，双照井中照一照。"梁祝的习俗和文化，对于当代倡导纯洁忠贞不渝的爱情，建设和谐社会有积极的意义和价值。梁祝传说在流传中，衍化出生死相随，"合冢化蝶"的结局，给人以极其强烈的情感震撼。它艺术地展现了千百年来，生于斯，长于斯的越地民众强烈的生生不息的生命意识，将传说包涵的民族文化精神，推向了更高的层面。

在吴越地20余年的田野调查，我深深感到，这种生命意识，不是哪个人艺术灵感的创造，而是当地民众自古以来，生命意识原型的自然衍化。

在当地人的灵魂深处，生命的"生"和"死"，似乎没有一条严格区别的界线。吴越地传统民众的心目中，生命是永恒的，没有死，只有化，转化到另一个地方住，或转化为其他的生灵。了解当地民间文学的专家都知道，人和动植物都会互相转换。在人们幻想的精神世界里，布谷鸟、相思鸟、鸳鸯，以及牡丹、桂花、昙花等等都是人的某种化身。

德国哲学人类学家恩斯特·卡西尔在分析原始人的神话思维时指出："他们的生命观是综合的，不是分析的。生命没有被划分为类和亚类；它被看成是一个不中断的连续整体，容不得任何泾渭分明的区别。各个不同的生命领域间的界线并不是不可逾越的栅栏，而是流动不定的。在不同的生命领域之间绝对没有特别的差异。没有什么东西具有一种限定不变的静止形态：由于一种突如其来的变形，一切事物都可以转化为一切事物。""原始人绝不缺乏把握事物的经验区别的能力，但是在他关于自然与生命的概念中，所有这些区别都被一种更强烈的情感淹没了：他深深地相信，有一种基本的不可磨灭的生命一体化（solidarity of life）沟通了多种多样形形色色的个别生命形式。"传统吴越地的民众虽然早已远离原始社会，但是，他们对于自然世界万物的关系，往往还停留在神话思维的模式上，对于美好事物的消逝，他们会以生命一体化和变形的艺术想像，将它们转化为理想的新的形像。如孟姜女在吴越地的传说中，投太湖后转化为银鱼。梁祝"合冢化蝶"也就是生命生生不息,相互可以转化一切事物理念的艺术表现。而且,在梁祝传说化蝶情节发生之前,民间早有这种理念的艺术表现。中国远古的变形神话,时而可见神和它物转化的情景姑且不说,顾颉刚先生当年在中山大学《民俗周刊》发表的《华山畿与祝英台》一文中指出,华山畿传说中的"合冢"情节,"事与祝英台同"。钱南扬先生在同刊发表的《祝英台叙论》中也早就指出,与梁祝类似的"裙化蝶"、"魂化蝶",在晋代《搜神记》韩凭夫妇的传闻中已有发生了:"宋大夫韩凭,娶妻美,宋康王夺之,凭自杀。妻阴腐其衣,与王登台,自投台下,左右揽之,着手化为蝴蝶。"

由此可见,在梁祝化蝶情节出现前,生生不息的生命意识和化蝶的艺术样式在我们民间早已有了它们的原型。"合冢化蝶"情节的意义,就在于表现了自古以来我们民间存在的一种坚持不懈的韧劲和生生不息的生命观。虽然梁祝在生前由于种种原因未能实现理想的民间婚约模式和婚姻理想,但是实现这种理想的精神未死。"英台乃造梁墓前,失声恸哭,地忽开裂,坠入茔中。绣裙绮襦,化蝶飞去。"合冢与化蝶,表面上看是民间"情感动天"、灵魂不死观念的反映,其实质表现的是精神生命对理想境界的继续追求。

另外,这种精神无疑与越文化其他人文精华渗透也有密切的关系。从大禹治水"三过家门而不入"的为民除害精神,到勾践"十年生聚,十年教训"卧薪尝胆、报仇雪耻的精神,以至鲁迅的"横眉冷对千夫指,俯首甘为孺子牛"的硬骨头精神,都体现了越文化的精神内涵。特别是妇女更是出类拔萃。涂山女辅助大禹治水安民;西施女以身许国,兴越灭吴;秋瑾洒热血,抛头颅,为自由民主的牺牲精神,也都显示了越文化的精神。梁山伯、祝英台的"合冢化蝶"与这种文化传统一脉相承。同时通过梁祝传说的传播,使这种文化精神得以更广泛的宣传,在潜移默化中对后人产生影响。从某种意义上说,近年浙江地区民营企业在极为困难的条件下得以迅速发展,都与这种坚韧不拔的精神、孜孜不倦的追求有密切的关系。

此外,就化蝶而言,还与吴越地民众对当地生态环境的独特的精神感悟和联想有关。1988年,2003年,笔者两度赴江苏宜兴采风。据当地的群众介绍,宜兴的丘陵地带,天气温暖、湿润,特别适宜蝴蝶繁衍生长。每当春暖花开,山谷升腾阵阵云雾,在阳光的照耀下,成千上万各式斑斓的蝴蝶,在山花灿烂的花草树丛中比翼齐飞。从天空到地面,组成了一个蝴蝶的世界。蝴蝶生性温顺,婀娜多姿,如同一对对的情侣,翩翩起舞,给人以无穷的遐思和美好的向往。总之,梁祝文化成了我们民族精神文化的特有标记,内蕴着独有的思维方式、想像力和文化意识,承载着一个国家一个民族或族群文化生命的密码,是我国人民生命创造力的高度展现,民族的精神写照。这也就是梁祝传说流传1600年,梁祝小提琴协奏曲风靡全球数十年而不衰的真实原因。

第四节　民俗是国家统治管理的软件

民俗,在民族的内涵里,是民族共同文化心理素质的集中表现,它是形成一个民族集团不可缺少的组成部分,一种融和民族感情,加强民族团结的聚合力。

人类的社会经历了兽——半人半兽——人的发展过程,人类的管理也经历了俗——礼——法的发展变化。人类作为社会的新人的进程还未实现,人类管理方法也未终结,并随着新的现实关系上的新习惯,不断修正、补充、完善。普列汉诺夫在《论唯物主义的历史观》中谈到了法律与习俗的相互联系:生产力的逐渐发展,"社会生产过程中对人的新的现实关系"也逐渐变化,"如果旧的法律阻碍",那么"起初,人们只是在每个特殊事件中设法规避法律",嗣后,则驱使他们"决心反抗旧习惯"努力废除旧法律的束缚,"最后习惯终于消失,而为一个产生自新情况、新现实关系、新社会经济的新习惯所代替",形成了新的法律管理的依据。风俗习惯是民俗的法约表现,是国家法律的基础和补充。注意有选择地采用一定的民俗事像,有利于国家的统治和管理。在我国,远在三千年前的周代,有识者已领悟到了这一点。《礼记·王制》道:"凡居民材,必因天地寒暖燥湿,广谷大川异制,民生其间异俗。刚柔轻重,迟速异齐,五味异和,器械异制,衣服异宜,修其教不易其俗,齐其政不易其宜。"人民地处四方,生活环境、秉性脾气、嗜好用具各具一格,礼仪教化、政令施为、不可强求一律,宜随其民俗疏导之。我国古代统治者十分注重这一点。《风俗通义·序》云:"《尚书》:'天子巡守'至于岱宗,觐诸侯,见百年,命太师陈诗,以观民风俗。'《孝经》曰:'移风易俗,莫善于乐。'传曰:'百里不同风,千里不同俗,户异政,人殊服。'由此言之,为政之要,辨风正俗最其上也。"治国化民,必须慎其所习。观民风而知得失,这是为王者之道,历史上一些有作为的帝王,都有深入民间,体察民情风俗的传统。民间对康熙、乾隆以及各种清官微服私访的传说流传甚多,这也从一个侧面反映了体察民情的重要性。历来的民众对政令的偏差、失误、感受最敏感,反应最尖锐,这在今天也还是如此。20世纪80年代初的时政歌谣,有反映工厂体制与生产弊端的:"书记谈理想,厂长搞横向。工人白相相,干活靠阿乡。"表现干部培养和使用问题的如:"十七十八,清华北大;二七二八,电大夜大;三七三八,当官提拔;四七四八,干活挺刮;五七五八,等着回家;六七六八,养鸟种花;七七七八,撑着拐杖干四化。"揭露分配不合理的:"手术刀不如剃头刀","造导弹的不如卖茶叶蛋的"。类似的歌谣,不可胜数。这些时政歌谣,带有很大程度的牢骚情绪,但也确实暴露了一些社会弊端。如果我们及时捕捉这些信息,加以分析,对症下药,作出政策上的一定修改,可以避免进一步的失误,也可以准确地疏导人们心中的不满情绪,化消积因素为积极因素,巩固社会的稳定和团结。

　　民俗特有的法约力,对社会群体的稳定一体化有很大的诱导和制约作用。中国历代聪明的君主,就喜欢运用它来为自己的统治服务。清朝是一个少数民族入主统治的政府,它能够维系统治近三百年,与统治者自觉不自觉地采取一些有效的民俗对策不无关系。满族起兵入关时,人口仅三十万,中原称主,要统治全国三亿人口,谈何容易。满清政府在军事镇压的同时,积极推行相应的文化对策,特别是注意推行对人民影响面最普遍而广泛的满、汉民俗的一体化政策。他们一面强制汉人服从满族的特有习俗,如蓄辫及穿窄袖衣服等;另一方面也迫使满族人在生活习惯、人生礼仪中大量采用汉俗。如孝俗,它是汉族在农耕生产基础上形成的一种民俗。农业劳动需要长年的经验、积累和指导,长者以其丰富的实践经验赢得人们的敬重,为孝俗的产生和发展奠定了基石。儒家的孝礼也正是对孝俗的理性规范,反过来,礼的理性规范又强化了孝俗。孝俗体现了"长者"社会的特色,在汉民族中根深蒂固,成为国家统治的最重要的支柱。蜀国旧臣李密,就是以此为幌子,辞官不行,写下了著名的《陈情表》,争得了独立的人格和生存的权利。满族入主中原,为巩固统治,处心积虑,大力提倡孝俗。这一习俗与满族本身的习惯几乎是相背的。满族是在狩猎生产基础上发展起来的,传统习惯是骑射,他们崇尚的是强悍、勇敢,表现了"壮者"社会的特色,孝的观念和风气比较弱。为了适应汉地的孝俗观,清代皇帝身体力行,亲自率先研究《孝经》,并有著述颁布天下。如顺治《御注孝经》、康熙《孝经衍义》、雍正《孝经集注》等等。与此同时,清政府又积极顺应民间所谓的正统的民俗心理,将自己入主中原说成不是同明争天下,而是同流寇争天下,把明朝的灭亡,归罪于李自成。婚姻上,清代政府也逐渐采取了遵从汉俗的政策,废除满俗的收继法,彻底删除了满族文献中的有关内容。在允许满汉通婚的情况下,为了防止满人按北俗习惯,强夺汉女为妾,立国后不久即实行满人娶汉女先行呈报申请制,而汉人娶满女则不必。此外,还特意规定满女不得恃势欺凌汉人丈夫。在农村广大地区,还多方设法利用流行的乡规民约、村社保甲制等民俗法约和组织形式,为清政权的统治服务。实践证明,这些民俗对策,对融合满汉民族之间的关系,巩固清政权的统治,起了很大的作用。正因为如此,世界上几乎所有的国家都采取了扶持良俗的政策,有的甚至不惜利用国家机器和行政手段加以提倡、鼓励,以至于"制造民俗"。美国建国才二百来年,传统民俗少,国民又大多来自世界各地,具有美国特色的民俗也不多,为了维护民族的团结,使之立足于世界民族之林,美国政府和国民在各行各业和日常生活中创立了名目繁多的节俗,以炫耀行业的荣誉,强化民族的心理。如充满生产、生活和娱乐情趣的"螃蟹节",洋溢着浓重的美国色调,旁观者惊奇、大笑之余,也不免受到一次美国风情的教育。苏联也并不满足于传统的节俗,一些地方又创立了"家庭节"等现代节俗,在社会的基层细胞中注入了民俗的活力。引人深思的是,苏联将爱国主义的教育糅入传统的婚俗中,成为婚礼仪式的一部分。新婚夫妇办好结婚手续后,通常要双双前往烈士墓地献花默哀,纪念那些为捍卫新人们幸福生活而牺牲的先烈,然后再举行婚宴。这种新的习俗,不仅改革了传统的婚俗,而且成了苏联人民爱国主义精神自我教育的一种极好的惯制形式。类似的优良传统,在中国有着广泛的基础和众多的形式。如端午节纪念屈原的习俗是由人们爱国主义热情孕育出来的。其他如纪念开创民族统一、抗击异族侵略、贞守爱国节操的历史人物和革命先烈而风行的清明扫墓、陵前凭吊、生辰祭祀的习俗活动和民俗事像都含有深刻的爱国主义的内容,剔除其中旧时代带来的迷信色彩、封建意识,在今天,仍不失为一种对祖国倾注深厚情感、增强民族团结、巩固国家政权的一种传统教育的好形式。遗憾的是,由于对此缺乏理性的认识和研究,我们对这些民俗的批判继承,尚不够自觉,在国家的统治管理中还未充分发挥它们的长处。简言之,当前,世界的文化发展出现了这样的趋势:各国科技正在汇流,向一体化靠拢,而民族的固有文化——民俗,正在分流,呈多样性。一些发达的国家,如美国、日本、俄罗斯,科技的同步发展越来越明显,但国内的民俗文化,五彩缤纷,各显特色,反映了在世界科技一体化的大趋势下,国家统一,民族独立的强大信心,也显示了民俗在国家自立中的巨大作用。自觉、有意识地进行民俗的扬弃,准确地认识和推行移风易俗,还有助于现代社会精神文明建设和优秀民族性的培养。现代社会的物质文明需要与精神文明相结合,一个国家的精神文明不是从天上掉下来的,也不是在新社会的基地上随心所欲地创造出来的,而是对古老的文明,在现实的基础上批判继承的结果。精神文明也是一种文化意识,是优秀文化意识的结晶,与民俗有着密切的关系。中国民俗作为文化意识反映出国家和民族的精神素质,其中优秀的部分,就是精神文明的直接体现。发展精神文明,也就离不开对良俗的扶植和对陋俗的剔除。这是一个事物的两个方面。

在中国纷繁众多的民俗事像中,有不少精神健康、对社会有益的良俗,如敬老爱幼的习俗,新婚夫妇植树像征婚姻美满的习俗,中秋、春节与亲人团聚和团拜的习俗,端午、除夕燃艾、打扫卫生的习俗,以及上述已提到的清明扫墓等等,反映出我们中华民族对长辈、家庭、人生、社会的价值观,闪烁着古老文明的光华,激发着今日精神文明之火焰。民俗中人们交际的仪礼和娱乐等习俗活动也同样包含着文明的结晶,似沙里淘金一样,有待于进一步的筛选、提炼,让它们在今日精神文明建设中熠熠闪光。

比如传统年节祭祀和现代社会的关系。2005 年春节大年初二,中央电视台

CCTV – 4 频道邀请我赴江南水乡周庄,现场采访过年民俗。女主持人询问道,一些年轻的观众反映,如今除夕过年除了吃年夜饭,看电视春节联欢节目外,似乎不像一些国外的节日有趣,吸引人,如何使我们的年过得丰富多彩,富有中国特色呢?我说,历史上,中国传统的过年不像现在那么单调,我们从清代吴中人士顾禄撰写的《清嘉录》看到,从腊月一日扮灶公、灶婆,行古傩"跳灶王"始,至正月十五灯节止,各种民俗祭祀仪式活动有 62 项之多。人们似乎天天沉浸在节日的欢庆活动里,我们只要恢复其中一部分传统的年节活动,那肯定要比西方的圣诞节圣诞夜热闹得多。而我们在现代发展中,却不加分析,随意抛弃掉。其实,传统年节的一些祭祀活动,不能因为其间有一些民间信仰因素,而加以全盘否定。因为这些活动,不仅是增加节日的欢乐场景,更重要的是,他们是维系一个民族或族群成长发展的文化记忆,展示一个民族或族群文化身份的重要标识。比如说年节祭祖,《嘉定县志》(二十二卷·明万历三十三年刻本):"除夕",祀先祖及群神。江浙沪一些地区民间俗称为"拜太太"。据我所知,每年除夕上海浦东等地民间,"拜太太"的祭祖活动,至今仍在悄然进行。祭祖是纪念延绵个人、族人、国人血肉之躯的祖先。我们称国家为祖国,祖国者,祖先居住的国土。我们说要热爱祖国,就是热爱养育我们,使我们有今天的祖先开创的国土。我们要纪念为国牺牲的先烈,我们为什么不能堂而皇之公开祭祀,纪念我们的家祖、族祖、国祖?日本、韩国等东亚国家在现代化进程中,就还没有遗弃这些传统,而且,得到了加强,成为他们国家民族增强民族凝聚力的重要手段。

民俗如矿石一般,为各人文学科熔炼出精品,宗教、法律、历史、文学等等都已捷足先登,从中获取了大量的材料。然而精神文明的建设,也应该而且必须借助于民俗这一问题却还没引起我们足够的认识和重视。在一些人心目中,民俗似乎就是落后的东西,移风易俗,就是彻底消灭这些民俗,而不是以新的民俗来取而代之,或者通过一定的矫正手术后让它们以新的风姿重新发挥作用。诚然,民俗是一分为二的,野蛮落后的陋俗,对社会的前进是一种可怕的群体惰性,应采取各种措施,加速它的消亡;对良俗也不能全盘接受,其中的迷信成分也应注意清理。但决不能将孩子连同洗澡的脏水一同倒掉。在我国现代化的建设中,随着经济的开放,外国的文化也必然会进来。对国外优秀的文化成果包括民俗,我们是应该吸收的,但不能一切照搬,必须在本国优秀文化的基点上融化。对外国资本主义腐朽文化的侵蚀,则更须坚决抵制。这靠单一的行政措施是不够的,必须充分挖掘和发挥民俗的民族文化的精华,以本民族清新健康的文化去对抗。

剪陋习,扶良俗,以强化优秀的民族性、国民性,这是关系国家、民族生存的百年大计,千年大计,决不能掉以轻心。对中国传统民俗,我们只要因势利导,扶良除陋,就能促进社会健康成长。

第五节　民俗是现代化建设的有力支柱

中国民俗在现代化建设的舞台上也有着特殊的功用。一出好的戏,一个过硬的本子固然是不可少的。然而,随着序幕拉开,角色登场,剧情展开,舞台上特定的背景道具、情境、景致,演员固有的内在气质、艺术修养,也关系到戏剧的成败。我国正在进行的现代化建设,就好比是一场在神州大地舞台上演出的宏伟悲壮的戏剧,在把理想的美妙蓝本放在现实的舞台表演时,同样也受制于其他促使它取得成功的多种因素。受传统的思维模式影响而形成的,几千年一贯制的民众生活生产的方式、行为规范和道德准则等等,正以它特殊的巨大的文化性力量,向正在进行现代化建设的民俗承受者们施加种种影响。在现代化和传统这一对矛盾面前,如何适应,如何调整,如何冲撞,已成为摆在我们面前的一个亟待解决的新课题。

一

在现代化建设的组织管理中,国内有一种似乎占上风的观念:物质生产的现代化,那是先进技术的应用,新产品的开发等等,与传统的民俗风马牛不相及。在他们思想中,仿佛只要将西方现代化工厂企业的机器设备、资料技术一古脑儿搬进来,现代化的经济生产马上就可以实现。不少管理经济生产的实践工作者,连什么是民俗都缺乏清楚的认识,更谈不上自觉地运用民俗这一社会管理的"软件"来为现代化建设服务。

你没想到,并不等于它不存在,没起作用。纵观第二次世界大战后,亚、非不少力图搞现代化建设的国家所发生的悲喜剧,我们可以发现,民俗在一个国家现代化建设中也发挥了重大作用。拥有富饶石油资源的一些亚非国家,靠石油输出,换取了大把大把的美钞,于是财大气粗,纷纷制定了花钱搞现代化建设的宏图。时光流逝,重金流失,换来了一批现代化的工厂,豪华的汽车,高档的生活设施和日常用品,国内到处充塞了欧美式的富丽堂皇。可是,那些现代化的商品,从汽车到威士忌,都得花钱从国外进口。而能真正体现一国物质生产现代化的工厂企业,却迟迟无法独立。欧美先进的机器、设备、管理机制受到传统习惯的抵制与反抗,无法在当地贯彻执行,旧的生产体制冲击干扰着外来体制的实现。可见一味着迷于西方式的现代化,企图照搬国外的一套以求得高速的发展,而不注意本民族的民俗国情,结果,往往是不能取得预期的效果,有的甚至还会带来社会生产、生活等一系列新问题,使他们不仅要重复曾阻碍过工业化国家现代化过程中的问题,而且还遇到了先行者所不曾有过的严重困难。这种无视民俗传统对经济生产的正负效应所带来的结果,进一步加剧了努力实现现代化国家的困境,成了再也不能轻描淡写、避而不谈的大事。

民俗制约着一国现代化建设的步伐,并不等于说,民俗都是历史的障碍,现代化的绊脚石,需要彻底清除。民俗一般代表着某一方面相沿成习、陈陈相因的传统,与高速发展的现代社会具有不相合拍的成分。但民俗是凝聚着社会群体多少年积累下来的同感意识的结晶,其中不乏真知灼见和可取之处。这是现代化建设中一笔宝贵的财富,在物质生产现代化过程中,我们必须自觉地排除或避开民俗中的干扰成分,吸收经过清理的合理而有益的民俗因素,这样可以大大促进现代化发展的速度,并且为建立具有一国民族特色的现代化体系奠定根本的基础。

现代化建设中投资环境的选择,除了考虑一地的地理环境、能源交通、经济基础等物质条件外,该地民众对先进技能的吸收消化能力及对伴随而至的外来文化承受能力的民俗心态,也是一个必须考虑的因素。上海开埠以来一百几十年,从一个不显眼的海滩小渔村,经过艰难曲折的磨炼,成了世界性的工业大都市。她处在中西经济文化交流的交汇点上,曾有过殖民地、半殖民地、全盘西化、半西化的经历,最终又形成了具有中国色彩的独特的上海模式,它渗透并指导于工业、商业、饮食、服饰、交际、语言等社会的各个领域。俗称上海人生意经足,门槛精,就是一个方面。这是中西经济民俗融合派生出来的一种生产贸易的新型民俗心态。在遗有淳朴古风和戴着温情脉脉封建面纱的国内某些地方的人们眼中,它简直六亲不认,不讲一点情面。然而经济活动门槛精,并不是坏事,生产贸易投资,总不能干赔钱的买卖。上海这方面的门槛精,恰恰表现了上海人对外贸、外国先进技术、先进产品具有快速吸收消化、迅速转换生产的能力,不仅在短期可以达到国外同类产品的水平,而且还可以较快地形成自己的特色,即在同类国际产品中带上中国上海的精神风格。上海生产的国际一流的航天技术产品,长征系列火箭的研制、生产、发射,震惊中外,就生动表明了这一点。可见在四化建设中,大规模的引进,投资的所在地,是否具有这种能促进经济活力的地方群体生意经的新型民俗心态——门槛精,也应当是必须考虑的要素之一。以"礼仪之邦"的遗风、"君子不近利"的心态拱手让外国人白白占便宜的事,在现代化建设中应该寿终正寝了。当然,地方主义、小团体主义也是相当有害的。有人统计,上世纪 80 年代中期在上海投资与生利的比例为 1:6,在一些外地是 6:1。上海一些工厂以三四十年代老掉牙的设备生产,利润率远远超过外地一些七八十年代用国外先进设备武装起来的工厂。其中,原因是多方面的,但是,上海地区民众经济生产中独特的门槛精,不能不说是一个很重要的因素,而这个问题至少在理论上还没被经济学家和企业家们明确指出来。

传统民俗心态展现出的风俗习惯嗜好及一定的精神气质风格,往往以"集体无意识"的行为方式,通过承受者——工人、工程师、科学家的生产、科研活动,融化到产品中去。传统的手工艺品、饮食菜肴等产品典型地表现了群体的民俗倾向。商周青铜祭器上雷纹与龙蛇状的反复出现,是远古初民原始图腾崇拜信仰习俗在器物上的投影。遍布于全国各地区、各民族众多的节令食品,如元宵、粽子、月饼、重阳糕等,从外形到意蕴,无不凝聚了民众群体习惯性的美好祈愿。现代大工业,似乎以一体化、国际通用化的职能,排除了民俗的影响,可是仔细分析,不尽然。同一产品,不同国度和民族的生产常常显示出不同特色,在这特色中也凝结了该地民众久远传承相沿的民俗风尚、习惯和爱好。有的国家还有意识地强化这种特点,以取得别具一格、不同凡响的效果。日本近一二十年,多种电子产品、汽车工业,取自欧美,又反馈欧美,倾销全球,从某一方面来说,正是日本传承的民俗惯制和独特的民俗风尚习惯,糅合进先进的工业生产技术的结果。

率先采用技术比较论,并长期用此法从事日本和各国发展技术经验研究的日本学者森谷正规,在他所写的为经济学家、企业家瞩目的多种专著中,都谈到了上述的经验体会,并作了详实的论析。他认为,"在日本工业中,重点放在生产现场,我们能够看到用日本旧式的武士在前线指挥作战那样培育出来的精神。工人专心致志地奋战在生产线上,他们毫不犹豫地与自己同伴们为自己而流汗和并肩战斗,而不是为经理们工作……在日本的精致的高性能的工业产品中,依然能体现'盆栽'和'坠子'的精致小巧的传统技艺和艰苦的创造精神。这是日本的传统文化与日本当代技术不可分割地联系在一起的例子"。作者认为,日本传统的武士和以武士为中心的民俗气质,决定了日本现代化工业生产中,第一流的人才大量率先进入生产线,如日式武士一样,在实践第一线的生产拼搏中,发挥他们的才智,支撑日本技术力量的发展。日本在千百年来的军事统治下,武艺比智力成就更受尊重。武艺的基础是体力,将军们为保持武艺高强,总是带头训练。在这种武士传统影响下,形成了一种风俗的心态观念:满头大汗,亲自动手干是一种美德,由此带来的价值观念渗透到统治阶级和上层社会。至于产生于农民的武士阶层,更难使他们轻视体力劳动。作者认为,今天的日本企业继承了这一民俗传统,有才华的大学毕业生,首先不是留院校、进机关,而是进入公司企业。其中大部分一开始即分配到直接从事生产或销售的部门,很多最有才华和精力旺盛的专业大学生或雇员通常被派到生产车间,以"武士道"精神强化生产第一线。今后的企业管理人员、经理、总裁,也常从这些"生产第一线"的有文化的"武士"中选拔。作者在调查后认为,日本大学毕业生,在企业中不分院校高低,他们与进厂的一般工人一样,一开始都要安置在同一个起跑线上,就看你在实践工作中能力的大小以定升降。一进入公司,每个新雇员都有成为总裁的机会,这样促使每个人努力工作。在美国,著名管理学院的毕业生可以直接成为经理人员,以至总裁,但这类快车道对声誉较差的管理学院毕业生,即使是出类拔萃者,一般也不开放。在法国,绝大多数总裁来自公司创建者的家族人员,或者来自在政府内具有较高地位的官吏。在欧洲,等级观念很强,一个没有家族关系和地位的人,是很少有机会成为一个大公司总裁的。在中国,作者认为与日本正相反,生产线的地位甚低,中国传统的官僚统治观念赋予脑力劳动以绝对优先地位,而对体力劳动则蔑视为下贱和粗俗,通行的是一种"儒生"风尚,有才华的技术人员显然并不被输送到工厂里从事实际生产。在中国,"最优秀的理工科毕业生被各工业部录用,或成为大学教师和国家研究机构的研究人员。次一等的毕业生则被作为国营企业的职员。只有经过这番筛选所剩下的那些没有多少才华的毕业生才被输送到有实际可干的工厂"。"中国的企业也是由能干的技术官僚所经营,他们受过理工科的训练,但没有生产过程的第一手经验。"中国的技术人才,"从大学入学考试之困难以及毕业生的使用方式和分配的职务上,都使人回忆起古老的科举制度。"森谷正规的论述,不免有偏颇之处,但无可否认,在我国确实存在如他所说的传统弊端。这也从另一方面说明,克服陋习,发扬良俗,为现代化生产服务的重要性。

一种先进的生产工艺,只有同一国的实际国情与民俗风情结合起来,才能真正发挥效益,这是各个国家现代化过程中不约而同认识和遵循的一个规律。日本企业大锅饭式的终身雇佣制的工效并不比主张个人干自由雇佣制的美国差。后者似乎有较大的自由度,但也带来了对企业生产漠不关心的临时观念,影响了技术的正常发挥。1980年,日本的汽车销量一跃而超过它的老师——美国,成为世界第一。福特汽车公司的一位工程师说:"我们的设计比谁都不差,但我们没有日本那样具有强烈责任感的工人。"日本丰田等汽车大企业,将传统的终身雇佣制提供稳固的工作保障为坚牢的经线,把新技术作为纬线织上去,产生了日本式的生产力,带有很浓烈的民俗色彩。终身雇佣制从日本传统中可找到根源,它是江户时期(1603—1868)遗留传承下来的。当时德川幕府管辖下的半自治的封建领地体系统治日本,这些封建领地就是终身雇佣制的原型。领地政府由家臣、侍从所组成,终身供职,以其职务取得俸禄。第二次世界大战后,这种体制以终身雇佣制的方式戏剧性地再生了。这种体制并不是没有竞争的制度。它又与日本民俗本质文化中的"团体精神主义"(或称"集团主义")风尚联在一起,内部竞争,对外一致,把企业的发展与个人命运前途绑在一条船上,这样产生的能量无疑是很高的。以日本为首,韩国、新加坡等东方民俗文化圈内的一些地区和国家,经济上迅速崛起,奥秘何在?有些经济学家往往就事论事,眼睛光盯着某种技术、某种工艺设备的更新,就是不想想这些先进的技艺设施,是在什么状况下被他们吸收消化、推陈出新的,秘密就在这里。金钱买到的仅是现代化的技艺而不是现代化的经济。实现前者向后者转化,还需要人——受本民族传承的民俗文化约束的人们去掌握、操纵。先进的技艺也只有与当地生产组织形式中的良俗惯制消融一体，才能激发出真正大的生产力。日本经济起飞的缩影——丰田企业的成功很能说明这个问题。1984年，它是日本企业单位赢利突破十亿美元大关的两家之一，它的成功，除了采用先进的工艺技术大工业生产外，更重要的是采取了与欧美不同的，富有民族特色的先进的企业管理。主要表现在貌似大家庭生产式的终身雇佣制，一种将西方现代化科学管理和传统家族制的生产组织——民俗形式巧妙地结合起来的日本式的管理方法。它一方面采纳西方产权继承法，没有一定的专业技术训练和知识，即使是儿子也不能随便继承全部产权和经营权；另一方面又把资产分成众多的股份，鼓励工人入股分红，参与经营。一方面重视专家对生产技术的监督管理，另一方面又鼓励工人随时提出生产的改革建议，并额外给予一定的奖励。工厂还对工人的婚姻恋爱给予帮助，尽量在本企业中为未婚者物色对像，以稳定工人的情绪，家庭的团结，推动企业的生产。很多研究介绍丰田的文章，不约而同地谈到了下面的事实：企业的工人形成了新的观念，丰田就是我的家，我是其中的一员，为丰田干就是为我干，丰田蒸蒸日上，我就飞黄腾达。工人把自己的命运押在企业上，爱厂如家，干丰田的活，坐丰田的车，积极为丰田的发展出谋划策。传统家族生产关系的习俗在现代化的生产领域里得到了融合和发展。马克思主义告诉我们，生产关系与生产力合理组成一定的生产方式，才能促进生产的发展。生产关系，即人们生产中组成的相互关系，在阶级社会中受阶级利益的影响，表现出阶级关系，但是，这不是唯一的。如传统的封建经济中，除了地主和农民对立的阶级关系外，在东方国家中，常常附有宗族的亲缘关系，两者在社会生产总体中呈阶级对立的关系，但是在具体局部的事件、环境中，人与人的关系上，亲缘有时会处在重要位置，而且对生产和生活发生影响。中国封建经济延续了近两千年，生产关系中的地主和农民如果都像黄世仁与杨白劳、周扒皮和长工之间的关系，那早就崩溃了。事实上，中国封建地主为了自己的长远利益，经常利用宗族关系，把佃农、长工网入"家族"小一统的关系中。像旧时东北农村"吃克劳"（音）的习俗是一例。大忙季节，地主要为佃农摆酒席，一般情况下，地主还不敢掺假。秋收后，还要给帮工额外的小恩小惠，编织"一家子共富"的图景。这种习俗，形式上使为其服务的人产生一种错觉，感到是在为自己效劳一样。处于类似民俗文化圈，日本已经有了比较成功的例子，作为我们，确实应该很好地反省一下：在现代化建设中，体制的改革如何根据具体国情民情传统的民俗机制加以更新，而不是人云亦云，一味照搬人家的东西。

世界现代化的进程中，工程科技一体化的趋势，并没有改变应用它的人群生产机制的民俗化倾向，这种倾向，甚至渗透到具体产品上。不同国家的文化和风俗习惯越来越明显地反映在他们制造的产品上。

现代的绝大多数工业产品都是由欧美国家首先创制的，但后继者日本却用自己的方式把这些技术加以吸收消化,使其适应日本的环境,并生产出独特的带有日本民俗气质烙印的产品。日本"小灵巧"的汽车、磁带录像机、照相机和电脑等在美国和其他各国得以畅销,要归功于日本精密的微型技术,而这种微型化的思想和技能却来自日本传统的民俗文化。森谷正规认为,日本人十分珍惜、酷爱、甚至亲自制作细致精湛的小玩意。如系在小钱袋、烟叶包上的坠子,日本称为"根付",上面有着精巧的雕刻。其他如茶道中用的茶具上精致的手工艺品,小型精美的盆景,小巧精致的神坛、佛坛、神案等。日本传统的工艺很重视用一种纤细而又注重细节表现的手法塑造出小物件,甚至日本传统诗的诗人情感也赞赏精巧的小型手工艺品。在现代工业中,这种精神已经表现在以结构紧凑、重视细节、手艺精巧为特色的产品中,它们以质量及内含的独特的精神气质,出现在爱好大型的美国、喜欢古典的欧洲,赢得了广泛的承认。实际上,现代化的工业产品,极少是日本创造的,风行全球的日式磁带录像机,第一台也是美国首创的。日本索尼公司以传统民俗精巧的观念改造了它,使它微型化,取得了突破性的进展,将老师美国和欧洲菲利普公司远远抛在后面。令人自傲而又痛心的是,日本民族中追求小物件的精雕细作的民俗风尚,略了解一点中国工艺史的人都知道,这是师法于我们,从我们先人那儿传过去的。上海博物馆中国青铜器展览,向我们展示了公元前一千年左右的商周青铜珍品。各种器物精致、细巧的装饰和造型,巧夺天工,令人叹为观止,简直不敢相信这是具有三千年历史的工艺品。然而,我们先人创造的这些精美的技艺今天又流到哪里去了?在我们现代化建设中,这种民俗技艺有所发扬光大的话,何愁我们不能傲首于世界之林。而我们由于种种曲折磨难,没能很好继承,反而让邻居日本捷足先登了。

中国现代化建设的又一个重要问题,是要打破工商业中的闭关锁国、自给自足的小农经济框架,勇于走向海外,投入世界经济的大循环。如何实现这一点,有人总想技术装备先进点,再去国外争雄,这也是有道理的,设备技术落后先进国家一大截的行业如何去竞争呢?可是,从宏观的角度俯瞰,我们应以长制短,发挥自己的优势,而在这方面,中国民俗的经商观念和民俗产品是可以大有作为的。

中国有"入境问俗"的好传统,它不仅应用于人际的交往,也适用于工商业的生产和贸易。有句俗话:"不识天文地理不足为将,不谙风土人情不能行商。"你对一地的民俗不了解,你生产的产品哪能有销路?因此,我们的古人很注意商业生产贸易的民俗调查和对策。最早提出这个问题的是庄子,其《逍遥游》云:"宋人资章甫而适诸越,越人断发文身,无所用之。"春秋时代的宋国商人从北方将头饰贩运到今江浙一带的越国出售,因越人风俗不用束发加冠,结果头饰无人问津,赔了老本。司马迁著《史记》专门列了《货殖列传》一章,开辟了中国古代经济民俗学的先河。全文五千余字,阐述了工商与民情风俗的段落有二十余处。他以区域性的民俗经济为基干,把中国概括为山东、山西、江南、北方四个地方物产区,然后结合各地民俗来加以阐说当时商业活动的规律。他指出,"天水、陇西、北地、上郡与关中同俗","夫三河在天下之中,……其俗纤俭习事","郑、卫俗与赵相类","齐……其俗宽缓阔达","邹、鲁……俗好儒……俭啬","越楚则有三俗,……西楚也其俗剽轻……地薄,寡于积聚……东楚也,其俗类徐、僮。朐、缯以北,俗则齐。浙江南则越……衡山、九江、江南、豫章、长沙是南楚也,其俗大类西楚……而合肥受南北潮……与闽中、于越杂俗,故南楚好辞,巧说少信……九疑、苍梧以南至儋耳者,与江南大同俗,而扬越多焉"。总之,"楚、越之地,地广人稀,饭稻羹鱼,或火种而水耨……是故江、淮以南,无冻饿之人,亦无千金之家"。对一地的风土、物产、人情、嗜好、习尚、需求,了解得一清二楚,然后,迎合其要求,供应其适需产品。供求关系中这种民俗因素对今天来说还是至关紧要的,特别是外贸中更多如此。我国南方有一家公司,拓展外贸,把一批儿童偶像玩具运到沙特阿拉伯出售,与当地风俗流行"偶像必须无头"的俗规信仰发生冲突,结果无法脱手,只好抛进大海。中国是大熊猫的故乡,不少厂商纷纷以国宝大熊猫像为商标,可你不能把它销到阿拉伯世界,因为当地习俗不喜欢大熊猫。龙只是中国传统的崇拜对象,以龙凤为商标或画有龙凤图案的商品,在外贸中也不能滥用。如销往同一民俗文化圈的日本、东南亚等国家,那没大问题,运到其他地区就难说了。西方《圣经》中,龙是恶的像征,在阿拉伯世界,以孔雀为原型的图案,也不受欢迎,当地俗信,孔雀是淫鸟,正常人谁愿意将恶和淫公然用在自己的生活中呢?

在外贸的产品中,凭我国现有的条件更应重视民俗物品的开发和销售。世界流行一句人生享乐谚语:花园洋房,日本老婆,中国菜(前有提及)。前二者不是我们的,且不论。中国菜,中国料理,中国餐馆,遍及世界著名都市东京、巴黎、纽约等地,其中不少是华侨、华裔开设的。可平心而论。我们现在大陆打出去的有多少?前几年,国外流行花粉食品、糖果,国内一些闻洋风而动的厂家也纷纷打出了同样的旗号,拾人牙慧。可是我们一些厂商,包括一些食品专家们想过没有,这种利用天然植物药性和食物混合的食品工业之根是在中国。苏式糖果、糕点早已是"药食同源"的先驱了。苏州民间食品作坊的工人很早就把糖、粉与人们吃惯了的果仁加选甘草、乌梅等药物创造性地巧妙地糅合成一体,制作出了精美的既有药理又富有营养的种种特色民俗糖果和糕点。如果我们再结合世界各地的口味习惯,略加适当调整,何愁打不进世界广阔的市场? 联想电器、汽车行业高度发展的日本,尚在国内提倡"一村一品"化运动,力求把日本各式传统民俗物产销往世界。而地大物博、养育了十亿人口的中国,怎么不应该多用自己的"土特产"打进世界市场呢?

现在问题的关键是要重视民俗学科在现代化建设中的重要地位及对其开展广

泛的科学研究和运用。这不仅是学界的事,也是政界、各级领导的事。从技术比较来看,一个现代化的领导管理人员,就技术而技术,不懂民俗传统对技术的双重作用、正负效应,促使它的良俗惯制为现代化服务,那是不称职的,同样会阻碍现代化的进程。

在现代化建设中,积极开展中国民俗学与科学研究和应用,很重要的一点是把传统民俗放在现代化经济文化政治背景中进行梳洗、清理,存良除陋,以便为现代化所用。我国人际关系中宗法的人情风、裙带风等俗尚,在商品生产的现代化建设中破坏力甚大。当前企事业单位中出现的吃喝风、送礼风,供销人员中越演越烈的贿赂风,正是这种陋习的新反映,以致造成了劣质商品"重礼"下压倒优质商品的反常现象,严重干扰了现代化建设的正常进行。对此,除了经济上法律上需要采取必要措施外,民俗观念的除旧迎新,也是十分重要的,多管齐下,才能取得好效果。提倡新的风俗,取代这种落后的陋习,当然,任务是艰巨的。

总之,在现代化建设中,中国民俗不等于历史的垃圾,也不是陌路人、旁观者。它以自己的独特行为制约着现代化的发展,对此,我们要有清醒的认识和果敢的对策,让它为现代化生产建设服务。

二

当前,中国现代化生产建设中,旅游等第三产业正在迅猛发展,成为国民经济中的重要力量。其间,民俗文化焕发青春,正在成为开拓旅游的重要资源。发展民俗文化旅游是件好事,但一定要倡导"真民俗"而拒绝"伪民俗",特别要防止各种滥竽充数的伪劣假货打着"民俗"的旗号,败坏民俗文化旅游的名声。

"伪民俗"是指人造景点中那些瞎编乱造的民俗物及硬贴上去的各式解说、民俗传说、故事等,当前它大有泛滥之势,令人痛心疾首。

拒绝"伪民俗",就应保持真民俗的原汁原味,否则就是篡改文化。我们要用科学的态度对待民俗文化,去粗存精,去芜存真,使其演化成一种新的文化力量。

2002年,由国家旅游局拟定的"中国民间艺术旅游年",在千年古镇南浔、旅游胜地泰山等处拉开序幕。这标志着以文化的地质层面——民俗为主题的文化旅游在中国兴起。

民俗文化旅游,是当今国际旅游业一道绚丽的风景线。世界著名的旅游胜地,对此无不重视。当我们中国一些人在把现代化民居建筑的表尺定位于欧式建筑时,涌现出无数优秀建筑大师和艺术大师的巴黎,却把眼光凝视在老房子上。当今多数巴黎人仍住在内部设备更新过的17—18世纪的老房子里,但巴黎却成了全球最具魅力的观光都市。再如夏威夷,有着得天独厚的自然景观优势,可仍不忘一展当地土著人的民俗音乐歌舞。

如此说来，我们发掘自己独特的民间艺术等民俗作为旅游文化资源，"旅游兴市(县)"，无疑是具有国际眼光的好事。然而，我以为，要发展民俗文化旅游，一定要倡导"真民俗"而拒绝"伪民俗"。特别要防止各种滥竽充数的伪劣假货打着"民俗"的旗号，败坏民俗文化旅游的名声。

所谓"伪民俗"，专家早有定论，即指人造景点中没有当地文化生态中真正存在的任何根据，就东拼西凑，胡乱包装，瞎编乱造的民俗物及硬贴上去的各式解说、民俗传说、故事等等。它与我们前面说的可供文化旅游开发的民俗完全是两码事。真正的民俗是一种历史真实，它是一个民族或地方群体民众传承性的生活文化，它经过了反复的积淀过程，不经意地包孕在人们日常的衣食住行、器物用具之中。所以，民俗本身就是与一定人群生存密切相关的"人俗"，一种联系历史、展示现在、铺垫未来的独特"文物"。它不是随便什么人拍拍脑袋就可以随意制造的。民俗的文化价值也就在此，其带给游人的精神享受与愉悦是难以忘怀的。

但使人担忧的是，在当前各地方兴未艾的旅游热中，"伪民俗"景观大有泛滥之势。如某著名旅游地，在脱离原有民居民俗的基础上，用现代材料和工艺制作和盖起了一批假古董、仿古建筑，严重地破坏了其历史积淀形成的格调，从而使其申报世界文化遗产陷入了困境。又如本是山清水秀的江南名胜之地，却大兴土木，大肆营造风格迥异、粗陋不堪的所谓"欧罗巴风情"。更有甚者，有的地方还干脆把三国时代就有根基的古镇全部拆掉，居民整体搬迁，盖起了现代大超市，成了没有原住民的假古镇。诸如此类，不胜枚举，使得千年古镇、古村及风土人情遭受严重破坏，实在令人痛心疾首。

拒绝"伪民俗"，就应保持真民俗的原汁原味，特别是有形的物态民俗，如古镇、老街、村落等的修复，更应注意质地、工艺、样式的"修旧如旧"。否则，不仅是偷梁换柱，而且是颠倒历史，篡改文化。不少开发商本就缺乏民俗知识，又囿于利益驱动，对专家忠告听而不闻、置之不理，有的甚至振振有辞地说：现在我们造了假的，过了几百年，不也就成真的了？如此强词夺理，岂不令人寒心？

应当看到，倡导健康文化旅游，拒绝"伪民俗"，是弘扬民族文化的一件大事。当然，传统民俗文化也存在着一些糟粕，但只要我们用科学的态度，去粗存精，去芜存真，它就可以演化成为一种新的文化力量。开发真民俗，拒绝"伪民俗"，其真正意义也在于此。而要做到这一点，首先就应广泛普及民俗知识。其次，今后大型民俗景观修复与开发，一定要有民俗学家或相应的研究机构参与、论证与鉴定。再次，要学习世界先进经验，通过立法手段，设立民俗资源文化保护法，对滥建"伪民俗"者追查责任，从根本上杜绝"伪民俗"的产生和流行。

第六节　中国民俗对文艺发展的影响

中国民俗是我们生活中普遍存在而又具有特殊本质、性能和地位的一种社会现像。它对我们社会的众多领域均有很大影响,文艺更不例外。在文艺的发生、创作、民族化等一系列环节中,中国民俗都留下了不可磨灭的痕迹。

民俗低层次文化意识的构成进程,为我们准确寻求文艺的起源,提供了一座桥梁。文艺是怎么起源的,这是理论界争论不休的问题。我以为文艺不可能从生产劳动中直接产生。人类早期的物质生产和种族繁衍两大生产劳动中首先萌发的文化意识,是浑然一体的民俗,而不是已独立成体的文艺。如同事物的形成往往有一中间环节那样,最早的文艺在形成的过程中,也经过了民俗中介这一中间环节的过渡。我国现存最早的文艺形态,在当初一般都不是今日概念中的文艺作品,它们大多仅仅是作为一种民俗活动中的仪式或附属品出现的。

一般学者都认为,最初的文艺样式是综合性的,但传统的眼光都停留在音乐、文学、舞蹈三位一体的艺术性上。实际上这三位一体仅是被我们称之为早期文艺样式综合性的一个侧面,而且它们一般都是在色彩浓烈的民俗祭祀活动中展现的。最早的文学艺术开始是包孕在初民集体的文化意识综合体——民俗中的。中国远古的伊耆氏蜡辞:"土反其宅! 水归其壑! 昆虫毋作! 草木归其泽!"不少学者把它视为诗类的文艺作品是不妥的。因为当时先民念念有词,并不是我们今天意义上的文学艺术的表现,而是先民祈求丰收巫术民俗活动中感情炽热的祝愿辞。它首先是从属于原始民俗巫术礼仪的活动,后来的人们是在民俗礼仪活动及观念淡化的情境中,从裸露的辞语里肯定它的文学价值的。所以文艺从劳动生产中诞生,一开始并不是以独立的艺术形态出现的,而是作为综合性民俗文化意识里一类习俗活动,一种巫术的信仰和行动的组成部分而存在的。

巫术与宗教是不同的,这是原始人试图用那些既有经验积累,又有主观自以为是的独特形式,去支配自然力,决定他们命运的一种信仰和行为的方式,是人类最早的普遍的民俗事像之一。初民只有在这种方式失败之后,才想通过祈祷去求得神的恩赐,从而产生宗教。而当人们看到顶礼膜拜也无法使神降恩时,他们才踏进真正的科学大门。所以,巫术、宗教、科学是相继产生的,三者有联系更有区别。巫术可能比宗教更接近于科学,因为其目的也在于想控制自然,只是其手段不甚高明,所以失败了。这种巫术民俗的一些活动,往往是艺术的萌芽,艺术就是从中逐渐发展成为一门真正的科学。例如,中国和世界各地都发现过旧石器时代的原始人用红矿石涂抹死者的习俗。如前所述,这与原始人以为人死与缺乏红色的血有关,抹上这种近似色,即使不能使死者复活,至少也能表示出生者的一种强烈的情感倾向。由此而形成了后来的色彩观念和绘画基础。文艺一开始也不是为了艺术欣赏,而是作为实用需要的民俗文化意识活动而萌发的。在初期,它确实是功利的,并以民俗的一种习俗活动展现出来。在原始人心目中后人称之为文艺的内容,是一种约定俗成的有极大功利价值的习以为常的表现。中国戏曲的起源和发展生动地展示了它的民俗形态和功能。一部中国戏曲史,同时也是一部中国戏曲民俗流变史。中国戏曲的源头是民众的祭祀活动。不少专家认为中国先民驱魔避邪的"傩",是原始信仰巫术支配下的习俗活动。现代西南少数民族残存的傩戏,即是从傩到戏——信仰习俗和文艺戏曲交织一体的样式,一种以民俗形态出现的最早的戏曲艺术。我国古代乡镇的戏曲演出,与祭神赛社习俗信仰活动是密不可分的。祭神赛社的过程中包含了大量为群众喜闻乐见的戏曲演出活动,所以它同时又转化为一种娱乐民俗。如流行江苏南通地区的僮子会,就是伴有大量多彩民间文艺形式的巫术活动。千百年来,流传不衰。古代岁终蜡祭,即祭祀与农事有关的八蜡,是一种大型的民众祭祀仪式。其中包蕴着大量的艺术因素和娱乐性。《礼记·杂记下》记载道:子贡观蜡,孔子问:"乐乎?"子贡回答说:"一国之人皆若狂,赐也未知其乐。"孔子不满意子贡的意见,发了一通议声:"百日之蜡,一日之泽,非尔所知也。张而不弛,文、武弗能也;弛而不张,文、武弗为也,一张一弛,文武之道也。"他认为经过终年的劳累,才能在蜡祭时得到饮酒宴乐的享受,这是完全正当的。苏轼则进一步认为:"八蜡,三代之戏也。岁终聚戏,此人情之所不免也。"他们都从祭神中看到娱神进而娱人的艺术娱乐性,并且感悟到中国戏曲的源头是从这些祭祀神灵的信仰活动中萌发的。中国农历一年三百六十余日的节令祭祀活动中,事事处处充塞了这些民俗信仰化的艺术因素,正是它们为中国众多的地方戏曲奠定了基础。这是巫术民俗的一种表现。中国鄂温克人在猎取主食动物熊时,也有类似情景。虽然实际目的不同,但在手段、形式中却和艺术相同。我们现在感受到的只是这些形像的外在表现而不会追寻其最初的动机,作为一种美的艺术表演来接受,而不领会其原有的民俗意念。中国陆续发现的岩画洞穴壁画,美丽的动物形像及带有的伤痕给人的审美感受恰恰是出于原先与审美无关的动机,这是先民为保证狩猎的成功,采取的深思熟虑、相沿承袭的祈求形式,模仿刻划实际动物的有效图形,以达到他对垂涎动物民俗意念上的占有。当他们在实践中熟练地勾勒出幻觉的动物轮廓时,它的意义是双重的,它既是一个能增加巫术民俗效果的逼真形像,又能从这种模仿得来的外观创造以及它产生的幻觉真实中导源出一种愉快感觉。这种感觉,随着人们驾驭自然和生产能力的提高,逐渐变成了一种"纯粹"的审美愉快。只有到了这个时候,出于巫术民俗的模仿形像才逐步与实际功利品相脱离,模仿形像由自身缘故获得一种独立的意义,它不再是巫术,不再从属于民俗,而是自立于人类文化之林的艺术了。总之,人类社会初期的民俗巫术一类事像孕育了最早的艺术萌芽,艺术的缘起,经过了民俗文化的中介。

例如在我国传统的民俗百花苑中,一朵散发浓郁泥土芳香,民间千万年来盛开不衰,广泛流传的奇异鲜花——吉祥图案。

吉祥图案,它是我国先民一种古老的巫术信仰,又是他们自宇宙洪荒,生命意识开启以来,在祈愿生命的繁衍、生命的保障、生命的发展过程中,形成的独特的生命像征意像艺术。

在这一类艺术中,我们可以发现,人生命的孕育和延续是永不凋谢的主题。其间,有关两性的交合、祈子、孕子、生子、育子,子息的兴旺及其保障其健康幸福发展的辟邪、纳福、消灾、求吉,千姿百态,数不胜数。然而,这一切都不是通过人的形像,而是主要运用具有相应文化内涵的各种物像的像征来展现的。

这一物像像征的流溢,得益于我国初民生命一体化神话思维的展演。恰如符号人类学、文化像征大师德国的恩斯特·卡西尔在《人论》中所述,在初民的思维中,生命是一个不中断的连续整体,生命之间没有泾渭分明的区别和不可逾越的栅栏,“而是流动不定的。在不同的生命领域之间绝没有特别的差异。没有什么东西具有一种限定不变的静止形态:由于一种突如其来的变形,一切事物都可以转化为一切事物。”“在他关于自然与生命的概念中所有这些区别都被一种更强烈的情感湮没了:他深深的相信,有一种基本的不可磨灭的生命一体化沟通了多种多样形形色色的个体生命形式。”这种生命一体化的思维认知,使我们的祖先将自己的生命与万物冥合:丰硕的果实、茁壮的植物以及飞禽走兽等都成了自身生命的对像和自我的比照物。而这类物像的文化像征,在长期同义反复的关照和熏陶中,得以实现图式化与比喻的结合或统一,代表意义的物像与被代表的观念融合为一体。

吉祥艺术在我国古往今来,源远流长,其最初的诞生和后来进入文明社会的延续发展,形相似而实差异。它在文明社会的滥觞,是神话思维、图像思维交织营构下的情感物化寄托的像征。这是在继承神话思维认知的基点上,经过自觉图像思维的交织,将物化情感寄托的吉祥艺术定势化、模式化发展的结果。这与构建出与最初的自发吉祥艺术不同,是新的图像语汇构成的自觉的艺术样式。

我国的吉祥艺术有着其别具一格的艺术特色和审美特征。首先它是一种独具东方神韵的真正的像征型艺术。

像征意像情感是艺术追求的至境形态,也是人类最古老的文艺形式。当今国内外对我国吉祥艺术原点的考察研究表明,吉祥艺术具有明显的功利性。它的诞生不是为了艺术,也不是艺术。但是,吉祥的像征意像情感,却蕴涵着强烈的情愫和艺术的因子,为最早的艺术奠定了重要的基础。德国著名的哲学美学家黑格尔在《美学》中认为:像征无论就它的概念来说,还是就它在历史上出现的次第来说,都是艺术的开始。"是艺术前的艺术"。他这里说的像征,是指像征型艺术,并认为像征型艺术是人类艺术的最早阶段和最初形式。黑格尔在论述"像征型艺术"时说:"像征虽然不像单纯的符号那样不能恰当地表达出意义,但是既然是像征,它也就不能完全和意义相吻合。因为从一方面看,内容意义和表示它们(的)形像在某一个特点上固然彼此协调;而从另一方面看,像征的形像却还有完全与所像征的普遍意义毫不相干的一些其他性质……"其主要特征是,物质的表现形式(感性形式)压倒精神(绝对精神)的内容,形式和内容的关系仅是一种像征关系,物质不是作为内容的形式来表现内容,而是用某种符号、事物来像征一种朦胧的认识或意蕴。如我国吉祥艺术中常见的鱼、莲花、红枣、葡萄、花生等各种物像及其巧妙的组合形式,在托物喻意表现旺盛生殖力的生命祈求。就是典型的表现。而我国的表现生命生殖为主的吉祥像征型艺术,被黑格尔在《美学》中赞誉为是最具东方特色的前艺术。

我国吉祥艺术鲜亮的东方理念和艺术表现形式,是在我国特有的生态文化环境中逐步形成的。美国人类学家露丝·本尼迪克特在举世闻名的学术经典之作《文化模式》中分析道:"谁也不会以一种质朴原始的眼光来看世界。他看世界时,总会受到特定的习俗、风俗和思想方式的剪裁编排。即使在哲学探索中,人们也未能超越这些陈规旧习,就是他的真假是非概念也会受到其特有的传统习俗的影响。"为什么呢,因为任何"个体生活的历史中,首要的是对他所属的那个社群传统上手把手传下来的那些模式和准则的适应。落地伊始,社群的习俗便开始塑造他的经验和行为。到咿咿学语时,他已是所属文化的造物,而他长大成人并能参加该文化活动时,社群的习惯已是他的习惯,社群的信仰便已是他的信仰,社群的戒律已是他的戒律,每个出生于他那个群体的儿童都将与他共享这个群体的那些习俗,而出生在地球另一面的那些儿童则不会受到这些习俗的丝毫影响。"

囿于一地习俗文化而生的吉祥艺术也不例外,深深地受制于它固有生态环境的文化情愫。法国著名的文艺批评家丹纳在《艺术哲学》中在对著称于世的古希腊、罗马文艺及文艺复兴运动中涌现出的大量精湛文艺作品作了纵横分析后指出:"要了解一件艺术品,一个艺术家,一群艺术家,必须正确地设想他们所属的时代精神和风俗概况。这是艺术品最后的解释,也是决定一切的基本原因。"并认为,"某种艺术是和某些时代精神和风俗情况同时出现,同时消灭的","作品的产生取决于时代精神和周围的风俗。"它们都是完成艺术品的创作或者解开成型作品之谜的一把钥匙。英国形式主义批评家罗杰·弗莱在《视觉与设计》中指出,形式的意味主要取决于社会心理背景、个性的审美心理服从于一个更大的民族审美心理结构。他在分析中国古代殷商青铜器的兽面纹时,提出了一个大胆的假设,这种狰狞恐怖的装饰纹样来自个人又不是个人的创造,而是一种文化以个体单位形式的变体。人是符号的动物,一个人从儿童到成人的成长过程是由人本的人变成社会的人的过程,在这一过程中,一定文化圈内的社会把各种文化特征强加在他的身上,使他不仅成为一个适应生存的人,也成为一个从属于特定文化的部落间血与火的文化,是对命运的恐惧心理通过审美心理在器物装饰上的投射。这是罗杰·弗莱的晚期从纯形式的批评转变为形式 – 文化的批评的先声,也是现代美术批评的一个重大突破。而这一突破,是在解析我国古代殷商青铜器兽面纹吉祥(辟邪)艺术中实现的。从中显现了中国吉祥艺术的独特魅力。

其次,我国吉祥艺术的别致,在于它像征意像的审美判断,审美价值构成了它特有的审美惯例、审美尺度。学界有一种意见以为,吉祥艺术的动机都不是为了艺术。我以为,如果说吉祥艺术的发生,是处于我们初民生命意识召唤下的自发行为,那么,文明以降,在理想生命追求下,民众后续发生的吉祥艺术传承和变异,往往具有自觉和自创的意识,一种自主的艺术和理想的诉求。现实中,具有一定吉祥寓意的物像一旦成了建筑、服饰、器皿等各种生活场景的一部分,便成为审美的客体,具有了审美价值。随着时间的流逝,这种长时间积淀,导致审美判断和审美价值的相对稳定性,进而形成一种生命意像的群体性审美范式,一种社会群体性的心理定势和固有的审美惯例。西方美学家乔治·迪基在《艺术与审美》中在解释艺术的欣赏惯例时写道:艺术品之所以被公众所接受,因为它服从了一定的惯例,符合公众对艺术品的一般期待。惯例的一种框架结构,使某一门类所属的艺术作品能够作为艺术作品。我们已经懂得了那种支配着艺术作品特征和鉴赏的惯例,并且也已经能把这种惯例看作一种默契的审美尺度。如在西方,对人体审美,差异不在于裸露的程度,而在于生命礼赞精神的灌注。赤裸的人体,当它被美丽的思想所灌注的时候,它就显得纯洁无邪和无比漂亮。但是,按照我们传统的审美惯例和伦理观念,应较多运用含蓄、像征的手法,追求意趣、意像美,忌讳简单、直露的生理再现。如在中国传统吉祥艺术一再反复出现的体现生殖崇拜的像征意像,展现了人类生命的延绵与人与自然、环境的和谐等等,基本上是像征物的比拟,这种文化生命审美惯例的像征意像的图像展示,呈现了另类出奇制胜的审美效应。

吉祥艺术由古至今漫长发展的历史也启示我们,审美的惯例制约着审美的尺度。我们授予某物以艺术品的名谓,也必须以某种社会惯例为前提。戏剧、绘画、雕塑、文学、音乐等各种艺术门类,都具备那种能授予客体以鉴赏资格的惯例的背景,"惯例"就是为了使该门类所属的艺术作品能够作为艺术作品来呈的一种框架结构。在艺术惯例中处于核心地位的是艺术家、提供艺术作品的人、观众。只要这个核心能使这一门类系统继续存在,艺术批评家、艺术史家和艺术哲学家就总是某一种艺术"门类系统"的成员,所有这些角色都被惯例化了。艺术并无先验本质,现代艺术的先锋派不要走得太远,艺术家要尊重艺术的惯例。

环顾当今,20世纪现代派文艺再次走上像征和哲理化的创作道路、席卷全球并成为历史的时候,西方现代文论基本上仍没有很好地解答这一艺术历史的循环和变迁。有学者认为中国古代文论却早有阐发和概括。这就是我们发掘"意像"的古义,并提出文学像征意像论的原因。但是,我们惊讶地发现,中国文学像征意像论的渊源,在中国民间的吉祥艺术。它内在的神话——图像思维,用凝聚东方神韵的图像文字,整体感悟了人与自然、社会的和谐共融,为人类认识宇宙与人,为艺术形像反映或表现人生情感开辟和引领着新的艺术天地。西方现代文艺批评的又一位高手、著名的神话—原型评论家弗莱在其代表作《批评的解剖》一文中,像艾略特一样,高度评价了传统在文艺创新、发展中的作用,并声称"全部艺术同样是传统化了的"。试看时下神州大地,中国古老的吉祥艺术,焕发了新的青春活力,正充满了朝气,栩栩如生重新出现在家居、店堂、器皿、服饰等生活领域。其间,不论是古老原型的像征意像的传承,还是解构和重组的新的像征意像,它们都代表着传统的艺术在现代的新走向,或现代艺术的新趋向。愿今天的吉祥艺术给我们的国人带来更多的生命的感悟和美的享受。

　　中国民俗作为民众集体程式化的传承生活文化,范围是广泛的,民间文艺是其重要的方面军。民间文艺实质上不能以一般文字概括之,在民间,它是与民众信仰、技艺、生产、人生礼仪等等连在一起的。少数民族原有的情歌,是与婚俗连在一起的,诸如此类,俯拾皆是。所以民间文艺实为民众集体传承生活文化现像的一种,属于民俗。但是,民间文艺这一民俗事像,也有双重的地位和身份。它也具有文艺的特征,它与已独立在外的文艺有着交叉和复合。然而仅此还是不够的,民间文艺具有民俗和艺术的双重特征,它以独有的资格,丰富的营养,滋润和孕育了作家文艺。中国民俗是文艺起源的中介,又是文艺样式的源头。中国文艺的一切新的样式,几乎都是来自民间文艺的"母体"。鲁迅的观点大家比较熟悉:"歌、诗、词、曲,我以为原是民间物,文人取而为己有。"无独有偶,胡适也持同样的看法:"我们的韵文史上,一切新的花样都是从民间来的。三百篇中的国风、二南,和小雅中的一部分,是从民间来的歌唱。楚辞的九歌也是从民间来的,汉魏、六朝的乐府歌词都是从民间来的。词和曲子也都是从民间来的,这些都是文学史上划时代的文学范本。"此外,小说也是从民俗民间文艺中衍生发展而来的。民间文艺能为文艺样式提供众多的新产品,当然应归功于劳动人民主体的创造力,然而不容忽视的是,民间文艺的民俗性,民俗在人类文化意识中的独特位置,在客观上保证了一切新的文艺样式直接或间接从民俗原生态文化意识原型提炼而出的必然性。这种必然性还波及到文艺运动的兴起和嬗递。一国文艺的改革更新常借民间文艺发轫,文学史上常可见到如此的循环:文人把一类文艺搞僵化了,不得不又从民俗民间文艺中汲取新的形式和生命,以致掀起一种文艺的新思潮。欧洲文艺复兴和浪漫主义运动,中国的古文运动和唐传奇的勃起,明代文艺思潮及五四新文学运动的崛起,背后无不蕴含民俗民间文艺的巨大活力。当前文坛通俗文艺世界性的扩张,与民俗民间文艺潜在的影响和数量也是分不开的。中国民俗民间文艺提供了无数提炼加工过的艺术精品或初具形态的半成品,《三国演义》、《水浒传》、《西游记》、《聊斋志异》等古典名著,都是在民间文艺基础上诞生的。诚如高尔基所述:"各国伟大诗人的优秀作品都是从民间集体创造性的宝藏中吸取滋养。"民间文艺"这宝藏提供出了一切诗的概括,一切有名的形像和典型。"从文艺创作的整个实际看,高尔基的说法不免有失偏颇之处,不能说"一切"但为数也真不少。刘备、关羽、张飞、诸葛亮,历史上虽有其人,但在传说中已被民俗化了,成为传说人物。其他像宋江、鲁智深、林冲、武松、孙悟空、猪八戒、沙和尚、唐僧等等都是熠熠闪光、脍炙人口的出色典型人物。民间文艺中之所以能创造出"诗的概括","有名的形像和典型"不仅仅是因为创造者是劳动人民,更重要的是因为他们从属于民俗,从本是群体意愿的民俗凝聚中再度浓缩而成的。在社会群体中,民俗是群体意识中最稳定的,因而也最有代表性——代表群体人员所共同认可的意愿。在此基础上的艺术形像的展现,不能不是"诗的概括",不能不是为群体公认的"有名的形像和典型"。如此,作家再创作,将它们直接摄入或加工修改后再融入,可大大缩短创作的过程。

民间文艺在艺术家文艺中的升华,过去如此,现在也这样。两者的完美结合,常常名垂文艺史册,为人瞻目。民俗兼有文化意识和社会生活的双重特征。它常常以风习性文化意为内核,程式化"生活相"为外表,呈现为一种不成文的生活规矩,习惯性的生活方式,传统型的生活思考,构成了波及面深广的特定的生活形态。人类的生活,是文艺取之不尽的源泉,文艺离不开生活,同样也离不开民俗。蕴量丰富的中国民俗生活状态,同样是中国文艺的源泉,为中国文艺反映和表现生活提供了广阔天地。

社会中的每个人都有一个民俗库。在衣食住行等日常生活里,你不以为然的一些习惯、意识都是民俗库的资料。每个人因生活的经历和区域不同民俗信息的储存种类和储存量也有区别。譬如:形容好,北京人俗称"帅"或"盖帽";哈尔滨人则喜欢用"贼棒"表示;上海人流行的是"一级嘞""乒乓响"。这就是因为储存的信息资料不同。有些人自以为是知识分子,土里土气的民俗进不了自己的知识结构,但往往也是自欺欺人。如有一些大学生,衣着打扮,摹仿国外,但这些花费的经济支持,靠的是中国式依赖父母的"伸手牌",而很少有如国外大学生靠勤工俭学、独立劳动来谋取的。这除了政策上的原因,也与传统的民俗观念如"万般皆下品,唯有读书高","劳心者治人,劳力者治于人"等等有关。

另外,民俗也不单是乡村或落后地区的"土特产",城市、先进的地区同样也会萌发产生民俗。中国最大的工商业城市上海,开埠以来,就形成了众多独特的民俗:如服饰——中西合璧,饮食——五湖四海,口语——洋泾浜,婚姻——"从妻居"、"毛脚女婿"、"妻管严"等等,不一而足。各个城市,由于多方面的原因,风气不一样,风格也不一样。首都的"京派"与沪地的"海派",各呈异彩。美著名民俗学家,阿伦·邓迪斯指出,"一些民俗学者错误地认为民众就是农民或乡村集体",并以为"城市居民也不可能有民俗",①这是荒谬的。他认为城市居民也会产生民俗,民俗在不断创新变化,今天也不例外。今日,凡是人类群居的地方,古老民俗的残存,仅是一个方面。更主要的,新的群居地的生活也在滋生新的民俗。深圳原是一个不显眼的小村镇。在改革开放中,它在中央扶持下,捷足先登,门户开放,国内各种人员蜂涌而至。在新的群体生活中,近几年,产生了"大家乐"等自娱性民俗群众文艺,令人刮目相看。

如此看来,人类社会中充满了民俗事像,民俗事像也极大地丰富了生活的内容,这就为文学艺术创作扩展了生活源泉。人类的社会生活是文学艺术唯一的源泉。什么是社会生活? 毛泽东曾指出过是"一切生动的生活形式和斗争形式"(《在延安文艺座谈会上的讲话》)。这在理论上是得到普遍承认的。可是,在实践中,人们对社会生活的认识却是比较狭隘的。"一切生动的生活形式和斗争形式"往往被阶级斗争、生产斗争和科学实践三大革命斗争所取代,深入生活,就是深入三大革命实践,深入工农兵群众。对广袤繁杂,就在身边的民俗这种特殊的生活状态,却视而不见。从抽像的人为的斗争理解生活,文艺创作题材的狭隘,情节矛盾冲突的公式化,人物形像的雷同化、概念化,是不可避免的。前几年在批判了这种左的思想流毒后,我们的文艺创作出现了一段繁荣期。但好景不长,有些文艺作品又显出了失真、单调、空泛、苍白无力,这又是为什么呢? 同样与我们一些文艺工作者对生活理解的狭隘和生活圈子窄小分不开。不少文艺工作者,对社会丰富的民俗生活状态,了解得太少,对有关的民俗知识认识肤浅,以至不知民俗为何物,将民俗剔除在生活之外,甚至把民俗归之于一概要扫荡的落后迷信的东西。一些作家把文学的源泉,局限于个人生活的小圈子,在个人生活的圈子内,又无视民俗的生活因素,作品如干瘪瘪的报章新闻,缺乏浓厚的生活气息,这就难以引起读者的嘱目和共鸣了。

在"一切生动的生活形式和斗争形式"中,民俗生活实际上是散射面最广、牵动人心最多的一种生活形态。民俗生活交织在人类社会生活的各个领域,呈现了丰富的生活画面。然而,我们有不少文艺作品还是以一定时期路线斗争为纲去构思情节,很少从民俗生活广阔天地中固有的历史内容和思想深度去提炼现实的矛盾冲突,塑造人物形像。即使涉及到民俗,一般也只是以点缀式、浅表层的风

---

① [美]阿伦·邓迪斯《世界民俗学》,上海文艺出版社 1990 年版。

俗——风土人情、风景画式的描写为多。纵观古往今来，中国一些优秀的文艺作品，很大程度上根源于中华大地特有的民俗生活。中国神仙传说故事盛传了数千年，并衍化为一种传统戏剧艺术，这与民间自战国以来神仙俗信生活有关。我们现代大手笔的名作，如鲁迅的《阿Q正传》、《祝福》、《药》，老舍的《茶馆》、《骆驼祥子》，沈从文的《边城》等等，就在于从俯拾皆是的民俗生活事像中汲取素材，开拓主题，构思情节，塑造形象。近年来，一些作家注意从民俗生活中选择题材，如古华的《芙蓉镇》、邓友梅的《烟壶》、张承志的《黑骏马》，电影《黄土地》等就取得了一定成功。

上世纪80年代中期，文坛上出现的"寻根"热，其中包括了对民俗生活的注意和开拓。但是，由于缺乏理论的指导和必要的知识准备，对民俗的内涵、特质、形式等基本理论和知识了解甚浅，"寻根"热中似有寻歪的倾向，仅仅停留在对古风遗俗陋习的搜寻，如颇有特点的电影《黄土地》对"根"的认识，也有过分渲染陋俗而忽视良俗的毛病。有些作家，对习俗的描写仅仅是为了猎奇，使作品涂上些神秘、荒诞、蛮性的色彩，甚至追求感官的刺激来迎合某些读者。这样产生的作品，当然就不能准确地表现我们固有的民俗生活，读者也是不欢迎的。"寻根"，应当是寻找民族传统的文化及其根底——民俗生活，以及它们对现实社会发展的影响。社会的发展与民俗生活会有冲突，民俗生活会有"扬弃"，但不可能完全抛弃。文艺的责任在于敏锐地发现和艺术地表现这一过程。鲁迅、老舍、沈从文小说所以有国际意义，为世界文坛瞩目，原因恐怕不止一个，但从作品表现的生活类型看，他们的作品在着力刻画描写中国社会前进中一定地区特有的民俗生活的波澜，从而显示中国人民独特的形像性格、风貌气派是一个最重要的因素。总而言之，民俗作为一种生活状态，是我们文艺富饶的源泉之一，对此要引起重视。

民俗是人类社会集团群体共同心意行为构成的风习性文化意识，具有很强的感染力。但同时它对人类的活动又有着很大的束缚和制约性。人们在生活中的矛盾冲突，表面上是在人与人之间，然而深层的却是人与传统民俗之间的纠葛、较量、搏斗以及相互的影响。优秀的作家就在于以深邃的认识和艺术的洞察力，在司空见惯的民俗生活中把矛盾集中起来，通过这些矛盾冲突的激发和勾勒，导演谱写出一幕幕人间的悲喜剧。在文艺作品中将民俗生活中的矛盾斗争贯穿于情节开端、发展、高潮的全过程，把其间人物与风尚习俗的纠葛作为矛盾冲突、发展和交流的主轴，这样的情节结构，新颖、独特、深沉，可以更深刻地显示人们之间的冲突，并不单是个人之间的恩怨和性格的反目和差异，而是具有着深层的社会生活意蕴。沈从文《边城》中，在对翠翠的恋爱上造成老太老二兄弟俩不和的，不是简单的三角关系及翠翠祖父表态的不利索，却是两种恋爱的民俗形态"车路"——男家长辈请媒聘礼与"马路"——追求者本人去姑娘门前唱情歌打动芳心之间的较量，前者是封建礼教化的方式,后者却仍保持淳朴古拙的求爱风姿。正是这更深一层的两者间的冲突,酿就了一出抒情浓烈、回味无穷的淡淡的悲歌。这种描写较之从抽象的阶级斗争观点出发,人为地树立一个阶级的对立面如恶霸迫害寡妇等一般模式,更为突出,更接近普遍的生活,因此更为真实,更具有震撼人心的力量。

在生活中,民俗低层次群体性的性能,对人的风习覆盖是很广的。社会中的人或多或少储有民俗的信息,表现在自己的行动、语言和心意之中。由于种种原因,各个人对民俗信息的储存及态度存在着不可避免的差异,它们往往构成了人与人冲突的内在根源。柔石小说《二月》中青年萧涧秋,孤身一人来到陌生的芙蓉镇,对穷学生同情进而用自己的收入资助学生的年轻寡母,帮助她维系这个苦难的家庭。热血青年的同情和仗义,却为世俗所不容,社会上的多嘴闲人和长舌妇,用习俗的偏见,非议他,攻击他,终于使他在原本无怨无仇的芙蓉镇上站不住脚,卷起铺盖走了。传统的风俗习惯,是民俗中巨大的法约力量,是生活矛盾激化的原动力之一。所以我们必须重视去揭示特定的具体的民俗事像中所表现出来的更深一层的社会生活矛盾,使文学艺术更好地表现情节冲突,取得理想的思想艺术效果。

此外,民俗冲突的形式是多种多样的,既有可见的有形生活状态里的矛盾斗争提炼的情节故事,又有无形心意的牴牾展示的内在波澜。一般情节的淡化也不能掩去心意民俗冲突的本质和意识流的艺术展现,常常伴随无形心意民俗的争斗结构。

民俗作为群体文化意识的内涵是丰富的,其中也包括了民俗承受群体的审美意识,民俗的导向功能,产生了民俗审美的差异,使文艺的欣赏、批评呈现不同的情趣爱好,进而制约着文艺的发展。一方面,民俗以集体无意识形态在特定民俗文艺中基因式地相传,另一方面,民俗集体运动,以信息的压力和规范的压力,使群体中的个体,和其他成员保持行动和审美活动的一致。自古以来,一定群体文艺审美和传播习惯、嗜好风尚等民俗活动,对文艺的保存流传也起了很大的作用。

民俗文化意识的群体特点,来自民俗本身具有的向心功能,一种群体的凝聚力。在空间,体现为鲜明的地域性。所谓乡情、乡土观念,实际上是建立在某些共同风尚习俗之上独特的情感意识,是民俗群体凝聚力的产物。身处某一地域的作家,情感和意识必然受该地民俗群体凝聚力的影响,这种影响为孕育一地作家的作品风格、流派奠定了基础。

民俗还是国家民族共同文化心理素质的集中体现。固有的民俗文化,是文艺作品民族化的文化背景材料,顽强的民俗心理定势,是揭示艺术形像民族性格的一把钥匙。

斯大林指出:"民族是人们在历史上形成的一个有共同语言、共同地域、共同经济生活以及表现在共同文化上共同心理素质的稳定的共同体","各个民族所以不同,不仅在于他们生活条件不同,而且在于表现在民族文化特点上的精神形态不同。"民俗作为一种民族和地区共有的文化意识,正是民族"共同文化共同心理素质"的杰出代表,正是"民族文化特点上的精神形态不同",从而与其他民族区别开来。它的意义是巨大的,成了文艺民族化的必要环节。文艺的民族化是考察艺术家创作是否成熟的显著标志之一,文艺创作的艺术生命力往往取决于作品民族化的程度,而民族化的形成,一般离不开对民俗的忠实描写。丹纳在《艺术哲学》中指出:"作品的生命取决于时代精神和周围风俗",有赖于民俗描写的深度和广度。丹纳所说的时代精神,是指一个民族在一定时期内,普遍而独特的精神风貌和心理气质,同属于社会的民俗。因民族不同,民俗也各具特色。文艺作品如何准确地描写这些特点,直接关系到作品民族化的程度。别林斯基认为,民族性实际是"一个民族,或一个国家的风俗习惯和特色的忠实描写","任何民族的生活都表露在固有的形式之中,从而,如果关于生活的描写是忠实的,那就必然是民族的"。民族文化具有全民族的共通性,它本身就是在全民族成员共同的生活里产生的一致公认遵奉的文化。如我国的传统节俗:春节、元宵、端午、中秋等等,对炎黄子孙,不管何党何派,富人穷人,都是共通的。民俗在社会中诞生以来,就不是以阶级来区别的,而是从整个民族共同生活的需要和经历相沿承袭的。在一个民族内部,各个阶级都有婚丧礼俗、衣食住行、消费习俗、传统节俗等等共同的民俗,如同使用共同的语言一样。阶级的差别并不在于有一个什么绝对敌对的阶级民俗,而在于这些民俗在被我们奉行时,由于阶级立场、经济地位等的不同在内容上附带上阶级性。杨白劳在生活极端困苦中,还是要搞两斤白面包饺子,扯一根红头绳给喜儿扎辫子,迎接新年。这与黄世仁家的豪华排场是不能相比的,然而两者都是要过传统的节俗:春节。习俗既有阶级的差异,也有共通的一面。同一的差别,经过艺术的概括,赋予形象的生命,形成了尖锐的民族独有的戏剧冲突,给艺术的民族化灌注了生命和力量,文艺要深刻地揭示本民族一定时期生活本质的某些方面,就必然要描写民俗,将民俗作为文艺民族化的必要的文化背景,作为驱使人物行动的社会环境和生活场景。女作家萧红《呼兰河传》开篇的三分之一篇幅里,作者用回忆的笔法,细致而详尽地描写了家乡祖辈流传下来的风土人情、民风习俗:跳大神、唱秧歌、放河灯、野台子戏、四月十八娘娘庙大会。这里几乎没有连贯的故事情节,主要内容就是这个小镇上独特而又顽固的风俗。就是这幅 20 世纪 20 年代我国北方农村色彩斑斓的风俗画面,形象而深刻地展现了那个时代的风貌,为那个时代呼兰人灰暗卑琐的日常生活及他们的善良、悲哀、空虚、迷信、落后、保守的性格奠定了客观的民俗环境基础,显露了鲜明的时代感和地方特色。鲁迅指出:"现在的世界,环境不同,艺术上也必须有地方色彩,远不至于千篇一律","现在的文学也一样,有地方色彩的倒容易为世界的,即为别国注意。"地方色彩,实质上就是特定地区民俗事像的艺术展现。世界上的事物,有了地方性,才有世界性,地方性越强,世界性越足,文艺更是如此。中国的《诗经》、《楚辞》,印度的《摩诃婆罗多》,古希腊的《伊利亚特》、《奥德赛》,文艺复兴时期意大利但丁的《神曲》、卜迦丘的《十日谈》,法国的《罗兰之歌》,西班牙的《熙德》及十九世纪巴尔扎克的《人间喜剧》,莫不是以强烈的地方色彩而蜚声世界的。

民俗文化所显示的共同的心理素质,在生活中是以顽强的民俗心理定势出现的,它对民族性格的形成,起了潜移默化的作用。一方面延绵了中华民族勤劳、勇敢的品德,另一方面也保持了因循守旧的惰性及其他民族劣根性。对其作准确的艺术描绘,可以揭示艺术个性的民族性格,从而增强作品的民族化程度。赵树理《小二黑结婚》一书中对二诸葛单纯线性、以传统陋习为基础的愚昧的心理定势,做出的可笑可恶的蠢事给予淋漓尽致的揭露,生动显示了在小生产经济基础上中国老式农民既善良勤劳又愚昧迷信的性格特征。二黑被误捉到区上,他无招可使,就以为是碰上带孝骑驴媳妇不吉利造成的。作者就通过这些民俗心理定势下的冲突,表现出个性化的民族性格,给人以深刻的印像。

艺术典型的民族性格并不是不可捉摸的东西。民俗在民族的内涵里,是民族共同文化的共同心理素质的集中体现。

中国民俗是塑造中国人民族性格的重要基因,中国优秀的艺术家总是注重传统的民俗在人物性格上的烙印,如阿Q、祥林嫂、通宝叔、骆驼祥子等等优秀作品中的典型人物,可以说是特定民俗形态支配下的代表人物,人们从中可以清晰地看到驱使人物之所以这样子而不愿那样做的"民俗魂"的原动力。如此造就的典型人物,与杂取组合方式塑造的典型人物同为典型创作的有效途径,然而前者较后者更为丰满深沉,更具民俗特色。

纵观文学发展的长河,伟大的作家总是自觉不自觉地注意民俗在人类生活中的位置及其对文艺发展的影响,并表现在自己的艺术创作之中。巴尔扎克曾公开声称小说就是"许多历史家忘记写的那部历史,就是说风俗史"。民俗对文艺发展有着不可估量的作用和影响。对此,我们要予以重视,加强研究,以振兴、繁荣我们的文艺事业。

思考题:

1. 如何理解民俗是民族文化生命的 DNA?

2. 在现代化建设过程中,应如何让民俗传统服务于现代化生产,同时在利用民俗的过程中避免伪民俗现像的产生?

3. 早期艺术萌芽与民俗间的关系?民俗对于中国艺术的发生发展、特色的形成以及审美的标准有着何种影响?

2006 年周庄年俗活动策划

· 挖掘年俗生活相
· 营造年俗生活场
· 恢复年俗生活流

从腊月初八腊八节到正月十五元宵节这段时间,称为"年节",其间有一系列传统年俗活动,又有多日可单独成节。2006 年周庄年俗活动便是在依据记录吴地风俗的典籍资料基础上,结合当代周庄实际,在整个年节系统中组合传统年俗因素,恢复年节生活场景,还原吴地传统节俗,让游客在浓浓的年节氛围中追忆逝去的文化,在游览和体验的同时得到吉祥和顺的休闲享受。

以年俗为切入点,通过集中展示吴地年俗,促进周庄文化旅游,增加周庄旅游文化的特色与内涵,让旅游更有人情味、地方味和民族味。同时这也是进行非物质文化遗产保护的一项实际行动。

一、景区布置。

1. 入口处

赠送每位游客一份传统年历,从入门开始就让大家意识到年节的氛围。

门楼立大桃树一棵,上站神茶、郁垒,以及金鸡;旁立幡,幡的内容为年历;另可立摇钱树一棵,年物装饰于上,居民游客都可在上挂祈福带。

门楼附近空地进行一些有场景性、表演性的活动,凸现年节的热闹气氛。此类活动如跳钟馗、跳灶王、舞小龙之类,表达一种驱疫祈福之愿。

2. 宅户

包括几处宅府和居民住户,根据实际情况取择。

年画:前门神茶、郁垒,后门钟馗,厅堂内欢乐图,另各室依其用途内容有别,比如仓上贴神农田祖,客厅、卧室贴福禄寿三星,或五路财神、万神图、三宝佛等。

春联:正门门框一对长的,门上一对短的,上方四字横幅或斗方,屋内各室依其用途内容有别。

斗方:容器上,上书"福""满"或连体字。

挂千:红纸剪之,内容有"迎春"、"多福"、"多子多孙"、"八仙过海"、"鹤鹿同春"、"三羊开泰"、喜娃娃等,挂于神前、门楣、房檐诸处。

万年粮:淘白米,盛竹箩中,置红桔、乌菱、荸荠诸果及糕元宝,并插松柏枝于上,陈列内室。

节节高:檐端插冬青、柏枝、芝麻杆。

善富挂锭:挂于厨房灶王神龛两角。

春牛图

3. 商铺街区

各店铺挂特色招牌,贴切题合景的年画和春联。

富贵弗断头:与财神马纸糊金银元宝,同挂商铺招牌上,为贸易获利之兆,又名兴隆。

行业祖师爷:各店铺对各自行业祖师爷的祭拜(按店铺需要个别设计)。

4. 南湖秋月园

凉亭悬挂特制传统年历,每页上书该日年节活动以及旧日年俗,作为人文知识的展示,空地年市、年俗活动和民间技艺的主题展示、表演性游艺节目。

5. 船

集市旁水面置花船,内设茶酒点心,可供游客休憩。

二、年节活动

1. 跳灶王、跳钟馗、舞小龙

入口处、南湖秋月园内集中表演,每日游街。

2. 扫除

"有钱没钱,洗洗过年"。

清扫庭院、刷新门窗、修理房屋。

打扫室内:门、窗、床、家具等。

取下春联、剪纸,贴新窗花、年画和吉祥图案:"龙凤呈祥"、"麒麟送子"、"年年有余"、"松柏长青"、"五福捧寿"。

焚香

个人卫生:洗衣、沐浴。

3. 送年历、飞帖

年前,政府挨店挨户送传统年历,年时送飞帖拜年。

接帖,挂纸簿,贴纸袋于门,上书"挂福"、"代僮"。

4. 办年货

一类为固定店面,一类为集市,一类为流动货担,售卖内容在后文将有详细罗列。

售卖的吆喝声,凸现商品特色及其吉祥涵义,乡音土语。

5．烧松盆

6．画米囤

7．照田蚕

8．杀年猪

9．除夕守岁

10．叫火烛

残年永夕,有击柝沿街高唱,警防火烛小心者,名曰叫火烛。

11．拜年

奉茶送果品等。

12．卖痴呆、卖春困

除夕鸡鸣后,儿童沿街叫卖:"卖痴呆,千贯卖汝痴,万贯卖汝呆,见卖尽多送,要赊随我来。"

立春日卖春困。

13．点花灯

传统宫灯、花灯,各户不同。

14．放鞭炮,水上烟花

15．迎财神

接五路,鸣锣放爆仗,做元宝汤。

16．灯市

17．马灯夜会

正月三日至元宵,杂耍游艺、社戏。

18．灯节

走三桥、彩灯制作比赛、通宵悬灯排筵鼓乐等。

19．闹元宵

跳财神、十番鼓、走马锣鼓。

20．猜灯谜

21．行春

社戏,摸春牛,吃春饼、春糕。

22．打春拜春

鞭打春牛,卖春胜春幡,祀神供先。

23．迎喜神

24. 展先像

挂祖先像,准备供品拜祭。

25. 人日

七菜羹、人胜。

另:在一公共开阔地(如南湖秋月园)设集市,留一处空地,每日于此进行不同主题年俗或民间技艺展示,比如杀年猪、扎竹帚、烧松盆、打年糕等。并可让游客参与其中。

三、年市。

1. 年节用品

春联(代写春联的摊位)、年画、挂千、欢乐图

灶锭、灶柴(折松柏枝,副以石楠、冬青,扎成小把,担往街头售卖)

守岁烛、纸马、年历、花灯

窖花、老虎柏子花、蚕花、春牛图、采胜春幡

竹器、衣鞋、玩具

苍术、避瘟丹(除夕焚于室内)

2. 食品

腊八粥

口数粥:赤小豆杂米煮粥,腊月二十五吃。

年糕:方头糕、糕元宝(大元宝、小元宝、金元宝、银元宝)、条头糕、条半糕、黄松糕、百果糕、玫瑰猪油糕、枣子糕等。

饧糖:以麦芽熬米为糖,寒宵担卖,锣声铿然。出昆山,如三角棱者,名麻粽糖。

送灶团:豆沙馅糯米团。

接灶丸:和米粉为丸,亦有煎油墩、烤糊涂。

酒糟

盘龙馒头:以面粉抟为龙形,蜿蜒于上,复加瓶胜、方戟、明珠、宝锭之状。

压岁果:橘子、梨、栗等,除夕置于小孩枕旁。

冻肉

安乐菜:各饭店备置,以风干的茄蒂、红萝卜丝和食蔬为羹。

年节酒:屠苏酒等。

爆孛娄:正月十三,以糯谷入焦釜爆米花,"卜流",卜流年之休咎。男女老幼各占一粒,吉相斜插鬓间。

圆子、油馓

七菜羹

骨董羹：上元节，贺年羹、和气羹。

白膏粥：上元日。

蒸缸鏊：上元日，糯粉揉团成缸鏊形蒸食之。

定胜糕

状元饭：炒熟之红苋菜加猪油与白米饭拌匀。

状元糕：火炙糕，印一状元像于糕面。

春饼

面茧：置吉语于其中。

水乡果品

注：各类商铺一两家即可。

◆全程注意导游对各项事物的说道的介绍

江南好，风俗旧曾谙。江南忆，最忆是周庄

钟馗一出邪魔去

灶王护佑保平安

能不忆江南？今朝自来游

年 味 十 足

日吴地繁盛景

岁周庄崭新颜

——周庄水乡年俗策划

"春节"，中国人生活中最华丽的篇章：披红挂绿，酒醇菜香，驱邪迎神，辞旧迎新，走亲访友，其乐融融，祈愿祝福，春满人间。春节曾经是中国百姓唯一能够尽情狂欢和享乐的日子。因为有了春节，一年三百六十日才不再是无尽的劳役和绝望的轮回，平淡的岁月才有了鲜明的意味。

"新年"，一年的初始。《说文解字》曰："年，谷熟也。"年是谷穗成熟的像征，中国人的年曾经与农业社会息息相关：春种，夏耘，秋收，冬藏，年复一年。而新年正是在这样一个劳作与休憩的节点上，忙碌了一年的人们渴望在这样一个"行春之仪"的节日里，纵情欢娱，同时也是祈愿来年五谷丰登，人丁兴旺。

策划目的：

现在我们有了五星级酒店山珍海味的"全家宴"套餐，却没有了除夕年夜饭家人团聚，热气腾腾、忙忙碌碌的氛围；现在我们有了"春节联欢晚会"，却没有了除夕守岁，爆竹烟火的绚烂场景；现在我们有了电话拜年，短信祝福，却没有了面对面迎送揖拜、杯觥交酬时的亲切和温馨；现在我们有了守卫家中钱财的防盗门、密码锁，却没有了守护我们心灵安宁的古老门神；现在我们有了不夜城通宵达旦的万家灯火，却没有了元宵火树银花，灯火阑珊处那惊鸿一瞥。物质的富裕永远替代不了精神的缺憾：越来越多的事实让我们感到过年的味道越来越淡了，春节渐渐从我们的记忆中消失了。对于中国人，过年正在逐渐丧失其固有的意义，剩下的大概只有与"吃"相关的形式内容。

我们缺失的是什么？那正是年节精神旨趣的缺乏。在那些逐渐被我们抛弃的新年习俗中，有我们过去生活中存在的生活像、生活场、生活流，有些生活像比如"年画""飞帖"，已经淡出历史，有些生活场像祭灶王、跳钟馗已经几乎绝迹，可以说这些生活流当中有的过去与现在断流了，有的则还存留但也已经堵塞了。那么，我们现在应该做的就是进行这样的疏通整理：从历史上挖掘年俗生活像、在当地营造年俗生活场、在现代恢复年俗生活流。因为在这些生活场景中继承和传递着我们中国人几千年来的生活理念和精神诉求。

同时我们这样对过去生活场景的恢复并不是风俗画似的年俗恢复，不是一时一地的恢复，而是真正做到过去与现在相延续，历史典籍与当地风俗相衔接，在再现还原年俗生活风貌的同时，塑造可持续发展的年俗生活样式。

周庄地处苏南，物产丰厚，民风淳朴，在过去有着形式多样的富有本地特色的迎新仪式和年俗活动。然而随着时代的变迁和无意识的破坏，原有风俗减损大半。丙戌新年将至，小桥流水人家的古镇周庄即将被唤醒，在这里，我们将重温腊月年前备年货，写春联的忙碌热闹，揭开祭灶王、跳钟馗等民间仪式的神秘面纱，感受除夕年夜"爆竹声中一岁除"的喜庆欢腾，共赏元宵佳节街头巷尾的五色花灯，旖旎风光。这样动感活力的周庄，原汁原味的春节，是否正属你意呢？

具体策划方案

一、年俗生活场：

门楼大桃树：像征驱邪除恶摇钱树（参考老虎柏子花可挂饰品），这些饰品具有祈福的作用，居民游客都可以前来挂上自己的愿望。如小元宝——财源滚滚，寿星、麒麟送子、铃铛、橘子等等。

门饰品

门神：（年画）神荼郁垒，门上插松柏枝。

门楣:春幡红色年历金色吉祥文字"蓝紫水红黄红绿"(年历可撕去,记录从腊月二十三到正月十五每天的活动提要等等)。

厅堂:欢乐图,以五纸为一堂,翦褚堆绢,为人物故事,取讖于欢乐。

店铺:挂特色招牌门幌贴春联张灯彩富贵弗断头(黄阡断绪一串,引而伸之。铺家,以之与财神马纸糊金银元宝,同挂招牌上,为贸易获利之兆)。

特色店铺若干:

熟食铺豚蹄鸡鸭十香菜等"一人巧作千人食,五味调和百味香"。

糕点铺各色年糕馒头蜜饯等"谷乃国之宝,民以食为天"。

纸马香烛铺纸马纸锭香烛(守岁烛)鞭炮烟花等。

"生意兴隆通四海,财源茂盛达三江"。

年饰礼品铺春联年画剪纸名贴年历冬青柏枝等"生涯师子贡,贸易效陶朱"。

民居:门上贴门神春联"福"并设有"门薄"(拜年的时候用)。

厅堂中贴年画摆案桌供香烛。

场景一、祭灶神需准备物品:糖瓜纸马香烛草料短筷稻草。

灶王龛设在灶房的北面或者东面,中间供上灶王爷的画像。两边贴一副对联:"二十三日去,初一五更来"。

在黄昏入夜之时举行。一家人先到灶房,摆上桌子,向设在灶壁神龛中的灶王爷敬香,并供上用饴糖和面做成的糖瓜等。然后要替灶王爷准备轿马,将稻草和芦柴剪成好几段,其中穿扎一双短筷作杠以带轿子;一小撮青豆作为喂马的饲料。奉灶王爷,是让他老人家甜甜嘴,将糖涂在灶王爷嘴的四周,边涂边说:"好话多说,不好话别说。"在院子里堆上芝麻秸和松树枝,再将供了一年的灶君像请出神龛,连同纸马和草料,点火焚烧。院子被火照得通明,此时一家人围着火叩头,边烧边祷告:今年又到二十三,敬送灶君上西天。有壮马,有草料,一路顺风平安到。供的糖瓜甜又甜,请对玉皇进好言。

场景二、打年糕

妇女制作当地年糕。年糕的式样有方块状的黄、白年糕,像征着黄金、白银。年糕制作全凭手工,前一天就要先把糯米浸泡一夜,再用石磨磨成米浆,装进布袋后,在袋上放石头重压,等水分沥干后,再将米团取出,经过捶打,至松软有韧性。最后加上配料,调味,然后在蒸笼中以炭火慢慢蒸熟。

场景三、除夕守岁烟火晚会

年夜饭后,各家各户点起香烛敬奉祖先,在庭院,或在门庭,家长毕恭毕敬地陈列供品,祭奠,焚香,烧纸。孩子将竹竿高举,放鞭炮。在水的两岸点放各式烟火,除夕夜的星空下,电光璀璨,硝烟斑斓。新年的钟声响起,辞旧迎新。

场景四、拜年

1. 奉茶(加红枣橄榄),香烟果点。漆器"桌盒":花生、瓜子、糖。中间放一枚大福橘周围放各色糖饵。"签柏枝以柿饼,以大橘承之,谓之百事大吉。"互相赠送橘子。

2. 互祝或递上名贴。道新年吉祥语。

街艺

场景一、跳灶王

三五人一队,扮灶公灶婆,持竹枝挨家挨户赠送"灶疏"或者年历福贴。各家把自备年糕,糖果施与灶神。

场景二、跳钟馗

先有五位小鬼踉跄上场,小鬼们头系白毛巾,身围五色包肚,手持棍叉,脚蹬软底绣鞋,在呛朗的锣鼓声中狂奔乱舞,嘶叫逞威。装扮钟馗者,青面钢髯,破帽蓝袍,手中挥舞宝剑,或者是一把板斧,张牙舞爪,气势汹汹。钟馗前有蝙蝠引路,后有两侍者,一撑罗伞,一挑酒罐。为非作歹的大鬼小鬼们见了纷纷望风披靡,退避三舍。钟馗驱除小鬼后,至各家得取彩灯,由此换来家门清净,吉祥安宁。彩灯可作比赛用。

场景三、迎财神

财神即为五路神。所谓五路,指东西南北中,意为出门五路,皆可得财。清代顾禄《清嘉录》云:"正月初五日,为路头神诞辰。金锣爆竹,牲醴毕陈,以争先为利市,必早起迎之,谓之接路头。"又说:"今之路头,是五祀中之行神。所谓五路,当时东西南北中耳。"五祀即祭户神、灶神、土神、门神、行神。所谓"路头",即五祀中之行神。

场景四、元宵灯会游艺活动

1. 表演高竿索上吞剑、踏高跷、撮戏法、飞水、木人头戏、昆曲等等。

2. 竞技走三桥,利用地形,参与者必须走过三座桥才能到达目的地。每一座桥下都有谜语,谜底揭示下一个地点,直到最后达到终点(类似于现在的障碍赛),获得奖品。

(清人顾禄所著《清嘉录》载:"元夕,妇女相率宵行,以祛疾病,必历三桥而止,谓之'走三桥'。")

　　附：秋千拔河赛舟……

　　　　彩灯制作大赛

　　将搜集的彩灯张挂于主干道进行灯展评比可结合猜灯谜等形式。

　　月光星辉与灯华烛光交相辉映,再加之欢舞的龙灯,璀璨的焰火,缤纷的社戏,喧天的锣鼓,交相呼应。

二、年俗生活像

饰品类:

1. 门神年画春联

　　王安石《元日》诗云:"爆竹声中一岁除,春风送暖入屠苏,千门万户瞳瞳日,总把新桃换旧符。"所谓"新桃换旧符",就反映了宋代春节贴春联的习俗。贴在新旧转换之际的春联,避除了去年的祸患与不幸,昭示着来岁的红火和吉祥。

　　而"桃符"作为春联的原型,最初它上面刻的大概也并非吉庆联语,而是威风凛凛的门神形像。据说,门神有两位,一个叫神荼,一个叫郁垒,画二神形像于门上,就能镇守门宅,驱邪祛祟,让兴风作浪的妖魔鬼怪纷纷回避、逃之夭夭。

　　旧式年画除了像《莲年有余》、《麒麟送子》、《天官赐福》、《五子登科》、《招财进宝》、《五谷丰登》等纳福趋吉的喜庆图样和《神荼郁垒》、《钟馗打鬼》、《扬铜门神》、《镇殿将军》、《赵公镇宅》等驱邪御凶的门神画像,最乐于表现的就是传统戏曲中的故事和人物,如《白娘子盗仙草》、《牛郎织女鹊桥会》、《穆桂英大战金兀术》、《吕布戏貂禅》、《一百单八将》、《李逵负荆》、《单刀赴会》、《哪吒闹海》、《大闹天宫》、《八仙过海》等。

2. 守岁烛

清代顾禄在《清嘉录》中记载甚详。他说苏州(也可以说代表江南)一地除夕夜"燃双椽烛于寝室中,宵永烬长,生花报喜,红荣四照,直接晨光,谓之'守岁烛'"。所说"双椽烛",指一对大红烛,椽必红漆而长,故用来喻称大红烛。看红烛结蕊,认为烛花报喜;"红荣"即红光,烛光要与晨光相接,可见蜡烛是通宵燃烧。

3. 灯挂挂锭

锡纸糊成,间以彩牌方段玲珑一串,旧时用以祭灶,挂于厨房灶王神龛两角。现可做挂锭作为小礼品,供家庭装饰。

4. 冬青柏枝

摘松柏之枝,副以石楠冬青。扎成小把,供居人插年饭中用或者送神马之需。现在可以作为家庭装饰品,加荔枝诸果,悬挂堂中。

5. 老虎柏子花

年夜,像生花铺,以柏叶点铜绿,并剪彩绒为虎形,扎成小朵,名曰老虎花。有旁缀小虎者曰:子孙老虎。或剪人物,为寿星和合、招财进宝、麒麟送子之类,多取吉谶,号为柏子花。

6. 飞贴

投红单刺到亲戚朋友家中,而自己不亲往。上书姓名、吉祥之话语,类似与现今的贺年片。

7. 年历

旧式老皇历,可以赠送,也可以做礼品卖。

8. 彩灯

每家做一盏荷花形灶灯,供灶神。

饮食类:

1. 盘龙馒头

市中卖巨馒,为过年祀神之品。以面粉抟为龙形,蜿蜒于上,复加瓶胜、方戟、明珠、宝锭之状,皆取美名,以谶吉利,俗呼盘龙馒头。

2. 送年盘

岁晚,亲朋互以豚蹄、青鱼、果品之物相馈问,谓之送年盘。

3. 屠苏酒

制作配方:用大黄(一钱)、桔梗、川椒(各一钱五分)、桂心(一钱八分)、乌头(六分)、白术(一钱八分)、茱萸(一钱二分)防风(一两)泡入酒中煎制而成。

4. 冷肉

猪头肉,寿字猪头,腌制,祭祀用。

5. 年糕

黍粉和糖为糕,有黄白之分,大径尺,而形方,俗称方头糕。为元宝式者,曰糕元宝。形狭而长,俗称条头糕。

6. 十香菜

由豌豆、花生、黄豆芽、干丝、胡萝卜丝、木耳、金针、酸菜、嫩笋、姜丝、以香油、盐等调料制作而成。

三、年俗生活流

民 俗 年 历

星期一	星期二	星期三	星期四	星期五	星期六	星期日
16 十七	17 十八	18 十九	19 二十	20 廿一	21 廿二	22 廿三 祭灶神
23 廿四 跳灶王 扫尘	24 廿五 办年货 年节食品日	25 廿六 接玉皇 年节饰品日	26 廿七 跳钟馗	27 廿八 打年糕	28 廿九 除夕守岁 烟火晚会	29 正月初一 拜年 飞贴
30 初二	31 初三	1 初四 游艺活动	2 初五 迎财神	3 初六 归宁日	4 初七	5 初八
6 初九	7 初十	8 十一	9 十二	10 十三	11 十四	12 十五 元宵节 彩灯会 过三桥

（注:本方案由 2005 级硕士研究生孙琦制作）

附录二

读《中国民俗》

古 今

　　民俗学是当今大陆学界中的"显学"之一。近几年来,民俗学博物馆建起来了,文献整理和实地的调查开展起来了,不仅专著、散论时时不绝,而且有关的专业刊物也创办了好几份。这不得不归功于七十年代末期顾颉刚、钟敬文等老一辈专家学者的大声疾呼和积极提倡。中国是一个有着几千年民俗传统的古国,历代涉及民俗的文字材料汗牛充栋。"民俗"一辞,《史记》中已经出现。古代统治者很早就知道运用民俗来襄助政治,可惜长期停留在"咨询故老,采风开俗"的水平上。直至三十年代,新的民俗学已借助于西学应运而生,但缺乏有关民俗理论的研究著作。最近中国民间文艺出版社出版的民俗学基础理论著作《中国民俗》,填补了这一缺陷,很值得引起学界的注目。

　　此书作者陈勤建是近年在民俗学界颇为活跃的青年作者。作者从事民俗学研究的道路,虽然,仍不脱传统的由研究民间文学而步入民俗学之途,但有幸得到钟敬文、乌丙安、张紫晨等著名学者的点拨,奠定了坚实的专业基础,嗣后,又多年进行民俗学的调查、教学和研究工作,在理论和实践两方面都具备了相当的素养。

　　《中国民俗》一书共包括八章,大体上分成两部分,前半部分的四章论述民俗的一般特征、本质、性能和传播,是为民俗学通论;后半部分的四章则论述中国民俗的发生、特点、分类、作用与影响,是为中国民俗学概论。与三十年代出版的几本民俗学概论相比较,后者多基于西方民俗学理论,从概念、分类着手,虽有介绍之功,但对于分析中国特殊的民俗事像却嫌不足,不免令人仍有"空中楼阁"之叹。前几年问世的乌丙安先生的《中国民俗学》,张紫晨先生的《中国民俗和民俗学》两书亦着力构建具有民族特色的民俗学,虽然具体资料丰富翔实,分门别类各有独到之处,理论却稍感薄弱。笔者认为,我国的民俗学建设,一方面应重视实地调查,另一方面,由于传统民俗工作已积累了大量素材,较之西方民俗学初起时资料相对匮乏的局面有所不同,所以如何构建具有民族特色的民俗学体系是很重要的一项工作。诚如作者所言,"倘若对民俗的观念还停留在陈旧的基调上,赶时髦式的一般性介绍民俗事像是不足为训的,如不更新观念,从一定的理论高度把握民俗,这无异于流行在前几年文艺创作中的'把玩'倾向,是不严肃的。"正因为如此,作者在这部著作的后半部分中着重从"一定的理论高度"来把握中国民俗。尤为可贵的是作者在对民俗本身的解剖中"特别留意我国学者与民众对民俗的独特理解"。关于中国民俗的发生,作者枚举了"征服自然发展生产的需要"、"种族繁衍发展自身的要求"、"民众群体心理的认同"、"统治阶级思想的渗透与衍化"。对于中国民俗的特点,作者概括为"稚拙古朴,源远流长"、"神秘奇异、巫术性强"、"礼俗混同、封建味浓"、"丰富多彩、注重实用"。此外,作者还在书中对中国民俗作了如下的分类:

有形物质民俗　服饰、饮食、居住、交通……

人生社会民俗　个体人生社会民俗(人生仪礼)

小群体人生社会民俗(家谱、家风、家法……)

大群体人生社会民俗(人际交往、岁时节令)

心意信仰民俗　崇祀、禁忌、卜兆、巫蛊

游艺竞技民俗

这对民俗事像的条理工作也是很有意义的。科学史的大量实例证明,当经验资料积累到相当程度,分类及理清它们之间的联系就成为这门学科进一步发展的关键。

纵观全书,作者从理论高度,为把握中国民俗所作的种种努力是贯穿这部著作的"主旋律"。从采风实践中得到的民俗事像,在理论和实践的结合上,阐述异常得体,堪称成功之作。

香港《大公报》

1990.5.14

原版后记

　　中国民俗学会副理事长、中科院少数民族文学研究所所长刘魁立研究员曾建议我用自己的观点,博采众家之长,撰写一本有关民俗学基础理论的专著,在中国民间文化的大背景下,对中国丰富悠久的民俗文化作一深入浅出的俯视。从事了多年民俗学调查、教学和研究工作的我,内心也希望将自己的一些不成熟的见解整理出来,不揣浅陋,以求教于我的老师和同仁。中国民间文艺出版社的同志给了我这样一次机会,但由于时间紧,篇幅有限,我便将讲稿中的一些章节拣出,删繁就简,成就此书。

　　在当前学术书籍出版普遍不景气的情况下,能有一个机会来阐述自己的专业见解是十分难得的。所以,一开始,我便想打破老框框,在我个人学习领悟的基础上,运用经过重新构建的民俗学基本理论,来融化从采风实践中得到的民俗事像,在理论和实践的结合点上,展示中国民俗的基本理论知识和形像资料。力求深入浅出,雅俗共赏,能在同行学者面前献出"丑媳妇"的本形,又能使初学者一看便懂。为此,在写作中竭力避免"掉书袋子",往往把有关的文献资料包括他人采录的民俗资料,在直抒胸臆中,一股脑儿如数端出。是否成功,任凭专家读者裁决了。

　　当前,民俗学在神州大地上似乎还很走红,各地方五彩缤纷的民俗活动层出不穷,民俗热方兴未艾。一地区甚至出现了众多行业争抢"民俗"招牌的火热场面。面对这种情景,民俗学界的朋友们是喜忧参半。时代在发展,有如此广泛的民众认识到了民俗的存在和活力是件喜事。然而,在这一场民俗热中,有多少人对民俗的认识超越了过去,并和现在、未来联在一起? 又有多少人透过民俗粗稚的外壳,看到其内在潜藏的驱动民族群体永恒不息流动的伟力? 令人忧虑的恰恰是,一些热衷于民俗活动的组织者,更多关注的是借用"走俏"的招牌,他们是凭着感觉而不是理解。有位哲人曾经这样说过:感觉的东西不一定能理解它,只有理解的东西才能深刻地感觉到它。那种一窝蜂式的浪潮,对民俗学的复兴或可权作一阵风力,但决不会有根本性的促进。作为一门独立的综合性辅助学科,民俗学有自身的规律,同时又与其他学科,包括经济等学科,有着广泛的联系。它们相互间的交叉结合,会迸出巨大的能量。问题的关键就在于对民俗本身有一个正确的把握和科学的导向。我感到倘若对民俗学观念还停留在陈旧的基调上,赶时髦式的一般性介绍民俗事像,是不足为训的。如不能更新观念,从一定的理论高度把握民俗,这无异于流行在前几年文艺创作中的"把玩"倾向,是不严肃的。因此,本书在结构方面,首先注意了对民俗本身的解剖。又因为民俗是最有民族性的社会存在,在剖析过程中,又特别留意我国学者与人民大众对民俗的独特理解。由于功底尚浅,这些问题的探索恐怕是不深的,有待于将来的完善与深化。另外,民俗与文学艺术之间有着血缘的联姻,本书中仅作了简要式的介绍,对于这一专题,另著《文艺民俗学导论》,希望不久的将来即能与读者见面。

民俗学科,随五四新文化运动萌生后,在我国曲曲折折已走过了七十个年头。坦率地讲,与我国同时代兴起的其他人文学科相比,它的发展是比较缓慢的。七十年代末期,经顾颉刚、钟敬文等八位老专家教授的大声疾呼和积极倡导,我国的民俗学恢复了生机。我有幸在学科恢复之机,由徐中玉教授推荐,二度进京,拜学于钟敬文教授门下,进修民间文学和民俗学,得到了钟先生的亲自指点,为我的学业奠定了基础。在我的成长道路上,我聆听了不少老专家的教诲,得到乌丙安、张紫晨教授热心的指导。在自己探索民俗学时,我的老师罗永麟先生一再鼓励我,不循老路,用历史唯物主义理论作指导,开拓民俗学科新路。姜彬先生也经常鞭策我要注意创新。如果说,拙著在民俗理论方面有一些自己独特的见解,那与这二位先生的指导和支持是分不开的。

1988 年 8 月

后 记

　　在华东师范大学精品课程建设规划和校出版社的双重支持下,新版《中国民俗学》付梓了,谨此表示衷心的感谢。

　　20 世纪 70 年代末,"文革"后的中国,百废俱兴。为恢复华东师范大学文科固有的学术传统,主持中文系工作的徐中玉教授,在对留校的青年教师多次专业考核后,亲自执笔修书一封,选派刚从事文艺理论的我上京,投奔于北京师范大学中文系钟敬文教授门下,进被当今民俗学界戏称"黄埔一期"的讲习班研修,开拓新的研究方向。自 1979 年至 1983 年,我有幸得以两度进京,聆听费孝通、钟敬文、杨成志、容肇祖、白寿彝、马学良、杨堃、罗致平、常任侠等一批著名老教授,以及当时年富力强的刘魁立、张紫晨、乌丙安、王汝澜等老师亲执教鞭的民间文学和民俗学讲座,先生们铮铮的教诲,唤起了我对所研修专业的洞察和挚爱。其间,罗永麟先生极力推荐我参加刚成立的上海市民间文艺研究会和《采风》报社,兼任编辑和协会工作,得以有机会经常深入乡间原野、城市里巷,直面清新刚健的原生态民风俗。从此,从理论到实践上彻底扭转了我文化艺术上原有的文人立场和观念,孕育了我从"田野作业切入的三重论证"研究问题的方法,奠定了我日后教学和科研的主要倾向。本教材就是其中的一个成果。

　　在上述基础上,自 1982 年开始,我在中文系、外语系、心理系先后开设了中国民俗学课程,经过多年的课堂和社会交融的实践,以及日本、德国、苏联(俄罗斯)、芬兰、美国等国民俗学的比较研究,中国当时现有民俗学教材的分析对比,逐渐初步构建了自己的民俗学框架和理念。这就是本书原版 1989 年出版的《中国民俗》。本书与一般的民俗学概论不同,它从民俗学研究的基本对象——"民俗"出发,结合生动的活态民俗事项,层层解析,对民俗的表层范式、深层结构、本质特征、社会性能、发生规律等进行了系统的缕析,其间不乏一些个人的独特见解。社会学界对此也有好的评价。钟敬文教授特意关照我,另送 20 本给他,赠送国际专家学者。近 20 年来,至今,仍有高校教师的民俗学课程,以此为蓝本。由于多种因素,原书出版后,虽未能进入正常的销售渠道,但三千余册,不久即告罄,多年来,国内外学者和莘莘学子常来求索该书，未得而憾，所以，本书的新版，可以弥补这一缺憾。

我以为，理论的阐述，虽然会随时代的发展而变化，但是，一些基本的理论和理念，也不能如变色龙，应该经得住时间和实践的检验。我感到，原书中有关民俗的基本理念和阐述在今天还是有意义的。所以，本书增加了一部分近年新的研究成果，但是，基本的理论观念略有新的深化外，没作大的改动，其体例框架上仍保留了原有的风貌。

20 世纪 30 年代，华东师大的前身大夏大学的民俗学在国内就具有很高的学术声誉，今天我们正在重振雄风。我相信，在中国走向世界，让世界了解中国的汉语和中国文化传播的"汉语热"背景下，校精品课程的建设中，中国民俗学一定能取得更大的辉煌。

陈勤建
2007 年 7 月 2 日于丽娃河畔对外汉语学院